GREENE · ARROYO
SATURN UND JUPITER

W0393562

LIZ GREENE · STEPHEN ARROYO

SATURN UND JUPITER

NEUE ASPEKTE ASTROLOGISCHER PRAXIS

HUGENDUBEL

Herausgeber der Reihe Kailash Buch: Gerhard Riemann

Übersetzung aus dem Amerikanischen von Bettine Braun.
Die Originalausgabe erschien bei CRCS Publications, 1984,
unter dem Titel The Jupiter/Saturn Conference Lectures.

© 1984 by Liz Greene/Stephen Arroyo

© Heinrich Hugendubel Verlag, München 1986
Alle Rechte vorbehalten

Umschlaggestaltung: Dieter Bonhorst, Germering
Produktion: Tillmann Roeder
Satz: Fotosatz Otto Gutfreund, Darmstadt
Druck und Bindung: Wiener Verlag, Himberg

ISBN 3-88034-302-0

Printed in Austria

Inhalt

Vorwort

Die einwöchige Jupiter-Saturn-Astrologie-Tagung in Berkeley, Kalifornien, war ein besonderes Ereignis. Hier herrschte nicht, wie bei den meisten astrologischen Zusammenkünften und Tagungen, eine allzu lockere Atmosphäre. Die Teilnehmer, ihre Zahl war auf 137 begrenzt, arbeiteten die ganze Zeit über sehr konzentriert, und es wurde jeweils nur ein Vortrag zu einer festgesetzten Zeit gehalten. Ein besonderer Glücksfall war es, daß die meisten Teilnehmer sich durch ungewöhnliche geistige Wachheit und Höflichkeit den anderen Anwesenden gegenüber auszeichneten; diese Tage wurden für uns dadurch zu einem besonders harmonischen und einheitlichen Erlebnis. Daß diese Tagung für viele ein ungewöhnlich tiefgehendes Ereignis war (was die begeisterten Briefe von über einem Drittel der Teilnehmer bezeugen, die nachher bei uns eintrafen), kann durch eine Analyse der einzelnen Vorträge und Zusammenkünfte nicht hinreichend erklärt werden. So war dieses Ereignis mehr als die Summe seiner Teile; es war ein ganzheitliches Erlebnis, das viele von uns für eine Woche völlig gefangennahm. Die Tagung war gleichsam die Konkretisierung einer Zukunftsvision von einer völlig neuen Art astrologischer Zusammenkünfte, die von tieferem Ernst, mehr Sinnhaftigkeit und Professionalität geprägt sind als die üblichen.

Da diese Tagung zur Zeit der Jupiter-Saturn-Konjunktion in der Waage im Juli 1981 stattfand, hatten viele der Teilnehmer gerade zu diesem Zeitpunkt Jupiter- oder Saturn-Aspekte zu einigen ihrer Geburtsplaneten oder wichtigen Punkten im Horoskop. Deshalb signalisierte die Tagung für manche einen Wendepunkt in ihrem Leben, in vielen Fällen auch eine Veränderung ihrer Einstellung zum Beruf und ihrer Pläne in diesem Bereich. Ich vermute im übrigen, daß die Tatsache, daß die Konjunktion in der Waage stand, dabei eine Rolle spielte, weshalb so viele Menschen für eine Woche lang einfühlsam und harmonisch miteinander umgehen konnten.

Natürlich kann in einem Buch, das aus niedergeschriebenen Vorträgen besteht, nicht viel von dieser Erfahrung vermittelt werden, und es wird mir auch nicht gelingen, durch dieses Vorwort etwas von der fast magischen Wirkung dieser Tage herüberzubringen, die jeder Teilnehmer auf ganz persönliche Weise wahrnahm. Es lag mir nur daran, dem Leser etwas von dem Hintergrund zu vermitteln, der die Entstehung dieses Buches geprägt hat.

Die acht hier abgedruckten Vorträge sind aus den insgesamt sechzehn von Liz Greene, Alan Oken, dem Tagungsorganisator Jim Feil und mir selbst gehaltenen Vorträgen ausgewählt. Ursprünglich sollte das Buch fast alle Vorträge enthalten; diejenigen von Jim Feil ließen sich jedoch kaum transkribieren. Alan Oken wollte an diesem Projekt nicht teilnehmen, als wir ihm den ursprünglichen Plan unterbreiteten. Liz Greene und ich beschlossen jedoch, die Idee nicht aufzugeben, als wir sahen, wieviel Material wir allein unseren eigenen Vorträgen entnehmen konnten. Bei der Herausgabe der Abschriften sind wir sehr frei verfahren, wir haben hinzugefügt und weggelassen, was uns sinnvoll erschien, aber dennoch versucht, die ursprüngliche Gedankenlinie beizubehalten.

Ich selbst habe gelegentlich Material eingefügt, für das auf der Tagung die Zeit zu knapp bemessen war, das ich aber als Teil meiner Vorträge vorbereitet hatte. Einen sehr langen Vortrag habe ich in zwei aufgeteilt, um Übersichtlichkeit zu schaffen. Liz Greene hat, wie es dem Berufsethos der Therapeuten entspricht, gelegentlich die Fallgeschichten verändert, um die Anonymität und das Vertrauen ihrer Klienten zu wahren. Im übrigen hat sie sich bemüht, den Ton und die gedankliche Folge ihrer ursprünglichen Vorträge beizubehalten.

STEPHEN ARROYO

1. Kapitel

Gedanken zur Jupiter-Saturn-Konjunktion

Stephen Arroyo

Diese Tagung wurde in der Zeit der ersten von drei Jupiter-Saturn-Konjunktionen geplant und findet nun während der letzten dieser drei Konjunktionen in der Waage statt. An diesem ersten Abend geht es mir darum, die übergreifende Thematik dieser Konjunktion und damit unserer Tagung zu formulieren. Wir werden die Theorie mit spezifischen Beobachtungen vergleichen, die ich selbst und viele von Ihnen gemacht haben. Natürlich werden wir uns auch mit gewissen historischen Entwicklungen befassen, um unser Verständnis für die Auswirkungen dieser Konjunktion über einen längeren Zeitraum hin zu erweitern, da sie der Beginn eines etwa zwanzig Jahre dauernden Rhythmus ist. Zu einem späteren Zeitpunkt wird Liz Greene weitere Gesichtspunkte zur Jupiter-Saturn-Konjunktion, vor allem aus dem Bereich der Mythologie, der Psychologie und der Geschichte beitragen.

Ich habe mich nie auf Mundan-Astrologie spezialisiert, und es hat mich nie besonders interessiert, Ereignisse vorauszusagen. Was mich jedoch interessiert, sind historische Zyklen und Tendenzen und die sie begleitende »Massenpsychologie«. Gerade in den letzten Monaten spekulierte man in Astrologenkreisen und in verschiedenen astrologischen Zeitschriften über die Vorhersage großer Ereignisse; heute abend wollen wir uns jedoch mit persönlicheren Fragen befassen, nämlich der psychologischen Bedeutung dieser Konjunktion für jeden einzelnen von uns sowie Gedanken, Beobachtungen und Tatsachen, die in Zusammenhang mit Weltereignissen stehen. Da diese Konjunktion im Zeichen Waage stattfindet, ist eines der Hauptthemen dieser Tagung die Beziehung zwischen Menschen, worunter man Beziehungen zwischen verschiedensten Gruppen, Nationen und Rassen und nicht nur partnerschaftliche Beziehungen zwischen zwei Menschen verstehen sollte.

Man könnte spekulieren, daß eine Jupiter-Saturn-Konjunktion im Sternbild der Waage, im Zeichen der Harmonie, des Ausgleichs, der gegenseitigen Achtung und Großzügigkeit, sich auf vielen Ebenen sehr positiv auswirken und ausgleichende und gemeinschaftliche Kräfte wirksam werden lassen könnte. Ein besonders hoffnungsvoller Autor, der Astrologe Philip Lucas, schrieb kürzlich:

> Die nächsten zwanzig Jahre werden das Ende vieler vertrauter Gruppierungen und engstirniger Gesichtspunkte bringen, die zu Polarisierung, Entfremdung zwischen Männern und Frauen, Christen und Moslems, Arabern und Israelis, Kommunisten und Kapitalisten, Besitzenden und Arbeitern, Konservativen und Liberalen etc. führten.

Ich hoffe, daß das stimmt; bemerkenswert ist jedoch das Wort »Polarisierung«. Historisch gesehen hat die Waage ebensoviel mit Krieg wie mit Frieden zu tun. Die Waage neigt zur Polarisierung; Menschen mit starkem Waage-Einfluß denken sehr ausschließlich und betrachten die anderen immer als ganz für sie oder ganz gegen sie. Die politischen Probleme von Präsident Carter rührten teilweise von der ausschließlichen polarisierenden Haltung seines Typs her; und natürlich erlitt Carter bei seiner Wiederwahl-Kampagne eine Niederlage, als die erste Jupiter-Saturn-Konjunktion stattfand. Man könnte auch darauf hinweisen, daß die große Feuersbrunst des zweiten Weltkrieges noch drei Jahre andauerte, *nachdem* Neptun in das Zeichen Waage getreten war. Dieses Symbol des idealistischen, universellen Friedens bewirkte keineswegs sofortigen Weltfrieden. Und obwohl es in den nächsten zwanzig Jahren durchaus Möglichkeiten der Harmonie in der Welt auf einer breiteren Basis der Gerechtigkeit und des Teilens gibt, besteht auch die ernsthafte Gefahr eines durch Polarisierung und Ausschließlichkeitsdenken hervorgerufenen Krieges.

Man sollte nicht vergessen, daß die Waage die »eiserne Hand im Samthandschuh« genannt wird; man unterschätze also die Strenge und Willenskraft dieses Zeichens nicht. Es ist immerhin das Zeichen, in dem Saturn erhöht steht. Ich nenne die Waage manchmal einen »höflichen Widder«.

Liest man in den astrologischen Zeitschriften der dreißiger Jahre nach, so erfährt man, daß viele Astrologen damals eine langwährende Ära des Weltfriedens voraussagten. Sie hätten sich nicht mehr irren können. Aber Marc Edmund Jones (ein Waage-Sonne-Mensch) berichtete schon 1922 von einer Weissagung, nach der der Eintritt von Neptun in die Waage im Herbst 1942 ein Ereignis mit sich bringen würde, das dazu angetan sein würde, den Lauf der Weltgeschichte drastisch zu verändern. Im Herbst 1942 fand in Chicago die erste kontrollierte nukleare Kettenreaktion statt; das Atomzeitalter begann.

Die folgende Feststellung des bereits zitierten Philip Lucas umreißt seine Anschauung von der kommenden Jupiter-Saturn-Konjunktion:

Das Prinzip der Ausdehnung, des Wachstums, der Öffnung und des Vertrauens in die Vorsehung verbindet sich mit dem Prinzip der Zusammenziehung, Begrenzung, Einschränkung, Konzentration, der Strukturierung und Kristallisierung. Jupiter überwindet wieder seinen Vater, Chronos oder Saturn, und gießt in die erstarrten, kristallisierten Formen der letzten zwei Jahrzehnte neue Inspiration zu Wachstum und Veränderung. Die Einschränkungen und Begrenzungen der alten Ordnung werden durchbrochen, und auf allen Daseinsebenen folgt eine Zeit rascher Expansion ... viele der alten gesellschaftlichen Strukturen (von der Wirtschaft bis zur Religion, von der Politik und Diplomatie bis zur Erziehung und Gesetzgebung) müssen »neuem Wein«, neuen Ideen und einer ungetrübteren Vision einer auf Gerechtigkeit, Mitleid, Toleranz und Respekt für die naturgegebenen Rechte jedes Individuums gegründeten menschlichen Sozialorganisation weichen.

Diese Konjunktion bedeutet eine Reinigung der geistigen Atmosphäre auf der Welt, die heute so von Haß, Wut, Verzweiflung, Enttäuschung und Kummer vergiftet ist. Die nächsten zwanzig Jahre werden davon in einer für unsere jetzigen Bewußtseins- und Wahrnehmungsfähigkeiten noch unvorstellbaren Weise geprägt sein. Die Welt ist wirklich auf dem Prüfstand, und der »Schnitter Tod«, der »Herr des Karma«, verlangt Buße für vergangene Übertretungen. Vergebung und Schutz (eine Funktion des Jupiter) vor der raschen und strengen Gerechtigkeit des Saturn kann von den Reuewilligen noch erlangt werden, die bereit sind, mit dem Gesetz der Liebe und des Mitleids in Einklang zu leben. Aber viel Zeit bleibt nicht mehr. In der Waage wird Saturn dafür sorgen, daß alle Schulden auf den letzten Pfennig beglichen werden. Es gibt keine unbeugsamere Gerechtigkeit.

Während Pluto durch die Waage lief, sind die Luftzeichen gereift und fähig geworden, zu führen und ausgewogene Macht und Autorität auszuüben. Es werden sich immer mehr von Luftzeichen geprägte Menschheitsführer (die im Namen von Prinzipien und Idealen und nicht durch Manipulation, Zwang und Unterdrückung herrschen) hervortun. Prototypen solcher Menschen finden wir schon in Staatschefs wie Trudeau in Kanada (Waage), Carter in den USA (Waage), D'Estaing in Frankreich (Wassermann), Thatcher in Großbritannien (Waage), Suarez in Spanien (Waage), Ayala in Kolumbien (Zwillinge), Van Agt in Holland (Wassermann) und Eanes in Portugal (Wassermann). Andere regierende Staatsmänner mit Luftzeichen, deren Ruf nicht ganz so positiv ist, sind beispielsweise: Mobuto in Zaire

(Waage), Ceaucescu in Rumänien (Wassermann), Reagan in den USA (Wassermann) und Bush in den USA (Zwillinge). Die beiden Päpste vor Johannes Paul II., Paul VI. und Johannes Paul I. waren im Zeichen der Waage geboren. Das ist eine königliche Konjunktion, die einen bedeutenden Wendepunkt in diesem Jahrhundert kennzeichnet.

Es ist erstaunlich, wie viele Regierungschefs der Welt unter dem Einfluß von Luftzeichen geboren wurden, was natürlich die traditionelle astrologische Ansicht stützt, daß die Luftzeichen mit sozialen und politischen Interessen zu tun hätten. Wir sollten uns auch in Erinnerung rufen, daß vor einiger Zeit Uranus sich sieben Jahre lang im Luftelement (Waage) aufhielt, was die Entwicklung vieler luftzeichenbetonter Menschen beschleunigt zu haben scheint.

Traditionsgemäß gehörten zu den Zyklen der Jupiter-Saturn-Konjunktionen die sogenannten »großen Mutationen«, vor allem die »Mutation«, die vor sich geht, wenn die Konjunktion die Elemente wechselt. Fast alle traditionellen großen Religionen werden mit einer besonderen Jupiter-Saturn-Konjunktion in Verbindung gebracht, die die Geburt ihrer »Inkarnation«, Moses, Buddha, Mohammed, Jesus (und anderer) begleitete. Obgleich die Konjunktion alle zwanzig Jahre auftritt und besondere soziale und massenpsychologische Rhythmen kennzeichnet, von denen wir später sprechen werden, finden wir einen größeren Zyklus in der Wiederholung der Konjunktionen im gleichen Element, der etwa alle zweihundert Jahre stattfindet. Die letzte große Mutation begann im Erdzeichen Steinbock im Jahre 1842. Die letzte Konjunktion in einem Luftzeichen repräsentiert eine neue Entwicklung, da sie die erste Jupiter-Saturn-Konjunktion seit 1842 ist, die nicht in ein Erdzeichen fällt. Wir sollten diese große Ruhepause jedoch nutzen, da die Jupiter-Saturn-Konjunktion in zwanzig Jahren, also im Jahr 2000, wieder in ein Erdzeichen, nämlich in den Stier, fallen wird. Erst danach wird die große Mutation vollständig im Luftelement stattfinden, wenn nämlich die Jupiter-Saturn-Konjunktion des Jahres 2020 mit 0 Grad 31 Min. Wassermann zusammentrifft.

Da die gegenwärtige Jupiter-Saturn-Konjunktion zum ersten Mal seit mehreren hundert Jahren im Luftelement und vor allem im kardinalen Luftzeichen Waage, dem Zeichen, in dem Saturn erhöht ist, stattfindet, können wir bedeutende soziale Veränderungen erwarten. Die nächsten zwanzig Jahre werden wahrscheinlich weitreichende Veränderungen, Neudefinitionen, Erkenntnisse und energetische Entwicklungen im Bereich der sozialen Strukturen, Beziehungen wie der ehelichen Verbindung und aller anderen Formen zwischenpersönlicher Interaktionen, mit sich bringen. Schon jetzt beschäftigen sich fast alle Menschen, die ich kenne, mit Beziehungen, mit dem Problem der Abhängigkeit, dem Bedürfnis nach Gesellschaft, mit der Frage nach der Authentizität ihrer Partnerschaften, mit dem Alleinsein und mit allen Fragen und Problemen, die die zwischenmenschlichen Auseinandersetzungen im allgemeinen betreffen.

Auch die verschiedenartigen Verträge und Verpflichtungen, die auf gesellschaftlicher Ebene bindend oder trennend wirken, werden große Veränderungen erleben. Schon jetzt können wir in den Vereinigten Staaten und in England eine starke Neuorientierung der sozialen und ökonomischen Trends sehen, die das politische Leben seit der letzten Jupiter-Saturn-Konjunktion im Jahre 1961 beherrschen. Carters Niederlage war nicht nur ein Zeichen dafür, daß die Einstellung gegenüber sozialen Problemen, die im letzten Zyklus geherrscht hatte, überholt war, sondern ihr Ausmaß zeigte auch, daß die alte gescheiterte Politik bei einer zunehmend konservativen Wählerschaft eindeutig abgelehnt wurde. Man muß sich klarmachen, daß Waage ein sehr viel konservativeres Zeichen ist, als man im allgemeinen annimmt! Und so wurde Reagan im November 1980 gewählt, kurz vor der ersten der drei Jupiter-Saturn-Konjunktionen in der Waage.

Und was war seine erste wichtige Amtshandlung? Das Durchsetzen einer einschneidenden Veränderung der Steuergesetze, durch die der Kapitalismus im alten Stil wieder eingeführt und der Reichtum der herrschenden Klassen gesichert wird.*) Ich will damit natürlich nicht sagen, daß Änderungen in der Steuergesetzgebung nicht außerordentlich notwendig wären; ich möchte nur darauf hinweisen, daß die Konjunktion den Beginn eines völlig neuen Zyklus auf jeder Ebene menschlicher Aktivitäten ankündigt. Für die Entwicklung der sozialen Veränderungen in den nächsten zwanzig Jahren ist er von großer Bedeutung. Noch vor ein paar Jahren wäre es für die Mehrheit der Amerikaner undenkbar gewesen, daß ein so altmodischer und kompromißloser Mann wie Reagan jemals ernsthaft als Präsidentschaftskandidat in Betracht gezogen werden

*) Es stellte sich heraus, daß das ganze Reagansche Steuerpaket am 29. Juli 1981 in Kraft trat, also nur fünf Tage nach der dritten Jupiter-Saturn-Konjunktion. Merkwürdigerweise war der 29. Juli 1981 zugleich der Tag der weltweit bekanntgemachten Eheschließung von Charles und Lady Diana Spencer, von der erstmals in der Öffentlichkeit die Rede war, als sich die erste der drei Jupiter-Saturn-Konjunktionen Ende 1980 ergab. Man könnte spekulieren, daß dieser zukünftige König und dieses Paar in den weltpolitischen Angelegenheiten eine größere Rolle spielen wird, als ihr Repräsentationsstatus es vermuten ließe.

könnte. Doch heftig ist die Welle der Veränderungen der Massenpsychologie, die die neue Jupiter-Saturn-Konjunktion begleiten: über Nacht meinten zehn Millionen Amerikaner zu fühlen, was Reagan schon immer gesagt hatte. Und dieser neue Same massenpsychologischer Veränderungen beginnt gegenwärtig erst zu sprießen. In den nächsten zehn Jahren bis zur Jupiter-Saturn-Opposition werden wir die Auswirkungen dieser Energien und Potentiale zum Guten oder Schlechten erleben.

Innerhalb der durch die Konjunktionen von Jupiter und Saturn entstehenden Zwanzig-Jahres-Zyklen kann man zwei Halbzyklen erkennen. Die ersten zehn Jahre eines Zyklus sind intensiver, es ist, als steigerte sich alles zum Höhepunkt, der Jupiter-Saturn-Opposition, hin. Die nächsten zehn Jahre des Zyklus scheinen oft ein Nachlassen der Intensität und Geschwindigkeit der Gesamttendenz des ersten Zyklus mit sich zu bringen. In der ersten Dekade neigen die Menschen zur Initiative, zum Planen und Experimentieren; es treten nicht nur viele schnelle Veränderungen, sondern auch die meisten der großen Krisen auf. In der zweiten Dekade scheinen die Menschen oft erschöpft zu sein, sie brauchen eine Zeit des Nachdenkens und der Anpassung, da das Tempo der Veränderungen nicht aufrechtzuerhalten ist.

Betrachtet man die Zeit des amerikanischen Bürgerkrieges, so entdeckt man, daß die Jupiter-Saturn-Konjunktion im Jahre 1861 in der Jungfrau stand: Lincoln wurde damals gewählt (zur Überraschung der meisten zeitgenössischen politischen Beobachter), der Bürgerkrieg brach aus, die Zeit war geprägt von Sklaverei, Massenmorden, der Zerstörung der gesamten Lebensweise der Südstaaten, der Massenauswanderung der Schwarzen in den industriellen Norden und die Annexion zusätzlicher Staaten durch die Union während des Krieges aus politischen Erwägungen. Eine Neuordnung der politischen Verhältnisse in den Südstaaten war nicht möglich, da Lincoln der einzige Mann mit dem Weitblick, der Entschlossenheit, der moralischen Stärke und den politischen Fähigkeiten gewesen wäre, sie in die Wege zu leiten. In den siebziger Jahren, der absteigenden zweiten Hälfte des Zyklus, zogen sich die USA fast völlig aus den Angelegenheiten des Bürgerkrieges zurück.

Spricht man mit schwarzen Menschen in diesem Land, sagen einem die meisten, daß das gleiche während des letzten Zyklus geschah: im Jahre 1961 fand eine Jupiter-Saturn-Konjunktion im Steinbock statt, und wir wissen alle, daß es in dieser Zeit einen immensen Aufschwung humanitärer und politischer Aktivitäten im Bereich der Bürgerrechte gab – viele Protestaktionen, viele neue Gesetze und neue Regierungsstrukturen (Steinbock!) festigten sie.

Der Vietnam-Krieg hatte dann etwa um die Zeit der Jupiter-Saturn-Opposition seinen Höhepunkt; eine Periode nationaler und individueller Besinnung begann in der zweiten Hälfte des Zyklus. Man erlebt das oft: die ersten zehn Jahre sind von einer entschlossenen Extraversion, von Optimismus in vieler Hinsicht oder zumindest von dem Streben nach einem Ideal oder dem Kämpfen für eine Sache geprägt. Wenn sich die Zeit der Opposition nähert, beginnt die Intensität der Extraversion und des vertrauensvollen Sich-Öffnens auf nationaler, sozialer und oft auch individueller Ebene abzunehmen.

So waren die sechziger Jahre dieses Jahrhunderts in vieler Hinsicht eine Parallele zu denen des vorigen Jahrhunderts, was in den meisten Medien auch hervorgehoben wurde. Nach der Jupiter-Saturn-Opposition jedoch schienen die Aktivisten völlig erschöpft zu sein, ebenso wie die Regierung, die unter Nixon (er regierte während der Zeit der Jupiter-Saturn-Opposition) sich von gewissen, in den sechziger Jahren unternommenen Aktivitäten und Zielsetzungen distanzierte.

Viele Menschen, die ich kenne und die in Bereichen nach außen gerichteter Aktivitäten (zu denen auch eine intensive Beschäftigung mit Astrologie und Gruppenarbeit in diesem Gebiet gehören), wie der Politik, der Bürgerrechte und Friedensproteste sehr tätig waren, haben das Gefühl, daß ein großer Teil der Ideale der sechziger Jahre in den siebziger Jahren ganz aus den Augen verloren wurde, oft auch durch eine Kommerzialisierung ohne jedes ethische Empfinden.

Eine weitere interessante Periode sind die zwanziger Jahre. 1921 fand die Jupiter-Saturn-Konjunktion bei 27° Jungfrau statt. Bis zum Krach in der Wall Street spielte ein großer Teil der amerikanischen Gesellschaft, vor allem in großen Städten, verrückt. Menschen, die viktorianisch geprägt waren, wagten plötzlich alles mögliche. Es ist interessant, daß eine Konjunktion in der Jungfrau auch eine Rebellion gegen den Puritanismus hervorbringen konnte, gleichzeitig mit einer Stärkung der puritanischen Kräfte, die dann zum Alkoholverbot führte. Die Leute stellten Dinge an, gegen die unsere heutigen Aktivitäten eher bescheiden wirken. In den ersten zehn Jahren des Zyklus entstand also im gesellschaftlichen Verhalten wie auf dem Gebiet der Literatur und der Kunst (Jungfrau!) eine völlig neue Freiheit. Der Jungfrau-Einfluß jedoch ließ sich selbst dann noch spüren, als seine traditionellen puritanischen Grenzen angetastet wurden. Auch die Mode der damaligen Zeit war »streng« wie die Jungfrau. Man trug knappe kleine Hüte, eng anliegende kurze Kleider, kleine Schuhe, eng geschnürte Taillen. Alles war knapp und stilisiert – sehen Sie sich nur die damals entworfenen Autos an! Aber natürlich wurde illegal viel Alkohol konsumiert.

Dann in den dreißiger Jahren, als Jupiter und Saturn sich ihrer Opposition näherten, hatte die Hysterie ihren Höhepunkt, es folgte der Börsenkrach, die Weltwirtschaft lag für zehn Jahre darnieder. Die dreißiger Jahre reagierten mit Abflauen auf die übertriebene Aktivität der zwanziger Jahre.

In den zwanziger Jahren herrschte eine gewisse Inflation, wovon heute kaum mehr jemand spricht, und Kredite wurden jedermann nur zu leicht gewährt. In den dreißiger Jahren geschah genau das Gegenteil: das umlaufende Geld wurde von Monat zu Monat wertvoller, und die Preise fielen. Die Extroversion der zwanziger Jahre wich rasch der Introversion und Depression, der Verzweiflung und Angst der dreißiger Jahre.

1941, als Jupiter mit Saturn im Stier in Konjunktion stand, explodierten die überall flackernden Kriegsherde auf der Welt zu einem großen Weltkrieg, als die USA sich nach Pearl Harbor offen einmischten. Während der vierziger Jahre nahm die Produktion in diesem Land sehr stark zu, was zur Symbolik des Stiers paßt. Die Produktionskapazitäten dieses Landes erstaunten die Welt. Dieser erste Halbzyklus sah gewaltige Verschiebungen von Reichtum und ebenso eine massive Zerstörung von Besitz; Millionen Menschen fühlten sich gezwungen, auf die gewohnten Annehmlichkeiten des Alltags (Stier) zu verzichten. Auch die Stabilisierung der Weltwirtschaft und der Wiederaufbau Hunderter von Städten geschah während dieser Zeit; der Marshall-Plan war Teil der konstruktiven Seite dieser Stier-Konjunktion.

In den fünfziger Jahren machte sich eine deutliche Introversion in der westlichen Welt breit. Ganze Völker waren erschöpft von Krieg, Leiden, Angst, Sorge und Schrecken; sehr viele Amerikaner flüchteten sich in Vergnügen, Luxus und Sicherheit (Stier!). Diese Periode war gekennzeichnet durch einen Rückzug aus vielen Aktivitäten und das Bedürfnis nach Ruhe, obwohl die USA den Soldaten des zweiten Weltkrieges ihre Anerkennung zeigten, indem sie von Regierungsseite großzügige Hilfe bei der Beschaffung von Wohnungen, Schulen, Krankenhäusern etc. leisteten. In den USA und in Westeuropa begann sich tiefer Widerwille gegen Krieg, materiellen Ehrgeiz und soziale Konformität zu regen. Die fünfziger Jahre waren jedoch auch eine Zeit der Desillusionierung. Manchen Menschen fehlten in diesen Friedenszeiten die starken Erlebnisse, die für die einen im »Ruhm« des Krieges, für die anderen in der damit verbundenen Erregung und den klaren Zielen lagen. Als die fünfziger Jahre fortschritten, machte sich immer mehr Zynismus und

Unzufriedenheit breit ... bis die sechziger Jahre eine völlig neue Ära eröffneten.

Die sechziger und siebziger Jahre

Der jüngste, vollständige Zyklus, der jetzt endet, begann, als Jupiter und Saturn im Februar 1961 bei 25°12′ Steinbock in Konjunktion traten. Sie können nachprüfen, welche Faktoren in Ihrem Horoskop durch diese Konjunktion aktiviert wurden, in welches Haus sie fiel, welche Planeten aspektiert wurden, etc. Prüfen Sie nach, ob diese Faktoren und dieses Haus nicht nur zur Zeit der Konjunktion, sondern während der letzten zwanzig Jahre energetisch verstärkt wurden. Wir können später während der Diskussion darüber sprechen, wenn sie Zeit hatten, sich die Sache näher anzusehen. Natürlich trat John F. Kennedy beinahe zur Zeit der exakten Konjunktion sein Amt an, und während seiner Regierungszeit und der folgenden unter Johnson wuchs die durch Steinbock symbolisierte Regierungsmacht beträchtlich. Auch ein väterlicher Einfluß der Regierung (Steinbock!) nahm zu, in der der Staat für alle alles zu sein versuchte und sich bemühte, die Dienstleistungen zu tragen und Sicherheiten zu geben, die früher nur auf dem privaten Sektor oder gar nicht vorhanden waren. Wie unter dem Einfluß von allen Jupiter-Saturn-Konjunktionen begann ein völlig neuer Geist nicht nur in diesem Land, sondern auf der ganzen Welt zu wirken, der sowohl vom Ruhm der Kennedy-Ära als von den neuen kulturellen und musikalischen Entwicklungen widergespiegelt wurde.

Auffallend ist, daß die Musikgruppe der Beatles fast genau zur Zeit der 1961er-Konjunktion zu Weltruhm aufzusteigen begann. Es war im März 1961, als sie im Nightclub »The Cavern« in Liverpool auftrat. John Lennon, der Kopf der Gruppe, der ihr intellektuelle Schärfe verlieh und deshalb mehr als die drei anderen für die unglaublich soziale Wirkung der Musik verantwortlich war, wurde mit einer beinahe genauen Jupiter-Saturn-Konjunktion bei 13° Stier geboren. Und man muß es als traurigen Schlußpunkt einer Ära ansehen, daß er ermordet wurde, als Jupiter und Saturn die erste ihrer drei neuen Konjunktionen in seinem Sonnenzeichen Waage bildeten.

Zur Zeit der Jupiter-Saturn-Opposition begann der optimistische Geist des ersten Zyklus, der die Politik, die Musik und die Weltereignisse beeinflußt hatte, dahinzuschwinden und einer pessimistischen und resignierten Haltung zu weichen. Damals begann man das ganze schreckliche Ausmaß des Vietnamkrieges zu erkennen, und 1968 wurde Robert F. Kennedy ermordet. So wurden die letzten Überreste der Begeisterung von 1961 zerstört. Ich kann nicht alle schlimmen Ereignisse der 70er Jahre aufrollen, aber ich möchte einige Beispiele dieser von einer Abwärtsbewegung gefolgten Aufwärtsentwicklung geben, die die beiden Hälften des zwanzigjährigen Jupiter-Saturn-Zyklus begleiten.

1. Der »Liberalismus« und die »väterliche« Einstellung der amerikanischen Regierung, die unter Kennedy und Johnson begonnen hatten, verschwanden fast völlig während Carters Regierungszeit, als sich die neue Jupiter-Saturn-Konjunktion näherte. Carter hatte das Pech, in einer Zeit zu regieren, in der die nationale Stimmung eine radikale Wendung nahm und in der er der unberechenbaren Leidenschaft des Landes, seine Probleme auf den Präsidenten zu projizieren, nicht gewachsen war.

2. Die schöpferischen, innovativen, humanisierenden Aspekte der »Hippie«- und Blumenkinder-Bewegung der sechziger Jahre entwickelten sich zu den mechanischen, unmenschlichen, technologischen »kulturellen« Moden der siebziger Jahre, die nur zu deutlich durch den Disko- und Punk-Stil in der Musik symbolisiert wurden.

3. Die amerikanische Projektion der starken *und idealistischen* Anteilnahme an den Weltereignissen (die Extroversion des ersten Halbzyklus!), die sich in Aktivitäten wie dem Friedenskorps, großzügiger Entwicklungshilfe und den verschiedenartigsten Interventionen in anderen Ländern zeigte, hatte ihren Höhepunkt im Vietnam-Fiasko, und der letzte Jupiter-Saturn-Zyklus endete für Amerika mit Demütigung und Verlust an Vertrauenswürdigkeit durch die iranische Geiselaffäre und die nationale Unfähigkeit, etwas gegen die Unterdrückung in Polen und das Blutvergießen in Afghanistan zu tun.

4. Die Wirtschaftspolitik der sechziger Jahre, vor allem die inflationären Tendenzen, verbunden mit einer rasch sich vergrößernden Regierung, führten am Ende des Zyklus zu einer ernsthaft gefährdeten Weltwirtschaft, zu einer Inflation in den USA von über 20 Prozent, zum zunehmenden Wertverlust des Geldes und zu einer internationalen Schuldenlast, die nie mehr abgetragen werden würde.

5. Der Geist der Selbsterkenntnis und des Selbstausdruckes der frühen und mittleren sechziger Jahre, die damals auf ideale Weise

mit einem Gespür für kommunale Fragen und Gruppenidentifikation verbunden waren, degenerierten zu der starken Selbstbezogenheit der siebziger Jahre, die oft durch übertriebene Egozentrizität, rücksichtslose Durchsetzung gegenüber anderen Menschen und einem Bestehen auf dem Recht, sich um die eigenen Dinge zu kümmern, sowie einer Abwehr gegen die Ehe und das Kinderkriegen und den völligen Mangel an Interesse an sozialen Angelegenheiten charakterisiert waren.

Der Jupiter-Saturn-Zyklus der achtziger- und neunziger Jahre

Wir sprachen schon davon, was diese neue Konjunktion in der Waage symbolisieren könnte. Sicher wird wieder Interesse und Engagement entstehen für die Ehe, für dauerhafte Beziehungen und einen traditionelleren Lebensstil, zu dem es auch gehört, Kinder zu haben! Daß die Konjunktion in der Waage stattfindet, könnte ein Wiedererwachen des sozialen Gewissens mit sich bringen und – was zu hoffen ist – eine Hinwendung zu humanen und ästhetischen und nicht mehr nur zu finanziellen oder technologischen Maßstäben. Die Waage ist ein konservatives Zeichen, dennoch wird die technologische Revolution im Bereich der Elektronik und der Computer zweifellos weitergehen, denn die Waage ist auch ein intellektuelles und kommunikatives Symbol. Interessant scheint in diesem Zusammenhang die Ansicht von Malcolm Dean, einem kanadischen Schriftsteller, aus dessen bemerkenswertem Buch, *The Astrology Game,* ich zitieren möchte:

> Geht man von früheren Dekaden aus, so kann man annehmen, daß die achtziger Jahre eine extrovertierte Dekade sein werden, die spürbar 1981 beginnt. Wahrscheinlich werden wieder einige Aspekte der sechziger Jahre zutage treten, vor allem subkulturelle Bewegungen, offene Konfrontationen mit Autoritäten im Bereich militärischer und ökologischer Probleme und (was längst fällig ist) die Rückkehr einer populären Musik, die eine Botschaft zu bringen hat. Man kann nur sehnlichst wünschen, daß die Disko-Musik sterben wird. Die Konfrontationen könnten auf verschiedene Weise mehr Substanz haben, da viele von den Protestierenden der 60er Jahre sich nun einen Platz im sozialen System erarbeitet haben. Sie gefallen sich vielleicht jetzt im Nadelstreifenanzug besser als im wallenden langen Haar, ihre Träume von einer neuen Gesellschaft haben sie jedoch nicht ganz

vergessen. Während man sich in den 70er Jahren immer mehr auf einen überholten Status quo zurückzog und in den Bereich der Phantasie und der persönlichen Privilegien flüchtete, werden die 80er Jahre von dem wirklichen Bedürfnis nach konkretem Handeln auf weltweiter Ebene geprägt sein, denn man wird militärische und ökologische Katastrophen verhindern wollen. In den 60er Jahren leugneten die Autoritäten, daß ein solcher Einsatz notwendig sein könnte. Man merkte zwar im Lauf der 70er Jahre, daß Ökologie, Konsumdenken und Beschäftigungsprobleme ernst zu nehmende Fragen waren, sah sie aber immer noch nicht als erstrangig an. Die 80er Jahre werden sich wahrscheinlich nicht den Luxus solch weitgesteckter Fehlergrenzen erlauben können, mit denen sich die 70er Jahre durchmogelten. Die Probleme werden weltweit und aktuell sein und weltweite und aktuelle Lösungen fordern. Während man in den 70er Jahren Wert auf die Verfeinerung und Verbesserung alter Technologien (wie das Automobil) legte, werden sich die 80er Jahre verstärkt mit neuen Technologien beschäftigen. Als Reaktion auf die sozialen Spannungen des Jahrzehnts werden neue religiöse Bewegungen und ein wiedererwachendes Interesse an den etablierten östlichen Lehren bestimmend sein (Seite 315 der Originalausgabe).

Die Jupiter-Saturn-Konjunktion auf der persönlichen Ebene

Wir alle wissen, daß Saturn uns die Erfahrung deutlich vor Augen führt. Diese Jupiter-Saturn-Konjunktion spielt sich nicht nur irgendwo am Himmel ab; für uns alle ist sie ein stark wirkender Transit. Jupiter, der Saturn erweitert, während beide zugleich unser aller Horoskope aktivieren, kann nicht ignoriert werden. Ich möchte wetten, daß mindestens die Hälfte von Ihnen sich schon heute abend mit vielen wichtigen neuen Aktivitäten identifizieren kann, deren Erfahrungsbereich sich durch die Hausposition dieser Konjunktion in Ihrem Horoskop zeigt. Jetzt mag dieses Neue noch in geistiger Form, in Gestalt eines Samens spürbar sein; wir sind noch nicht ins Stadium des Handelns eingetreten, da wir erst am Beginn einer zwanzigjährigen Entwicklungsperiode stehen.

In welche Häuserposition Jupiter durch seinen Transit bei Ihnen auch gerät – Sie werden natürlich durch ihn die Möglichkeit und den Drang empfinden, Ihre Einsicht über bisherige Grenzen hinauswachsen zu lassen und Ihre Situation durch Erkenntnis und daraus folgendes positives Handeln zu verbessern. Es könnte einem vorkommen, als sagten Saturn und Jupiter so etwas wie: »Das *mußt* du lernen!« Aber während man die Schwere des Saturn zu spüren bekommt, der einem klarmacht, daß man keine andere Wahl hat, sagt Jupiter: »Ist es nicht wunderbar, daß du das endlich lernst und verstehst?« So stellt einem Saturn diese Lebensbereiche klar vor Augen und enthüllt oft die Folgen vergangener Handlungen und früherer Einstellungen, während er die Objektivität erhöht und einem im idealen Fall die Entschlossenheit und Hingabe verleiht, Dinge zu verwirklichen, und die Disziplin, es auf die richtige Weise zu tun. Jupiter erweitert das Verständnis und gibt einem zur gleichen Zeit den Glauben und die Kraft, diese neue Erkenntnis, die auf einer Zukunftsvision beruht, in die Tat umzusetzen. Ihre Zukunftsvisionen werden, so ist es zu hoffen, jetzt realistischer sein, da Saturn die gesammelten Erfahrungen in diesem Lebensgebiet bewußt gemacht hat.

Jupiter in Konjunktion mit Saturn in der Waage könnte für Sie eine neue Anschauung über Ihre zukünftige Arbeit bedeuten. Saturn hat immer auf irgendeine Weise mit Arbeit zu tun. Ich meine nicht nur den Job oder die Karriere, obwohl er auch eine Klärung hinsichtlich der neuen Richtung dieses Bereiches anzeigen kann. Viele Menschen, die ich kenne, beginnen eine völlig neue Einstellung zu Arbeit und Karriere zu bekommen. Diese Konjunktion könnte eine völlig neue Blickrichtung auf Ihre zukünftige Arbeit im Sinne eines ganz neuen Engagements, eines höheren Standards oder eines tieferen Verständnisses bringen. Sehen Sie nach, welche Planeten in Ihrem Geburtshoroskop durch diese Konjunktion aspektiert werden und welches Haus oder welche Häuser damit in Zusammenhang stehen. Es ist zu hoffen, daß die Konjunktion in jedem Bereich Ihres Lebens eine neue Ebene der Objektivität und eine erweiterte Perspektive ankündigt.

Ich muß hinzufügen, daß diese neue Objektivität und diese erweiterte Perspektive für die meisten Menschen auch mit engen Beziehungen zu tun haben wird, ob nun andere Lebensbereiche zugleich berührt werden oder nicht, vor allem weil diese Konjunktion in der Waage steht und man sich in Erinnerung rufen sollte, daß die Waage das *einzige* Zeichen des Tierkreises ist, das so unmittelbar und fast ausschließlich mit Zweierbeziehungen und allen Arten der Partnerschaft zu tun hat. Für viele, sehr viele Menschen könnte diese Konjunktion eine neue Wahrnehmung der praktischen Realität bestimmter Beziehungen und der menschlichen Beziehungen im allgemeinen bedeuten. Sie könnte Ihnen zeigen, wer wirklich ein loyaler Freund ist, auf den sie sich verlassen können, und wer es nicht ist. Sie könnte Ihnen die Motive der Menschen zeigen, die in irgendeine Art von Beziehung zu Ihnen getreten sind, und sie kann Ihnen Ihre eigenen Motive auf eine völlig überraschende Weise klarmachen. Für viele Menschen könnte sie ein wiedererwachendes Bewußtsein für die Bedeutung von Partnerschaften, für das Teilen mit anderen und für die traditionellen Werte der Hingabe und der Verantwortlichkeit in menschlichen Beziehungen bedeuten. Die Medien bestätigen offenbar, daß die traditionellen Ehen wieder zunehmen und auch wieder mehr Kinder in der Baby-Boom-Generation, die diese Aufgaben zu lange hinausgeschoben hat, geboren werden. Ich habe da eine Theorie über die Generation mit Pluto im Löwen, über die ich später ausführlicher sprechen werde. Jetzt möchte ich nur erwähnen, daß die Pluto-Löwe-Generation eine sehr schöpferische, aber auch sehr egozentrische Gruppe ist, die es möglicherweise allmählich ein wenig müde wird, nur für ihre eigenen kurzsichtigen Bedürfnisse zu leben. Viele von ihnen beginnen, sich auf einmal für etwas zu engagieren, und ich glaube, diese Jupiter-Saturn-Konjunktion in der Waage wird dazu führen, daß sehr viele sich Gedanken machen über ihre Bequemlichkeit und Eigennützigkeit, mit der sie bisher lebten. Sie werden sich die ernsthafte Frage stellen, wie sie wirklich leben möchten und welche Art von Beziehungen sie sich eigentlich wünschen.

Ich möchte hier einen Satz aus Liz Greenes Buch *Kosmos und Seele* zitieren, den ich sehr gut finde:

> Heute fließen die jahrhundertealten Kränkungen, Beleidigungen und alle hinuntergeschluckte Wut aus der kollektiven Ebene ein in die persönlichen Beziehungen.

Das ist nur zu wahr. Viele Menschen haben heute Ärger mit ihren Beziehungen, aber daß sie so erbost sind, sagt mehr über sie selbst als über die ihnen nahestehenden Menschen. Sehr oft kann man sehen, daß sie nicht nur auf einen bestimmten Menschen oder auf eine aktuelle persönliche Erfahrung reagieren; sie scheinen aus einer Art kollektiver, verallgemeinerter, unpersönlicher Erfahrung ihres Geschlechts oder ihrer Gruppe zu empfinden. Es ist eine Art kollektiver Entladung einer kollektiven, aufgestauten emotionalen Kraft und eines Drucks, der dann wie ein Vulkan ausbricht.

Nachdem ich diesen Satz in Liz Greenes Buch gelesen hatte, notierte ich den folgenden Gedanken:

> Sicher entspricht dieser soziale Trend Uranus, der kürzlich durch die Waage und dann durch den Skorpion gelaufen ist, und weiter Pluto, der nun ebenfalls durch die Waage läuft. Diese Planeten

brechen die alten Formen auf, und es ist zu hoffen, daß Pluto die kollektive Ebene der Psyche reinigen wird, soviel Schmutz dabei auch zutage treten mag.

So erneuert Uranus also Ihr Bewußtsein von Ihren Beziehungen und revolutioniert Sie auf vielen Ebenen; und dann geht Uranus durch den Skorpion, ein sehr explosives Zeichen. Es ist ein Sternbild, das sehr leicht im Untergrund wirkt und dann ganz plötzlich zum Ausbruch kommt. Und natürlich wird Pluto, der die Waage durchläuft, *alles* an die Oberfläche bringen, was in der individuellen und kollektiven Psyche durch das Zeichen Waage symbolisiert wird; manches davon wird während dieser Zeit ganz verworfen werden, auch wenn das nicht immer angenehm ist. Ob wir es jedoch schön finden oder nicht, wir nehmen alle an dieser Verwandlung in den menschlichen Beziehungen teil. In den westlichen Ländern scheinen wir mehr Freiheit in den Beziehungen zu haben und den damit verbundenen Problemen unmittelbarer und spürbarer ausgesetzt zu sein. Aber selbst in Ländern wie Indien beginnt eine große Zahl von Frauen gegen die traditionellen Verhaltensmuster zu rebellieren. Sie ziehen in die Städte, bilden sich, üben Berufe aus. Selbst Frauen aus den ländlichen Bereichen beteiligen sich aktiv an den Protesten gegen ökonomische Schwierigkeiten und ökologische Bedrohungen. Und wenn solche Dinge schon in Indien geschehen, kann man sicher sein, daß es sich um ein weltweites Phänomen handelt.

Nach den weitreichenden Veränderungen vor allem im Bereich der Beziehungen, die Uranus und Pluto im Durchgang durch die Waage mit sich gebracht haben, sehen wir jetzt, wie die Jupiter-Saturn-Konjunktion in der Waage neue Strukturen zu bilden beginnt. In welchen Bereich diese Konjunktion auch fällt, es wird ein Lebensgebiet sein, in dem neue Strukturen initiiert und gelebt werden. Aber diese Konjunktion findet statt, während Pluto sich auch noch in der Waage aufhält. Diese neue Auseinandersetzung mit Beziehungen, von der ich sprach, wird die meisten von uns mit Problemen wie Abhängigkeit, Bedürfnis nach anderen Menschen, Alleinleben, Einsamkeit usw. konfrontieren. Alle Menschen, die ich kenne, hatten seit dem letzten Dezember, also seit die erste Konjunktion stattfand, ein entscheidendes Beziehungsproblem. Für wie viele der hier Anwesenden trifft das ebenso zu? (Viele Hände erheben sich). Wie viele hier sind Waage-Geborene? fragte jemand vorhin.*) (Viele Hände erheben sich). Liz Greene und ich werden

*) Eine Befragung der Tagungsteilnehmer ergab später, daß eine große Zahl von ihnen besonders enge Aspekte zwischen der Jupiter-Saturn-Konjunktion und wichtigen Punkten oder Planeten in ihren Horoskopen hatten.

ja während der Tagung noch speziell über Partnerprobleme sprechen; diese Vorträge werden also für viele von euch wichtig sein.

Um auf das Thema der Generation mit Pluto im Löwen zurückzukommen: Ich glaube, daß wohl die Hälfte der hier Anwesenden Pluto im Löwen haben. Wie alles hat auch diese Konstellation ihre zwei Seiten. Diese Generation ist außerordentlich schöpferisch und beginnt gerade erst, in gesellschaftliche Machtpositionen zu kommen. Wir werden jedoch erst später sehen, wie gut diese Generation mit den Schwierigkeiten des Lebens fertig werden wird; für sie wird die Schwierigkeit vor allem in der Entscheidung zwischen machthungriger Selbstübersteigerung und den schöpferischen Idealen, an die viele von ihnen zutiefst glauben, bestehen. Während die Menschen dieser Gruppe einerseits kreativ und idealistisch sind, können sie gleichzeitig so egozentrisch und rücksichtslos sein, daß sie oft darauf bestehen, alles zu tun, was ihnen beliebt, einfach, weil sie es so wollen. Ich vermute, daß diese Generation sich mit viel Einsamkeit auseinandersetzen muß, die aus dieser Überbetonung des Ichs und aus dem manchmal in Bequemlichkeit mündenden Bedürfnis nach »Selbstausdruck« resultiert. Ich glaube, daß die Jupiter-Saturn-Konjunktion in der Waage schon beginnt, die Aufmerksamkeit dieser Generation vor allem auf die Problematik der Einsamkeit, der Begrenztheit egoistischen Lebens auf das Bedürfnis, etwas zum Wohl der Gesellschaft beizutragen, etc., lenkt. Man könnte sagen, daß Pluto im Löwen zwanghafte Selbstbezogenheit, ja oft Selbstüberschätzung bedeutet! Und da Löwe-Geborene dafür bekannt sind, gerne eigene Kinder zu haben, denkt diese Gruppe besonders extrem über die Kindheit und Methoden der Kindererziehung. Sie neigt dazu, ihre eigene Erziehung sehr negativ zu betrachten, und ist zwischen Wunsch und Ablehnung nach eigenen Kindern hin- und hergerissen. Für diejenigen in dieser Generation, die die Elternschaft völlig ablehnen, könnte das Alter recht merkwürdig werden, da ihnen dann die Beziehung zur Zukunft fehlt, die man durch Kinder oder, noch wichtiger, durch Enkelkinder gewinnt. Sie werden dann in einer innerlich zerrissenen Gesellschaft leben, geprägt von einem kulturellen Zerfall des Schulwesens, des nachbarschaftlichen Lebens, der Moral, der zum großen Teil auf den Mangel an Gemeinschaftssinn zurückzuführen ist, ein Problem der Menschen, die ihre Brücke in die Zukunft nicht schlagen.

Weiter könnte man über die Jupiter-Saturn-Konjunktion sagen, daß sie wohl unvermeidlich, zumindest für eine gewisse Zeit, für alle mehr Arbeit bedeuten wird, da Jupiter Saturn erweitert. Stimmt das für viele der hier Anwesenden? Mußtet ihr seit Dezember, also seit die erste Konjunktion stattfand, besonders hart arbeiten? (Viele Hände erheben sich, viele zustimmende Äußerungen). Oh, das sind mehr als fünfzig Prozent der Anwesenden! Das Gewicht dieser Arbeitslast läßt auch die allgemeine Anspannung wachsen, und wenn diese Konjunktion einen Geburtsplaneten oder einen anderen wichtigen Punkt vor allem durch Konjunktion, Quadrat, Opposition, Halbsextil oder Quincunx stark aktiviert, könnte diese verstärkte Belastung und Anspannung einen veranlassen, den betroffenen Bereich radikal zu verändern. Ihr könntet euch sogar ziemlich angeknackst fühlen, da die alte Schale zerbrochen wird, damit Raum für eine neue Struktur und ein neues Verständnis entsteht. Was auch immer die äußeren Ereignisse sein mögen: eine der Herausforderungen einer Verbindung von Jupiter und Saturn besteht darin, daß man optimistisch plant und auf die Zukunft hinarbeitet (Jupiter), während man die Lehren der Vergangenheit (Saturn) umsetzt, selbst wenn dadurch Angst, Groll, Verletzungen, Desillusionierungen und Schmerzen erlebt werden. Diese Konjunktion besteht aus einer merkwürdigen Mischung aus Positivem und Negativem, aus Optimismus und Pessimismus, aus einem Glauben an die Zukunft, der verbunden ist mit einer realistischen Erkenntnis der Begrenzungen des Lebens, die man aus der Vergangenheit gewonnen hat.

Wenn wir von Realismus und Desillusionierung sprechen, müssen wir auch noch eine andere Gruppe von Menschen erwähnen. Viele von euch hier wurden mit Neptun in der Waage geboren. So wird also bei euch der Geburtsneptun in dem Haus stehen, in das die Jupiter-Saturn-Konjunktion fällt. Mit anderen Worten: diese Konjunktion wird das Haus aktivieren, in dem viele von euch den Geburtsneptun haben. Da zudem die Jupiter-Saturn-Konjunktion dreimal in der ersten Hälfte des Zeichens Waage rückläufig ist, werden viele von euch auch ihren Geburtsneptun in naher Konjunktion mit der Jupiter-Saturn-Konjunktion erleben! Was auch immer Neptun und das Haus des Neptun für die Betreffenden bedeutet, es wird einem vor Augen gehalten; man merkt, was weiterentwickelt werden muß, wo ein tieferes Verständnis und vielleicht eine neue Disziplin, Hingabe oder Struktur fehlt. In vielen Fällen könnte das, was man bisher idealisiert hat, vor dem man fliehen wollte oder was man als Fluchtmittel benutzt hat und was sich durch das Haus des Neptun und vielleicht durch seine Aspekte äußert, über Jupiter-Saturn unentrinnbar ins Bewußtsein gerückt werden. Indem Jupiter und Saturn diesen neptunischen Bereich eures Lebens aktiviert, könnte er euch zwingen, diesen Bereich realistischer zu sehen und frühere illusorische oder selbstbetrügerische Einstellungen nun durch eine vertiefte Einsicht zu überwinden. Bereiche, in denen chronische Unklarheit herrscht, können während dieser Zeit eine Klärung erfahren, selbst wenn man sie gar nicht deutlicher und realistischer haben möchte. Welches Haus die Jupiter-Saturn-Konjunktion auch aktiviert: vor allem dann, wenn Neptun im Geburtshoroskop in diesem Haus steht, zeigt sich nun ein wirkliches Bedürfnis nach Entwicklung eines praktischen Sinnes, nach einer aufrichtigen und authentischen Auseinandersetzung mit diesen Lebensbereichen.

Diese Generation mit Neptun in der Waage scheint, verglichen mit der Generation meiner Eltern oder Großeltern, außerordentlich auf Beziehungen fixiert zu sein. Für viele Menschen dieser Gruppe konzentriert sich das ganze Leben auf diese Frage, und ihr Seelenzustand hängt immer vom augenblicklichen Stand ihrer gerade wichtigsten Beziehung ab. Frühere Generationen hatten so viele andere Dinge, die sie beschäftigten: Arbeit, familiäre Verpflichtungen etc. Doch diese Generation mit Neptun in der Waage idealisiert zwischenmenschliche Beziehungen und wird deshalb durch sie auch immer wieder aus dem Gleichgewicht gebracht. Entweder sind diese Menschen enttäuscht von Liebe und Freundschaft oder sie wollen alle möglichen neuen Formen ausprobieren, weil sie auf irgendeine Weise desillusioniert wurden. Bezeichnend erscheint mir dabei, daß Neptun in der Waage eine Verbindung außerordentlich passiver Symbole ist. Neptun ist der passivste Planet. Er ist durch und durch bereitwillig und weich. Immer gibt er nach und kommt letztlich zu nichts. Die Waage ist, besonders für ein kardinales positives Zeichen, oft bemerkenswert passiv oder zumindest von anderen abhängig. Sie ist immerhin ein Venus-Zeichen. Die Waage läßt sich in vielen Fällen eher lieben, als daß sie Liebe gibt. Sie möchte die Anteilnahme und Wertschätzung der anderen, aber es fällt ihr nicht leicht, aktiv Liebe zu geben.

Signifikant für diese Generation mit Neptun in der Waage ist, daß sie so übersensibel darauf reagiert, ob sie geliebt wird oder nicht, oder ob sie in der Liebe Verletzungen erfährt. Diese Gruppe hat ein so starkes Bedürfnis nach einer außergewöhnlich befriedigenden, idealistischen Verbindung, daß viele dieser Menschen von so mancher Art von Beziehungen völlig enttäuscht und desillusioniert wurden. Vielleicht haben diese Menschen zu sehr erwartet, daß alles auf sie zukommt, daß die anderen alles tun. Vielleicht haben sie erwartet, daß die ganze Welt sie lieben müsse; sie lernen nur sehr langsam zu erkennen, wie man an einer Beziehung arbeiten und akzeptieren kann, was ist. Ein Mystiker hat gesagt: »Was ist Liebe ohne Verantwortung?« Ich glaube, daß dies vielleicht eine der wichtigsten Lektionen von Jupiter und Saturn in der Waage ist, vor allem für die mit Neptun in der Waage geborenen Menschen.

Wir haben also festgestellt, daß die Jupiter-Saturn-Konjunktion eine starke Entfaltung von Energie in den Bereichen und Aktivitäten bedeuten wird, die durch ihre Plazierung in Beziehung zu eurem Geburtshoroskop betroffen sind. Und vorhin habe ich darauf hingewiesen, daß es vielleicht nützlich ist nachzusehen, welche Geburtsplaneten und Faktoren durch die vergangene Jupiter-Saturn-Konjunktion bei 25° Steinbock im Jahre 1961 aktiviert wurden. Wenn Sie das noch erweitern wollen, können Sie die Jupiter-Saturn-Konjunktion betrachten, die vor Ihrer Geburt stattfand, denn Sie wurden ja alle in einer bestimmten historischen Periode geboren, die gewisse soziale Werte, kulturelle Entwicklungen und Ideale verkörperte. Als Sie geboren wurden, kamen bestimmte Energieströmungen zur Wirkung, die mit der vorangegangenen Konjunktion zusammenhingen, und Sie waren Teil dieser Strömungen – vielleicht ein aktiverer Teil einer bestimmten gesellschaftlichen Kraft, wenn Sie in der ersten und nicht in der zweiten Zyklushälfte geboren wurden.

Vielleicht ist es nur eine idealistische Phantasievorstellung von mir, aber die Jupiter-Saturn-Konjunktion in der Waage könnte auf einer sehr positiven Ebene ein wachsendes Bewußtsein der Notwendigkeit, mit anderen Menschen auf einer internationalen Ebene zu teilen, an ihnen Anteil zu nehmen, bedeuten. Natürlich hoffe ich, daß sich so etwas entwickelt, denn eine der größten Gefahren in der Welt ist das schreckliche Ungleichgewicht von Reichtum, Nahrung, reinem Wasser, Investitionskapital und Gesundheitsfürsorge. Die Waage sollte einen Sinn für Gerechtigkeit in sozialen und humanen Angelegenheiten haben. Während dieser Periode müssen wir uns möglicherweise entscheiden, zu welchem Grad unser individuelles Leben sich in einen größeren sozialen Zusammenhang stellen muß. Müssen wir etwas für die Welt tun? Müssen wir einen Beitrag leisten? Es wird von der individuellen Natur jedes Menschen, von seinem *dharma* oder Schicksal abhängen. Manche von uns müssen sich auf diese Welt im weiteren Sinne einlassen, manche nicht. Manche Menschen sind von Natur aus mehr nach innen gekehrt und zurückgezogen. Ich könnte mir jedoch denken, daß die augenblickliche Konjunktion für die Menschen, denen es bestimmt ist, eine größere Rolle in der öffentlichen Welt zu spielen, einen Hinweis gibt, daß die Zeit nun gekommen ist, sich solchen Aktivitäten zu widmen oder sich zumindest dafür vorzubereiten. Diese Konjunktion scheint auf jeden Fall einen neuen Sinn für gemeinschaftliche Zusammenarbeit zu fordern, und vielleicht hat die mit Neptun in der Waage geborene Gruppe es nötiger als die meisten anderen Menschen, dieses Ideal wieder zu beleben.

(Zu diesem Zeitpunkt kamen spontane Fragen und ein etwa einstündiges Gespräch auf, währenddessen Dutzende von Tagungsteilnehmern mitteilten, auf welche Weise die gegenwärtige Jupiter-Saturn-Konjunktion ihre eigenen Horoskope aktivierte. All diese Menschen bewegten besonders wichtige und entscheidende Ereignisse und Erkenntnisse. Da der größte Teil der Fragen und Antworten und Berichte auf dem Tonband jedoch schlecht hörbar war, werden sie hier weggelassen.)

2. Kapitel

Horoskopvergleich und die Dynamik der Partnerschaft

Liz Greene

Bei dieser Zusammenkunft wollen wir uns mit dem Thema Partnerschaft beschäftigen. Und ich möchte zunächst einmal feststellen, daß die Zahl der Techniken zur astrologischen Deutung von Partnerbeziehungen immer mehr zunimmt und daß sie sehr nützlich sind. Sie vermitteln alle auf die eine oder andere Weise Einsichten in die verschiedenen Aspekte des zwischenmenschlichen Austausches. Aber wenn man sich dem Thema Partnerschaft nur mit technischen Methoden nähert, indem man einfach zwei Horoskope vergleicht, ein gemeinsames Horoskopbild zeichnet oder irgendeine andere der gebräuchlichen Techniken anwendet, so habe ich das Gefühl, daß eine sehr fundamentale Dimension verlorengeht.

Für mich ist das, was verlorengeht, die Tatsache, daß jede Beziehung ein Element des Geheimnisvollen enthält, das letztlich nicht definiert, nicht erklärt werden kann. Das Wesen des Austausches zwischen zwei Menschen ist wie das Wesen der Person, und das Wesentliche, das einen Menschen ausmacht, ist nicht im Horoskop zu finden. Ich glaube, daß wir es auch nie dort ablesen können. Man sollte nie die Tatsache aus den Augen verlieren, daß das Sternbild, das man vor sich hat, das eines Huhns oder das eines Opernhauses sein könnte, denn nichts im Horoskop deutet darauf hin, daß es sich um einen Menschen handelt. Irgend etwas aber durchdringt es, das das Einzigartige, die Seele oder die Individualität des Menschen ausmacht. Ich glaube, daß dies auch auf die Beziehung zwischen zwei Menschen zutrifft. Plato nannte Eros einen großen *daimon.* Er glaubte, dies sei die Sehnsucht und die Suche nach dem Ganzen, der Einheit. Ich glaube, daß das Gespür für eine Art Geheimnis, einen Gott, der wirkt, außerordentlich wichtig ist, da einen sonst alle Techniken am Ende mit offenen Fragen zurücklassen.

So möchte ich von Anfang an betonen, daß all diese Techniken, so raffiniert sie auch sein mögen, fundamentale Fragen nicht beantworten können, Fragen wie die nach dem Sinn einer Beziehung oder nach ihrer Dauer. Ich glaube nicht, daß es überhaupt im Bereich astrologischer Möglichkeiten liegt, solche Fragen zu beantworten. Keine Technik kann einem sagen, ob man eine bestimmte Beziehung eingehen oder aufrechterhalten soll oder nicht. Wenn wir also bereit sind, die Begrenztheit der astrologischen Sicht anzuerkennen, so glaube ich, daß wir einen Ansatz haben, sie schöpferisch zu nutzen.

Vor einem Horoskopvergleich würde ich immer zunächst das individuelle Horoskop betrachten. Der Grund dafür liegt darin, daß man in eine Partnerschaft nichts außer sich selbst einbringen kann. Es gibt keinen Aspekt, keine harmonische Beziehung und keine Progressionen zwischen zwei Horoskopen, die irgendeine nicht in beiden Menschen vorhandene Dynamik ausdrückten. Es kann nichts zwischen zwei Menschen geschehen, was sie nicht mit in die Beziehung gebracht haben. Das klingt wie eine Binsenweisheit, man neigt jedoch immer wieder dazu, es zu vergessen. Das Schicksal in der Beziehung kann nichts anderes sein als das, was die Schicksale beider Menschen umfassen. Es ist kein Drittes, das aus dem Nichts kommt. Deshalb würde ich mit dem individuellen Horoskop beginnen. Für meine Begriffe ist es am hilfreichsten, wenn man es in Form von Bildern sprechen läßt und nicht versucht, es intellektuell zu analysieren oder durch Schlüsselbegriffe zu definieren. Das Horoskop ist im Grunde wie ein Theater. Es gibt bestimmte Schauspieler, denen bestimmte Rollen zugeteilt wurden. Das führt zur Frage nach dem Schicksal, da die Charaktere und die Kostüme, die sie tragen, wie die besonderen Beziehungen, die sie miteinander verbinden, schon bei der Geburt da sind. Darauf hat man keinen Einfluß. Es ist schicksalgegeben, daß man mit diesen Charakteren zu arbeiten hat.

Wie immer man sie auch nennen mag: Götter oder archetypische Gestalten oder Schauspieler in einem Stück – im Horoskop wird ein Mythos oder eine Geschichte erzählt. Und wenn jemand in mein Leben tritt und eine wichtige Rolle spielt, so geschieht das, weil es auf irgendeine Weise mit meinem Mythos in Zusammenhang steht. Sonst käme er nicht in meinem Leben vor. Und er wird die Rolle, die Projektion eines meiner inneren Charaktere übernehmen. Es scheint so, als würden wir in unserem Horoskop darstellen, daß wir beschlossen haben, uns mit einigen von ihnen zu identifizieren und andere abzulehnen oder gar zu verleugnen. Jene, die wir ablehnen, werden unser exteriorisiertes Schicksal, und wir begegnen ihnen im äußeren Leben.

Manchmal übernimmt ein anderer Mensch einen dieser inneren Charaktere für ein ganzes Leben. Das geschieht in lebenslänglichen Ehen. Das ist nicht notwendigerweise schlecht. Es kann sehr gut funktionieren. Es geht nur darum, zu wissen, was wirklich geschieht. Sonst lebt man wie unter einem inneren Zwang in einer unguten Abhängigkeit von diesem anderen Menschen.

Wenn mein Mythos sich mit dem eines anderen Menschen in einer dynamischen Weise berührt, wenn eine irgendwie geartete Veränderung oder Verwandlung in der Beziehung geschieht, dann ist sie lebendig, – mehr kann man kaum darüber sagen. Ob sie dauern wird, ob sie gut oder schlecht ausgehen wird, ist dabei nicht wichtig. Das Entscheidende ist, daß sie lebendig ist. Berühren sich die Mythen oder Geschichten, so erlebt man die Beziehung als vital und bewegt, selbst wenn sie schwierig ist. Dann geht ein alchimistischer Prozeß vor sich. Jung verwendet oft die alchimistische Symbolik, wenn er die Dynamik einer Beziehung beschreibt. Etwas geschieht zwischen zwei Substanzen, und daraus geht das hervor, was die Alchimisten den Stein der Weisen nannten. Der Stein ist etwas außerordentlich Geheimnisvolles; Jung war der Ansicht, daß er eher etwas Psychologisches als etwas Physisches darstellte, daß er mit dem Empfinden für den eigenen Wesenskern zu tun habe. Wenn man in einer Beziehung zu einem anderen Menschen so etwas erfährt, ist das etwas Seltenes und Wunderbares. Ich glaube jedoch nicht, daß ein Horoskopvergleich einem sagen kann, ob eine Beziehung die Möglichkeit zu solch einer Verwandlung in sich birgt.

Ich möchte mich nun einigen Bereichen zuwenden, die ich im individuellen Horoskop besonders beachten würde. Man kann ein Gespür für die Kräfte bekommen, die in einer zwischenmenschlichen Beziehung wirksam sind, da sie die Form von Bildern oder Gestalten annehmen, und die kann man in dem Raum zwischen zwei Menschen sehen. Wenn man Eheberatung macht oder mit zwei Menschen arbeitet, die wegen eines Horoskopvergleiches zu einem gekommen sind – ob es sich nun um Eltern und Kind, um ein unverheiratetes oder verheiratetes Paar oder um irgendeine andere Art von Verbindung handelt – sie bringen diese Gestalten mit. Der Raum ist voll von ihnen. Die Schauspieler, die im Raum zwischen den beiden Menschen stehen, sind gewöhnlich jene, die im Horoskop nicht ausgelebt werden.

Zunächst würde ich die Elemente betrachten. Ich möchte darüber heute nicht zu lange sprechen, da ich schon sehr viel darüber geschrieben habe. Doch mein Blick wird sich zunächst darauf richten: wo ist ein weißer Fleck im Horoskop, was fehlt? Wenn etwas fehlt, werden wir versuchen, die Lücke zu füllen, da ein Grundbedürfnis der Seele das Streben nach Vollständigkeit zu sein scheint. Deshalb wirkt sich das Horoskop eines Menschen vielleicht anders aus als das eines Huhns. Wenn ein Mensch einseitig ist, scheint das Unbewußte nach Vervollständigung zu streben. Fehlt ein Element, so mag einen das in der ersten Lebenshälfte nicht sehr stören. Oft fällt es gar nicht auf, man beschäftigt sich nicht damit.

Man kommt gut mit dem zurecht, was entwickelt ist. Gewöhnlich beginnt sich dies jedoch in der Mitte des Lebens zu ändern. Manchmal beginnt diese Veränderung schon früher; man wird sich eines Mangels bewußt, man merkt, daß man mit einem bestimmten Lebensbereich schwer zurechtkommt. Meist tendiert man dazu, sich in jemanden zu verlieben, der den Mangel ausgleichen soll, später jedoch wird der geliebte Mensch selbst zum Problem. Dann tauchen die Gestalten auf, erst durch den anderen Menschen verkörpert, dann im eigenen Inneren. Die Bilder können sehr irdisch und schwer oder luftig und klar, können feurig oder wäßrig sein. Diesen Bildern sehr verwandt ist vieles, was wir in Märchen und Mythen finden. Wenn in einem Horoskop die Erde fehlt oder nur sehr wenig besetzt ist, erscheint der Schauspieler oder die Schauspielerin auf der Bühne in einem irdischen Kostüm. Es kann der Typ der Erdmutter sein oder der des strengen, starken Vaters, der Mensch, der in gewisser Weise die unkomplizierte Natur verkörpert.

Für einen Menschen, dem die Erde fehlt, ist es schwer, mit solch einer Persönlichkeit zu leben, er wird aber zugleich dazu neigen, sie zu idealisieren. Erde kann auch der Tätige sein, der sich in der Welt mutig zeigt, der hinausgeht und Geld verdient, der in der Gesellschaft etwas erreichen und darstellen kann. Es ist der Mensch mit Status, der die Kraft hat, sich auseinanderzusetzen und Dinge in Gang zu bringen. Es ist, als bildete sich das, was man in sich selbst sucht, zu einer Gestalt zwischen den beiden Menschen und als sähe man durch diese Gestalt, dieses Bild hindurch, auf den anderen Menschen und fände ihn zugleich anziehend und abstoßend. Der andere, dem dieses Bild verpaßt wird, kann auf sehr verschiedene Weise darauf reagieren. Manchmal wird er sich aus Gründen, die nur ihn selbst betreffen, unbewußt entscheiden, das Bild anzunehmen. Es ist auch möglich, daß er dagegen ankämpft oder daß es ihn nicht berührt. Berührt es ihn nicht, so geschieht nichts; es entsteht keine Beziehung. Entscheidet er sich dafür, es anzunehmen, so geschieht das gewöhnlich deshalb, weil er sich damit identifiziert. Es ist ihm angenehm, so gesehen zu werden.

Das wird am Beginn einer Beziehung sehr schnell spürbar. Wenn man jemandem näherkommt, der ein Bild auf einen projiziert, mit dem man sich insgeheim gerne identifiziert, fühlt man sich anziehender, strahlender, selbstbewußter. Man meint, jetzt endlich wirklich verstanden zu werden. Es ist, als repräsentiere diese Gestalt nicht nur etwas Fehlendes und Ersehntes auf seiten des Projizierenden, sondern als rufe sie auch etwas in der eigenen Seele wach. So erhält das Bild zwischen diesen beiden Menschen immer mehr Nahrung und kann zur wichtigsten Dynamik der Beziehung werden.

Man kann natürlich auch gegen dieses Bild kämpfen und sagen: »Nein, so bin ich nicht. Hör auf, mich verändern zu wollen. Ich bin nicht die Erdmutter, von der du träumst, warum willst du mich in diese Schublade stecken?« Diese Art von Kampf kann in einer Beziehung auch sehr schöpferisch und belebend sein, da es einen schließlich zwingt, sich zu fragen, warum dieses Thema sich immer wiederholt. Es mag ja die Projektion des Partners sein; warum aber wird dieses Bild immer wieder auf einen projiziert? Aber wie es auch immer sei – ob man sich nun damit identifiziert oder es ablehnt: wenn es das Leben immer wieder bestimmt, gehört es zum eigenen Mythos.

Die Projektionsgestalt zwischen beiden Menschen kann auch wäßrig sein, wenn Wasser im Horoskop fehlt. Es kann das Bild der Zauberin, der mitfühlenden Mutter, des zärtlichen Vaters oder dessen sein, der alles versteht, Mitleid hat und einem vergibt, wenn man sich selbst nicht vergeben kann. Es kann der gute Vater sein, der einen ernährt und umsorgt, denn im Wasserelement liegt viel Möglichkeit zur Nähe und Verbundenheit. Wenn diese im Horoskop fehlende magische Gestalt zwischen zwei Menschen als ein wasserbestimmtes Bild erscheint, so tritt sie im Gewand der Zärtlichkeit und Vertrautheit auf. Es kann auch als manipulierender Mensch auftauchen, denn Wasser beeinflußt auch, bewegt, löst auf.

Das bestimmende Bild kann auch feurig sein. Es kann ein Künstler oder Schauspieler oder ein in anderen Bereichen sehr schöpferischer Mensch sein. Das ist ein sich oft wiederholendes Muster, wenn Feuer im Horoskop fehlt. Man verliebt sich in den Künstler und idealisiert die schöpferische Persönlichkeit. Was man an diesem Menschen nur liebt, ist seine schöpferische Kraft. Es ist jedoch eine Gestalt im eigenen Mythos. Hat man kein Feuer im eigenen Horoskop, dann ist das einer der eigenen Charaktere.

Ist die Gestalt luftig, dann ist es ein geistvoller und gescheiter Mensch, der sich gut ausdrücken und in der Gesellschaft bewegen kann und der zu unbefangenem, unterhaltsamem Austausch begabt ist. Es kann auch ein gelehrter Mensch sein oder jemand, der durch seine Intelligenz eine wichtige gesellschaftliche Stellung hat, jemand, der politisch einflußreich ist, eine kultivierte Frau, ein Mann mit großen Ideen.

All die von mir zitierten Gestalten tauchen im individuellen Horoskop auf, entweder weil sie unbewußt sind, wenn ein Element fehlt, oder weil wir uns mit ihnen identifizieren, wenn ein Element stark besetzt ist. Wir bringen sie mit in unsere Beziehungen ein und erfahren sie durch den anderen Menschen. Wenn ich bei einem Horoskopvergleich die Horoskope betrachte, möchte ich immer zunächst wissen, welche Rollenverteilung die beiden Individualitäten mitgebracht haben.

Ein weiterer Bereich, in dem diese Rollen gespielt werden, sind die Aspektkonstellationen. Ein Aspekt ist nicht nur die dynamische Energie oder Beziehung zwischen zwei Grundstrebungen. Es ist auch ein Bild, eine Gestalt. Um es genauer zu sagen: es ist die Auseinandersetzung oder die Liebesaffäre zwischen zwei Gestalten. Wenn es um einen Aspekt im Geburtshoroskop geht, in dem die eine oder andere Komponente nicht integriert oder akzeptiert wurde – was besonders beim Quadrat und bei der Opposition der Fall zu sein scheint –, dann wird einer der Planeten abgespalten und erscheint als der oder die Geliebte, als Ehepartner, als Kind, als Vater oder Mutter. Wenn ich also einen Aspekt wie die Sonne im Quadrat zu Pluto habe, so kann ich mich mit der Sonne recht wohl fühlen. Vielleicht mag ich dieses Gesicht von mir sehr und identifiziere mich damit. Aber mit Pluto ist es etwas anderes. Wenn ich Pluto abschütteln will und nicht erkenne, daß diese Gestalt etwas mit mir zu tun hat, werde ich rings um mich her überall Pluto sehen. Ich werde diese Gestalt in meine Beziehungen mitbringen, und dann habe ich es immer wieder mit Dunkelheit und Besitzgier, mit Gemeinheit, Zerstörung und Verschlungenwerden zu tun. Vielleicht erfahre ich auch tiefe Wandlungen, aber sie sind besonders schmerzhaft. Mit Pluto sieht eine Verwandlung so aus, daß man durchs Feuer gehen muß und sich dann zu entscheiden hat, ob man entweder seinen linken Arm oder sein rechtes Bein opfert, um wieder befreit zu werden.

Wenn ich diese dunkle Gestalt projiziere, werde ich ihr immer wieder in meinen Beziehungen begegnen. Ich werde sie unbewußt hervorrufen, so daß sie mir durch jeden Menschen, mit dem ich näher zu tun habe, von außen begegnet. Oder ich habe etwas wie Venus in Konjunktion mit Uranus und bin nicht glücklich mit dieser Konjunktion, weil sie mit den Wertvorstellungen meines übrigen Horoskops nicht übereinstimmt, und so werde ich ihr immer wieder in der Außenwelt begegnen. Man mag sich vorstellen, daß jemand sehr konventionell ist und sozial akzeptable, der Tradition entsprechende Beziehungen sucht, aber eine Venus-Uranus-Konjunktion in seinem Horoskop hat. Wenn er sie nicht auf irgendeiner Ebene lebt und so tut, als gehöre sie nicht zu ihm, dann wird er diese Problematik in jeder Beziehung hervorrufen und sich unbewußt Menschen suchen, die sie für ihn ausagieren.

Frage: Wußten Sie, daß das bei Anita Bryant der Fall ist? Sie hat eine exakte Uranus-Venus-Konjunktion am medium coeli.

LIZ GREENE: Das überrascht mich nicht. Wenn man diese Dinge bis zum Extrem treibt, muß man einen Sündenbock haben, auf dem man alles ablädt. Das hat sie auf sehr weitreichende Weise getan.

So wird jeder Aspekt des Horoskops, mit dem man sich nicht im Inneren auseinandersetzt, die in die Außenwelt projizierten Figuren noch summieren. Und sie sind Götter. Ich halte es für einen großen Irrtum, wenn man versucht, einen Planeten auf einen psychologischen Begriff oder eine Metapher zu reduzieren. Diese Bilder haben etwas an sich, das einen fasziniert, sie haben die Macht, das Leben zu verändern, ob man ihnen nun in anderen Menschen oder im eigenen Inneren begegnet. Sie bewegen einen mehr, als es irgendein Mensch von Fleisch und Blut könnte. Begegnet man diesen Bildern in seinen Träumen, so geschieht das in sehr viel reinerer Form, da man dann erkennt, daß die Gestalt zu einem selbst gehört. Es ist der eigene Traum, in dem sie auftaucht. Man kann in Träumen die Planetengestalten manchmal sehr klar erkennen. Pluto ist oft der dunkle Mann oder die dunkle Frau. Er kommt aus Höhlen, Untergrundbahnen, Abwasserkanälen und Kellern hervor. Er lebt in Kisten, die die Menschen nicht aufmachen, oder schleicht aus dem dunklen Wald hervor. Oft versucht er zu verfolgen oder zu vergewaltigen. Er taucht in düsteren Landschaften und im Nebel auf. Pluto, der in männlicher oder weiblicher Gestalt in Traumbildern lebt, scheint immer diesen Nimbus des Unbekannten und Bedrohlichen zu haben.

Auch Planeten in bestimmten Häusern scheinen eine Rolle in dem Stück zu spielen. Das gilt vor allem für die Häuser, die der Tradition nach mit anderen Menschen zu tun haben, also das vierte, das zehnte, das siebente und das fünfte. Ich glaube, daß wir das fünfte bei Horoskopvergleichen sehr oft übersehen, denn wir sagen, das fünfte sei das Haus der Kinder, also was hat es mit einem Partner oder Ehegefährten zu tun? Das fünfte Haus ist jedoch das Haus des eigenen inneren Kindes. Das heißt, daß der Teil in mir, der noch Kind ist und immer kindlich bleiben wird, durch die Konstellationen des fünften Hauses gefärbt ist. Wenn ich ein Kind aus Fleisch und Blut habe, werde ich dieses Kind durch das Bild meines inneren Kindes annehmen, und dieses Bild spiegelt das fünfte Haus wider. Habe ich also beispielsweise Uranus im fünften Haus, erlebe ich meine Kinder als uranisch geprägt. Und sie werden dazu gezwungen sein, dieses Uranus-Bild zu übernehmen, da sie noch nicht alt genug sind, gegen mich zu kämpfen. Habe ich Neptun in meinem fünften Haus, werde ich das Bild des Opfers oder des Retters in meinen Kindern sehen. Aber solange ich nicht erkennen kann, daß das neptunische Opfer und der uranische Rebell Teil meiner eigenen kindlichen Seite sind, verurteile ich meine Kinder dazu, sie auszuleben, ob diese Rolle zu ihnen paßt oder nicht.

Diese Bilder sehen wir auch im kindlichen Wesensanteil des anderen Erwachsenen. Ich glaube, daß eine sehr grundlegende psychologische Dynamik einer Beziehung um das Kind in beiden kreist. James Hillmann sagt das sehr schön: die Ehe oder jede dauerhafte Beziehung sei der Ort, an dem das Kind in beiden Menschen sich ungestraft zeigen dürfe. Das ist eine der Erwartungen, die wir von unseren intimen Beziehungen haben. Da ist ein Kind, das für den Menschen, in dem es lebt, göttlich und wunderbar spielerisch ist, das aber auch außerordentlich unangenehm infantil, bequem, hemmungslos und fordernd sein kann. Dieses Kind möchte vom Partner akzeptiert werden, sei es, daß er es beschützt oder im Zaum hält. Dieses kleine Wesen spiegelt die Eigenschaften des fünften Hauses wider. Wie es vom Partner aufgenommen wird, hängt von den Eigenheiten seines fünften Hauses und seiner Beziehung zur eigenen Kindlichkeit ab. Wenn man dieses Kind in sich selbst nicht akzeptiert, sieht man es in jemand anderem. Dann sagt man: »Ach, er ist so kindisch, ich kann es nicht ertragen, wenn er sich so benimmt.«

Ich glaube, die Bedeutung des siebten Hauses ist offensichtlich. Wir alle wissen, daß das siebte das Haus des anderen ist, und der andere ist letztlich etwas Inneres und nicht etwas Äußeres. Es ist der Ort, an dem die Charaktere in unserem Drama sich auf offensichtlichste Weise in konkreter Gestalt materialisieren. Viertes und zehntes Haus sind subtiler, denn wir sagen, sie verkörpern Mutter und Vater. Ich möchte jetzt nicht darüber diskutieren, welches Haus die Mutter und welches den Vater repräsentiert. Wir können später darüber sprechen, wenn jemand das möchte. Diese Häuser sind jedoch ein Bild für die Eltern, und in ihnen drückt sich eine weitere offensichtliche und grundlegende psychische Dynamik aus. Wir bringen nicht unser inneres Kind mit in die Beziehung, sondern auch Mutter und Vater. Über diesen Punkt werden in Beziehungen die meisten Klagen erhoben. Es gehört zu unserem modernen Jargon, vom Mutterkomplex und vom Vaterkomplex zu sprechen. Im zehnten Haus geht es darum, was man als »Mutter« wahrnimmt und was Muttersein für einen selbst bedeutet. Das Bild des Geschöpfes, das man Mutter nennt, ist in Wirklichkeit das Bild der Mutter in einem selbst. Diese Gestalten sind nicht wirklich die Eltern, sie sind Bilder der Eltern, Schauspieler in dem eigenen Stück. Natürlich werden sie, vor allem in der ersten Hälfte des Lebens, projiziert, da wir in unseren Partnern nach Mutter und

Vater suchen. Immer wenn ich es mit schwierigen Ehen zu tun habe, die vor dem dreißigsten oder einunddreißigsten Lebensjahr geschlossen wurden, merke ich, daß das zehnte und vierte Haus, viel mehr als das siebente, die Gestalten verkörpern, die die Ehe bestimmen. Am Anfang ist die erste Frau, der man begegnet, die Mutter, die man durch die Brille des zehnten Hauses sieht, und der erste Mann ist der eigene Vater. Es dauert lange, bis man darauf kommt, daß es auch Facetten der Weiblichkeit gibt, die nicht in diesem Bild der Mutter enthalten sind, oder Facetten der Männlichkeit, die nicht dem Bild des Vaters entsprechen. Deshalb haben Analytiker so viel zu tun; es dauert eben ein halbes Leben oder länger, bis man entdeckt, daß nicht alle Frauen die eigene Mutter sind und nicht alle Männer der eigene Vater. So scheinen also die Planeten in diesen beiden Häusern in den Beziehungen der ersten Lebenshälfte außerordentlich wirksam zu sein.

Meiner Ansicht nach ist es ein großer Fehler zu glauben, daß wir immer die Mutter auf Frauen und den Vater auf Männer projizieren. Es ist wohl nicht so einfach. Mutter und Vater sind, wie sie im zehnten Haus erscheinen, mythische Gestalten, und mythische Gestalten haben eine bemerkenswerte Fähigkeit, ihr Geschlecht zu wechseln. Sie haben Eigenschaften und Verhaltensmuster, die nicht notwendigerweise durch körperliche Geschlechtlichkeit definiert werden können. Wenn eine Frau große Probleme mit der Mutter hat, wird sie diesem Problem sehr häufig in der Beziehung mit einem Mann wiederbegegnen. Es ist die Mutter, mit der sie kämpft, im Mann und in sich selbst.

Die Planeten in diesen Häusern gehören zur Besetzung des Stücks. Ich glaube, daß es bei all diesen Dingen nicht um gut oder schlecht, pathologisch oder gesund geht. Ich glaube, daß das Projizieren psychischer Inhalte oder Gestalten etwas ist, das einfach geschieht. Vielleicht geschieht es, weil das Bild selbst das Bedürfnis hat, in einer Gestalt oder im Bewußtsein geboren zu werden. Wenn ein Potential in mir ruht, das noch ans Bild gebunden ist und sich noch nicht zum Teil meines Lebens entwickelt hat, dann wird es sich konkretisieren wollen. Früher oder später möchte es in die Welt treten. Es gibt einen Trieb zur Inkarnation, zur Verwirklichung, der in diesen Bildern zu wohnen scheint. Deshalb projizieren sie sich. Man kann nicht sagen, daß ich etwas Pathologisches oder Neurotisches tue, indem ich projiziere. Ich projiziere nicht etwas aus dem Unbewußten; es projiziert sich selbst. Diese Gestalten brauchen mich, brauchen mein Bewußtsein als Geburtshilfe. Damit kündigt sich der Beginn einer Art von Beziehung zwischen mir und ihnen an. Wenn ein inneres Bild sich selbst projiziert, so ist das, als sage es: »Es ist Zeit.« Und vielleicht beginne ich schließlich zu spüren, daß dieses Bild etwas mit mir zu tun hat und daß es nicht ausschließlich zu den anderen gehört.

Es gibt zwei Gestalten, über die ich etwas ausführlicher sprechen möchte. Sie sind nicht auf bestimmte Horoskope begrenzt, sondern scheinen universell zu sein. Sie liegen unter allem persönlichen Material im individuellen Horoskop. Ich bin mir nicht ganz klar darüber, was sie eigentlich darstellen. Es scheint, als seien sie die Bilder für zwei extreme archetypische Pole des Männlichen und des Weiblichen. Ich hatte noch nie mit einer engeren Beziehung zwischen zwei Menschen zu tun, in der sie nicht in irgendeiner Form auftraten.

Der weibliche Pol dieses Paares hat eine sehr merkwürdige Ikonographie. Meistens erscheint er in der Gestalt der Gorgo. Es gibt eine ganze Reihe volkstümlicher Gorgonen-Legenden. Die bekannteste sagt, daß die Gorgo eine sehr schöne Frau war. Eine Gottheit ist auf sie eifersüchtig, oder es geschieht ihr ein Unrecht. Manchmal wird sie geraubt. Der Raub und die Vergewaltigung wecken in dieser Frau heftige Wut und Rachelust. Studiert man die Ikonographie der Gorgo in den mediterranen Kulturen und im alten mittleren Osten, so sieht man, daß sie bestimmte, universelle Charakteristika hat, die alle kulturellen Grenzen überschreiten. Sie ist ein universelles Bild. Sie streckt ihre Zunge auf eine sehr phallische Weise heraus; oft ist sie von Schlangen umwunden oder ihr Haar besteht aus Schlangen, wie das bei der griechischen Medusa der Fall ist. Manchmal winden sich auch zwei Schlangen um ihre Arme. Sie hat sehr große, starre Augen, und ihr Blick lähmt den, der ihm begegnet. Sie ist ein Bild der empörten, geschändeten Natur. Ich glaube, daß es für eine Frau sehr schwer ist, zu erkennen, wenn die Gorgo erscheint, da man ganz einfach in sie verfällt, sie wird. Männer erkennen das sofort. Sie hat eine charakteristische Stimme, die Stimme der verletzten Würde und Wut.

An der Oberfläche mag sie die typische Klage äußern: »Warum hast du mich so verletzt?« oder: »Wenn du mich wirklich liebtest, hättest du das nicht getan.« Darunter liegt tief begrabene alte Bitterkeit. Es ist die Bitterkeit der Frau, die sich benutzt, gedemütigt, unterdrückt fühlt. Das ist ein kollektives Bild für eine sehr alte Erfahrung, doch schon eine kleine persönliche Verletzung kann einen in diese Stimme verfallen lassen, die den Schmerz von Jahrtausenden ausdrückt. Die moralische Seite dieses Problems ist sehr schwierig, da sie vom Standpunkt der Gorgo aus ein Recht hat, voller Zorn und Rachsucht zu sein. Sie glaubt, daß die Männer an allem schuld sind. Im Grunde ist es wohl so, daß das Gesicht der

Gorgo zu einer häßlichen Grimasse erstarrt, weil sie ihre Wut nicht ausleben kann.

Dieser Gestalt ist es eigen, sich mit außerordentlicher Regelmäßigkeit in Beziehungen einzuschleichen. Es ist das, was so viele Männer an den Frauen fürchten, und es ist das, was die Frauen in sich selbst nicht erkennen möchten. Die Motive der kastrierenden und verschlingenden Frau haben viel mit dieser Gestalt zu tun. Sie ist eine Art Schatten des weiblichen Prinzips. Ich glaube, daß sie astrologisch viel mit Pluto zu tun hat. Sie steht auch in Verbindung mit dem achten Haus und mit dem Zeichen des Skorpions. Im individuellen Horoskop und Leben scheint sie sich ganz verschieden auszuleben. Ich glaube, daß ein dominierender plutonischer Einfluß in einem Horoskop, sei es das eines Mannes oder das einer Frau, bedeutet, daß die Gorgo vielleicht ein wenig mächtiger ist, mit einigen Schlangen mehr bewaffnet, und daß sie schneller hervorkommt. Weil sie ein weibliches Bild ist, hat sie die Tendenz, sich, wenn sie Teil der Psyche eines Mannes ist, auf seine Frau zu projizieren.

Es gibt ein Gegenstück zur Gorgo, und wann immer sie in einer Beziehung auftritt, hat sie die bemerkenswerte Fähigkeit, diesen Gegenspieler wachzurufen. Der Name, den ich dafür gewählt habe, stammt aus Eugene O'Neills Stück *Der Eismann kommt.* Die Psychiatrie kennt ihn als den Psychopathen und betrachtet seinen Zustand als unbehandelbar und unheilbar. Man neigt dazu, Menschen als »Psychopathen« zu etikettieren, die keine Gefühle zu haben scheinen. Die Psychiatrie definiert diesen Zustand als angeborene moralische Minderwertigkeit, was bedeutet, daß kein Schuldgefühl da ist, wenn anderen Schmerz zugefügt wird. Auf emotionaler Ebene ist man unberührt und unberührbar. Man kann etwas Unsoziales oder Grausames tun, ohne Gewissensbisse und Mitleid zu empfinden. Ich pflege ihn den »Eismann« zu nennen; er ist eine mythische Gestalt. Ich glaube, daß er in gewisser Weise der Schatten des männlichen Prinzips, seine Extremform darstellt. Ich nehme an, daß er die innere Last ist, die Männer tragen müssen, wie die Gorgo die Last der Frauen ist.

Man sieht es sofort, wenn der Dialog zwischen diesen beiden Gestalten beginnt, wenn er im Leben anderer Menschen stattfindet. Sehr viel schwerer ist es, den Dialog zu hören, wenn es der eigene ist. Der Mann und die Frau scheinen zu verschwinden, und die Gorgo und der Eismann betreten die Bühne. Die Gorgo beginnt zu wüten, und der Eismann zieht sich zurück. Er sagt kalte Dinge wie: »Ich möchte darüber nicht mehr sprechen«. Er sagt der Gorgo, daß sie irrational und überemotional sei, und läßt sie deutlich seine

Abwehr spüren. Er sagt: »Wenn du dich beruhigt hast und dich wie ein zivilisierter Mensch benimmst, dann können wir wieder darüber sprechen.«

Meist will er jedoch gar nicht darüber sprechen, da er ihre Wut nicht ernst nimmt. Er kann nicht dazu gebracht werden, sich schuldbewußt zu fühlen, weil er unfähig ist, seine Schuld wahrzunehmen. Das einzige, was geschieht, ist, daß er sich grausam zeigt oder geht. Die Dynamik zwischen diesen beiden Gestalten ist erschreckend, schon deshalb, weil sie bei zwei Menschen hervortreten kann, die einander wirklich lieben und gar nicht so empfinden wollen. Wie gut zwei Horoskope auch miteinander harmonieren mögen, die Individuen können in diese Dynamik verfallen. Es ist wie eine Besessenheit. Diese Gestalten sind nicht persönlich, sie sind archetypisch. In der Literatur und in der Kunst treten sie immer wieder auf; es gibt sie schon seit Jahrtausenden. Obwohl sie nicht persönlich sind, nähren sie den persönlichen Groll. Wenn sie einen überwältigen, können sie jede Beziehung zerstören, selbst wenn die beiden Partner astrologisch gesehen auch noch so gut zusammenpassen.

Es geht wahrscheinlich darum, mit Gestalten wie diesen von innen heraus zu arbeiten. Ich glaube, daß die Gorgo mit Pluto zu tun hat und der Eismann mit Uranus. In einem Horoskop, in dem eine starke Uranus- oder Wassermann-Betonung vorherrscht, wird der Eismann ein bißchen kälter als gewöhnlich sein, ob es sich nun um einen Mann oder eine Frau handelt. Man kann ihn im Wassermann-Temperament leicht erkennen, ebenso wie die Gorgo im skorpionischen. Ich glaube jedoch, daß sie auch dann auftauchen, wenn man in zwei Horoskopen einen Mangel an Luft und Wasser findet. Hat man Uranus oder Pluto im siebenten Haus, kann man selbst herausfinden, wie schnell beide Gestalten als die motivierende Energie in einer Beziehung überhandnehmen. Das ist auch der Fall, wenn Uranus oder Pluto im zehnten, vierten oder fünften Haus stehen oder wenn man Aspekte wie Mond–Pluto, Sonne–Uranus, Venus–Pluto oder Mond–Uranus hat. Bei all diesen Aspekten, vor allem wenn es Quadrate oder Oppositionen sind, kommt der Eismann sehr schnell von seinem Berg herab, die Gorgo kriecht aus ihrer Höhle, und mit einem Mal haben sie die Beziehung in ihrer Gewalt.

Frage: Tauschen sie auch die Rollen? Nehmen wir an, eine Frau habe einen Sonne-Uranus-Aspekt. Spricht dann der Eismann auch aus ihr?

Liz Greene: Ich glaube, daß der Eismann Teil dessen wird, was Jung *animus* nennt. Ja, er ist Teil der Frau. Aber er äußert sich bei ihr in einer besonderen Weise, er ist sehr abgespalten. Es ist, als läge seine Kälte in ihrer Stimme, die all diese Dinge sagt. Aber die Spaltung existiert, weil es eine männliche Gestalt ist. Er kämpft gegen die Frau selbst, während er kalte Dinge zum Partner sagt. Letztlich ist er eine innere Qual. Er bestraft die Frau für ihre Weiblichkeit und lähmt ihre Gefühle. Gewöhnlich wird er auf einen Mann projiziert, aber man kann ihn auch im Inneren finden, wie er kritisiert und unterdrückt. Viele Frauen haben mit ihm große Probleme. Er zerstört jedoch nicht so sehr den Mann, auf den er projiziert wird, als die Frau selbst.

FRAGE: Könnten Sie ein Beispiel dafür geben?

LIZ GREENE: Meinen Sie ein Horoskopbeispiel oder ein Beispiel aus dem praktischen Leben? In der Praxis ist es eine gewisse Stimme, die ich bei vielen Wassermann-betonten Frauen gehört habe. Sie sagt: »Ich glaube nicht daran, daß man einen anderen Menschen besitzen kann, Beziehungen sollten frei von emotionalen Szenen und Forderungen sein, niemand gehört einem anderen Menschen. Ich empfinde keine Eifersucht, ich finde Emotionalität schwach und widerlich.« Das sagt die Stimme. Dummerweise paßt sie nicht sehr gut zur weiblichen Psyche. Meist ist eine große Animosität, eine Abwehrhaltung da. Wenn ich mit dieser Art von Stimme in der Analyse arbeite, dauert es oft viele Monate, bevor die betreffende Frau wirklich erkennt, daß *sie* verletzt, daß sie Angst empfindet, daß sie einsam oder verletzlich ist. Es kann sehr lange dauern. Der Eismann sitzt in ihrem Inneren und sagt ihr immerzu, daß ihre Gefühle töricht und sinnlos sind, und daß sie kein Recht hat, sie zu empfinden. Andererseits kann eine vom Eismann gefangene Frau sich von ihm befreien, wenn sie ihre Identifikation mit ihm durchbricht, da er nicht wirklich zum weiblichen Wesen gehört. Das bedeutet nicht, daß er dann ganz verschwindet, aber sie kann sich in ihrem Inneren mit ihm auseinandersetzen. Bei einem Mann ist der Prozeß der Arbeit damit sehr schwierig, weil dieses Phänomen so sehr ein Teil der männlichen Psyche zu sein scheint.

Ich glaube nicht, daß sich diese archetypischen Gestalten wirklich in einer Weise verändern, wie wir uns das vorstellen. Vielleicht gestalten sie sich langsam im Laufe der Jahrhunderte um. Das ist ein sehr schwieriges Problem, vor allem, wenn man im psychologischen Bereich arbeitet. Eine der Wunschvorstellungen, die uns dazu treibt, Menschen helfen zu wollen, ist der Glaube daran, daß sich alles verändern kann. Die Hoffnung auf Verwandlung und Heilung des Kranken und Zerstörerischen ist das Gerüst unserer ethischen

Normen. Wenn wir nicht daran glaubten, daß wir uns verändern können, würden wir uns gar nicht auf solch eine Arbeit einlassen. Es ist eine Tatsache, daß viele dieser inneren Gestalten und Bilder sich tatsächlich verwandeln. Sie zeigen ein positiveres Gesicht, sie erschrecken uns nicht mehr so sehr. Wir werden uns ihrer bewußter, verändern unsere Haltung ihnen gegenüber, und sie zeigen sich ihrerseits zivilisierter. Das Bild des Vergewaltigers oder des sadistischen Mannes in einem Traum kann sich allmählich verändern, und obwohl er seinen plutonischen Charakter behält, wird er in gewisser Weise zugänglicher. Man kann mit ihm sprechen, er droht einen nicht mehr umzubringen, sondern belebt die bewußte Persönlichkeit mit Vitalität und Sinnlichkeit.

Doch obwohl sich diese Gestalten in gewisser Weise transformieren lassen, besteht immer die Gefahr, daß sie in ihre negativen Extreme zurückfallen. Im Grunde trägt man ein ganzes Leben lang die Last mit sich herum, daß diese Gestalten immer wieder und wieder in jeder Freundschaft oder Liebesbeziehung zum Vorschein kommen. Ich glaube, daß sie nie ganz verschwinden. Vermutlich ist das einer der Gründe dafür, daß die Menschen es meist vermeiden, wirklich tiefgehend an sich zu arbeiten. Wir glauben nur zu gern, daß wir früher oder später ein für allemal die richtige Lösung finden werden. Die Gorgo ist jedoch eine universelle, kollektive Gestalt. Verwandelt sie sich, dann geschieht das im Laufe von Tausenden von Jahren. Die individuelle Arbeit an ihr bewirkt natürlich etwas, kollektive Veränderungen sind jedoch kaum wahrzunehmen. Vielleicht ist es ein Akt des Glaubens. Man kann zumindest lernen, sich selbst mit ihr auseinanderzusetzen, und wenn sie in einer Situation mit einem anderen Menschen in den Vordergrund tritt, so kann man lernen, ihre Stimme zu erkennen, in ein anderes Zimmer zu gehen, die Türe hinter sich zu schließen und zu versuchen, selbst mit ihrem Kummer fertig zu werden, anstatt vom Partner zu erwarten, er solle sie für einen erlösen. Man kann die Verantwortung dafür übernehmen, daß sie in einem lebt, auch wenn es zu ihr selbst nicht paßt, Verantwortung zu übernehmen. Oder man kann seinen Psychopathen, seinen Eismann, beiseite nehmen und mit ihm ins Gespräch kommen, anstatt ihn auf jemand anderen loszulassen. Aber es bleiben viele Fragen offen, wie sehr sich solche Dinge wirklich verändern können. Ich weiß, daß das Ich, das Bewußtsein, stärker und flexibler werden und sie besser in sich wahrnehmen und verstehen kann. Wir sind in der Lage, eine Beziehung zu ihnen einzugehen, und das scheint allen Unterschied zu machen. Wenn man in der Lage ist, mit der Gorgo oder dem Eismann in eine Beziehung zu treten, dann ist man auch in der Lage dazu, das mit jemand anderem zu tun. Nun werden diese beiden stark mythologischen Gestalten von allerlei männlichen und weiblichen Bildern, die höchst individuell sind und von der Plazierung im persönlichen Horoskop abhängen, überlagert. Man könnte sich vorstellen, daß all diese verschiedenen weiblichen Gestalten, ob sie nun dunkel oder hell sind, in einer Reihe stehen, an deren Ende die ursprünglichste, die Schreckliche Mutter in der Gestalt der Gorgo, zu finden ist. Und auch all die verschiedenen männlichen Bilder lassen sich zurückführen auf den Urvater in seiner schrecklichen Gestalt, den Eismann. Man begegnet hier aber auch dem Wesen der Guten Mutter, der Lebensspenderin, und dem des Guten Vaters, der Unsterblichkeit und Sinn verleiht. Vielleicht lassen sich diese verschiedenen Gestalten gar nicht wirklich trennen, sondern sind die vielseitigen Gesichter einer einzigen. In der Praxis tragen sie sehr verschiedene Kostüme und singen ihre individuelle Melodie, der gleichsam ein *basso continuo* unterliegt. Ihr gemeinsames Grundthema scheint zu sein, daß sie zu Bewußtsein gelangen wollen. Deshalb tauchen sie auf. Sie wollen sich verkörpern. Vielleicht wollen sie sich auch verwandeln.

Das scheint der Punkt zu sein, an dem die künstliche Trennung dessen, was man als das Innere und dessen, was man als das Äußere bezeichnet, sinnlos zu werden beginnt. Jung sagte einmal, daß die *anima* nicht nur die innere Gestalt, sondern auch eine lebende Frau sei. Ebenso ist der *animus* nicht nur ein Traumbild oder der männliche Pol der weiblichen Psyche, sondern ein lebender Mann. Ich glaube, es ist sehr schwierig zu erkennen, wo die beiden beginnen und wo sie enden. Lebt man mit einem Menschen nah zusammen, so träumt man vielleicht oft von ihm. Ein Blick ins Horoskop zeigt einem vielleicht mit aller Deutlichkeit, wie dieser Mensch mit dem eigenen zehnten, siebenten oder vierten Haus in Beziehung steht, und auf einer rationalen Ebene weiß man vielleicht, warum er für einen wichtig ist. Aber er lebt sowohl in der Innen- als auch in der Außenwelt. Es gibt keine Möglichkeit, diese Bereiche streng zu trennen. Erlebt man, daß sich innerlich etwas verändert, dann verändert sich auch oft die reale Person in ihrer Haltung einem selbst gegenüber. Auf viele Fragen gibt es keine Antworten. Aber einen anderen Menschen kann man nicht wirklich durchschauen, während man in der Selbsterkenntnis sehr weit kommen kann.

FRAGE: In welcher Beziehung zum Schicksal steht der Verlust eines Menschen, der im Horoskop deutlich erkennbar ist?

LIZ GREENE: Ich fürchte, daß man darüber einen ganzen Abend lang sprechen könnte. Schicksal, »Fatum«, bedeuted eigentlich

»Götterspruch« oder das Geschriebene. Im Mythos und im Märchen sind die Verkörperungen der Schicksalsmächte immer Frauen. Sie scheinen Symbole des Unbewußten zu sein, die Mutter, aus der die individuelle Persönlichkeit hervorgeht. Ich nehme an, daß es eine Beziehung zwischen der Struktur der unbewußten Seele, die sich in der Geschichte eines persönlichen Lebens entfaltet, und dem Schicksal gibt. Ich glaube, daß ein astrologisches Horoskop die innere Substanz beschreibt. Es ist der Stoff, aus dem man gemacht ist, die Urmaterie, die die Seele bildet. Sicher ist es das, was längst geschrieben steht, aber wenn man geboren wird, ist es noch ungestaltet. Es besteht sozusagen als Möglichkeit. Es ist noch ungelebt. Früher oder später wird es jedoch versuchen, sich zu verwirklichen. Wir wissen sehr wenig über das Unbewußte. Wir kennen es nur durch seine Auswirkungen, sein Eindringen in unser Bewußtseinsfeld. Aber eines wird den Psychologen wie den Ärzten immer klarer: im Bereich des Unbewußten sind Geist und Körper nicht getrennt, sondern miteinander verschmolzen. Ein seelisches Bild und ein Ereignis koinzidieren. Sie gehören beide zum gleichen Grundstoff. Jung nennt das Synchronizität. Es scheint die Grundlage all dessen zu sein, was wir parapsychologische Phänomene nennen. Was auch immer das Unbewußte sein mag, es ist nicht nur etwas Psychisches, es ist auch etwas Materielles. Am offensichtlichsten erscheint das im Bereich der physischen Krankheit, die eine Verbindung zwischen einem Seelenzustand und einem körperlichen Leiden ist. Wenn es also etwas Psychisches in mir gibt, dem ich es nicht irgendwie ermögliche, sich in meinem eigenen Leben zu konkretisieren, oder dem ich durch einen Mangel an Reife keine Form geben kann, dann wird es auf irgendeine Weise Substanz annehmen, weil ich ihm keine Substanz gebe. Ich werde also – oder es wird – jene Lebenssituationen anziehen, die ich Zufall, den Fehler eines anderen, einen Unfall oder was auch immer nenne. Dieses Bild, dieser seelische Stoff, wird sich schließlich auch ohne mein Einverständnis materialisieren. Wenn ich nicht erkenne, daß es etwas mit mir zu tun hat, entsteht das Gefühl, als hätte etwas außerhalb von mir es geschehen lassen.

Ich weiß, daß es nicht ganz einfach ist, diese Dinge so zu sehen. Ich sage all dies auch nicht, weil ich eine Theorie entwickelt habe, sondern weil ich in meiner analytischen Arbeit immer wieder erlebte, wie »es« geschah. Wenn man sehr gründlich mit dem Unbewußten arbeitet, wird man diesen Prozeß der Materialisierung immer wieder beobachten. Natürlich ist auch der Analytiker daran beteiligt, deshalb kann man nicht wirklich von Beobachtung sprechen.

Man kann sehen, wie Gestalten in Träumen in einem frühen Entstehungsstadium auftauchen. Man spricht über sie, läßt ihnen Zeit, gibt ihnen Lebensenergie und Wert, und allmählich beginnen sie sich im Leben des Menschen zu manifestieren. Sie werden ein Teil von ihm. Es hat etwas Unheimliches. Man wird sich bewußt, daß ein Prozeß im Gang ist, den das Ich nicht unter Kontrolle hat, mit dem es jedoch kooperieren kann. Das ist nicht nur meine Lieblingstheorie der Wirklichkeit; es ist tatsächlich etwas, was ich immer wieder erlebe und sehe. Und ich glaube, daß die Dinge, die man im Horoskop sieht, ganz buchstäblich daraus hervortreten und sich vor unseren Augen als Lebensumstände materialisieren. Wir beginnen jedoch im Inneren. Es ist die innere Substanz, die das Horoskop beschreibt, nicht die äußeren Umstände. Diesen Bildern Wert zu verleihen und sie zu erkennen, bedeutet jedoch nicht notwendigerweise, daß man sie ausagiert. Man *muß* sich nicht beispielsweise mit der Gorgo oder dem Eismann identifizieren oder zu ihnen werden. Es ist nur wichtig, ihnen eine Art Substanz zu verleihen, durch die sie leben können. Vielleicht kann ich sie malen oder ein Gedicht über sie schreiben oder, noch besser, sie ihre eigenen Gedichte schreiben lassen. Ich kann sie fotografieren, wenn ich sie irgendwo im Leben sehe, oder sie in einem Theaterstück spielen, oder ich kann ihnen in meinen Klienten oder Analysanden begegnen und sie in ihnen wiedererkennen – was wir als Astrologen, Analytiker und Berater tun. Wir agieren unsere eigenen Planeten durch unsere Klienten aus, und dann versuchen wir sie zu verstehen und ihnen einen Rat zu geben. Das gilt vor allem, wenn man Psychotherapeut ist und Menschen über eine längere Zeit hinweg begleitet. Man begegnet sich immer wieder selbst. Das kann sehr schöpferisch sein, wenn man sich dessen bewußt ist. Wenn nicht, gerät man in Schwierigkeiten. Und natürlich begegnet der Klient sich selbst in seinem Therapeuten. Wir nennen das negative und positive Übertragung. Dann kann man diese hübsche und sehr delikate Frage stellen, die der Analytiker mehr als alle anderen Fragen schätzt: »Glauben Sie vielleicht, daß das irgend etwas mit Ihnen selbst zu tun haben könnte?«

Jeder Planet in meinem Horoskop, der einen Planeten im Horoskop eines anderen aspektiert, ist die Aktivierung eines Bildes. Ich habe eine ganze Reihe von Möglichkeiten, ein Bündel von psychischem Rohstoff, der mein eigener Mythos, meine eigene Geschichte, mein eigenes Märchen ist. Was ihn zum Leben erweckt, ist jemand anders, der ihm einen Kuß oder einen Schubs gibt, wodurch sich dieses Bild in mir konstelliert. Betrachtet man also die Dynamik der Aspekte im Horoskopvergleich, so hat man, wie ich glaube, eine sehr einfache Grundregel, mit der man arbeiten kann: der Planet in meinem Horoskop, der aspektiert wird, kennzeichnet die Weise, in der ich die Beziehung erfahre. Zunächst kann man ganz außer acht lassen, was im Horoskop des anderen Punkte im eigenen Horoskop aspektiert. In der Beziehung wird das aktiviert, was der in meinem Horoskop aspektierte Planet repräsentiert. Dieser Teil von mir konstelliert sich. Ob es nun eine gute oder eine schlechte Konstellation ist, kann man nicht sagen, denn es hängt sehr davon ab, wie ich mit dem stimulierten Planeten umgehe. Ich glaube nicht, daß die Auswirkungen so sehr von der Art des Aspektes abhängen. So scheint es mir gar nicht besonders wichtig, ob die Venus des anderen im Quadrat oder im Trigon zu meinem Mars steht. Ich würde mich vielmehr damit beschäftigen, wie ich mit meinem eigenen Mars zurechtkomme. Denn wenn ich mit meinen eigenen Leidenschaften und aggressiven Trieben Schwierigkeiten habe und ein anderer daherkommt und sie aufweckt, dann werde ich die dunklere Seite des Mars erleben, selbst wenn es sich um einen ungewöhnlich positiven Aspekt handelt. Ich könnte dann dem anderen vorwerfen, daß er versucht, mich zu ärgern, oder daß er meine negativen Seiten aus mir hervorlockt. Die theoretischen Eigenschaften des Aspektes sind von weit geringerer Bedeutung als *meine* Fähigkeit, mit dieser Planetenenergie umzugehen.

Meiner Erfahrung nach sind Beziehungen, bei denen es eine ganze Reihe schwieriger Aspekte zwischen den Horoskopen gibt, nicht weniger produktiv und aufregend als Beziehungen mit vielen harmonischen Aspekten. Die schwierigsten Beziehungen scheinen die zu sein, in denen es überhaupt wenige Verbindungen in Form von Aspekten gibt. Das ist vor allem der Fall, wenn meine Sonne, mein Mond und mein Aszendent nicht durch das Horoskop des anderen aspektiert werden. Dann entsteht bei mir der Eindruck, daß der andere keine Ahnung davon hat, wer ich eigentlich bin, auch wenn er viel Zeit mit mir verbracht hat. Es gibt keine Berührungspunkte. Der andere hat keinen Empfänger für meine Frequenzen. In gewisser Weise lebt man also aneinander vorbei. In solchen Beziehungen wächst das Gefühl der Leere und Enttäuschung. Mir wäre eine Beziehung lieber, in der alles im Horoskop des anderen im Quadrat oder in Opposition zu meinen Planeten und wichtigen Punkten steht, als eine Beziehung, in der der andere meine Horoskopkonstellation völlig »verfehlt«.

Die Sonne ist besonders wichtig, weil sie die eigentliche Identität repräsentiert. Sie steht für mein Bedürfnis, ich selbst zu sein, mich von anderen zu unterscheiden, einzigartig zu sein, mich selbst als etwas Besonderes zu erfahren. Es ist fraglich, ob sich ein Mensch von Anfang an dessen bewußt sein kann. Viele sind es nicht, vor allem, wenn man sie eher im Privatleben als in der Öffentlichkeit erlebt. Zu Hause ist man meist nicht sehr individuell. Die Sonne als Widerspiegelung eines fest umrissenen Ich-Bewußtseins ist nichts, was man als selbstverständlich betrachten könnte. Das scheint vor allem der Fall zu sein, wenn die Sonne im Geburtshoroskop schwierige Aspekte empfängt. Oft bedeutet dies, daß die Ich-Entwicklung behindert war. Das Selbstgefühl wurde verbogen, beschädigt oder hat sich nicht stark entwickelt. Es gibt viele Kindheitssituationen, die zu solchen Schäden führen können, weil dann das Ich noch nicht wirklich geformt ist und man immerzu mit anderen Menschen und mit kollektiven Werten identifiziert. So ist es schwierig, von Anfang an die Sonne zum Ausdruck zu bringen, da die Persönlichkeit noch nicht gebildet ist, die persönlichen Wertvorstellungen und das Identitätsgefühl noch fehlen. Wenn mir jemand begegnet, bei dem ein Planet meine Sonne aspektiert, dann wird diese Beziehung mich zwingen, mir meiner selbst bewußt zu werden. Vielleicht ist mir das gar nicht so angenehm, wenn ich ein Mensch bin, der es vorzieht, als Person nicht zu eigenständig zu sein. Es ist ein Irrtum zu glauben, daß ich, wenn die Venus des anderen in Konjunktion mit meiner Sonne steht, gerne mit ihm zusammen bin und gut mit ihm auskomme. Vielleicht fühle ich mich gar nicht wohl mit ihm, vor allem, weil ich mein eigenes Sonnenzeichen und das, was es von mir fordert, nicht mag.

Alles was man über Aspekte aus dem anderen Horoskop zur eigenen Sonne sagen kann, ist, daß die Gegenwart des anderen Menschen einen immer daran erinnert, daß man ein Individuum ist. Das kann er auf vielerlei Weise tun. Ist der Aspekt ein Quadrat oder eine Opposition, so versucht er vielleicht, einen zu verändern, was eine ausgezeichnete Möglichkeit ist, zu entdecken, wer man selbst ist. Wenn jemand immerzu versucht, einen nach seiner eigenen Vorstellung zu formen, findet man allein durch die Mühe, die es erfordert, sich gegen ihn zu wehren, sehr schnell etwas über sich selbst heraus. Zumindest entdeckt man, was man nicht ist. Das ist einer der Gründe dafür, warum schwierige Aspekte in einem Horoskopvergleich nicht geringschätzig betrachtet werden sollten. Vielleicht bringen sie gerade das hervor, was man am meisten braucht, indem sie das Bewußtsein für die eigene Natur und die eigenen Bedürfnisse stimulieren.

Wenn etwas im Horoskop des anderen meinen Mond aspektiert, dann wird das in mir eher ein Gefühl der Zugehörigkeit erwecken. Eine der Bedeutungen des Mondes liegt wohl darin, daß er den Menschen mit der kollektiven Familie, mit den Instinkten und mit der Natur in Beziehung setzt. Der Mond ist nicht sehr individualisiert. Mit meinen Bestrebungen als Individuum hat er nicht viel zu tun. Er sagt mehr über meine »Gewöhnlichkeit« aus, also den Bereich, in dem ich mich der Menschheitsfamilie zugehörig fühle und froh bin, wie alle anderen zu sein. Da mir das ein Gefühl der Sicherheit und der Geborgenheit gibt, bin ich davon abhängig. Es bettet mich ein in das Schicksal der Gemeinschaft und nimmt mir das Gefühl der Isolation. Wenn also das Horoskop des anderen meinen Mond aspektiert, wird es diese Seite in mir anrühren. Wieder kann mir das angenehm oder unangenehm sein, denn ich werde dazu gezwungen, immer auf den anderen zu reagieren. Wenn jemand den eigenen Mond berührt, geht man auf diesen Menschen zu. Man verbindet sich mit ihm, man vermischt sich mit ihm und kann sich nicht leicht abgrenzen oder trennen von ihm, weil man sich in seiner Gegenwart sicher fühlt. Man identifiziert sich mit ihm auf einer emotionalen Ebene. Selbst wenn der Saturn des anderen meinen Mond durch einen Aspekt berührt, werde ich mich immer noch gebunden fühlen und mich mit der Depression des anderen identifizieren.

Wenn ich also jemand bin, der sich gar nicht wohl dabei fühlt, wenn er die Empfindungen und Stimmungen des anderen erlebt, als wären sie seine eigenen, dann werde ich in dieser Beziehung nicht sehr glücklich sein, selbst wenn die Sonne des anderen in Konjunktion mit meinem Mond steht – was der Tradition nach als einer der besten Aspekte zwischen zwei Menschen gilt. Der Mond mag das vielleicht gar nicht, weil diese Art von Beziehung einen Menschen auf seine Gefühle und Bedürfnisse zurückwirft. Der Mond braucht das Gefühl der Zugehörigkeit, er braucht andere Menschen und möchte selbst gebraucht werden. Wenn ein Mensch sich seiner emotionalen Bedürfnisse sehr unbewußt ist und sich gerne als zurückhaltend und unabhängig sieht, wird etwas, das seinen Mond berührt, ihn erschrecken, weil es Abhängigkeit zu bedeuten scheint.

Andererseits kann etwas, das meinen Mond aspektiert, überaus befriedigend sein. Es kann mir sehr wohltun, wenn diese Seite meiner Natur stimuliert wird. Eine Frau kann sich sehr weiblich und mütterlich fühlen, wenn ihr Mond berührt wird. Sie fühlt sich gebraucht. Für einen Mann ist es nicht so einfach, denn wenn der Mond im Horoskop eines Mannes stark von einem Planeten im Horoskop einer Frau aspektiert wird, ist er sich jederzeit seiner Emotionen bewußt. Die oder der andere stößt ihn immerzu auf seine Bedürfnisse im Gefühlsbereich.

Schwierige Aspekte zum Mond können sehr wertvoll sein, weil sie einen zwingen, sich seiner Gefühle bewußt zu werden. Selbst etwas, das so schreckliche Möglichkeiten in sich birgt wie Saturn in Opposition zum eigenen Mond im Horoskopvergleich, kann notwendig sein, gerade weil der andere immer versucht, einen von den Dingen, die man braucht und wichtig findet, abzuhalten.

Ich halte die Frage der mondbestimmten Bedürfnisse für sehr wichtig, weil man in der Psychotherapie immer wieder darauf stößt, daß sehr viele Probleme mit der Unfähigkeit des Menschen zu tun haben, seine einfachsten Bedürfnisse anzuerkennen. Aus tausenderlei Gründen leugnet oder ignoriert er möglicherweise seine eigenen Gefühle. Vielleicht ist er zu spirituell oder er hält sich an eine ganze Konstruktion von Regeln über das, was sich im Bereich der Bedürfnisse gehört oder nicht gehört, oder seine Erziehung hat ihn gelehrt, daß er überhaupt keine Bedürfnisse äußern solle. Vielleicht hat er sehr Angst davor, ein verletzlicher Mensch zu sein, und wünscht, einer der Unsterblichen zu sein oder der Held in einem mythologischen Drama, der niemanden und nichts braucht und der weder angreifbar noch einsam ist. So ist es für viele Menschen ein großes Problem, den Mond anzunehmen, und das gilt ebenso für Frauen wie für Männer. Auch bei Frauen begegnet mir dieses Problem immer häufiger, da sie nun mehr mit dem Sonnenproblem der Unabhängigkeit und Individualität beschäftigt sind und so den Mond zu kurz kommen lassen. Es ist, als herrsche der verbreitete Glaube, daß man nicht beide Prinzipien leben könne.

Ich möchte nicht alle Planeten besprechen, denn es soll noch Zeit für eine Diskussion bleiben. Manche Planeten sind interessanter als andere, manche sind auch komplexer. Ich möchte aber vor allem noch etwas über die äußeren Planeten sagen, da sie weniger Beachtung finden. Im Bereich der Synastrie werden sie gewöhnlich nicht für wichtig gehalten, da sie ganze Generationen beeinflussen und für das Individuum als mehr oder weniger irrelevant betrachtet werden. Meiner Erfahrung nach sind sie das keineswegs. Wenn einer meiner äußeren Planeten durch das Horoskop eines anderen Menschen aspektiert wird, berührt das etwas in mir, das über die Grenzen des Ichs hinausgeht. Und gerade weil es diese Grenzen überschreitet, kann es sehr, sehr beunruhigend sein. Saturn scheint diese Ich-Grenze zu umschreiben. Er ist wie eine Haut um den Organismus. Er definiert, wo ich ende und wo du beginnst. Er ist der Aspekt des Ichs, der mit Abwehr und Getrenntsein zu tun hat. Die Planeten, die jenseits des Saturn liegen, werden als Feinde des Ich empfunden, da sie seinen Sinn für Dauer und Besonderheit gefährden. Die äußeren Planeten verbinden uns mit dem kollektiven Unbewußten und mit den Strömungen in der Gesellschaft, die zu unserem rassischen Erbe gehören. Diese Strömungen werden von ganzen Generationen empfunden; sie stimulieren große Menschenmassen, ja ganze Länder. Wenn diese Ähnlichkeiten im tiefen psychischen Hintergrund vom Ich wahrgenommen werden, fühlt sich das Individuum davon bedroht. Es gefällt ihm nicht, sich wie jeder andere Amerikaner oder Engländer oder jede andere Frau oder jeder andere Mann fühlen zu müssen, seine Reaktionen auf dieser tiefen Ebene nicht kontrollieren zu können. Es fürchtet, durch Massenbewegungen beeinflußt zu werden, die sein Zeitalter prägen und denen es unterworfen ist, vom Zeitgeist, der bestimmte historische Perioden prägt und ganze Generationen beeinflußt. Die Furcht davor ist gar nicht so unbegründet; man muß nur an das nationalsozialistische Deutschland denken, um zu sehen, wie rasch das anständige Individuum sich in der kollektiven Flut auflösen kann.

So sind die äußeren Planeten etwas Bedrohliches. Es scheint, daß die einzigen Menschen, denen das nichts ausmacht, jene sind, die keine eigene Individualität festigen wollen, sondern sich als Teil einer Massenbewegung wohl fühlen. Im allgemeinen jedoch werden die äußeren Planeten als zerstörend empfunden. Wenn also ein Planet meines Partners auf dem Uranus in meinem Horoskop landet, wird etwas in mir stimuliert, was zum allgemeinen ideologischen Potential meiner Generation gehört. Generationen haben Ideologien und werden durch bestimmte Ideen motiviert. Ein Beispiel dafür ist die französische Revolution. Uranus hat viel zu tun mit Politik und mit sozialen und politischen Bildern, die man als potentielle Zukunft besonders hoch schätzt. So wird eine Aspektverbindung zu meinem Uranus all das in mir anregen. Das kann mir sehr unangenehm sein, vor allem, wenn Uranus in meinem Horoskop mit anderen Planeten in schwierigen Aspekten steht und mir kollektive »Ismen« ohnehin schon bedrohlich erscheinen. Ich könnte durch diese Berührungspunkte entdecken, daß ich eine uneingestandene Sympathie für gewisse Dinge habe, besonders für ikonoklastische, revolutionär angehauchte Bewegungen oder originelle und exzentrische Ideen. Vielleicht werde ich auch einfach nur dazu gezwungen zu erkennen, daß es eine Welt gibt, die über den Bereich meiner Familie, meines Hauses, meiner Nachbarschaft und meines Landes hinausgeht. Der andere Mensch wird in mir also ein Bewußtsein für kollektive Strömungen wecken, die viel stärker als ich sind und mich verschlingen könnten. Das kann mich sehr radikal verändern, wenn ich für diese Art Erfahrung offen bin. Ich glaube also nicht im geringsten, daß Aspekte zu Uranus in einer Partnerschaft unwichtig sind.

Noch eigenartiger ist es, wenn Planeten des anderen meinen Neptun berühren. Eine der wertvollsten Einsichten in die Bedeutung von Neptun habe ich in der kabbalistischen Symbolik des Lebensbaumes gefunden. Es gibt verschiedene Systeme, die Astrologie und Kabbala miteinander vergleichen; die Theorie, die mir am sinnvollsten erscheint, plaziert Neptun an der Spitze des Baumes und assoziiert ihn mit *kether,* was »die Krone« bedeutet. Manche Autoren setzen Pluto an diese Stelle. Mir erscheint die Krone in Verbindung mit Neptun jedoch sinnvoller. Die Krone ist der höchste Punkt der Berührung mit dem Göttlichen, der unserem kleinen menschlichen Ich möglich ist. In der Kabbala wird Gott *ain soph* genannt, was gleichgesetzt wird mit dem Nichts, dem Nichtsein, mit einem Mysterium, über das man nichts aussagen kann. Ja, man kann es nicht einmal begreifen, und deshalb sagt der Kabbalist, daß dort dieses Ehrfurcht gebietende Geheimnis liegt, dem man sich nicht einmal nähern kann. Doch die kleine Zehe am linken Fuß dieses unaussprechlichen Mysteriums ist das, was wir den menschlichen Geist nennen, unser höchster Wert. Wir haben Phantasievorstellungen davon, was Gott sein könnte, und streben nach einer Erfahrung dieses Seins, wir sehnen uns nach ihr. Neptun hat mit dieser Sehnsucht viel zu tun; sie ist eine Art Wunsch, nach Hause zurückzukehren. Es ist das Gefühl des Heimwehs nach dem Garten Eden, nach der Zeit, in der wir in Harmonie mit Gott lebten, bevor die Erbsünde existierte. Deshalb ist Neptun in einem Horoskop die Antenne, die jene andere Welt aufnimmt, der Ort, von dem ich herkomme, der Ort, an den ich zurückkehren möchte, in dem ich einst mit dem Alleinen eins war und es wieder sein werde. Wenn irgendein Planet des anderen meinen Neptun berührt, wird dieser andere eben diese Sehnsucht in mir erwecken.

Vielleicht weiß ich gar nicht, was das für eine Sehnsucht ist – ein für Neptun typisches Gefühl. Ich nehme sie vielleicht nur als eine merkwürdige Empfindung wahr, ein wehmütiges Verlangen, das ich mit dem anderen assoziiere. Es ist ein ähnlicher Vorgang wie bei einer Berührung mit meinem Uranus. Ich meine vielleicht, es wäre der kluge, unkonventionelle Geist des anderen, den ich sehe, anstatt zu erkennen, daß ich die schöpferische geistige Vitalität meiner eigenen Generation wahrnehme.
Aspektiert der andere meinen Neptun, so glaube ich vielleicht, daß er die Gottheit, die Krone, das Wunderbare ist, von dem einen Blick zu erhaschen ich das Glück hatte. Und dann ist meine Sehnsucht nach dem anderen nicht menschlich wie die des Mondes. Es ist keine Liebe im Sinne einer zwischenmenschlichen Beziehung. Es ist eine Sehnsucht nach Gott.

FRAGE: Führt das nicht zu vielen Problemen und Enttäuschungen?

Liz Greene: Ja, natürlich. Das erinnert mich an ein Gespräch aus einem der Filme von Woody Allen, in dem jemand sagt: »Glaubst du vielleicht, du wärst Gott?« Und er antwortet: »Na ja, nach irgendeinem Vorbild muß ich mich ja schließlich richten.« Natürlich führt so etwas zu Enttäuschungen in einer Partnerschaft. Ich glaube jedoch, daß es wichtig ist zu erkennen, um was für eine Art von Enttäuschung es sich handelt. Die Sehnsucht selbst ist weder falsch noch beschämend. Wenn jemand die Macht hat, das mystische Verlangen in mir wachzurufen, so kann die Erfahrung, daß ich überhaupt fähig bin, so etwas zu erleben, wunderbar für mich sein. Das Problem liegt darin, daß ich schließlich erkennen muß: Was der andere da zutage gebracht hat, ist nicht seine persönliche Eigenschaft, etwas zu ihm Gehöriges, sondern hat mit meiner eigenen Spiritualität zu tun. Es kann mir sehr unwohl dabei sein, wenn ich ein besonders pragmatischer oder rationaler Mensch bin, denn dann wird der andere zu einer Art Zauberer. Vielleicht traue ich ihm nicht über den Weg, weil er die Macht hat, mich Dinge fühlen zu lassen, die nicht in den Rahmen meines rationalen Wirklichkeitssinnes passen.

Wenn nun einer der Planeten des anderen auf meinen Pluto trifft, kann es natürlich geschehen, daß meine Gorgo erscheint. Im Sinne eines kollektiven Einflusses läßt sie mich die universelle menschliche Dunkelheit erfahren. Es scheint so etwas zu geben wie einen kollektiven Schatten oder das kollektive Böse, eine allgemein menschliche Zerstörungskraft. Wenn man daran nicht glaubt, muß man sich nur die Nachrichten anhören. Es gibt ein Element in der menschlichen Natur, das sehr dunkel, sehr archaisch, sehr grausam und rachsüchtig ist und das nie christianisiert wurde. Ich dachte lange Zeit, daß Pluto der einzige Planet ist, den man nicht in das System der jüdisch-christlichen Theologie einordnen kann. In den westlichen Religionen ist für alle anderen Planeten Raum. Man kann immer einen Aspekt Gottes verehren, der irgendeinen der Planeten repräsentiert oder durch ihn symbolisiert wird. Will man Neptun in Gott finden, so muß man nur die Jungfrau Maria oder den mitleidigen Christus ansehen. Sucht man Uranus, so findet man ihn im göttlichen Wort. Man kann sich mit der Astrologie beschäftigen und findet Gott in ihren Strukturen; in der Wissenschaft wird man ehrfürchtig das Wunder der Materie erkennen. Man kann Saturn in Gott als Gottes Gesetz und Gerechtigkeit verehren. Für alle Werte, die von den Planeten repräsentiert werden, gibt es kollektiv akzeptierte religiöse Bilder. Doch für Pluto ist kein Platz in unserer Kultur. Im Hinduismus gibt es *kali.* Wir haben jedoch nicht zugelassen, daß Gott ein dunkles Gesicht hat. Jung hat sich viel mit dem Problem beschäftigt, daß Gott für uns nur gut und hell ist.

FRAGE: Ich bin anderer Ansicht, denn mir scheint, daß die Kreuzigung und die Auferstehung Symbole für den verwandelnden Aspekt von Pluto sind.

LIZ GREENE: Ja, Sie haben recht. Diese Bilder verkörpern eine Erfahrung der Verwandlung. Andererseits sind Kreuzigung und Auferstehung in einen sinnvollen Kontext eingebunden. Wenn wir Christen sind, glauben wir, daß diese Ereignisse etwas bedeuteten, eine Sinnhaftigkeit hatten. Ich möchte mit Ihnen nicht über die annehmbarere Seite des Pluto streiten, wie sie sich in der christlichen Lehre widerspiegelt. Doch Pluto hat auch noch andere Seiten. Es gibt einen sehr lesenswerten Aufsatz von James Hillmann mit dem Titel *On the Necessity of Psychopathology*. Er schreibt dort über die Göttin Notwendigkeit, die im Griechischen Ananke heißt. Ein anderer Name für sie ist Chaos. Plato sagte, daß fünfundneunzig Prozent des Kosmos durch die Vernunft regiert werden, daß sich jedoch fünf Prozent der Vernunft entziehen und von Ananke oder Chaos regiert werden. Diese fünf Prozent haben keine Bedeutung, keinen Grund und sind unveränderbar. Es ist dieser Aspekt des Lebens, der uns unerträglich erscheint. Wir ertragen es nicht, ihm ins Gesicht zu sehen, da er keinen Sinn und kein letztes spirituelles Ziel hat. Er ist einfach grausam und ungeordnet. Es ist diese Seite des Lebens, die Pluto meiner Ansicht nach teilweise repräsentiert, und das ist es auch, was in der westlichen Religion keinen Raum findet. Wir können den Todeskampf, die Kreuzigung akzeptieren, weil ein Sinn darin liegt. Doch die menschliche Bestialität und unwiderrufliche, unverdiente Schicksalsschläge sind dem von der Vernunft regierten Ich unerträglich.

FRAGE: Ich glaube, damit ist der Teufel gemeint.

LIZ GREENE: Ja, die Christen neigen dazu, es Teufel zu nennen.

FRAGE: Ich wollte gerade erwähnen, daß Christus nach der Kreuzigung drei Tage in die Hölle hinabstieg. Ich glaube, ich habe noch nie eine Erklärung darüber gehört, warum das ein Teil des Kreuzigungsmythos sein soll. Es wurde aus der christlichen Theologie weggelassen, in der es doch früher sicher seine Bedeutung hatte.

LIZ GREENE: Auch der Abstieg in die Hölle wird vom Standpunkt des Lichtes aus dargestellt, denn es geht um einen Sieg über die Hölle. Es gibt darüber sehr viel Material, und ich wollte, wir hätten die Zeit, uns damit zu beschäftigen, was diese plutonische Dunkelheit wirklich bedeutet, und warum sie uns so unerträglich erscheint.

FRAGE: Ich glaube auch, daß es ein chaotisches Element in der Welt gibt. Die meisten astrologischen Autoren neigen zu der Ansicht, daß Pluto schreckliche, zerstörerische, unangenehme Dinge mit sich bringt, die plötzlich jedoch im großen Zusammenhang einen Sinn haben.

LIZ GREENE: Ich bin sicher, daß das so ist, ich zweifle jedoch daran, daß wir diesen Sinn erkennen können. Ich glaube, daß wir so lange bereit sind, Pluto zu tolerieren, wie wir von Tod und Wiedergeburt sprechen können. Solange es klar ist, was mit Wiedergeburt gemeint ist, solange man weiß, daß am Ende aus dem Chaos etwas Gutes für einen entsteht, ist alles in Ordnung. Doch wenn am Ende nichts Gutes entsteht oder gar nichts herauskommt, wenn das Leben einen mit etwas Schmerzvollem, Sinnlosem und Ungerechtem schlägt, dann ist es wohl sehr schwierig, in Pluto noch etwas Optimistisches oder Angenehmes zu sehen. Ich habe die Vermutung, als hingen viele der erschreckenden Ausbrüche und Wahnsinnstaten der Masse mit Pluto zusammen. Natürlich liegt die Möglichkeit dazu in uns allen. Wir können freilich nicht einfach so tun, als seien Dinge wie etwa die Geschehnisse unter den Nazis oder ähnliche Ereignisse sinnvoll und dienten letztlich irgendeinem spirituellen Ziel. Sie sind grauenvoll und konfrontieren uns mit dem Grauen in uns selbst. Darin liegt ein Geheimnis; ich zweifle nicht daran, daß in einem tieferen Sinn alles, selbst diese Art von Chaos, Teil eines Ganzen, Teil der Gottheit ist. Ich frage mich jedoch, ob es für ein menschliches Ich überhaupt möglich ist, zu erfassen, was da geschieht. Wir errichten philosophische Gebäude, um besser mit den Rätseln des Lebens zurechtzukommen. Das meint Plato wohl, wenn er sagt, daß die Vernunft fünfundneunzig Prozent der Welt beherrsche. Die übrigen fünf Prozent werden wir wohl nie verstehen, aber wir werden immer wieder versuchen, Gründe für das Unergründliche zu finden.

Gott straft Hiob grundlos, ein Motiv, das Jung stark beschäftigte. In seiner Seelennot schrieb er ein Buch mit dem Titel *Antwort auf Hiob.* Warum tat Gott seinem treuen Diener so Schreckliches an? Es gibt keinen Grund dafür außer der Launenhaftigkeit Gottes. Jung meinte, daß dies letztlich einem Ziel diente, jedoch keinen Grund habe. Es gibt in diesem Bereich viele Fragen, auf die wir keine Antwort wissen. Ich glaube, daß all diese Fragen berührt werden, wenn Pluto ins Spiel kommt; sie öffnen einen Abgrund vor unseren Füßen. Wenn etwas in einem eurer Horoskope meinen Pluto aspektiert, beginnen sich diese Fragen zu stellen. Wenn ich eine sehr lebenszugewandte Persönlichkeit bin und daran glaube, daß zuletzt der Geist immer triumphiert und alles geordnet und sinnvoll ist, dann werde ich diese Pluto-Erfahrung als sehr erschrekkend erleben. In Warren Kentons Schriften über den kabbalistischen Baum, die ich schon erwähnte, assoziiert er Pluto mit der *sephira* oder *da'at,* d. h. dem Nicht-Wissen. Es ist der Abgrund, das schwarze Loch, in dem die Tiefe dessen, was man nicht weiß, erfahren wird. Warren Kentons Bücher über die Kabbala sind sehr lesenswert. In seinen Kursen in London demonstriert er Körperhaltungen, die die verschiedenen Ebenen des Baumes ausdrücken. Die Geste, die er für *da'at* benutzt, besteht darin, beide Hände so auf das Gesicht zu legen, daß auch die Augen bedeckt sind. Das tut man, weil man nichts mehr sieht. Alles was man zu wissen glaubt, zählt nicht mehr.

Ich denke, daß Pluto mit der Erfahrung der Verzweiflung zusammenhängt. Das heißt nicht, daß seine Wirkungen wirklich sinnlos seien. Es ist jedoch wahrscheinlich, daß wir sie nie ganz verstehen werden, vor allem dann nicht, wenn sie gerade geschehen. Natürlich ist das ein sehr wichtiger Punkt, wenn er in einer Beziehung berührt wird. Es gibt viele Beziehungen, die vielversprechend beginnen und dann ganz plötzlich zu einer niederdrückenden Erfahrung werden. Man selbst oder der Partner verfällt in eine tiefe Depression, für die es keinen Grund gibt. Sie scheint auf nichts zurückzuführen zu sein, was ein anderer einem antut. Man hat nur mit einem Mal das Gefühl, als hätte man keinen Boden mehr unter den Füßen und stürze in seine eigene Düsternis. Ich glaube nicht, daß es sich dabei um den persönlichen Schatten handelt, wie Jung es nennt, und wo es darum geht, herauszufinden, welche Teile der eigenen Persönlichkeit unterdrückt wurden. Beziehungen zu einem Partner werden immer mit sehr viel Hoffnung beladen; sie sind Symbole für den Glauben an die Zukunft, die Erschaffung der Kinder der Zukunft. Wen wundert es, daß viele von uns vor einer Konfrontation mit dem Problem der allgemeinen menschlichen Verzweiflung und Hoffnungslosigkeit gerade in dem Augenblick zurückweichen, in dem man sich eigentlich glücklich fühlen sollte.

FRAGE: Würden Sie diese fünf Prozent Chaos, von denen Sie sprachen, mit Reinkarnation oder Karma aus der Vergangenheit in Zusammenhang bringen? Mit Dingen also, deren das Ich sich im gegenwärtigen Leben überhaupt nicht bewußt ist?

LIZ GREENE: Wenn Sie wollen, können Sie diese Verbindung herstellen. Wenn diese Sicht der Dinge Ihnen liegt und Ihnen etwas gibt, so ist sie ebenso gut wie jede andere Anschauung. Sicherlich ist sie sinnvoll. Ich scheue mich jedoch vor Systemen, die alles erklären. Ich glaube persönlich an Reinkarnation, aber das ist eine Überzeugung, die sich nicht auf Beobachtung oder Erfahrung gründet. Ich würde diese Überzeugung nicht benutzen, um die Geheimnisse des Lebens zu erklären, die ich nicht verstehe.

Ich möchte nun noch einige lose Gedankenfäden zusammenfassen, und dann können wir vielleicht zu einer Diskussion übergehen. Beziehungen, die sehr unausweichlich sind, haben fast immer starke Vergleichsaspekte. Gibt es viele starke Aspekte, dann werden, so glaube ich, die inneren, seelischen Figuren besonders intensiv geweckt. Besteht ein exakter Aspekt zwischen meinem Horoskop und dem des anderen, wird das innere Bild sich eingestellt haben, bevor ich überhaupt die Möglichkeit hatte zu verstehen, was vor sich ging. Es drängt sich mit solcher Macht auf, daß ich die Beziehung wie einen Zwang oder wie Besessenheit empfinde, obwohl ich diese Intensität meistens auf den anderen und nicht auf mein eigenes Unbewußtes beziehe. Das scheint letztlich keinen Einfluß darauf zu haben, ob eine Partnerschaft lebbar ist oder nicht, es bedeutet jedoch, daß man dazu neigt, sich kopfüber in sie hineinzustürzen, anstatt zu zögern und abzuwägen. Ist der Orbis des Aspektes weiter, scheint es länger zu dauern, bis man sich füreinander erwärmt hat, und die auftauchenden Bilder drängen sich mit weniger Heftigkeit in die Beziehung.

Sehr ungern würde ich eine Konstellation zwischen zwei Horoskopen als ein gutes oder schlechtes Vorzeichen betrachten. Ich habe immer wieder gesehen, daß beides der Fall sein kann. Ich kann Ihnen gar nicht heftig genug davon abraten, in eine Art moralisches Urteil über die Beziehung zwischen zwei Klienten zu verfallen. Wenn es Ihre eigene Beziehung ist, können Sie das tun; für viele Menschen jedoch sind Erfahrungen der Aggressivität, Verletzung, Frustration, Einschränkung, des Verrats und der Einsamkeit notwendig und wichtig. Man darf nicht vom Standpunkt dessen, was sein sollte und was nicht sein sollte urteilen. Ich möchte in diesem Zusammenhang auf einen Mythos hinweisen, der das bekräftigt. Es geht um die Ehe zwischen Zeus und Hera. Das ist die archetypische Ehe vieler Menschen. Keine der Gottheiten kann ohne die andere leben. Sie sind zugleich Bruder und Schwester, Ehemann und Ehefrau. Natürlich ist Zeus der griechische Jupiter, und natürlich benimmt er sich auch wie der Schütze aus einem Lehrbuch. Er ist der geborene Schürzenjäger, denn er symbolisiert die Kraft des schöpferischen Geistes, die sich wahllos und zügellos verströmt. Er ist die ungebändigte, feurige Grenzenlosigkeit des männlichen Geistes, der im Mann ebenso wie in der Frau leben kann. Deshalb muß er, wie der Mythos berichtet, jede Frau, die er sieht, verfolgen, da sie eine neue Möglichkeit für eine Schöpfung verkörpert. Er pflanzt seinen schöpferischen Samen Dutzenden von mythischen Frauen ein und bringt eine lange Reihe von Nachfahren, allerlei Halbgöttern, Helden und Ungeheuern hervor. Die ganze Erde ist von seinen unehelichen Kindern bevölkert. Sein Geist muß immer etwas Neues finden, das er befruchten kann.

Der entgegengesetzte Pol ist Hera. Sie ist die Göttin des Heimes und des Herdes, die Schutzherrin der Geburt, die Wächterin über die Familie. Sie repräsentiert das durch Gefühl oder Verantwortung Bindende. Natürlich sind die beiden in endlosen Streit miteinander verwickelt. Zeus, der Geist, verfolgt immer wieder eine neue Frau, und Hera verfolgt Zeus. Sie ist die Welt der Form, die fordert, daß er sich selbst zügeln solle. Sie ist voller Zorn und Rachsucht seinen Geliebten gegenüber, zugleich aber die liebende und allspendende Mutter. Ihre höchste Tugend ist die Treue, ein bedeutsames Symbol. Natürlich spricht der Mythos im Grunde nicht von konkreter sexueller Treue, denn Zeus ist kein Mensch. Er ist das schöpferische Leben. Hera ist die Begrenzung des Lebens, seine Form. Sie ist die Begrenzung der Partnerschaft, ebenso wie die Retorte in der Alchimie, die die chaotische Substanz in ihrem Inneren verschließt, damit sie sich verwandeln kann. Ohne Hera ist Zeus nichts als ein formloses Ausströmen psychischer Energie. Ich nehme an, daß Zeus sich für seine dauernden Eroberungen kaum interessiert hätte ohne eine eifersüchtige Frau. Das Erregende rührt daher, daß es verboten ist. Das Hera-Prinzip wiederum hätte weder Sinn noch Wert, gäbe es keinen Ehemann, den sie immer wieder an den häuslichen Herd zu binden versuchte. So bedingen diese beiden Gestalten einander auf gewisse Weise. Gewiß verkörpern sie ein Muster, das man in vielen Beziehungen auf vielerlei Ebenen beobachten kann. Der eine versucht zu fliehen, und der andere versucht, ihn zu binden. Beide Bilder gehören zu beiden Menschen. So sind Zeus und Hera die Verkörperung einer archetypischen Ehe – sowohl zweier Menschen als auch zweier Bilder oder Pole innerhalb einer Person. Und schließlich sind beide Götter und Lebensspender, die ganze Familie der Götter und Menschen entspringt ihnen, gleichgültig wie sehr sie sich beklagen und wie enttäuschend sie ihre Situation empfinden. Ich halte es für wichtig, dieses Dilemma zu bedenken, bevor man eine Verbindung zwischen zwei Menschen von außen beurteilt. Das Grundmotiv ist, daß es ohne Spannung, Herausforderung und Schwierigkeiten kein Leben gäbe. Deshalb bedeutet ein schwieriges Problem in einer Liebesbeziehung oder eine Reihe sogenannter negativer Aspekte zwischen zwei Horoskopen nicht notwendigerweise, daß in der Verbindung keine positiven Möglichkeiten lägen.

FRAGE: Könnten Sie etwas über die Urbilder sagen, die Sie in verschiedenen Nationen beobachtet haben, und über ihre unterschiedliche Auswirkung?

LIZ GREENE: Ja, auch darüber könnten wir stundenlang sprechen. Es scheint in den verschiedenen Ländern sehr verschiedene Bilder für psychische Wertvorstellungen zu geben. Die Bilder des idealen Weiblichen und Männlichen beispielsweise sind außerordentlich gegensätzlich. Die Wurzeln jedoch sind gemeinsam. Das amerikanische Portrait der idealen Frau unterscheidet sich jedoch sehr vom englischen, italienischen, französischen oder deutschen Bild. Wahrscheinlich hat es etwas mit den Horoskopen dieser Länder zu tun. Wenn man das Horoskop für ein Land aufstellt, kann man viel über die Mythen und Bilder lernen, die in dieser bestimmten Gesellschaft wirksam sind. Ich glaube, das ist auch der Grund dafür, warum manche Menschen emigrieren und in einer anderen Kultur leben wollen. Wenn ein Bild, das für meine Seele sehr wichtig erscheint, in dem mich bestimmenden Kulturraum nicht akzeptabel ist, kann ich mich getrieben fühlen, eine dafür zugänglichere gesellschaftliche Situation zu finden. Wenn wir eine Ahnung davon bekommen möchten, was die Gesellschaft über ihre eigenen Bilder aussagt, muß man nur Kino- oder Fernsehfilme oder Illustrierte ansehen. Was zu einer bestimmten Zeit Mode ist, drückt die Wertvorstellung der Kollektivpsyche aus und kann zweifellos die eigenen individuellen Bilder vom Männlichen oder Weiblichen oder von anderen Lebensaspekten bestätigen oder ihnen widersprechen. Ich ziehe Dane Rudhyars Horoskop Amerikas dem traditionellen mit Zwilling am Aszendenten vor. Sein Horoskop hat einen Schütze-Aszendenten, was mir als außerordentlich passend erscheint. Der Aszendent hat viel zu tun mit dem, was man als Sinn des Lebens, als erstrebenswert ansieht.

FRAGE: Können Sie etwas über Mars-Saturn-Aspekte zwischen zwei Horoskopen sagen?

LIZ GREENE: Wenn ein Planet des anderen auf meinen Saturn trifft, dann rührt er an meine Wunde. Saturn ist in der alchimistischen Symbolik die Ursubstanz, die prima materia, wie sie genannt wurde. Sie ist der Teil in mir, der verwirrt und verletzt ist, der alte, gelähmte König. Es ist der Bereich, in dem ich mich unfruchtbar, eingemauert, in gewisser Weise verstümmelt fühle. Saturn gehört zur Schattenseite des Lebens. Es gibt einen Punkt im Menschen, den möchte er nicht berührt wissen, denn dort fühlt er sich zutiefst beschädigt, unvollständig. Man ist sich dessen vielleicht völlig unbewußt, was es noch schmerzhafter macht. Der Planet des anderen macht mir dann also diesen schmerzhaften Teil meiner selbst bewußt. Wenn ich diese Seite meiner Natur erkenne, kann sie immer noch sehr unangenehm sein, doch habe ich dann wenigstens die Möglichkeit zu sehen, wie wichtig es vielleicht wäre, jemand anderem diese Wunde vertrauensvoll zeigen zu können. Dieser andere wird mich immer wieder dazu zwingen, den verkrüppelten Teil meiner Seele in die Partnerschaft einzubringen.

Wenn nun der eigene Mars berührt wird, löst das Begehren, Aggression und Wut in einem aus. Mars hat viele Gesichter. Einerseits ist er meine Leidenschaftlichkeit, das, was ich will. Jung gibt eine sehr schöne, einfache Definition der Männlichkeit: Zu wissen, was man will, und zu tun, was nötig ist, um es zu bekommen. Das scheint mir Mars sehr gut zu charakterisieren. Wenn nun der Mars meines Partners durch den Horoskopvergleich ins Spiel kommt, werde ich es wahrscheinlich sein, was er will, aber er wird auch Zorn empfinden über alles, was sich ihm in den Weg stellt. Mars ist schließlich der Kriegsgott. Er liebt Herausforderung, Krisen und Kämpfe, das Gefühl, einen Durchbruch geschafft und gesiegt zu haben. Mein Saturn wird nun dafür sorgen, daß der andere mich nie wirklich bekommt, obwohl er das immer will. Läßt man diese Gestalten einander begegnen, wird Saturn einen Schritt zurückgehen und sagen: »Oh weh, er hat meinen schwachen Punkt gesehen, er weiß, worunter ich leide« und Mars sagt: »Ach, was haben wir denn da für eine kleine Spröde? Irgend etwas ist geheimnisvoll an ihr, sie verbirgt es mir.« Mars wird versuchen, hinter die Dinge zu kommen, Grenzen zu durchbrechen. Er muß initiieren, verändern.

Das Ergebnis ist natürlich zweifelhaft. Es hängt viel davon ab, wie die beiden Menschen damit umgehen. Es kann ein sehr dynamischer Aspekt sein; derjenige, dessen Saturn betroffen ist, hat jedoch gewöhnlich mehr darunter zu leiden.

Frage: Läuft Saturn immer Gefahr, durch die Berührung mit anderen Planeten zu leiden? Oder hängt das von den betreffenden Planeten ab?

Liz Greene: Ich glaube, daß Saturn immer leidet, obwohl wir uns der Verletzungen nicht allzeit bewußt sind. Wir entwickeln statt dessen beispielsweise psychosomatische Symptome. Saturn ist das Symbol des Leidens und der Einsamkeit. Er verkörpert die Begrenzungen eines Menschen. Das ist eine archetypische Situation, die zum Leben gehört. Es gibt Grenzen, die man nicht überschreiten kann, Bereiche, in denen man nie vollkommen wird. Ich glaube, daß man damit auf vielerlei Weise umgehen kann. Es ist möglich, zu lernen, mit diesen Begrenzungen umzugehen, anstatt sie immer zu bekämpfen. Sie tun auch dann noch weh, aber vielleicht nicht mehr so sehr. Solange man sich mit ihnen auseinandersetzt, gewinnt man an Tiefe und Kraft. Man wird immer ein wenig reifer, denn Saturn hat sehr viel mit dem Prozeß des Reifens und der inneren Kräftigung zu tun. Ich glaube jedoch, daß Saturn auch immer verletzt. Wenn wir unsere Fähigkeit, Verletzungen zu empfinden, nicht hätten, verlören wir damit auch unsere Lebendigkeit.

FRAGE: Könnten Sie etwas darüber sagen, inwieweit langdauernde Transite äußerer Planeten das Horoskop eines Menschen so aktivieren, daß er eine bestimmte Art von Beziehung eingeht?

LIZ GREENE: Ja, das geschieht sicher. Eine Bedeutung von Progressionen oder Transiten ist meiner Meinung nach, daß sie die Zeit anzeigen, in der etwas im Geburtshoroskop reif ist, ans Licht zu kommen. Das kann mehrmals in einem Leben unter dem Einfluß verschiedener transitierender Planeten geschehen. Jedes Mal entfaltet sich eine neue Ebene der dadurch aktivierten, zunächst noch ungeformten Möglichkeiten. Das Bild, der psychische Inhalt, projiziert sich. Das scheint immer dann zu geschehen, wenn dieses innere Bild bereit ist, ins Leben zu treten. Zunächst mag es in Träumen auftauchen; dann, wenn ich damit nichts anfangen will oder kann, was ja gewöhnlich der Fall ist, da Träume so vieldeutig sind, wird es ein Objekt finden, an dem es sich festsetzt. Die äußeren Planeten gehen jeweils nur einmal im Leben über denselben Punkt, wenn sie sich während ihrer Rückläufigkeit auch lange in seiner Nähe aufhalten können.

Es ist, als versuchte etwas in der Kollektivpsyche sich durch dich oder mich zu manifestieren. Es möchte als individuelles Charakteristikum entwickelt werden. Und es scheint große Veränderungen in einem Menschen hervorzubringen. Es ist nicht einfach so, daß er sich einmal wieder verliebt oder in irgendeine schwierige Beziehung gerät. Seine ganze Lebensanschauung und Einstellung zu sich selbst ändert sich. Wenn ich also die Aktivierung eines solch mächtigen Bildes erlebe, und der Mensch, der schon in meinem Leben ist, kann oder will solch eine Projektion nicht auf sich nehmen, weil er oder sie nicht ebenso in der Lage ist, sich zu erweitern und zu verändern, dann werde ich ein anderes Objekt suchen müssen. Es liegt eine starke Faszination in Beziehungen, die unter Uranus-

Neptun- und Pluto-Transiten vor allem über Venus, Sonne oder Mond beginnen. Sie scheinen eine irgendwie überpersönliche, archetypische Bedeutung zu haben. Sie sind immer faszinierend, unglaublich stark und verändern das Individuum. Wenn ich dieses übermächtige Bild in einem anderen Menschen sehe, dann werde ich gar nicht anders können, als mich auf ihn einzulassen, und diese Verbindung wird mich verändern. Solche Transite bringen oft große Erschütterungen mit sich.

Oft überdauert eine durch solch einen Transit ausgelöste Beziehung den Transit nicht, es sei denn, man wäre sich wenigstens ein wenig über das bewußt, was da geweckt wurde. Aber selbst dann ist es schwierig, weil man das Gefühl hat, über das hinausgewachsen zu sein, was das Leben bisher ausmachte. Manchmal ist es auch einfach schwierig, wieder ins gewöhnliche Leben zurückzukehren, da einem die Begegnung mit einem äußeren Planeten oft das Gefühl gibt, mit einem Mythos in Berührung gekommen zu sein. Sie regen den Geist auf sehr tiefgreifende Weise an. Sie eröffnen neue Perspektiven und tun neue Abgründe auf. Assoziiert man diese Veränderungen mit dem Partner, gewinnt er natürlich große Macht über einen. Ich glaube, es wäre gut, wenn man erkennen könnte, daß der andere der Katalysator und nicht die magische Erfahrung selbst ist. Vielleicht hätte jeder zu dieser Zeit als Katalysator gewirkt, der auch nur ein wenig von der Projektion auf sich hätte ziehen können. Unter der Wirkung solcher Transite wählen sich die Menschen die merkwürdigsten Partner aus. Manchmal hat die Beziehung trotz all dem Schall und Rauch eine gewisse Substanz, manchmal auch nicht. Hier sind wir wieder bei dem Problem des Unerklärlichen, denn es bleibt ein Geheimnis, warum manche Beziehungen solche Transite überdauern und andere nicht. Es ist, als begegnete man einem Gott während des Transits eines äußeren Planeten. Eine sehr merkwürdige und aufregende Welt öffnet sich einem. Aber es ist eine unmenschliche Welt, und man braucht danach wieder einen menschlichen Partner.

Frage: Wie sehen Sie einen Saturn-Mond-Aspekt im Partnervergleich?

Liz Greene: Nun, ich kann nur wiederholen, was ich über Saturn schon sagte, als ich über die Mars-Saturn-Aspekte sprach. Der Mond ist erwartend und sehnsuchtsvoll, ist mütterlich und bemutternd. Wenn der Saturn eines anderen Menschen meinen Mond aspektiert, entwickelt sich die typische Dynamik zwischen ihnen: wieder zieht sich Saturn zurück, und der Mond klammert sich an. Der Dialog lautet dann folgendermaßen: »Laß mich in Ruhe«, sagt

Saturn. »Aber ich möchte doch nur ein bißchen mit dir zusammensein«, bettelt der Mond. Und so fort. Oder Saturn wird sehr kritisch, weil er die Bedürfnisse des Mondes spürt und sich davon beunruhigt fühlt. »Warum mußt du immer ...«, sagt er. Ich kenne ein Paar, bei denen ihr Saturn im Quadrat zu seinem Mond steht. Sie beklagte sich immer, daß er seine Zahnpastatube nicht richtig zusammenrollte. Das kommt Ihnen vielleicht merkwürdig vor, aber sie nörgelte unaufhörlich an seinen persönlichen Gewohnheiten herum. »Warum kaust du dein Essen so komisch? Warum schlürfst du, wenn du deinen Kaffee trinkst? Warum läßt du deine gebrauchten Rasierklingen im Waschbecken liegen? usw.« Verständlicherweise verließ er sie eines Tages. Aber Saturn tut das nur, um zu verdecken, worum es eigentlich geht. Irgend etwas an den emotionalen Bedürfnissen des anderen beunruhigt einen. Saturn wird sich sehr schuldig fühlen, wenn er darauf nicht reagieren kann, und wenn man Schuldgefühle hat, beginnt man den anderen, der sie in einem auslöst, zu bestrafen. Vielleicht verlangte dieser Mann zu viel, und seine Frau bekam Angst, weil er gerade das von ihr erwartete, was in ihr verkümmert war. Vielleicht hatte sie Angst, überhaupt nichts geben zu können, und so drehte sie den Spieß um und erweckte den Anschein, als sei er mit seinen schrecklichen Angewohnheiten zu egoistisch. Das ist ein typisches Beispiel für die Mond-Saturn-Dynamik in ihrer schlimmsten Form.

FRAGE: Können Sie etwas zu Aspekten zwischen dem Saturn beider Partner sagen?

LIZ GREENE: Es wird in beiden etwas sehr ähnliches wachgerufen. Mehr ist nicht zu sagen. Man kann das Ergebnis nicht voraussehen. Mit zwei Saturnen werden die Verletzlichkeiten beider berührt. Daraus kann gegenseitige Sympathie entstehen: »Gott-sei-Dank habe ich jemanden gefunden, der meine Ängste und Unsicherheiten versteht«. Die Reaktion ist möglicherweise aber auch sehr negativ: »Ich ertrage die Nähe dieses Menschen nicht, weil seine Häßlichkeit mich zu sehr an meine eigene erinnert«. Bildet der Mars von beiden einen Inter-Aspekt, kann das starkes Begehren und Anziehung, aber auch endloses Kämpfen bewirken: »Ich werde der Stärkere sein«, sagt der eine, und der andere entgegnet: »Oh nein, ich bin der Stärkere«. Es ist eine Kraftprobe des Willens beider Menschen. Man kann natürlich nicht sagen, wie die Menschen mit dieser Erfahrung umgehen werden. Man weiß nur, daß in beiden Menschen die gleiche seelische Erfahrung bewirkt wird. Manchmal entsteht das Problem, daß sie sich gegenseitig verantwortlich machen, wenn die gleiche innere Gestalt heraufbeschworen wird und beide sie nicht wollen. Manchmal ist es für alle beide schwer, sich zu entschuldigen. Einer von beiden muß die ganze Projektion auf sich nehmen: »Du bist es, der immer zu streiten anfängt«, oder: »Du läßt mich immer allein und verschließt dich.« Wenn man solch einen Dialog hört, betrifft das meistens beide Menschen. Der eine jedoch identifiziert sich mit der Figur, und es ist schwierig, dieses Verhaltensmuster zu durchbrechen, weil eine Art geheimer Übereinstimmung zwischen beiden besteht. Manchmal aber erscheint mit solchen Aspekten eine unglaubliche Nähe. Man hat das Gefühl, als habe man einen wirklichen Freund gefunden.

FRAGE: Sie sagten vorhin, daß man etwas nach außen projizieren müsse, wenn ein äußerer Planet über einen Punkt im Geburtshoroskop transitiert.

LIZ GREENE: Es projiziert sich selbst. Das ist es, was meistens geschieht.

FRAGE: Man wird also nicht von selbst dessen bewußt, man muß es auf jemand anderen projizieren?

LIZ GREENE: Nicht immer auf jemanden, manchmal auch auf etwas. Aber das Bild projiziert sich selbst. Es verlangt nach Ausdruck. Nein, man wird sich dessen nicht von selbst bewußt. Man wird sich überhaupt nie einer Sache von selbst bewußt. Um Bewußtsein muß man kämpfen.

FRAGE: Aber das Bild kann sich durch den Prozeß der Arbeit an einem selbst ausdrücken?

LIZ GREENE: Ja, es kann durch schöpferisches Tun seinen Ausdruck finden. Oder man kann es in einer neuen Arbeit, durch den Wechsel der Umgebung, durch eine neue Wohnung oder selbst ein anderes Land erfahren. Auf die eine oder andere Weise wird es sich äußern. Wenn Venus beteiligt ist, geht es meistens, aber nicht immer, in eine Beziehung ein. Die anderen Planeten bieten andere Vehikel an. Bei einem Transit der äußeren Planeten über einen anderen Planeten ist eine Partnerschaft keine notwendige, aber doch eine häufige Folge.

FRAGE: Am Anfang, als Sie über die Elemente sprachen, erwähnten Sie, daß wir oft ein fehlendes Element in eine Beziehung projizieren. Was geschieht, wenn zwei Menschen das gleiche Element fehlt?

LIZ GREENE: Gewöhnlich wird es so sein, daß beide versuchen, den anderen dazu zu bringen, diese Funktion in der Beziehung zu übernehmen. Manchmal kann das sehr komisch werden. Wenn man zwei Menschen hat, denen beiden das Element Erde fehlt, werden beide vom anderen erwarten, daß er hinter ihnen herputzt, und sich über die Unzulänglichkeit oder Unfähigkeit des Partners in praktischen Dingen ärgern. Dann darf man den Humor nicht verlieren, denn sonst verwickelt man sich in einen furchtbaren Kampf, es sei denn, das Paar fände einen dritten Menschen oder ein drittes Element, um den Mangel auszugleichen. Der Dritte ist unglücklicherweise oft ein Kind. Das Kind wird immer das auf sich nehmen müssen, was beiden Eltern unbewußt ist, wenn ihnen das gleiche Element fehlt. Das Kind ist gezwungen, dieses Element zu verkörpern, selbst wenn das gar nicht zu ihm paßt. Manchmal kann man, wenn man sich des Problems bewußt ist, versuchen, ein Objekt als Träger zu finden. Das gelingt zuweilen. Wenn einem die Erde fehlt, kann man beispielsweise zusammen ein Haus suchen, und dieses Haus wird zum Symbol der materiellen Stabilität, so daß die beiden nicht immer versuchen, den anderen dazu zu bringen, sie zu manifestieren. Oder man kann sich gemeinsam für eine Arbeit engagieren, die das Fehlende bietet, was eine starke Bindung schaffen kann. Es lohnt sich sicher, das zu versuchen, anstatt sich herumzuquälen und darauf zu warten, daß jemand anders die Last auf sich nimmt.

3. Kapitel

Der Mythos der individuellen Reise

Liz Greene

Ich habe im Lexikon unter »Mythos« nachgesehen, und das Lexikon sagte mir, der Mythos sei eine unwahre Geschichte. Dann versuchte ich herauszufinden, was das Wort ursprünglich im Griechischen bedeutete. Es gibt zwei Grundbedeutungen: einmal ist Mythos einfach eine Geschichte – und keineswegs eine unwahre –, zum anderen bedeutet es Zeitplan oder Plan, und über diese letztere Bedeutung möchte ich heute sprechen. Wir müssen den Mythos als Entwicklungsschema betrachten, ebenso wie das astrologische Horoskop. In gewisser Weise sind mythische Bilder und Erzählungen Darstellungen einer dynamischen Entwicklungsgeschichte. Sie sind wie eine Landkarte. Sie sind wie ein Knochengerüst, ein Urbild grundlegender Verhaltens- und Erfahrungsmuster. Da sie uns schon bei der Geburt gegeben werden, sind sie auch unser Schicksal, ein Motiv, das ich gestern schon andeutete.

Ich möchte darüber sprechen, wie man mit dem Geburtshoroskop arbeitet, wie man es durch den Mythos erweitert. Ich bin davon überzeugt, daß man als Astrologe die astrologische Symbolik nicht aus dem größeren Umfeld der Mythen und Märchen herauslösen kann. Astrologie ist kein isoliertes Gebiet, das für sich dasteht. Um ein astrologisches Symbol zu verstehen, können wir uns ihm ebensogut durch den Mythos nähern, wie wir es analytisch deuten können. Ich ziehe es vor, einen astrologischen Grundfaktor zu umkreisen, indem ich ihn erweitere, das heißt, andere relevante Bilder mit einbeziehe. Dadurch gewinnt er eine viel allgemeinere Bedeutung, nicht auf einer intellektuellen Ebene, sondern in Form eines Aha-Erlebnisses, eines Evidenz-Gefühles und größerer Lebendigkeit.

Ich werde mit zwei sehr bekannten Mythen beginnen. Zunächst möchte ich jedoch darauf hinweisen, daß es einige Autoren gibt, deren Arbeiten zum Thema Mythos man unbedingt lesen sollte. Einer von ihnen ist Joseph Campbell, der, glaube ich, hier in letzter Zeit außerordentlich populär wurde. Lesenswert sind auch die Bücher von Robert Graves, obwohl er schwieriger zu verstehen ist als Campbell. Und natürlich sollten Sie alle versuchen, den Film *Clash of the Titans* zu sehen. Dann gibt es zwei Bändchen eines Autors namens Robert Johnson. Das eine ist *He* betitelt, das andere natürlich *She.* Mit den Themen dieser beiden Bücher möchte ich beginnen: dem Mythos von Parsifal und dem Mythos von Psyche. Ich werde sie nur kurz umreißen und mich dann einigen Mythen und Gestalten zuwenden, die meiner Anschauung nach mit den einzelnen Tierkreiszeichen verknüpft sind. Danach werde ich noch einige Fallgeschichten anführen von Menschen, mit denen ich gearbeitet habe, um zu illustrieren, wie diese mythologischen Themen sowohl in ihren Horoskopen als auch in ihren Träumen lebendig sind.

Parsifal und Psyche sind für mich Gestalten, in denen grundlegende Entwicklungsmuster des Männlichen und des Weiblichen verdichtet sind. Man kann das als die Entwicklung von Mann und Frau betrachten, aber ebenso als die Entfaltung des Männlichen und Weiblichen innerhalb des einzelnen Menschen. Ihre Wege sind verschieden.

Ein Gesichtspunkt ist es, die Sonne im Horoskop mit dem mythischen Helden oder der Heldin in Beziehung zu bringen. Psyche ist in gewisser Weise die Sonne im weiblichen Horoskop und Parsifal der Mond im männlichen. Psyche ist eine weibliche Gestalt von unirdischer Schönheit. Sie wächst heran, und ihre Schönheit bleibt niemandem verborgen; jeder verehrt sie als das herrlichste Geschöpf, das je geboren wurde, noch schöner als die Göttin Aphrodite selbst. Verständlicherweise wird Aphrodite eifersüchtig; es beunruhigt sie, daß eine Sterbliche einer olympischen Göttin gleichgesetzt wird. So entschließt sich die Göttin, sich an ihrer menschlichen Rivalin zu rächen, und fügt es so, daß Psyche einem Ungeheuer angetraut werden soll. Die Göttin bewegt ihren Sohn Eros dazu, die Dinge in die Wege zu leiten. Psyche wird an einen Felsen gekettet. Diesem Bild begegnen wir wieder im Mythos des Perseus, in dem ebenfalls eine Frau an einen Felsen geschmiedet und einem Ungeheuer ausgeliefert wird. Dieses Motiv ist in Mythos und Märchen sehr verbreitet. Vielleicht soll damit gesagt werden, daß die weibliche Reise oft mit Gebundenheit beginnt, mit einem Gekettetsein an etwas, das man weder gewählt noch verursacht hat, und dem man geopfert wird.

Psyche ist an den Felsen geschmiedet, und alles ist in Erwartung der schrecklichen Bestie, die aus der Tiefe auftauchen und sie fordern wird. Aber der Gott Eros trifft sich aus Versehen selbst mit einem seiner Pfeile, als er den Auftrag seiner Mutter ausführen will, und verliebt sich unsterblich in Psyche, als er sie sieht. Er sagt es seiner Mutter nicht, sondern bringt Psyche als Braut in seinen Palast.

Eine Zeitlang sind beide überaus glücklich. Eros hat seiner Frau jedoch eine Bedingung gestellt: sie darf niemals sein Gesicht sehen und nicht erfahren, wer er ist. So glaubt sie immer noch, es sei das Ungeheuer, das sie geraubt habe, auch wenn sie mit ihrem Gemahl in sinnlichen Genüssen schwelgt und mit großer Achtung und Liebe behandelt wird. Eine Weile folgt sie der Anordnung, blind und gehorsam zu sein. Aber Psyche hat zwei Schwestern, die ein wenig den häßlichen Schwestern in dem Märchen Aschenbrödel gleichen. Auch in der Geschichte von der Schönen und dem Tier finden wir sie wieder. Sie sind eifersüchtig, es sind die Schattenschwestern. Das Gerücht von der guten Wendung in Psyches Schicksal ist bis zu ihnen durchgedrungen. Sie sind bitterböse und neidisch. Sie suchen ihre Schwester auf und beginnen auf sie einzureden: »Warum darfst du nie das Gesicht deines Gemahls sehen? Es muß irgend etwas Schreckliches an ihm sein. Und warum übertrittst du nicht sein Gebot und wirfst einen Blick auf ihn? Du wirst entdecken, daß er ein schreckliches Ungeheuer mit dem Schwanz und den Schuppen eines Drachen ist.« Die Schwestern geben Psyche ein Messer und eine Öllampe und sagen ihr, sie solle ihren Gemahl im Schlaf überraschen, ihm mit der Lampe ins Gesicht leuchten und ihn töten.

Psyche glaubt ihnen, denn sie lebt im Dunkeln und ist verletzlich und ahnungslos. So steht sie in der Nacht auf, entzündet die Lampe und betrachtet ihren schlafenden Gemahl. Zu ihrem Schrecken und ihrer Verwunderung sieht sie, daß er keineswegs ein Ungeheuer ist, sondern von göttlicher Schönheit. In ihrer Verwirrung ritzt sie sich selbst mit einem der Pfeile im Köcher des Eros und verliebt sich augenblicklich in ihn. Sie läßt jedoch einen Tropfen heißes Öl auf seine Schulter fallen. Dadurch erwacht er und erkennt voller Schrecken, daß sie sein Geheimnis herausgefunden hat. So verläßt er sie, denn er kann es nicht ertragen, gesehen zu werden.

Das ist nur der Anfang der Geschichte. Ich werde ihr keine Gewalt antun, indem ich Ihnen analytische Interpretationen liefere. Ich glaube, daß sie für sich selbst spricht. Eros flieht und kehrt zu seiner Mutter zurück. Schmollend verbirgt er sich in Aphrodites Palast, denn er fühlt sich verletzt und beleidigt. Psyche sehnt sich danach, den Geliebten wiederzufinden. So beginnt ihre Suche.

Psyche gehört nicht zu den strahlenden Helden des Mythos, wie Herakles, Perseus oder Theseus sie verkörpern. Sie ist eine Frau, und sie ist der Verzweiflung preisgegeben. Anfangs ist sie nahe daran, sich in einen Fluß zu stürzen. Sie ergibt sich ihren Tränen und ihrem Schmerz. Dennoch hält sie an ihrem Entschluß fest, ihren Ehemann, trotz seines theatralischen Verhaltens, zu suchen. Aphrodite, die Schwiegermutter, haßt ihre menschliche Rivalin immer noch; sie stellt ihr Aufgaben, um sie von ihrem Vorhaben abzubringen. So muß Psyche, wie jeder Held und jede Heldin, eine Reihe von Prüfungen bestehen. Die Göttin versucht ihr immer wieder Steine in den Weg zu legen. Und dennoch liegt in Aphrodites Verhalten etwas Ambivalentes. Während sie unlösbare Aufgaben stellt, helfen ihre eigenen Geschöpfe – Ameisen, Schilfrohre, Naturwesen – der Geprüften. Es ist, als wolle ein Teil von ihr sie zerstören und ein anderer ihr beistehen. Es wäre ein leichtes für sie, Psyche zu töten, aber sie tut es nicht. Und Psyche, die sehr wohl weiß, wer sie verfolgt, bittet dennoch um den Beistand der Aphrodite.

Psyches erste Prüfung besteht darin, daß sie einen riesigen Berg Samen von jeder Größe und Form in einem Tag sortieren soll. Ein Mensch kann diese Aufgabe unmöglich bewältigen. Sie weiß, daß die Göttin sie töten wird, wenn es ihr nicht gelingt. Wieder bekommt Psyche einen hysterischen Anfall, erwägt, sich in den Fluß zu stürzen, und gibt sich ihrem Jammern und Klagen hin. Da kommen die Ameisen aus der Tiefe der Erde und sprechen ihr Mut zu, denn sie können ihr die Aufgabe abnehmen. Bei Anbruch des Tages findet Aphrodite alle verschiedenen Samen zu einzelnen Häufchen geordnet. Die Göttin ist zornig und sinnt über die nächste unlösbare Aufgabe nach.

Nun soll Psyche goldene Wolle von einer Herde menschenfressender Böcke sammeln. Wieder verzagt sie, denn es ist nicht möglich, das Vlies dieser wilden Tiere zu rauben. Sie will sich gerade in den Fluß stürzen; da sagen die Schilfrohre am Ufer ihr, sie solle unbesorgt sein, sie selbst würden die Wolle von den Rücken der Schafböcke sammeln, während die Tiere hier weideten. Bei Sonnenuntergang, wenn die Schafböcke sich schlafen legten, könne Psyche wiederkommen und die Wolle aus dem Schilf holen. Als nächstes muß Psyche ein Fläschchen mit Wasser aus dem Styx holen. Das Wasser dieses Flusses ist tödliches Gift und verleiht zugleich Unsterblichkeit. Es ist jedoch unmöglich, Wasser aus diesem Fluß zu holen, da er von zerklüfteten Felsen und reißenden Sturzbächen umgeben ist. Natürlich bricht Psyche wieder zusammen. Doch plötzlich erscheint ein Adler und bietet ihr seine Hilfe an. Er will das Wasser holen, weil er die gefährlichen Felsen und Bäche überfliegen kann.

Anders als ein typischer Held tut Psyche, wenn sie vor diesen Aufgaben steht, gar nichts. Sie gibt ihren Gefühlen nach, was immer Naturkräfte auf den Plan ruft, die ihr helfen können, weil sie eine Lösung finden, auf die Psyche nie gekommen wäre. Psyches Waffen sind nicht das Schwert, die Keule, List oder Tapferkeit. Ihre Waffen sind das Leben selbst.

Aphrodite stellt ihr eine letzte Aufgabe. Sie befiehlt Psyche, in die Unterwelt hinabzusteigen und ihr von der Unterweltgöttin Persephone ein Töpfchen mit Salbe zu bringen, die unsterbliche Schönheit verleihen soll. Es gelingt Psyche, Persephone die Salbe abzuschmeicheln. Aber nun versagt sie am Ende ihrer Suche. Anstatt Aphrodite die Salbe zu bringen, wofür die Göttin ihr die Vereinigung mit Eros versprochen hatte, öffnet sie das Töpfchen und versucht, ihr eigenes Gesicht mit dem Wundermittel zu salben, denn sie möchte vor ihrem Gemahl schön erscheinen. In dem Augenblick, in dem sie die Salbe berührt, versinkt sie in einen tiefen, totenähnlichen Schlaf. Sie ist schon dem Tode nahe, als Eros endlich sein Schmollen überwindet und erkennt, wie sehr sie ihn begehrt. Endlich wagt er es, seiner Mutter entgegenzutreten. Und so stellt sich gerade an dem Punkt, als Psyche scheitert, die Erlösung ein. Sie wird gerettet, wiederbelebt und in den Olymp gebracht, wo sie mit Eros vereint und in den Stand der Göttin erhoben wird. So leben sie für immer in Glück vereint.

Die Geschichte von Psyche ist merkwürdig, weil sich in ihr Passivität, Hingabe und Entschlossenheit vermischen. Die beiden weiblichen Protagonistinnen, Aphrodite, die eifersüchtige Muttergöttin, und Psyche, die schöne sterbliche Frau, scheinen einen Dialog widerzuspiegeln, der in der weiblichen Entwicklung eine wesentliche Rolle spielt. Gestern sprach ich von der weiblichen Gestalt der Gorgo. In dieser Geschichte hat Aphrodite viele Züge der Gorgo. Sie ist eitel, boshaft, rachedürstend und eifersüchtig und scheint keine Moral zu haben. Sie ist zugleich Psyches Nemesis und Erlösung, denn ohne die Erfüllung dieser Aufgaben hätte sich Psyche nicht so weit entwickeln können, daß sie die richtige Gefährtin für den göttlichen Bräutigam geworden wäre.

Sie werden bemerkt haben, daß die Suche in dieser Erzählung sich um die Liebe dreht, nicht um Gold, um Drachen, die überwunden, oder Königreiche, die eingenommen werden müssen. Es geht um die Vereinigung mit dem Gott der Liebe. Es ist sehr wichtig, sich diesen Mythos immer wieder zu vergegenwärtigen, denn welche mythologischen Themen sie auch in einem individuellen Horoskop finden mögen, die eigentliche Lebensreise des Weiblichen hat mit dieser Geschichte sehr viel zu tun. Ich bin sicher, daß es andere ebenso bedeutungsvolle mythologische Bilder für die weibliche Entwicklung gibt, dieses ist jedoch eines der wichtigsten. Man kann es sowohl als Bild für die äußerlichen Entwicklungsmuster einer Liebesbeziehung als auch für die innere Entwicklung sehen, in der die Frau die Vereinigung mit ihrem eigenen schöpferischen Geist sucht. Beides hat seine Gültigkeit. Ich habe festgestellt, daß interessanterweise viele Frauen den Mythos von Psyche nicht mögen. Sie finden es beschämend, daß Psyche keine Drachen tötet. Angesichts ihrer schwierigen Aufgaben tut man ihr mit dieser Einstellung jedoch unrecht. Und ich glaube, wenn man Widder oder Skorpion ist, kann man auch durchaus Drachen töten und dennoch die Bedeutung von Psyche erkennen.

Parsifal ist eine ganz andere Gestalt, denn er verkörpert offensichtlich den Handelnden. Seine Geschichte beginnt mit dem Kind Parsifal, das mit seiner Mutter im Wald lebt. Es gibt keinen Vater. In manchen Versionen des Mythos ist Parsifals Vater ein edler Ritter, der in einem Kampf getötet wurde. In anderen Versionen ist er der Gralskönig. Parsifal jedoch kennt ihn nicht; er lebt in der friedvollen Geborgenheit des Mutterleibes in den Wäldern.

Eines Tages sieht er eine Schar stattlicher Ritter durch den Wald reiten. Parsifal fühlt sich magisch von ihnen angezogen und möchte ihnen folgen. Er wird ruhelos und unzufrieden. Das führt zu einer harten Auseinandersetzung mit der Mutter, die ihn nicht gehen lassen möchte. Sie sagt ihm, daß sein Vater getötet wurde, weil er ein Ritter war, und daß sie ihren Sohn vor dieser Gefahr bewahren wolle. Sie droht, weint, klagt und versucht ihn zu halten. Aber natürlich verläßt er sie schließlich doch in kindlicher Ritterverkleidung und versucht die Ritter einzuholen. Danach muß er viele Abenteuer bestehen, in denen er sich mit Männern und Frauen auseinanderzusetzen hat. Er sammelt Erfahrungen, ist aber immer noch recht töricht. Eines Tages gelangt er in eine verzauberte Burg. Er weiß nicht, wie er dorthin gekommen ist, denn er ist sich nicht bewußt, wonach er sucht. In der Burg wird er Zeuge eines seltsamen Vorbeimarsches, an dem auch ein kranker, alter König teilnimmt, der eine unheilbare Wunde an seiner Hüfte hat, aus der er unaufhörlich blutet. Parsifal sieht den Gral. In Wolfram von Eschenbachs Version der Geschichte ist der Gral nicht eine Schale, sondern ein Stein, ähnlich dem Stein des Weisen in der Alchimie. Bei Chrêtien de Troyes ist es ein Kelch. Immer jedoch ist der Gral ein heiliger Gegenstand mit Wunderkraft. Parsifal sieht dies alles mit großer Neugier, er wagt jedoch nicht zu fragen, da er immer noch an die Regeln gebunden ist, die man ihn als Kind gelehrt hat. Es gehört sich nicht, fremde Menschen mit Fragen zu belästigen.

Parsifal sitzt mit verschlossenen Lippen da, während die Prozession an ihm vorüberzieht; er erwacht im Wald, und die Erscheinung ist verschwunden. Dann erfährt er, daß er einen großen Fehler begangen habe. Hätte er die richtige Frage gestellt, so wäre der kranke alte König geheilt und das wüste Land vor der Zerstörung gerettet worden. Er war jedoch so töricht gewesen zu glauben, daß diese Vision nichts mit ihm zu tun habe. Die Frage, die er hätte stellen sollen, lautete: »Wem dient der Gral?«

Danach beginnt Parsifal seine bewußte Suche nach der Gralsburg. Jetzt weiß er, was er immer gesucht, jetzt, da er es verloren hat. Durch einen Akt der Gnade wurde ihm etwas geschenkt, dessen Sinn er jedoch nicht erkannte. Nach zwanzig Jahren voller Leiden und vieler weiterer Abenteuer findet er schließlich den Gral noch einmal. Er weiß nun natürlich, welche Frage er stellen muß. Der alte König kann geheilt werden und in Frieden sterben und vertraut sein Königreich und das Recht, den Gral zu hüten, Parsifal an. In einigen Fassungen des Mythos heiratet Parsifal die Tochter des alten Gralskönigs.

Der Mythos von Parsifal dreht sich um das Problem der Suche nach dem wahren Vater, der spirituellen Quelle und um die Heilung des verwundeten Geistes. Der alte König kann weder leben noch sterben, sondern siecht ohnmächtig dahin, während sein Land verwüstet wird. Der junge, törichte Parsifal muß ihn finden und genug Anteil an ihm nehmen, um ihm die richtige Frage zu stellen. Was ist dieser Gral? Wem dient er? Was geschah mit dem alten König? Was ist der Sinn dieser Erfahrung? Parsifal ist keine sehr heldenhafte Gestalt. Er verhält sich immer wieder unbesonnen und töricht. Aber er ist auch mutig und lernt durch eigenes Leiden mitzuleiden. Er nimmt Herausforderungen an, ohne zunächst zu erkennen, welche Folgen das für ihn oder für andere haben könnte. Er ist ein typischer stürmender und drängender Jüngling, der sein selbst gewähltes Schicksal ganz ahnungslos erleidet. Die Eigenschaft, die ihn am meisten auszeichnet, ist sein unbekümmerter Mut, während Psyches stärkste Eigenschaft die Treue zu ihrer Liebe ist.

Parsifal und der alte König verhalten sich zueinander wie Psyche und Aphrodite. Es sind zwei männliche Gestalten, die sich in einem Dialog befinden. Ihre Beziehung ist, so glaube ich, das Bild eines Grundmusters, das für jeden Mann, unabhängig von den individuellen Motiven im Horoskop, Gültigkeit hat.

Gewöhnlich charakterisieren Mythen die Dynamik zwischen zwei Gestalten. Manchmal sind es auch mehrere Protagonisten, ein Mythos ist jedoch nie einfach ein statisches Bild. In gewissem Sinn kann man alle Charaktere eines Mythos als Facetten einer einzigen Gestalt sehen. Parsifal, der alte König und der Gral selbst sind Teile eines inneren Dialogs. Ebenso Psyche, ihre Schwestern, Aphrodite und Eros. Sieht man es so, dann wird man auch erkennen, daß wir uns manchmal mit einer Gestalt in diesem Dialog identifizieren und andere Menschen anziehen, die die anderen Rollen übernehmen. Die Geschichte im ganzen hat jedoch etwas mit uns selbst zu tun.

Das Bild der Suche ist selbst ein mythologisches Motiv. Es ist ein fast allgegenwärtiges Thema, auch in den meisten populären Filmen und Romanen, in denen es um die Suche nach einem Schatz, nach einem Mann, einer Frau, nach Wissen oder sogar um die Erforschung des Weltraumes geht.

Ich möchte mich nun verschiedenen Mythen zuwenden, die möglicherweise Licht auf die einzelnen Tierkreiszeichen werfen. Wenn ich sie beschreibe, sollten Sie das nicht zu starr und wörtlich nehmen. Warum ich Ihnen hier Geschichten erzähle, anstatt mich analytisch zu gebärden und sachkundige astrologische Definitionen zu geben, hat seinen Grund: ich möchte versuchen, eine Türe zur Welt der Imagination zu öffnen. Diese Geschichten richten sich nicht an den Verstand, der Schlüsselbegriffe oder starre Definitionen sucht. Ich habe aus einer Vielzahl bedeutungsvoller Geschichten wenige Mythen ausgewählt. Die Mythologie ist ein so umfassendes Thema, daß man sein ganzes Leben lang daraus lernen kann. Meine Kenntnisse in diesem Bereich sind leider auf bestimmte kulturelle Schwerpunkte beschränkt. Mit der griechischen Mythologie bin ich recht vertraut, aber von den nord- und südamerikanischen Mythen weiß ich wenig. In der germanischen Mythologie bin ich etwas bewandert, nicht jedoch in der indischen und noch weniger in der ägyptischen. Es werden also viele wichtige Geschichten fehlen, weil sie mir einfach nicht bekannt sind. Wenn Sie sich mit der Mythologie befassen und sich tief auf diese Welt der Bilder einlassen, liegt es an Ihnen, die mythologischen Themen herauszufinden, die für Sie besondere Bedeutung haben. Jeder Mensch fühlt sich zu anderen Göttern hingezogen.

Eine Möglichkeit, die Tierkreiszeichen zu sehen, besteht gewöhnlich darin, in jedem von ihnen die Verkörperung einer Energie oder eines Bündels von Charakterzügen oder einen Aspekt eines gesamten Zyklus zu sehen. Diese verschiedenen Interpretationsmodelle wurden in vielen Büchern beschrieben. Man kann ein Tierkreiszeichen jedoch auch wie eine Geschichte betrachten. Natürlich kann man bei Widder, dem ersten Zeichen, an Schlüsselbegriffe wie Aggression, Zielgerichtetheit, Impulsivität, Energie denken. Eine der Geschichten, die mir bei Widder sofort einfällt, ist die Legende vom Ritter, der die schöne Maid rettet. Die mittelalterliche Literatur ist voll von solchen Gestalten wie Lanzelot und Gawein. Auch im griechischen Mythos begegnen wir ihnen immer wieder. Perseus ist ein gutes Beispiel dafür. Das, was sich zwischen dem Ritter und dem vornehmen Fräulein abspielt, verbinde ich sehr stark mit dem Zeichen Widder. Die edle Dame ist immer zerbrechlich, hilflos, ein Opfer. Um sie zu retten, muß der Ritter immer irgendeinem Ungeheuer entgegentreten. Oft ist das ein Riese oder ein anderer Unhold, der die Prinzessin bewacht oder die Jungfrau in Ketten gefesselt hält. Manchmal ist der Riese auch der Vater der Jungfrau, der den Ritter verfolgt und ihm die Frau vorenthalten möchte. Diesem Motiv begegnet man oft im Märchen. Ich glaube, daß es beim Widder vor allem darum geht, das Mädchen dem Riesen oder dem schrecklichen Vater abzugewinnen, nicht so sehr der schrecklichen Mutter oder der Hexe. Beim Widder dreht es sich um einen Kampf zwischen zwei Männern, um einen Siegerpreis. Der ganze Kreis der Arthus-Legenden hat für mich einen widderhaften Charakter. Der Widder ist immer edel, nie niederträchtig oder kleinmütig, er ist von schrecklich einseitiger Tugendhaftigkeit und Ehrbarkeit. Tollkühn riskiert er sein Leben, um die Angebetete zu retten.

Es scheint hier darum zu gehen, daß ein weiblicher Wert, etwas Unterschätztes, Kleines und Hilfloses gerettet werden soll, indem es den Fängen eines Tyrannen entrissen wird. Jason, der sich auf die Suche nach dem Goldenen Vlies machte, rettet nicht nur das Vlies, sondern auch Medea, während er von ihrem Vater verfolgt wird. Dieses mythische Thema scheint sich im Leben der Widder-Menschen vor allem durch ihre Neigung zu äußern, immer etwas zu finden, für das sie kämpfen können. Widder-Menschen, ob Mann oder Frau, wollen etwas erlösen, das von anderen abgelehnt wird oder in starren, kollektiven Wertvorstellungen gefangen ist. Der Widder kämpft entweder gegen den Tyrannen, das Ungeheuer, den schrecklichen Vater oder gegen alles, was Dummheit oder Stagnation verkörpert. Das hilflose und wertvolle Objekt, das dem Widder so ungeheuer am Herzen liegt, könnte ohne sein Eingreifen, seine Kühnheit und seinen Mut nie befreit werden.

Jason verkörpert den Widder nicht nur wegen seiner Suche nach dem vielsagenden Symbol des Goldenen Vlieses, sondern auch, weil er die für ihn typische Schwäche zeigt. Im Mythos begeht Jason einen schwerwiegenden Fehler. Er bemannt sein Schiff mit den tapfersten Kriegern und begibt sich auf der Suche nach dem Vlies in unbekanntes Gebiet. Als er in Kolchis anlangt, begegnet er Medea, der Tochter des Königs von Kolchis. Sie ist Priesterin und Zauberin. Sie hilft ihm, das Vlies zu erringen, und es gelingt den beiden, der Verfolgung des Vaters zu entgehen. Doch als sie in zivilisiertere Gegenden zurückkehren, wo Jason bekannt und vom Volk geliebt ist, verläßt er Medea. Obwohl sie große Abenteuer miteinander bestanden und zwei Kinder miteinander gezeugt haben, bietet man ihm die Möglichkeit, König zu werden, unter der Bedingung, daß er die junge Tochter des herrschenden Regenten heiratet – und er wird schwach. Er hat sein ritterliches Ehrgefühl vergessen und fällt in das Kollektiv zurück, über das er sich durch seine mutige Eroberungsfahrt erhoben hatte.

Medea, wahrscheinlich ein Skorpion, rächt sich, indem sie ihn vernichtet. Sie ermordet seine junge Verlobte und tötet dann ihre eigenen Kinder. Sie verflucht Jason und entschwindet in einem von Drachen gezogenen Wagen. Jason ist ein in die Irre gehender Widder. Er ist vom typischen Chauvinismus der Widder-Männer geprägt. Das Weibliche reizt ihn, solange er darum kämpfen muß; hat er es gewonnen, so verliert er sein Interesse daran. Er vergißt, daß er immer wieder den gleichen Kampf auf immer wieder neuen Ebenen führen muß. Am Schluß stirbt er eines lächerlichen Todes. Ein Stück Holz seines eigenen Schiffes fällt ihm auf den Kopf und tötet ihn.

Von Stieren sind viele Mythen bevölkert. Einer davon, der mich besonders faszinierte und der für mein Gefühl etwas mit dem Sternbild Stier zu tun hat, ist der des Königs Minos von Kreta. Minos ist eine äußerst interessante Gestalt. Er verkörpert das Stierwesen im guten wie im schlechten Sinne. Er herrscht über das ganze Ägäische Meer, er ist unermeßlich reich und mächtig. Unter seiner Herrschaft gelangte das kretische Volk zu hoher Kultur. Er hat den Gott Poseidon, den Herrn der Meerestiefen, auf seiner Seite. Im griechischen Mythos ist Poseidon nicht ganz vergleichbar mit dem späteren Neptun, der sehr viel mehr vom Fisch an sich hat. Poseidon ist ein Fruchtbarkeitsgott der Elemente. Er wird der Erderschütterer genannt, da er in Gestalt eines großen schwarzen Stieres durch sein Gebrüll in den unterirdischen Höhlen die Erde erzittern läßt. Er ist auch der Gott der Pferde und Gefährte der Großen Mutter. Poseidon verspricht Minos die immerwährende Herrschaft über die Meere, wenn dieser ihm einen schönen und vollkommenen weißen Stier opfert, der zur heiligen Herde gehört. Während sich der Gott an sein Versprechen hält, versucht Minos ihn zu betrügen. Beim Anblick des herrlichen Stieres sagt er sich: »Warum sollte ich ihn opfern? Es ist mein Stier, mein Eigentum. Viel besser lebt er hier in meiner Herde und zeugt noch andere Stiere, als daß er getötet und auf dem Altar des Gottes geopfert wird, der ihn schließlich gar nicht braucht.«

So beschließt Minos, Poseidon zu hintergehen, und opfert ihm einen anderen Stier, der zwar ebenso weiß, aber nicht ganz so makellos ist, als Ersatz. Er kann seinen kostbaren Besitz nicht hingeben, obwohl der Gott ein Recht darauf hat. Durch diese Besitzgier beschwört er das nun folgende Schicksal herauf. Poseidon bittet in seinem verständlichen Ärger Aphrodite um Hilfe. Aphrodite erweckt im Weib des Minos eine überwältigende Leidenschaft für den weißen Stier. Es gelingt der Frau des Minos und dem Stier, sich im Geheimen zu vereinigen, indem sie in eine hölzerne Kuh kriecht, die Daedalus gebaut hat. Die Königin wird schwanger und gebiert den Minotaurus, ein schreckliches Geschöpf mit dem Kopf eines Stieres und dem Körper eines Menschen. Der Minotaurus ißt Menschenfleisch. Minos wagt es nicht, ihn zu töten, da er die göttliche Strafe erkennt. Natürlich muß er diese Mißgeburt vor den Augen der Leute verborgen halten. Erfüllt von Haß und Abscheu errichtet er das große Labyrinth, in dessen Innerstem er Minotaurus verbirgt. Zweimal jährlich muß er ihm unschuldige Jünglinge und Mädchen zum Fraß vorwerfen. Er kann ihn nicht vernichten, da der Minotaurus die lebende Verkörperung des Fluches des Poseidon und das Sinnbild seiner Schuld ist. Zuletzt muß Theseus kommen und den Minotaurus überwinden. So findet die Geschichte schließlich ein erlösendes Ende, denn Theseus wird König von Kreta und gelangt durch den Minotaurus zum Ansehen eines Helden.

Im Schicksal des Minos liegt etwas Unentrinnbares. Er ist kein böser Mensch, sondern eher wie einige der Gestalten aus der klassischen griechischen Tragödie – ein großer Mann mit einer fatalen Schwäche. Die Schwäche, der Fehler jedoch ist in gewisser Weise notwendig für die Entwicklung der Geschichte und für die Erlösung, die an ihrem Ende steht. Gerade durch den Neid und die Gier des Minos kann Theseus zum Helden werden. Hätte es keinen Minotaurus gegeben, so hätte nie jemand von Theseus erfahren. Und alles, was Theseus seinem Volk schenkt, seine großen Taten, seine Gesetze und die Vereinigung von Attika sind die unmittelbare Folge des Vergehens von Minos.

Sehr bedeutsam erscheint mir, daß der Mythos diese Schwächen und Fehler der Menschen ohne moralisches Urteil beschreibt. Die Götter werden wütend, verhalten sich aber selbst sehr böse, und ihre Strafen scheinen oft maßlos im Vergleich zu den begangenen Taten. Der Fehler des Minos ist ein notwendiger Fehler. Es ist etwas, das durchlebt werden muß, und ich habe viele Stiergeborene kennengelernt, die einen notwendigen Fehler begingen. Sie begingen diesen einmal, und das hatte ernste Folgen, am Ende wurde jedoch alles gut. Das ist ein notwendiger Teil des Entwicklungsweges des Stieres. Die Götter sollen um etwas betrogen werden, was ihnen versprochen wurde, indem es für einen selbst in Anspruch genommen wird. Das ist ein religiöses und nicht so sehr ein materielles Problem. Die Sünde des Minos besteht darin, nicht willens zu sein, dem Gott das zu opfern, was ihm am meisten wert ist. Er möchte es für sich selbst behalten. Es scheint dabei vor allem darum zu gehen, daß der Stier erkennen muß, woher die Gabe kommt, anstatt zu sagen: »Ich besitze sie, ich habe sie geschaffen, sie gehört mir, und niemand kann sie mir wegnehmen. Ich schulde niemandem etwas.« Auch im Buddhismus begegnet man diesem Motiv der Loslösung von Bindungen und der Erkenntnis des wahren inneren Selbst; Buddha ist der Tradition nach ein Stier.

Ganz anders ist es mit den Zwillingen. Es gibt viele Geschichten von Zwillingen und von jungen Liebenden, die man in Zusammenhang mit dem Sternbild Zwillinge erwähnen könnte. Besonders bietet sich die Geschichte von Kastor und Pollux (oder im Griechischen Polydeukes) an, da das Sternbild der Zwillinge nach den beiden Brüdern benannt wurde. Einer der beiden ist der Sohn eines Sterblichen, der andere Sohn des Zeus. Schon in diesem Bild liegt meiner Meinung nach viel von der tieferen Bedeutung der Zwillinge.

Der sterbliche Bruder fällt im Kampf, und der göttliche Bruder bittet seinen Vater Zeus, ihn wieder zum Leben zu erwecken. Zeus findet eine Lösung. Er kann den Toten nicht einfach ins Leben zurückrufen, da Hades die Seele beansprucht, und wenn eine Seele einmal in die Unterwelt gegangen ist, kann man sie nicht wieder zurückholen. So einigen sich Zeus und Hades darauf, daß der eine Bruder weiterhin auf der Erde leben und der andere in der geistigen Welt bleiben muß: beide dürfen nie zugleich am selben Ort sein, sie müssen für immer getrennt bleiben, aber sie können ihre Plätze immer wieder austauschen. So kann jeder einmal in der göttlichen Welt leben, um dann wieder an die Freuden und Leiden der Erde gebunden zu sein. Manchmal ist Kastor sterblich und manchmal Polydeukes. Beide sehnen sich für immer nach dem anderen.*)

Zwillinge-Geborene scheinen die Erfahrung der Sterblichkeit oft als dunkel und bedrückend zu empfinden. Sie erleben den Verlust von Glauben und Licht, denn wenn der sterbliche Bruder zum Himmel aufsieht und sich daran erinnert, daß seine göttliche Hälfte in für ihn unerreichbaren geistigen Sphären ist, so wirft das einen Schatten auf seine eigene Existenz. Der göttliche Zwilling empfindet den Verlust seines Bruders und das Mitleid für den in den irdischen Schwierigkeiten Befangenen ebenfalls als leidvoll. In den Zwillingen scheint eine tiefe Sehnsucht zu liegen, diese beiden Hälften zu vereinigen. Man mag es nennen, wie man will, Geist und Körper oder Selbst und Ich oder Göttliches und Menschliches. Der Mythos scheint etwas Trauriges, aber auch etwas Tröstliches auszudrücken. Obwohl die beiden Zwillinge nicht zugleich an einem Ort

*) Außer dieser Version des Dioskuren-Schicksals existiert eine zweite. Hiernach bittet Polydeukes Zeus, die eigene Unsterblichkeit mit dem Bruder teilen zu dürfen. Zeus erfüllt den Wunsch, mit dem Ergebnis, daß die Brüder (zusammen) ihre Tage abwechselnd auf dem Olymp und im Hades verbringen.

sein können, sind sie beide Teile eines Ganzen und können nie wirklich getrennt werden.

Es gibt noch einen Mythos, den ich mit dem Zeichen Zwillinge in Verbindung bringe. Es ist die Geschichte der Kabiroi, der Zwergenbrüder. Die Kabiroi wurden auf der Insel Samothrake als Götter verehrt. Odysseus wird dort nach dem Trojanischen Krieg auf seinem weiten Weg zurück nach Ithaka in den Mysterienkult der Kabiroi eingeweiht. Zum Geheimnis der Kabiroi gehört es, daß sie offenbar ihren dritten Bruder getötet haben; hier finden wir also das Motiv der geschwisterlichen Rivalität und Eifersucht anstelle von Geschwisterliebe. Die Kabiroi lieben besonders Anbeter, die selbst eine Blutschuld auf sich geladen haben, vor allem die Ermordung eines Bruders oder einer Schwester, was ihr eigenes Verbrechen ist. James Hillman bringt das Geheimnis der Kabiroi mit der Erfahrung der Dualität in Zusammenhang. Bei den Kabiroi findet sich nicht der Friede der Vereinigung und des Einsseins mit dem Geist. Sie verhelfen zu einem mitleidvollen Annehmen des Schmerzes, den die Dualität, die Ambivalenz mit sich bringt. Sie können die Fähigkeit verleihen, mit dem Gefühl der Getrenntheit von Körper und Geist, mit der Feindschaft zwischen den beiden Bereichen zu leben und dennoch schöpferische Kraft daraus zu ziehen, daß man beides umfaßt. Ich glaube, daß das für die Zwillinge ebenfalls ein sehr wichtiges Thema ist.

Jetzt kommen wir zum Krebs. Ich halte es für wichtig, sich zu vergegenwärtigen, daß all diese mythologischen Bilder eine Dynamik zwischen zwei oder mehreren Gestalten beinhalten. Der Tradition nach denken wir beim Zeichen Krebs an die Mutter, was ich jedoch für einen Irrtum halte. Ich glaube, daß es beim Krebs um Mutter und Sohn geht. Eine Mutter hat erst dann Bedeutung, wenn auch ein Kind da ist. Sonst kann man nicht wirklich von einer Mutter sprechen, es bleibt nur ein leerer Begriff. Betrachten wir die mythologischen Themen als eine Art Verhaltensmuster oder Schicksal, ist es oft so, daß wir uns dafür entscheiden, eine der Rollen zu spielen und die anderen irgendwo in der Außenwelt zu finden. Der Widder spielt entweder den edlen Ritter oder die hilflose Maid, der Stier kann entweder Minos oder sein Minotaurus sein, ebenso wie Theseus. Ein Zwilling-Geborener verkörpert entweder den einen oder den anderen Bruder. Und ein Krebs-Mensch identifiziert sich entweder mit der Mutter oder mit dem Sohn.

Im Mythos gibt es viele Mutter-Sohn-Geschichten. Dazu gehören Kybele und Attis, Ishtar und Tammuz ebenso wie Aphrodite und Adonis. Der Mythos ist voll von großen Mutter-Göttinnen, die vom Wind, von einem Mandelsamen oder einem nicht sichtbaren Vater befruchtet werden. Manche von ihnen bringen ihr Kind parthenogenetisch hervor, das heißt, sie befruchten sich selbst und gebären einen Sohn aus der Quelle ihrer eigenen schöpferischen Kraft. Der Sohn ist immer ein schöner Jüngling, gewöhnlich ein Vegetations- oder Fruchtbarkeitsgott oder Dämon. Er ist eine Art wohlwollender, schöpferischer Lebensgeist, der im Frühling mit der wachsenden Saat geboren wird und stirbt, bevor er im Herbst zum Mann gereift ist. Er kehrt in den Mutterleib, in die Unterwelt zurück und verbringt den langen Winter in der Dunkelheit. Im Frühling wird er wiedergeboren. Diese zyklischen Geschehnisse wurden vor allem in den Mittelmeerländern und in Kleinasien in Frauenkulten verehrt; man veranstaltete große Trauerprozessionen zum Tod des jungen Gottes im Herbst und orgiastische Freuden-Riten im Frühling.

Die Beziehung zwischen Mutter und Sohn ist immer höchst ambivalent. Sie ist vor allem seine Mutter, zugleich aber seine Geliebte. Sie initiiert ihn in das Mannesalter, erlaubt ihm jedoch nicht, zum Mann zu werden, und muß ihn schließlich zu sich zurückrufen. So ist sie nicht nur für seine Geburt, sondern auch für seinen Tod verantwortlich. In der Geschichte von Aphrodite und Adonis, einer späteren Version des Mythos von Ishtar und Tammuz, verehrt die Göttin den Jüngling, der jedoch von einem Eber, einem ihrer heiligen Tiere, getötet wird. Der göttliche Teil der Großen Mutter liebt ihn, aber der dunkle, instinktgebundene Teil zerstört ihn schließlich. Dann beweint sie ihn den Winter hindurch. Die Blütenblätter der Anemone sollen blutrot sein, weil sie aus dem Blut des Adonis, das sich auf die Erde ergoß, sprießten. Mit dem Frühling jedoch wird er immer wiedergeboren. Ich glaube, daß dem Krebs eine Art Zyklus innewohnt, etwas hervorzubringen, einen schöpferischen und schönen jungen Geist, ihn aber dann wieder zurückzufordern. Es scheint in dieser Geschichte um den Prozeß des schöpferischen Hervorbringens zu gehen, um die merkwürdige ambivalente Beziehung zwischen dem Ich, das schöpferisch ist, und der unbewußten Matrix, aus der die schöpferische Inspiration kommt. Ich glaube nicht, daß es beim Krebs um Häuslichkeit geht. Wenn man ein Krebs-Geborener ist und sich entschließt, sich mit dem Mutterbild zu identifizieren, dann muß man den Sohn irgendwo in der Außenwelt finden. Das kann jemand sein, mit dem man sich eine Zeitlang verbindet und den man als Geliebten empfindet, der aber dann wieder fortgeht. Der Sohn kann auch ein innerer Sohn, eine schöpferische Inspiration sein, die eine Weile blüht und dann auf geheimnisvolle Weise verschwindet und in Dunkelheit, Stagnation und Depression versinkt, bis es wieder Zeit für sie ist, neu zu entstehen. Identifiziert man sich lieber mit dem Sohn, was bei vielen

Krebs-Männern der Fall ist, muß man die Mutter irgendwo im äußeren Leben finden. Zunächst erscheint sie vielleicht in der Gestalt der versöhnlichen Mutter oder der Frau, die für einen wichtig ist. Sie kann auch die Macht der eigenen Emotionen und Instinkte sein, die manchmal lebenspendend sind und einen dann wieder zu zerstören drohen. Inzest mit der Mutter in diesen Geschichten hat meiner Meinung nach sehr viel mit Inzest mit der Phantasie oder dem Unbewußten zu tun. Beides bringt Leben hervor, ist aber auch bedrohlich und fordert seinen Preis. Es liegt jedoch auch immer ein Versprechen der Erneuerung und der Wiedergeburt darin.

Das Zeichen Löwe verbinde ich vor allem mit Parsifal, dem wir schon begegneten. Obwohl man Parsifal als ein Bild der männlichen Entwicklung in einem viel weiteren Sinne betrachten kann, verkörpert er, wie ich vermute, auch die Sonne, und man kann die Sonne im Horoskop ebenfalls als Bild der Entwicklung der männlichen Seite der Persönlichkeit sehen. Der Löwe hat für mich immer viel mit dem Motiv der Sohn-Vater-Beziehung zu tun. Auch der Steinbock steht damit in Verbindung, doch von einem anderen Standpunkt aus; ich werde später darüber sprechen. Ich bin seit langem davon überzeugt, daß das Zeichen Löwe nicht wirklich mit der eitlen, angeberischen, extrovertierten Figur zu tun hat, wie sie in den Sonnenzeichen-Kolumnen erscheint. Ich halte den Löwen nicht einmal für königlich. Er ist eher heroisch als königlich. Apollo, der Sonnengott, ist nicht König der Götter. Zeus ist der König, und ich glaube schon lange, daß, wenn es überhaupt ein wirklich königliches und gebieterisches Zeichen gibt, es eher der Schütze ist und nicht der Löwe.

Bei meiner Arbeit mit Löwe-Geborenen wurde mir klar, daß die tiefste Sehnsucht und Leidensursache dieser Menschen ihr Bedürfnis ist, zu ihrer eigenen Quelle vorzudringen. Der Löwe ist in vieler Hinsicht das zutiefst religiöse Tierkreiszeichen. Das Motiv der Gralssuche und der Heilung des kranken Geistes, der den Gral bewacht, scheint sehr viel mit der Frage zu tun zu haben: »Wer bin ich und woher komme ich?« Das liegt dem schöpferischen Impuls des Löwen zugrunde. Die Kreativität des Löwen sucht, wie Parsifal auf seinem Weg, nicht eigentlich anderen zu gefallen, sondern ist eher ein Versuch, etwas zu finden, mit etwas Innerlichem in Berührung zu kommen. Wenn ich etwas hervorbringe, sei es ein Kind oder etwas Künstlerisches, kann ich vielleicht irgendwo in meiner Schöpfung Spuren der Lebensquelle, die mich hervorgebracht hat, erahnen. Ich glaube, daß Kinder für Löwe-Geborene so wichtig sind, weil sie in den Gesichtern ihrer Kinder das Geheimnis suchen, das sie selbst erzeugte. Löwe ist in vieler Hinsicht ein sehr introvertiertes Zeichen, das nichts Geringeres als den Gral sucht, in welcher Form auch immer er dem einzelnen Löwen vorschweben mag. In der christlichen Symbolik ist der Gral der Kelch, der das Blut des Gekreuzigten auffängt, oder der Kelch, aus dem Christus beim letzten Abendmahl trinkt. Das Gralssymbol ist jedoch schon älter als das Christentum; im frühen keltischen Mythos ist der Gral ein weibliches Gefäß, der Kessel der Keridwen, die Seele und Quelle des Lebens. Ich erwähnte schon, daß der Gral der Stein des Weisen in der Alchimie ist, ein unvergängliches und unzerstörbares Symbol für das Geheimnis der Unsterblichkeit. Es ist das Unvergängliche im Innersten, das Geheimnis der eigentlichen Identität. Der Gral kann nur vom kranken alten König gefunden werden, und dieser ist Teil des Löwen, was eine sehr quälende Erfahrung bedeutet. Es ist eine Art Depression des Geistes.

Parsifal bekommt zweimal eine Chance, und ich glaube, dem Löwen ergeht es ebenso. Das erste Mal ist es eine Art Gnadenakt, während es das zweite Mal die Belohnung für eine lebensbestimmende Bemühung ist. Manchmal hat er schon eine erste Ahnung in der Kindheit, eine Erfahrung, die vom Löwen gewöhnlich in einem romantischen Licht gesehen wird. Dieses Muster ist mir im Leben vieler Löwen begegnet. Eine Zeitlang blüht und gedeiht alles, und der Löwe-Geborene fragt nicht warum, ebenso wie ein Kind, das nicht fragt, warum die Sonne scheint. Er nimmt es als etwas Selbstverständliches. Es geschieht einfach so. Der Löwe besitzt die Fähigkeit, dem Leben die besten Seiten abzugewinnen. Dann plötzlich wendet sich das Blatt. Er hat ein Gefühl der Leere, das Leben wird wie ein ödes Land. Es ist eine Erfahrung des Sinnverlustes. Die richtige Frage war nicht gestellt worden. Wenn der Löwe einmal beginnt, die richtige Frage zu stellen, die, wie ich glaube, eine Frage nach der Identität der Quelle ist, dann besteht die Möglichkeit, das Verlorene wiederzufinden.

Der Begriff Jungfrau hat in seiner ursprünglichen Bedeutung nichts mit sexueller Unberührtheit zu tun. Er beschreibt einfach eine unverheiratete Frau, d. h. eine Frau, die keinem Mann gehört, die ihre eigene Identität hat. Sie ist weder Besitz noch Ergänzung eines anderen Menschen. Jungfräuliche Göttinnen kann man in sehr vielen Mythen finden. Viele von ihnen sind dem Wesen nach jungfräulich, aber zugleich befruchtet, jedoch nicht von einem sterblichen Mann, sondern vom Geist, was nur scheinbar paradox ist.

Die letzte in einer langen Reihe solcher jungfräulichen Göttinnen ist natürlich Maria. In ihre Gestalt flossen viele ihrer Vorgängerinnen ein, als im 12. Jahrhundert die Marien-Verehrung zu blühen begann. Viele dieser Göttinnen sind alles andere als keusch. Aber sie wurden, wie Maria, von etwas Numinosem und Unkörperlichem von innen heraus oder von oben her befruchtet. Sie sind unverheiratet, werden jedoch die Gefäße für die Geburt eines göttlichen Kindes.

Berühmt unter diesen jungfräulichen Göttinnen ist Persephone, eine Gestalt, die ich mit dem Sternbild Jungfrau in Verbindung bringe. Sie ist die jungfräuliche Göttin des Frühlings. Sie ist Tochter der Demeter, der Göttin der Ernte, und lebt zusammen mit ihrer Mutter, behütet, in einer sinnlichen, mütterlichen Welt. Das Leben ist ganz auf den Bereich der Sinne beschränkt, und solange man die Namen aller Dinge, ihre Ordnung und Aufgabe kennt, ist man geborgen und behütet.

Die Mutter-Tochter-Bindung schließt all die schrecklichen Männer aus, die diese Sicherheit gefährden könnten.

Etwas in Persephone sucht jedoch die Erfahrung, und so macht sie sich eines Tages allein auf den Weg, um Blumen zu pflücken. Hades, der schon länger ein Auge auf sie geworfen hat, läßt vor ihren Augen eine wunderschöne Blume erblühen. Es ist eine Narzisse; sie galt als Todesblume. Kaum hat sie die Blume gepflückt, öffnet sich die Erde vor ihren Füßen, und der Herr der Unterwelt steht in seinem von schwarzen Pferden gezogenen Wagen vor ihr. Er entführt sie in die Unterwelt und zwingt sie zu einer Todesheirat. Man gibt ihr einen Granatapfel zu essen, ein Fruchtbarkeitssymbol wegen seiner vielen Samen. In der Unterwelt wird sie Königin des Totenreichs und gebiert Hades einen Sohn, das göttliche Kind mit dem Namen Dionysos.

Die Fassung dieses Mythos, die man den Kindern in der Schule erzählt, ist weniger grausam; von einem göttlichen Kind ist nicht die Rede. Auch das Wort Vergewaltigung kommt nicht vor. In dieser Version empört sich Demeter, Persephones Mutter, und fordert unter der Drohung, die Erde ganz zu verwüsten, ihre Tochter zurück. Schließlich einigen sich Demeter, Hades und Zeus darauf, daß Persephone die Hälfte des Jahres mit Hades in der Unterwelt, die andere Hälfte mit ihrer Mutter verbringen solle. In der älteren Fassung jedoch, die den eleusinischen Mysterien zugrunde gelegen haben mag, weist alles auf das Kind der Unterwelt, Dionysos, hin, der auch Brimo oder Zagreus genannt wird. Persephone bleibt Königin der Unterwelt, und obwohl sie wieder mit ihrer Mutter vereinigt werden kann, wird sie nie wieder dieselbe sein, denn nun ist sie Mutter und Gemahlin. Paradoxerweise wird sie immer noch als Jungfrau verehrt.

Das Motiv von Raub und Vergewaltigung durch Kräfte der Unterwelt scheint viel mit dem Zeichen Jungfrau zu tun zu haben. Etwas aus dem nicht-rationalen oder unbewußten Bereich steigt auf und dringt in die unschuldige Welt der Persephone ein. Und obwohl sie zu ihrer Mutter zurückkehren kann, wird immer dieses göttliche Kind dasein. Dionysos ist eine faszinierende Gestalt: einerseits der Gott der Ekstase und der physischen Lust, andererseits der Gott des Todes, was schon in seiner Zeugung zum Ausdruck kommt. So herrscht er über das Leben wie über den Tod. Persephone gibt einem Geschöpf das Leben, das an das dunkle Gesicht Christi erinnert. Dionysos ist ein Erlöser, die heidnische Antwort auf Christus, mit dem er viele Eigenschaften teilt. Auch er wird getötet und erlebt eine Auferstehung. Seine Mutter ist eine Jungfrau, sein Vater ein Gott. Er bringt der Menschheit ein wertvolles Geschenk. Bei Christus ist es Erlösung durch den Geist, bei Dionysos die Erlösung durch die Sinne.

FRAGE: Hat das Symbol des Einhorns im Zusammenhang mit Reinheit und Jungfräulichkeit etwas mit der Jungfrau Maria zu tun?

LIZ GREENE: Ein Einhorn soll nur von einer Jungfrau gefunden werden können. Wenn Sie ein Einhorn fangen wollen, müssen Sie erst eine Jungfrau suchen (in San Francisco wahrscheinlich kein leichtes Unterfangen) und die muß sich in den Wald begeben und dort warten. Dann kommt das Einhorn und legt seinen Kopf in ihren Schoß. Ich glaube, wir müssen uns fragen, was Reinheit eigentlich bedeutet. Vielleicht hat es mit innerer Unversehrtheit, mit Unabhängigkeit zu tun. Ich glaube, es könnte mit einer Individualität zu tun haben, deren Wertvorstellungen etwas Ureigenes und Reines haben.

FRAGE: Was Sie sagten, klang so, als sei die Sinnlichkeit bei der Jungfrau sehr stark.

LIZ GREENE: Die sinnliche Seite des Zeichens Jungfrau scheint mir sehr offensichtlich zu sein. Vielleicht sind die prüderen Jungfrau-Geborenen aus den Lehrbüchern Menschen, die Angst vor der Macht ihrer eigenen Sinnlichkeit haben. Man muß nur ins Kino gehen und einige der unter dem Zeichen Jungfrau geborenen Schauspielerinnen ansehen, beispielsweise Sophia Loren, Jacqueline Bisset, Lauren Bacall und Ann Bancroft, um festzustellen, was für eine starke Sinnlichkeit sie ausstrahlen. Es gibt eine paradoxe Beziehung zwischen Reinheit und Sinnlichkeit. Viele der alten jungfräulichen Göttinnen sind zugleich Dirnen, ein Symbol für Fruchtbarkeit und Promiskuität, aber ungebunden, nur sich selbst gehörend.

FRAGE: Halten Sie es für gefährlich, wenn Persephone zu eng mit ihrer Mutter verbunden bleibt?

LIZ GREENE: Ja, darin liegt eine Gefahr. Man könnte sagen, daß es für Persephone notwendig ist, geraubt und vergewaltigt zu werden, da sie sonst immer nur ein Teil ihrer Mutter geblieben wäre. Demeter ist das erdhafte Leben der Natur. Ich glaube, daß Jungfrau-Geborene am Beginn ihrer Reise an die Erde gebunden sind und den Gesetzen der Natur gehorchen. Dann hat man die klassische Jungfrau, die ganz besessen ist von Problemen der Hygiene, der Ernährung, der Diät und all diesem Drum und Dran. Sie kann nichts zulassen, was nicht mit diesen Gesetzen in Einklang steht. Das kann man manchmal bei Jungfrau-Geborenen erleben, die fanatisch auf Sauberkeit bedacht sind und fünfmal am Tag den Boden putzen, um nur alles keimfrei zu haben. Dann wird die Mutter gefährlich.

FRAGE: Persephone beschwört doch ihr eigenes Schicksal herauf.

LIZ GREENE: Ja, darin ist sie wie Psyche. Sie löst alles durch das Pflücken einer Narzisse aus. Es ist jedoch keine offensichtliche, bewußte Handlung. Wenn im Mythos diese Art scheinbarer Passivität beschrieben wird, die sowohl Psyche wie auch Persephone auszeichnet, ist es, so glaube ich, wichtig, genau zu betrachten, was sie wirklich tun. Es scheint so, als bräche das Leben einfach über diese Frauen herein. Aber sie haben alles selbst heraufbeschworen. Vielleicht müssen manche Menschen ihre Erfahrungen auf diese Weise erleiden, damit es ihnen klar wird, daß das Leben nicht allein vom bewußten Willen regiert wird. Vielleicht ist es auch eine zutiefst weibliche Art, sich durchs Leben zu bewegen. Ich glaube, daß die Schicksalsgöttinnen aus diesem Grund immer weiblich und keine männlichen Götter sind. Man hat das Gefühl, daß das Schicksal seinen Lauf nimmt; die damit zusammenhängende Erfahrung der Passivität ist etwas stark mit dem Weiblichen Verbundenes.

Die männliche Seele empört sich gegen diese passive Entfaltung. Als Parsifal erkennt, daß er versagt und den Gral wieder verloren hat, legt er nicht die Hände in den Schoß und hofft darauf, daß Ameisen oder Schilfrohre ihn wiederfinden. Er macht sich mit der für seinen Weg notwendigen wilden Entschlossenheit auf die Suche. Für einen Mann ist die Vorstellung, etwas als gegeben annehmen zu müssen oder sich etwas zu überlassen, das sich nach seinem eigenen Plan entwikkelt, oft sehr schwierig. Er hat das starke Bedürfnis, sich aufzumachen, etwas zu tun, etwas zu verändern, etwas in Bewegung zu setzen. Vielleicht ist das auch der Grund, warum sich soviel mehr Frauen zur

Astrologie hingezogen fühlen und bereit sind, sich auf eine Analyse einzulassen, denn das bedeutet oft, geduldig darauf zu warten, daß sich etwas entwickelt. Es ist im Grunde aber gar nicht Passivität.

Persephones Verwundbarkeit liegt in ihrer Unschuld. In all diesen mythologischen Geschichten spielt die schwache Stelle eines Menschen eine wichtige Rolle, und damit ist im Mythos etwas Wesentliches ausgesagt. In jedem Tierkreiszeichen gibt es solch eine Schwachstelle, den Punkt, an dem das Schicksal seinen Lauf nimmt. Eigentlich liegt darin eine gewisse Ausweglosigkeit, denn dieser Punkt ist meist der entscheidende in der Geschichte. Ich möchte Ihnen dazu ein kleines Märchen erzählen. Es handelt von einem König und seinen drei Söhnen. Das ist ein sehr verbreitetes Motiv im Märchen, und sehr lesenswert ist, was Marie-Louise von Franz dazu in ihren Aufsätzen über Märchen schreibt. Der König ist eine Art herrschendes Prinzip, ein gesellschaftsprägender Wert. In dieser Geschichte besitzt er einen Baum mit goldenen Äpfeln. Das ist sein großer Schatz, die Quelle seines Reichtums. Eines Tages bricht ein Dieb in seinen Garten ein und stiehlt goldene Äpfel vom Baum. Der König geht in den Garten, um den Dieb zu fangen, aber er hält sich dabei an die gewohnten Regeln zum Fangen von Dieben, er tut es so, wie er alles in seinem Leben getan hat. Natürlich scheitert er, denn der Dieb ist sehr schlau. Der König versinkt im Garten in tiefen Schlaf, und der Dieb entkommt mit einem Apfel.

Dann schickt der König seinen ältesten Sohn aus, um den Dieb zu fangen. Der älteste Sohn jedoch ist wie der König und versucht es auf die gleiche Weise. Auch er versinkt in Schlaf, und der Dieb entflieht mit einem weiteren Apfel. Nacht für Nacht kommt er wieder. Dann schickt der König seinen zweiten Sohn aus. Der zweite Sohn ist etwas wacher, im Grunde aber nicht anders als sein älterer Bruder. Er ist ein Schüler des Königs. Auch er versinkt in Schlaf, und wieder verschwinden Äpfel.

Inzwischen ist der Baum schon fast leer und der König nahe daran zu verzweifeln. Alle sind außer sich, denn der Reichtum ist dahin, das Land verödet, das Königreich droht zu zerfallen. Dann tritt der jüngste Sohn auf den Plan. Der dritte Sohn ist die schwache Stelle des Königs. Meist wird er in den Märchen dumm und töricht dargestellt; er sitzt beispielsweise falsch herum auf dem Pferd. Er ist nicht gesellschaftsfähig und manchmal ziemlich böse. Oft wird er der Dummling genannt. Er verkörpert den verkrüppelten, jungen, unentwickelten Teil unseres Selbst.

Der Dummling geht zum König und fragt, ob er den Dieb fangen dürfe. Natürlich lachen ihn alle aus. Der König und seine schöneren, älteren Söhne haben es versucht und sind gescheitert, und nun maßt sich dieser Dummkopf an, ihnen überlegen zu sein! Aber der Dummling ist beharrlich. Schließlich erlauben sie ihm, in den Garten zu gehen, denn schlimmer, als es ist, kann es ja nicht mehr werden. Der Dummling macht sich ein Kissen aus dornigen Zweigen und wartet auf den Dieb. Jedes Mal, wenn er droht einzuschlafen, stechen die Dornen ihn in den Kopf, und er wacht wieder auf. So gelingt es ihm, den Dieb zu fangen, und alle goldenen Äpfel werden zurückerobert. Der Dummling wird Erbe des Königreiches.

Das ist vielleicht eine der Bedeutungen des schwachen Punktes. Es ist der Bereich in uns, der leiden muß. Er wird nur sichtbar, wenn sich die Dinge zum Schlechten wenden und man nicht mehr mit den gleichen alten Antworten und Lösungen leben kann. Es gibt einen Punkt, an dem man ungeschickt, neidisch, dumm oder infantil ist, doch gerade von diesem Punkt aus wird die Lösung gefunden. Natürlich ist es eine unangenehme Vorstellung, auf etwas zu vertrauen, das so lächerlich und anstößig ist. Doch der schwache Punkt führt einen vielleicht gerade auf den richtigen Weg. Persephones Schwäche ist ihre Unschuld. Die Schwäche des Minos ist seine Gier. Jasons Schwäche ist sein männlicher Chauvinismus; die der Mutter ihre besitzergreifende Haltung und die des Sohnes seine Bedürftigkeit. Parsifal ist zu töricht, um die richtige Frage zu stellen – und so fort. All diese Schwächen sind notwendig.

FRAGE: Glauben Sie, daß der schwache Punkt mit schwierigen Aspekten zusammenhängt?

LIZ GREENE: Nein, das glaube ich nicht. Meiner Meinung nach liegt er im Zeichen selbst beschlossen. Es gibt einen Bereich, in dem jedes Zeichen töricht, verkrüppelt, ja anstoßerregend ist. Das führt mich wieder zum Begriff des Schicksals. Es gibt einen Bereich, in dem jedes Tierkreiszeichen blind ist, und der Mythos sagt uns immer wieder: »Hab nicht solche Angst vor der Blindheit oder dem Fehler, den du begehen könntest, denn sie werden dich zu etwas Schöpferischem führen.«

Jetzt können wir uns der Waage zuwenden. Es gibt eine ganze Reihe von Gestalten, die in diesem Zusammenhang wichtig sind. Eine von ihnen ist Paris. Er ist ein junger, schöner, trojanischer Prinz, Sohn des Königs Priamus. Drei Göttinnen buhlen um seine Gunst. Es sind Hera, die Göttin der Ehe und des häuslichen Herdes, Athene, die Göttin der Weisheit, und Aphrodite, die Göttin der Liebe, der Schönheit und der Lust. Sie bitten Paris, die Schönste unter ihnen zu wählen. Dafür versprechen sie ihm Gaben, die ihrem jeweiligen

Charakter entsprechen. Wählt er Hera, wird sie ihn mit einer fruchtbaren Ehe, Reichtum und Macht segnen. Wählt er Athene, so wird sie ihn mit Weisheit beschenken. Aphrodite jedoch verspricht ihm die schönste Frau der Welt. Aphrodite aber mogelt ein wenig, sie verspricht nicht nur eine Belohnung, sondern legt auch alle Kleider ab, und Paris hat keine Wahl. Die Frau, die er daraufhin bekommt, ist Helena. Ich glaube, Paris ist ein wenig wie die Waage-Menschen, die sich letztlich immer eher für die Schönheit als für andere, weniger anziehende Tugenden entscheiden. Helenas Entführung löst, wie man weiß, den Trojanischen Krieg aus, Paris wird getötet und Troja in Brand gesteckt. Andererseits bewirkt dieser Krieg auch wichtige Dinge: Helden können ihren Weg vollenden, und die geflüchteten Trojaner segeln nach Italien und gründen das römische Reich.

Eine andere Gestalt, die ich mit dem Zeichen Waage in Verbindung bringe, ist ein merkwürdiger Mann namens Teiresias, ein blinder Seher. Eines Tages sieht er im heiligen Hain der Hera zwei Schlangen, die sich paaren. Gebannt betrachtet er die Szene; dummerweise ist er jedoch zur richtigen Zeit am falschen Ort, denn Hera hat sich gerade mit Zeus darüber gestritten, ob man als Mann oder als Frau in der Liebe die größere Lust empfände. Der arme Teiresias wird von Hera in eine Frau verwandelt, als die er sieben Jahre lang lebt. Nach dieser Zeit kehrt er in den heiligen Hain zurück und sieht wieder, wie sich die beiden Schlangen paaren. Nun verwandelt ihn Hera wieder in einen Mann zurück. Dann muß er vor Zeus und Hera erscheinen und ihren Streit schlichten, denn er ist in der außergewöhnlichen Lage, die männliche und die weibliche Sexualität erlebt zu haben.

Teiresias fühlt sich als Waage-Mensch verpflichtet, eine möglichst unparteiische und wahre Antwort zu geben. Er ist so töricht zu sagen: »Nun, meiner Erfahrung nach ist es die Frau, die größeres Vergnügen empfindet.« Hera ist wütend über diese Antwort, denn sie hatte Zeus emotional unter Druck gesetzt, indem sie ihm sagte, daß er mehr davon habe. In ihrem Zorn schlägt sie Teiresias mit Blindheit. Aus Mitleid schenkt Zeus ihm die Gabe der Prophezeiung. Von diesem Zeitpunkt an erscheint der blinde Prophet in vielen Mythen, vor allem in der tragischen Geschichte des Oedipus, den der Seher vor dem Fluch warnt, dem Oedipus in Theben nicht entgehen wird.

Von Teiresias heißt es auch, daß er nach dem Tod die einzige sterbliche Seele in der Unterwelt ist, deren Verstand und Urteilsfähigkeit erhalten bleibt. Er ist eine sehr merkwürdige mythische Gestalt; mit dem Zeichen Waage verbindet ihn seine Erfahrung der

Gegensätze, des Männlichen und des Weiblichen, und die Notwendigkeit, ein unparteiisches Urteil zu fällen. Ich habe den Eindruck, daß das Zeichen Waage viel mit dem Problem der Androgynität zu tun hat. Der Waage geht es darum, beide Seiten einer Erfahrung kennenzulernen. Bei Waage-Frauen ist mir oft eine sehr starke, fast männliche Initiative, bei Waage-Männern eine sehr sensible und ästhetische Natur in einer männlichen Erscheinung begegnet.

Teiresias hat, wie alle anderen Gestalten, von denen wir hörten, eine schwache Stelle. Die besteht in seinem Glauben an die Gerechtigkeit der Götter. Seine Blindheit ist der Preis, den er für diese Schwäche zahlen muß. Im Mythos weist Blindheit oft auf eine Fähigkeit des inneren Schauens, des Durchdringens der Oberfläche hin. Diese »Einsicht« entspringt der Begegnung des Teiresias mit der Ungerechtigkeit der Götter. Ich glaube, daß das Waage-Schicksal ziemlich viel mit der Frage nach einem gerechten Universum zu tun hat. Wenn Sie einen Eindruck von der Kosmologie des Waage-Menschen bekommen wollen, sollten Sie Plato lesen, der nach den Angaben des Renaissance-Neoplatonikers Marsilio Ficino einen Waage-Aszendenten hatte. Für die Waage ist das Universum geordnet. Es ist ausgewogen, eindeutig, geometrisch. Es funktioniert nach einem schönen Schema, und die Götter sind immer gerecht. Im Zentrum des Universums sitzt die Göttin Notwendigkeit mit ihrer Spindel, und um sie dreht sich alles in vollkommener Harmonie. Die innere Welt der Ideen ist für Plato die reale Welt, während die Welt der Form nur ihr unvollkommenes Schattenbild ist.

Waage-Menschen haben die Neigung, sich an der Ungerechtigkeit des Lebens zu stoßen, was an die Blendung des Teiresias erinnert. Es gibt viele blinde Gestalten im Mythos; ihre Blindheit ist jedoch meist mit der Gabe verbunden, tiefer zu schauen. Oedipus blendet sich selbst, als er erkennt, was er getan hat. Wotan, der germanische Gott, opfert freiwillig ein Auge, um die Gabe der Prophezeiung zu erhalten. Teiresias erfährt durch sein Erlebnis etwas über die Götter und über die Natur der Wahrheit. Dieser Entdeckung allein verdankt er es, als einziger in der Unterwelt denken und sich erinnern zu können. Seine Erfahrungen verleihen ihm eine Art von Unsterblichkeit. Ich möchte Ihnen nun noch einen Mythos erzählen, den ich mit der Waage in Verbindung bringe, er leitet zugleich zum Skorpion über. Es ist die Geschichte von Orion, dem Jäger.

Orion hat etwas Waagehaftes, da er ein Held ist, der es zu vollkommenem Gleichgewicht gebracht hat. Er ist der Inbegriff des vernünftigen, mutigen, selbstbeherrschten, ausgeglichenen Menschen. Er ist ein wenig arrogant, aber er weiß auf alles eine Antwort. Wie Plato glaubt er an die Gerechtigkeit der Götter.

Wegen seiner Selbstgefälligkeit wird er von *hybris* befallen, es fehlt ihm an Demut, an Bescheidenheit. Orion beleidigt die Göttin Artemis. Artemis ist eine merkwürdige Gottheit, sie herrscht über die instinktgebundene Natur. Sie ist das Unbekannte im Leben. Artemis kann man nicht sehen. Ihre Welt ist wild, verborgen, geheim. Wer ihr in den Wäldern begegnet, ist vom Tode gezeichnet. Orion versucht eine ihrer Nymphen zu verführen. Verständlicherweise ist die Göttin über diesen Mangel an Respekt erzürnt und läßt Orion von einem riesigen Skorpion verfolgen. Der Skorpion kriecht aus den Tiefen der Erde, sticht Orion in die Ferse und tötet ihn. Die Aufeinanderfolge von Waage und Skorpion wird in dieser kleinen Geschichte widergespiegelt. Der Skorpion ist das Geschöpf, das die *hybris* rächt und das Gleichgewicht stört. Wenn alle Fragen scheinbar beantwortet sind, wenn alles sich nach einem Plan entwickelt hat und alle Gesetze, nach denen das Leben und die Beziehungen sich richten sollten, niedergeschrieben wurden, taucht der Skorpion auf und wirft einen Schatten auf dieses schöne Universum, das zu entwerfen die Waage sich so lange bemüht hat. Der Skorpion gehört zur Göttin des Instinkthaften, das sich für zuviel Rationalität rächt.

Es gibt natürlich in Zusammenhang mit dem Sternbild des Skorpions viele Mythen, in denen Skorpione, Spinnen, Schlangen, Drachen und andere Geschöpfe der Dunklen Mutter eine Rolle spielen. Eine meiner liebsten Geschichten in diesem Zusammenhang ist die von Herakles und der Hydra. Meist haben verderbenbringende Geschöpfe im Mythos etwas mit dem Skorpion zu tun. Die Hydra ist ein neunköpfiges Ungeheuer, das in einer Höhle inmitten eines Sumpfes lebt. Mit ihrem Gift tötet sie alle Menschen, die in ihre Nähe kommen. Eine der Aufgaben des Herakles besteht darin, die Hydra zu töten. Das kann er jedoch nicht vollbringen, indem er ihre Köpfe abschlägt, denn aus jedem ihrer Halsstümpfe wachsen drei neue Köpfe. Die einzige Möglichkeit, die Hydra zu vernichten, besteht darin, sie ans Tageslicht zu locken, denn das kann sie nicht ertragen.

Herakles findet die Hydra, er kann sie jedoch nicht dazu bringen, ihre Höhle zu verlassen. Sie bleibt in der Dunkelheit verborgen. Er schießt so lange blindlings brennende Pfeile in den Eingang der Höhle, bis sie sich zornentbrannt herauswälzt. Er vergißt alle Warnungen und versucht ihr die Köpfe abzuschlagen, doch es wachsen ihr immer mehr Köpfe. Erst als ihn das Ungeheuer schon fast überwältigt hat, erinnert er sich an die Warnung, kniet sich nieder und stemmt das Untier in die Luft. Er kann das nur in knieender Haltung tun. Als die Hydra vom Sonnenlicht beschienen wird, beginnen alle Köpfe, außer einem, zu schrumpfen. Den letzten der

Köpfe, der unsterblich ist, begräbt er unter einem Felsen. Mit einem Kopf kann er es aufnehmen. Ich werde gar nicht erst anfangen, Interpretationen zu dieser Geschichte zu geben. Ich glaube, daß sie für sich selbst spricht. Man sollte jedoch nicht vergessen, daß das Niederknien immer als symbolische Geste der Verehrung galt. Die Hydra verdient, auch wenn sie noch so abscheulich und tödlich ist, Anerkennung als etwas Göttliches.

Es gibt zwei Mythen, die ich in Beziehung zum Schützen erwähnen möchte. Über die Ehe von Zeus und Hera sprach ich schon gestern. Diese Geschichte ist für den Schützen von besonderer Bedeutung, denn der Charakter des Zeus entspricht sehr dem Charakter des Tierkreiszeichens, das er unter dem Namen Jupiter beherrscht. Ich glaube, daß jeder Schütze die Dynamik beider Gestalten in sich trägt, sei es als innerer Konflikt oder als ein Konflikt mit einem anderen Menschen. Dieser Kampf findet statt zwischen dem ungezähmten schöpferischen Geist und der Welt der Form und Verantwortung, die diesen Geist einzuschränken, zu disziplinieren und ans Heim zu binden versucht. Ich glaube, daß diese Auseinandersetzung die ganze Lebensweise des Schützen prägt. Der Schütze ist nicht einfach freies, impulsives Feuer; wäre es so, würde er sich selbst verzehren. Etwas anderes ist da, das den Schützen herabzieht in die Welt der Form. Ich glaube, gerade aus diesem Konflikt entsteht die Dynamik und Energie, die man bei den Schütze-Menschen feststellt.

Die zweite Gestalt, die ich mit dem Schützen in Verbindung bringe, ist Chiron. Leider hat man mit diesem Namen den kleinen Planeten benannt, der kürzlich zwischen Saturn und Uranus entdeckt wurde; ich glaube jedoch nicht, daß die mythologische Gestalt deshalb für den Schützen weniger relevant wäre. Chiron ist ein Kentaur, zugleich aber ein Gott. Er ist der Bruder des Zeus, des Hades und des Poseidon. Zur Hälfte ist dieser Olympier ein Tier, er ist der Herr der Kräuter, des Heilens und der Alchimie, er kennt die Magie und die Weisheit der Natur. In einer der Geschichten wird er an der Flanke seines Tierleibes von einem ins Blut der Hydra getauchten Pfeil verletzt. Da das Blut der Hydra giftig ist, heilt seine Wunde nicht. Er kann weder vom Tod erlöst werden, weil er unsterblich ist, noch geheilt oder durch seine eigenen Künste gerettet werden. So leidet er unaufhörlich an seiner Wunde. Er ist ein Weiser, ein Lehrer, sein Wissen wächst mit seinem Leiden. Schließlich nimmt er die Stelle eines zum Tode Verurteilten ein, um von seinem Schmerz befreit zu werden.

Die Psychotherapeuten lieben diese Gestalt des verwundeten Heilers; sie ist eine geläufige Erklärung dafür, warum so viele

Analytiker und Psychiater unfähig sind, ihre eigenen Probleme zu lösen. Doch der Mythos des Chiron scheint zu besagen, daß diese unheilbare Wunde notwendig ist. Ohne diese Wunde, ohne das eigene Leiden gäbe es kein Verständnis für das Leiden anderer, kein Mitleid. Bedeutsam ist auch, daß Chiron nicht im menschlichen, sondern im animalischen Teil verwundet ist. Ich stelle mir vor, daß das Leiden des Schützen mit seinen Instinkten, mit seiner Beziehung zum Erdhaften zusammenhängt. Die Wunde gehört nicht zu seiner makellosen Weltanschauung. Sie ist grenzenlos. Eine solche Beschädigung paßt nicht in dieses Bild. In dem sterblichen, animalischen, instinktgebundenen, naturhaften Teil seiner selbst liegt ein dauernder Schmerz. Er wird am stärksten, wenn er auf seinem spirituellen Höhenflug am weitesten gekommen ist. Ich habe oft bemerkt, daß unter der fast manischen Fröhlichkeit des Schützen tiefe Depression liegt. Sie hängt mit dem Schmerz über die Begrenztheit des Lebens zusammen, mit der Tragödie des Tieres, das blind und unwissend leidet und geopfert wird.

Einem Tier kann man nicht erklären, warum es geopfert werden muß. Wenn man einen Hund töten muß, kann man ihm nicht sagen, warum er sterblich ist, warum man ihn nicht länger leben lassen darf. Man kann es einem Menschen erklären; er kann sich bemühen, den Sinn seines Leidens bewußt zu erfassen, wenn etwas im Leben fehlschlägt oder er etwas verliert, an dem sein Herz hing. Ist er ein religiöser Mensch oder hat er das intuitive Empfinden, daß alle Dinge einen Sinn haben, kann er aus seiner Erfahrung lernen. Wenn der Körper jedoch Schmerzen empfindet, kann man ihm nicht erklären, daß Schmerz Sinn hat. Es tut einfach weh. Und für das Tier in uns gibt es keine Erklärung, denn ein Tier hat nicht die Möglichkeit, zu verstehen. Beim Schützen kann die Wunde nie heilen, weil er das Leben als erfüllt und sinnvoll sehen will. Selbst das Älterwerden gehört für ihn zu dieser Wunde, denn der Geist des Schützen bleibt immer jung. Dennoch ist es gerade diese Wunde, aus der der Schütze Weisheit gewinnt, eine Weisheit, die er auf praktische Art weiterzugeben vermag und durch die er in Berührung mit dem gewöhnlichen Leben bleibt.

Mit dem Steinbock kann man die verschiedensten mythologischen Motive in Zusammenhang bringen. Der Aspekt der Kreuzigung im christlichen Mythos hat für mich die stärkste Beziehung zu diesem Zeichen, wie die ganze Thematik des Abstieges des Geistes in die materielle Form, seine Gebundenheit und sein Leiden auf der irdischen Ebene. Die Psychologie des Steinbocks hat etwas zu tun mit der Verzweiflung Christi am Kreuz und seinem Aufschrei: »Mein Gott, warum hast du mich verlassen?« Alle mythischen

Themen, in denen es um Gefangenschaft und freiwillige Bindung, um das Aufsichnehmen des irdischen Jochs geht, stehen mit dem Steinbock in Verbindung. Er hat die Bereitschaft, diese Dinge durchzustehen, denn in ihm ist das Pflichtgefühl, das Bedürfnis zu dienen, sehr stark. Wie der Löwe hat meiner Meinung nach auch der Steinbock mit der Vater-Sohn-Beziehung zu tun. Der Löwe versucht den schöpferischen Vater zu finden, der die Quelle seiner Lebenskraft ist. Der Steinbock jedoch, so glaube ich, bekämpft den Vater, weil er ihm dienen muß, er muß sich gegen ihn auflehnen, muß erniedrigt werden und Demut lernen, bevor er und der Vater wieder vereint werden können. Der Steinbock scheint sich mit diesen Bindungen, mit dem Gefängnis des Körpers und der Materie und der erdgebundenen Verantwortung nur dann abfinden zu können, wenn er den Sinn all dieser Mühen einsieht. Es gibt jedoch immer einen Augenblick, in dem das Vertrauen in den Sinn verlorengeht. Beim Drama der Kreuzigung geht es darum, die scheinbare Sinnlosigkeit ohne Verzweiflung zu ertragen.

Kein Zeichen ist so sehr Depressionen unterworfen wie der Steinbock, denn diese Kreuzigung findet immer wieder im Leben statt. Man nimmt die Mühe auf sich, weil man einem leitenden Prinzip oder einem Moralkodex dienen möchte. Das kann ein religiöser Glaube, die Pflicht der Familie oder dem Land gegenüber oder auch anderes sein. Letztlich ist es der Glaube an den *logos,* den patriarchalen Geist. Die Last wird freiwillig auf sich genommen, doch dann kommt der Augenblick, in dem der Glaube zerbricht, die Überzeugung schwindet. Und dieser Zustand kann mehrere Jahre über anhalten. Dann erscheint alles sinn- und zwecklos, und die Moral oder das geistige Prinzip, dem man diente, hat sich in Nichts aufgelöst. In der alchimistischen Symbolik spricht man von Saturn als der Ur-Materie, die im Destillierkolben gekocht werden muß, bis sie schwarz wird und zu stinken beginnt. Dieser Zustand der Verzweiflung und Depression ist das Stadium, das der Befreiung des Geistes vorangeht, dann entsteht der Stein des Weisen. Der Steinbock ist zutiefst religiös motiviert, obwohl er sich meistens zu nüchtern und pragmatisch gibt, um über solch mystische Dinge zu sprechen, und deshalb ist bei ihm immer von Pflicht die Rede.

Beerdigung und Begräbnis sind ein weiteres Motiv, das mit dem Steinbock zu tun hat. Es ist ein christlicher, aber auch ein ägyptischer Kultus. Der Gott Osiris wird von seinem bösen Bruder Set zerstückelt. Seine Schwester und Gemahlin, Isis, fügt die Stücke wieder zusammen und mumifiziert ihn. Schließlich erlebt er seine Auferstehung. Dieser Mythos entstand schon Jahrtausende vor dem Christentum. Die Erfahrung des Begrabenseins und des Wartenmüssens hinter einem Stein oder in Leichentücher gehüllt drückt viel Steinbockhaftes aus. Die Sonne rückt in das Zeichen des Steinbocks, wenn sie am schwächsten ist und der Tag am kürzesten. Viele frühe Religionen feierten in dieser Zeit den Tod des alten Jahres und den keimhaften Beginn des neuen. Steinbock bedeutet eine Zeit des Todes und des verborgenen Wachstums vor der Wiedergeburt. Viele Sonnengötter und Helden wurden zur Zeit der Wintersonnenwende geboren. Nicht nur Christus, wie wir alle wissen, sondern auch Mithras und König Artus. Die Nacht der Wintersonnenwende ist die längste und dunkelste des Jahres, und das Steinbockungeheuer, der Ziegenfisch, frißt die Reste des sterbenden Jahres. Der Neuanfang ist noch im Bauch des Ungeheuers begraben, wie Jonas im Inneren des Wales. Und mitten in dieser Verzweiflung und Dunkelheit beginnt der neue Same sich zu regen. Im Augenblick der Verzweiflung am Kreuz wird die Menschheit erlöst, denn in diesem Augenblick wird Gott wahrhaft zum leidenden Menschen.

Wenden wir uns nun dem Wassermann und der mythologischen Gestalt des Prometheus zu. Sein Name bedeutet Vorausschau. Prometheus ist einer der Titanen, der Erdgötter, Kinder des Uranus. Als Zeus gerade zum obersten der olympischen Götter geworden war und die Menschen noch primitiv und unzivilisiert lebten, sah Prometheus zu ihnen hinab und dachte, wenn sie etwas vom göttlichen Feuer hätten, könnten sie der Kälte und Dunkelheit ihres Daseins entrinnen. Prometheus hat Mitleid mit diesen sich abmühenden Geschöpfen, die die Götter geschaffen hatten, ohne ihnen Inspiration oder Licht zu geben. Prometheus ist der erste kosmische Sozialarbeiter. Er beschließt, etwas Verbotenes zu tun, und stiehlt etwas vom Feuer des Zeus für die Menschen. Er tut das nicht für sich selbst, denn er braucht kein Feuer, sondern er möchte es nur den Menschen schenken. Zeus gerät in Zorn, denn nun können die Menschen danach streben, gottähnlich zu werden. Er erlegt Prometheus eine besonders harte Strafe auf: er kettet den Titanen an einen Felsen. Jeden Tag frißt ein Adler von der Leber des Prometheus, und jede Nacht wächst sie wieder nach. Schließlich befreit Herakles Prometheus von seinen Ketten.

Es gibt noch ein Kapitel in der Geschichte des Prometheus, das mit dem Wassermann zu tun hat. Prometheus hat einen Bruder mit Namen Epimetheus, was »Nachherdenker« bedeutet. Zeus, der immer noch darüber zornig ist, daß die Menschen etwas von seinem kostbaren Feuer besitzen, beschließt, sich an ihnen und an Prometheus zu rächen. Er schafft eine vollkommene Frau mit Namen Pandora. Prometheus soll sie als Braut erhalten. Sie steigt in ihrer

Vollkommenheit mit einer verschlossenen Büchse voller Schätze vom Olymp herab. Prometheus jedoch ahnt etwas und sagt: »Nein, vielen Dank, aber nach dem, was du mir angetan hast, kann ich dir nicht mehr vertrauen!« Da geht Zeus zu Epimetheus, der um einiges dümmer ist als sein Bruder Prometheus, und den man in gewisser Weise als die blinde und naive Seite des Wassermanns betrachten könnte. Epimetheus sieht Pandora an und sagt: »Ja, ich möchte sie haben.« Und so wird Pandora mit ihrer ungeöffneten Büchse auf die Menschheit losgelassen. Bestimmt kennen Sie alle die Geschichte. Als sie ihre Büchse öffnet, sind darin solch schreckliche Dinge wie Angst, Schrecken, Krieg, Tod, Krankheit, Verzweiflung und Einsamkeit. Das sind die Gaben des Zeus für die Menschen, die sie für das Feuer in Kauf nehmen müssen. Doch etwas ist noch in der Büchse, das Erlösung von all dem bringt, und das ist die Hoffnung.

All diese Motive haben etwas mit dem Wassermann zu tun. Da ist der edle und altruistische Impuls, der Menschheit eine Möglichkeit anzubieten, und die schlimmen Konsequenzen dieses Altruismus, die eine Zeitlang ertragen werden müssen. Obwohl Prometheus eine edle Tat vollbracht hat, beging er nach göttlichem Gesetz auch eine Sünde. Ich glaube, das hat viel mit der Erfahrung der Sünde zu tun, die mit der Bewußtwerdung zusammenhängt, ein Thema, über das Jung schreibt. In jedem Kampf um Bewußtsein liegt ein tiefes Schuldgefühl, denn in gewissem Sinn ist er eine Sünde gegen die Natur, gegen die Urgötter. Ein stärkeres und bewußteres Ich bedeutet, daß man dem Unbewußten etwas stiehlt. Wir haben dem Meer Land abgerungen und uns selbst durch diesen Prozeß erweitert. Auch wenn wir das Evolution nennen, es erregt den Zorn des Unbewußten, obgleich auch der Drang nach einem größeren Bewußtsein aus eben dem gleichen Urgrund zu kommen scheint. Das ist schrecklich paradox. Auch der Mythos von Adam und Eva im Paradies hat mit diesem Motiv der »guten Sünde« zu tun. Als sie den Apfel essen, wird Gott zornig und vertreibt sie, da sie nun bewußter sind und eine Art gottähnliches Wissen von den Gegensätzen haben. Sie können jetzt das Geheimnis des Guten und Bösen erkennen, und Gott ist eifersüchtig. Prometheus' Schwäche besteht darin, daß er nicht einsieht, eine Sünde begangen zu haben. Seine Strafe ist eine Art innerer Qual; er wird von innen her aufgefressen. Ich glaube, daß diese tiefen Schuldgefühle mit der Tendenz von Wassermanngeborenen zu tun haben, sich oft sehr abzuwerten. Sie haben Schuldgefühle wegen ihrer Ich-Bezogenheit und bestrafen sich oft selbst hart im Namen ihrer Ideale. Ich muß bei diesem Thema auch an die wissenschaftlichen Entdeckungen denken, die oft mit dem Wassermann in Verbindung gebracht werden, die

Geheimnisse, die man der Natur entreißt. Wenn kein Gefühl für die darin liegende Sünde wach ist, fehlt es auch an der Achtung vor der Natur, und die große Entdeckung, die der Menschheit dienen soll, verkehrt sich in das Gegenteil.

FRAGE: Ist das Schuldgefühl, das die Bewußtwerdung begleitet, nicht mit dem Bedürfnis verbunden, Verantwortung für das gewonnene Wissen zu tragen?

LIZ GREENE: Ja, so könnte man es sagen. Ich glaube jedoch, daß man Verantwortung empfinden kann, ohne um des Erfahrenen willen gelitten zu haben. Es ist sehr einfach zu sagen, daß wir bewußter werden müssen. Es ist in Mode, davon zu sprechen; das kommt von unserem wassermanngeprägten Zeitgeist. Alle wollen mehr Bewußtsein haben. Was wir dabei jedoch übersehen, ist das schreckliche Gefühl, eine Sünde begangen zu haben, das es mit sich bringt, oder das Leiden, das mit einem größeren Bewußtsein verbunden ist. Sich der Ambivalenz bewußt zu werden, ist erschrekkend und schmerzhaft, denn man ist aus der Geborgenheit der Eindeutigkeit herausgefallen. Vom menschlichen Standpunkt aus erscheint die merkwürdige Strafe, die Zeus dem Prometheus auferlegt, abscheulich und ungerecht. Doch vom Standpunkt der Götter hat er diese Strafe verdient. Was Prometheus getan hat, ist unverzeihlich. Er bat nicht um die Erlaubnis, dieses Feuer nehmen zu dürfen. Die Alchimisten drücken es so aus: Unser Werk steht der Natur entgegen. Die Konsequenzen jeder Bemühung um mehr Bewußtsein sind sehr schmerzhaft. Man denkt so leicht, daß ein tieferer Blick in das eigene Innere das Leben besser machen und die eigenen Probleme lösen müsse. In dieser Haltung beginnen viele Menschen eine Psychotherapie. Sie glauben, daß Bewußtsein das gleiche bedeute wie etwas intellektuell zu erkennen. Das gilt vor allem für die Luftzeichen. Sie denken: »Wenn ich nur bewußter bin, dann wird alles besser.« Aber nichts wird besser, denn dann ruft man alle Dämonen des Unbewußten, und das Schuldgefühl erwacht. Zugleich aber wird einem etwas vom Feuer des Zeus zuteil.

FRAGE: Warum ist es ein Adler, der die Leber des Prometheus frißt? Es ist doch der zum Skorpion gehörige Vogel.

LIZ GREENE: Ich weiß es nicht. Ich nehme an, daß der Adler der Vogel des Zeus ist. Er ist nicht nur ein Skorpion-Vogel, wie viele Astrologen behaupten. Im Mythos hat der Adler mit dem Skorpion nichts zu tun. Er gehört zu Zeus und ist eines der Symbole des himmlischen, schöpferischen Geistes. Deshalb finden wir so viele Adler auf Nationalflaggen. Sie fliegen höher als andere Vögel, sie haben unglaublich scharfe Augen, und sie sind Einzelgänger. Es ist ein Adler, der Psyche rettet, indem er das Fläschchen Wasser aus dem Styx holt, ein Bild, das mit Inspiration und Geist zu tun hat. Ich glaube, wir dürfen den Adler nicht auf ein einzelnes Zeichen begrenzen. Für Prometheus ist der Adler tatsächlich Zeus in Tiergestalt. Der Gott erinnert ihn jeden Tag daran, daß er ihm seine Sünde nicht vergeben hat. Nach dem Glauben der Alten ist die Leber das Lebensorgan. Deshalb sagt man in der medizinischen Astrologie, daß Jupiter die Leber regiere. Prometheus erlebt die immerwährende Vernichtung und Erneuerung seiner Lebenskraft. Durch den Adler des Gottes macht Prometheus eine sehr intime Erfahrung mit dieser göttlichen Kraft. Anfangs weiß Prometheus nicht viel über Zeus. Er ahnt nicht, wie er reagieren wird. Danach versteht er die Götter und die Menschen besser.

Frage: Ich dachte, der griechische Mythos hätte nicht viel mit der Vorstellung von Sünde und Strafe zu tun.

Liz Greene: Das hat er auch nicht. Sünde im jüdisch-christlichen Sinn ist im griechischen Mythos nicht sehr bedeutungsvoll. Diese Geschichten sind oft sehr amoralisch und oft obszön, wie beispielsweise das Bild von der Frau des Minos und dem Stier. Gewöhnliche Laster werden nicht gerichtet. Ein Vergehen jedoch spielt im griechischen Mythos immer wieder eine Rolle, und das ist die Sünde der *hybris*. Es ist der Hochmut des Menschen, der versucht, die Grenzen seiner Sterblichkeit zu überschreiten und Gott ähnlich zu werden. Es ist die einzige Sünde, die die alten Griechen wirklich beunruhigte. Sie machten sich viele Gedanken über das Schicksal, die Grenzen der Menschen und die Überschreitung dieser Grenzen. In vielen Darstellungen von Seelen in der Unterwelt finden wir die Bestrafung von *hybris,* wie bei Ixion, der für immer an ein Feuerrad gebunden kreisen muß. Sisyphus muß einen Felsen einen Berg hinaufrollen, der immer wieder herunterrollt. Tantalus muß verdurstend bis zur Brust im Wasser stehen, das sich jedes Mal senkt, wenn er sich herunterbeugt, um daraus zu trinken. All diese Menschen sind nach biblischem Maßstab amoralisch; die Götter sind es jedoch nicht weniger. Aber sie haben die Götter durch Überschreiten ihrer sterblichen Grenzen beleidigt. Vielleicht ist diese Problematik für die Psyche des westlichen Menschen typisch. In den östlichen Mythen scheint diese Thematik weniger wichtig zu sein; vom psychologischen Standpunkt aus gesehen sind die Menschen des Ostens introvertierter und laufen weniger Gefahr, sich gegen die Götter aufzulehnen. Ich glaube, daß die östliche und die westliche Psyche sehr verschieden sind. Jung ist der Ansicht, daß man das kollektive psychische Erbe einer Kultur nicht auf eine andere übertragen könne. Wir können die Probleme unseres westlichen Erbes nicht einfach loswerden, indem wir uns östlichen Techniken zuwenden, die einen Ausweg aus ihnen zu bieten scheinen.

Dieses Motiv der Sünde gegen die Götter findet sich im ägyptischen wie im griechischen, im babylonischen wie im römischen Mythos. Damit soll offenbar ausgedrückt werden, daß der Mensch seine Grenzen nicht überschreiten kann, daß er es jedoch immer wieder versucht. Im Osten ist es vielleicht deshalb anders, weil die Menschen andere Götter und eine andere psychische Struktur haben. Die Betonung im westlichen Mythos liegt offenbar auf dem westlichen, extrovertierten Leben, es geht um Abenteuer und Eroberungen. Natürlich wäre es schön, wenn wir unsere kollektiven Prägungen aufgeben und uns der östlichen Lebensweise und Spiritualität verschreiben könnten; ich glaube jedoch nicht, daß das möglich ist. Wir können viel von der Erfahrung dieser Menschen, von ihrer Haltung den Göttern gegenüber lernen. Letztlich jedoch muß jeder mit seinem eigenen Erbe fertig werden. Es gibt zwei Kernsätze, die eine Quintessenz des griechischen Denkens für uns zu sein scheinen: Erkenne dich selbst, und: Alles in Maßen. Der Wunsch, uns selbst zu erkennen, und das Wissen um unüberschreitbare Grenzen sind sehr tief in uns verwurzelt. Ich glaube, daß das Problem der Sünde letztlich etwas sehr Persönliches ist; in meiner analytischen Arbeit ist es immer wieder aufgetaucht. Selbst wenn man glaubt, die moralischen Normen überwunden und konventionelle Schuldgefühle besiegt zu haben, lebt irgendwo tief innen doch ein starkes Moralgefühl. Dieses Moralgefühl hat nichts mit Prüderie und sittlicher Entrüstung zu tun. Es geht viel tiefer und hängt mit der Problematik zusammen, daß man zwar innerhalb der Grenzen seiner sterblichen Natur bleiben, aber dennoch den Notwendigkeiten des individuellen Geistes folgen muß.

Ich glaube, wir müssen uns nun dem Sternbild der Fische zuwenden, denn sonst gehen sie unter, was bei ihnen leider sehr oft geschieht. Hier sind es zwei Themen, über die ich sprechen möchte. Beim ersten geht es um eine Gestalt aus einem Märchen; in der Alchimie wurde sie Melusine genannt, in dem Märchen ist sie die Meerjungfrau. Um dieses Geschöpf ranken sich viele Geschichten. Die Gestalt ist manchmal männlich, meist aber weiblich, hat einen Fischschwanz und lebt im Wasser. Eines Tages kommt ein schöner junger Mann, ein Bauer, Müller oder Soldat zum See, um zu fischen, um die Landschaft zu betrachten oder was auch immer. Die Melusine glaubt, er könnte einen guten Liebhaber abgeben, und kommt aus ihrem Versteck hervor. In manchen Geschichten fängt der junge Mann sie aus Versehen in seinem Netz und verliebt sich in sie. Leider jedoch gehören sie verschiedenen Welten an, eine Verbindung zwischen den beiden scheint unmöglich. Die Melusine ist bereit, ein Opfer zu bringen. Der junge Mann könnte das auch gar nicht, denn er ist ja sterblich und würde ertrinken. Die Melusine jedoch verfügt über magische Kräfte. Sie sagt: »Ich werde mit dir das Leben eines Sterblichen teilen und in Menschengestalt erscheinen, aber du mußt mir dafür etwas versprechen.« Dieses Versprechen ist in jeder Geschichte etwas anders dargestellt, hat jedoch immer damit zu tun, daß er nicht zu viele Fragen stellen darf. Sie sagt: »Frage mich nicht, wo ich am Samstagnachmittag hingehe«, oder: »Du sollst die goldene Dose nicht öffnen, die ich im Schlafzimmer habe«, oder: »Frag mich nicht nach meinem wahren Namen.« Es geht also darum, daß er nicht in die Geheimnisse der Melusine eindringen darf. Nur unter dieser Bedingung kann sie in der Welt des jungen Mannes leben. Meist ist die Ehe für eine Zeitlang sehr glücklich, und die beiden bekommen Kinder. Dann kann der junge Mann seine Neugier eines Tages nicht mehr bezähmen. Er erträgt es nicht, im unklaren gelassen zu werden. Schließlich sagt er: »Wohin gehst du immer am Samstagnachmittag?«, woraufhin die Melusine aufschreit und verschwindet. Manchmal tötet sie ihre Kinder und verflucht ihren Mann. Das geschieht auch in einer der Legenden über das französische Königshaus von Anjou im Mittelalter. Einer der Könige heiratet eine Melusine, die einen Fluch über die Nachkommenschaft bringt.

Die Melusine ist ein Geschöpf, das ins Reich der Phantasie gehört. Sie ist ein magisches, nicht menschliches Wesen, aber sie möchte versuchen, in eine Beziehung mit einem sterblichen Mann zu treten, solange er ihr Geheimnis unangetastet läßt. In dem Augenblick, in dem er dieses Geheimnis verletzt und sie fragt, woher sie kommt, verliert er sie immer wieder. Ich glaube, dieses Motiv charakterisiert sehr stark den Fisch. Das Verhältnis, das der Fische-Geborene zu seiner Melusine hat, ist offensichtlich schwierig. Solange man nicht zuviel analysiert, kann man schöpferisch sein, denn die Melusine ist das Geschöpf, das Gedichte schreibt, das Musik macht, das Bilder malt, das tanzt und visionär ist, zu dem das gewöhnliche Ich keinen Zugang hat. Aber sobald der Fische-Mensch versucht, sie zu binden oder zu definieren, verliert er sie, und in den Geschichten endet das oft so, daß er verzweifelt ins Wasser springt und ertrinkt oder immerfort ihren Verlust beklagt. Er hat aber vielleicht auch Glück, denn wenn er Buße tun kann, kommt sie möglicherweise zurück.

Die zweite Gestalt, die ich mit dem Sternzeichen Fische in Verbindung bringe, ist der Gott Dionysos, von dem ich schon sprach. Die Geschichte des Dionysos erzählt von Hingerissensein, Ekstase und Erlösung und beschreibt eine besondere Erfahrung der Gottheit. Dionysos ist der Gott der Frauen, was symbolisch vielleicht bedeuten könnte, daß er Befreiung und Erlösung durch die weibliche Seite der Persönlichkeit bringt.

Es gibt eine schlimme Geschichte über Dionysos, die eine Warnung für all jene mit starker Fische-Betonung im Horoskop sein sollte, die das Wesen der Fische-Energie nicht respektieren. Es ist die Geschichte von Pentheus, dem König von Theben. Pentheus ist ein typischer Rationalist. Er ähnelt dem Fische-Menschen, der kein Fisch sein möchte. Man kann diesem Typus oft begegnen – es sind vor allem fischebetonte Männer, die sich mit dem wilden Dionysos als Bettgenossen nicht wohl fühlen. Dionysos zieht mit seiner Schar hysterischer, tanzender und ekstatischer Frauen in Theben ein. Hera hat den Gott mit Wahnsinn geschlagen. Man kann sich also vorstellen, welche Gefühle die Ankunft dieser Horde in Pentheus auslöst. Dionysos möchte, daß Pentheus seine religiösen Riten in Theben einführt. Pentheus ist entsetzt über diesen Vorschlag und antwortet: »Du benimmst dich nicht gerade wie ein Gott. Du mußt Theben verlassen.« Er weigert sich, diese merkwürdige, in Tierfelle gehüllte Gottheit, umringt von Tieren und verrückten Frauen, anzuerkennen. Dionysos rächt sich, indem er die thebanischen Frauen und die Mutter des Pentheus mit einem Fluch belegt. Sie brechen in Ekstase aus und stürmen auf die Berge, wo sie ihre Riten zelebrieren. In diesem Zustand des Wahnsinns zerreißen sie Tiere und benehmen sich überhaupt sehr ungesittet. Inzwischen hat Dionysos auch Pentheus ein wenig verzaubert, so daß dieser von der Neugierde erfaßt wird, was bei den geheimen Riten wohl eigentlich geschieht. Pentheus verkleidet sich als Frau, besteigt den Berg und verbirgt sich hinter einem Baum, um die Orgie zu betrachten. Die Frauen in ihrer manischen Verzückung entdecken Pentheus in seinem Versteck. Sie halten ihn für ein Tier. Agave, die Mutter des Pentheus, führt die wilde Schar auf der Jagd nach ihm an. Sie fangen ihn und zerreißen ihn in Stücke. Agave spießt seinen Kopf auf ihren Stab. Als sie wieder zur Besinnung gekommen und den Berg herabgestiegen sind, entdeckt Agave mit Schrecken, daß sie den Kopf ihres eigenen Sohnes aufgespießt hat.

Wenn die Fische so sein wollen wie Pentheus und die Macht des Gottes nicht anerkennen, könnte so etwas möglicherweise die Folge sein. Vielleicht kann man es als archaisches Bild dafür ansehen, was geschieht, wenn das Unbewußte aufbricht, das Ich überschwemmt und das Bewußtsein auflöst. In diesem Mythos zeigt Dionysos ein sehr grausames Gesicht. Er kann jedoch auch ein christusgleicher Gott sein, ein wohltätiger Heiler und Erlöser. Offenbar ist es notwendig, die schöpferischen Gaben ebenso als Teil ein und derselben Gottheit anzusehen wie den Wahnsinn. Wie in den anderen Mythen ist die bedeutsame Aussage wohl auch hier, daß man, wenn man mit einem Gott in Beziehung steht, ihm die nötige Anerkennung und Ergebenheit erweisen muß, da sich sonst die schöpferische Kraft ins Zerstörerische wendet.

Ich möchte jetzt die Möglichkeit für ein Gespräch bieten und ihre Fragen beantworten.

FRAGE: Gibt es Mythen, die mit den Fixsternen in Zusammenhang stehen?

LIZ GREENE: Ich weiß nicht viel über sie. Ich kenne nur Algol, den Kopf der Gorgo; er wird natürlich als ziemlich negativ betrachtet. Bestimmt gibt es viel Material in Zusammenhang mit den Fixsternen, das man auswerten könnte, aber ich habe mich noch nicht sehr gründlich damit befaßt.

FRAGE: Könnte man sagen, daß Aschenputtel eine Fische-Frau ist?

LIZ GREENE: Ja, Aschenputtel ist ein glücklicher Fisch.

FRAGE: Wie gehen Sie mit dem Problem der Schuld bei Ihren Patienten um?

LIZ GREENE: Ich habe da kein Rezept. Ich weiß es nicht. Ich versuche mich mit größter Behutsamkeit vorzutasten und herauszufinden, was für diesen Menschen geeignet erscheint. Ich glaube, daß es für manche Leute sehr wichtig ist, von Schuldgefühlen frei zu werden, wenn diese Schuldgefühle ihnen von außen, sagen wir von einer sehr dominanten Mutter, auferlegt wurden. Bei anderen ist es sehr wichtig, überhaupt einmal das Gefühl von Schuld zu erleben, denn es ist der Anfang von Gefühlen, die über infantile Wut und Bedürfnisse hinausgehen. Ich glaube, daß es bei jedem Menschen sehr verschieden ist.

FRAGE: Ich habe Pan immer mit dem Steinbock in Verbindung gebracht.

LIZ GREENE: Ja, ich glaube auch, daß er etwas mit dem Steinbock zu tun hat. Er ist die sinnliche Seite dieses Zeichens. Pan ist das Leben der Erde selbst. Er ist ein Fruchtbarkeitsgott. Auch Dionysos hält als eines seiner heiligen Tiere eine Ziege; es ist also vielleicht auch etwas Dionysisches im Steinbock.

FRAGE: Wie steht es mit Artemis und der Jungfrau?

LIZ GREENE: Ja, auch diese Verbindung könnte man herstellen. Sie ist eine jungfräuliche Göttin, eine Naturgottheit.

FRAGE: Ich mag die Geschichte von Aktaeon, der in einen Hirsch verwandelt wurde, besonders. Vielleicht gibt es einen Wesenszug bei der Jungfrau, der andere Menschen durch Versagung in ihr niedrigeres Selbst verwandelt.

LIZ GREENE: Ja, vielleicht. Ich weiß, daß Jungfrauen im Mythos dazu neigen, verfolgt und vergewaltigt zu werden. Die Nymphe und der Satyr passen zueinander. Aber Aktaeons Sünde ist wirklich Hybris. Er wendet seine Blicke nicht ab, als er merkt, daß er die Göttin beobachtet, sondern nimmt die Haltung eines Voyeurs ein. Artemis bestraft ihn für diesen Mangel an Achtung.

FRAGE: Können Sie uns etwas über Saturn oder Kronos sagen?

LIZ GREENE: Es wäre mir lieber, wenn Sie sich das Buch kauften. Ich spreche zwar sehr gerne über Saturn, aber ich möchte mich nicht immer selbst zitieren. Ich werde jedoch noch einiges über Saturn sagen, wenn ich über die Jupiter-Saturn-Konjunktion spreche. Wenn Sie sich bis dahin gedulden könnten – ich werde dann etwas über die mit ihm zusammenhängende Mythologie erzählen.

FRAGE: Was ist mit den Asteroiden?

LIZ GREENE: Ich muß es noch einmal sagen, ich weiß nicht sehr viel darüber. Ich habe mich ein bißchen mit ihnen beschäftigt und kann behaupten, daß ich etwas argwöhnisch und nicht sehr beeindruckt von diesem Thema bin. Das mag jedoch ein Vorurteil sein. Ich sehe es so, daß sie keine Planeten mehr sind, und was sie auch immer gewesen sein mögen – jetzt sind sie nur noch tote Bruchstücke.

FRAGE: Mit welchem Sternzeichen würden Sie Kassandra in Verbindung bringen?

LIZ GREENE: Ich bin nicht sicher. Sie ist eine Prophetin, und in der Renaissance-Astrologie verband man die Kunst der Prophezeiung immer mit Saturn. Sie sagt immer das düstere Verhängnis, die göttliche Strafe voraus. Vielleicht hat der Steinbock etwas davon. Vielleicht ist es auch ein wenig skorpionisch, weil soviel Schicksalhaftigkeit darin liegt. Ich halte es jedoch nicht für sehr sinnvoll, daß man sich eine mythologische Gestalt herausgreift und dann zu erraten versucht, zu welchem Zeichen sie gehört. Ich glaube nicht, daß man so vorgehen kann. Manche Gestalten im Mythos haben wohl gar keine Bedeutung für ein bestimmtes Zeichen. Ich habe Sie schon einmal gebeten, mich bitte nicht wörtlich zu nehmen, wenn ich mythologische Figuren mit Tierkreiszeichen in Zusammenhang bringe. Ich versuche nur, auf eine Möglichkeit der imaginativen Arbeit hinzuweisen, und möchte keine Rezepte anbieten. Ich glaube, daß Sie ihre eigenen Beziehungen herstellen müssen. Das ist ganz bestimmt keine intellektuelle Übung, und es kommt nichts Sinnvolles dabei heraus, wenn Sie versuchen, so damit umzugehen.

Wenn man mit Menschen in einer Beratung oder in einer längerwährenden Arbeit zu tun hat, kann man oft feststellen, daß ein mythologisches Motiv durch ihr Leben läuft. Ihre Träume zeigen das sehr deutlich. Manchmal wird der Mythos nicht nur innerlich, sondern auch äußerlich erlebt, wie beispielsweise der Raub der Persephone oder der Streit zwischen den feindlichen Brüdern. Aber auch wenn sich die Dinge äußerlich manifestieren, gibt es immer eine innere Ebene, auf der sie geschehen. Alles, was man tun kann, ist, sich vom Klienten Fingerzeige geben zu lassen; man sollte keinesfalls starre Vorstellungen davon haben, welcher Mythos zu welchem Zeichen paßt. Mir geht es vor allem darum, eine Ahnung davon zu geben, wie man Faktoren in einem Horoskop durch Mythen erweitern und bereichern kann. Sehr oft versucht man jemandem etwas begrifflich zu erklären, aber der Betreffende kann nichts damit anfangen. Man kann ihm jedoch auch eine Geschichte erzählen. Die Sprache, in die diese Dinge eingebettet sind, berührt das Kind in uns und weckt die Phantasie. Sie überwindet Barrieren und erreicht eine Gefühlsebene, die durch den Verstand nicht artikuliert oder erklärt werden kann.

FRAGE: Bringen Sie Mythen nur mit dem Sonnenzeichen in Verbindung?

LIZ GREENE: Nein, ich glaube, so eng darf man das nicht sehen. Sie können alles im Horoskop nehmen und es mit relevanten Mythen erweitern – vor allem den Aszendenten.

FRAGE: Wie ist es bei Menschen, die an der Grenze zwischen zwei Zeichen geboren wurden? Würden Sie dann über beide Zeichen sprechen?

LIZ GREENE: Ich konnte mich mit solchen Theorien nie anfreunden. Meiner Erfahrung nach ist jemand, der auf 29° eines Zeichens geboren wurde, nicht weniger von diesem Zeichen geprägt als jemand, der auf 10° desselben Zeichens geboren wurde. Gerade der allererste Grad ist oft besonders typisch für das Zeichen. Steht die Sonne jedoch nahe am Ende oder am Anfang eines Zeichens, dann finden sich Merkur und Venus sehr oft im vorhergehenden oder im nächsten Zeichen. Dann entsteht häufig eine Kombination der Einflüsse, die jedoch durch die weniger wichtigen Planeten erklärt werden. Wenn Merkur und Venus im gleichen Zeichen wie die Sonne stehen und die Sonne sich an der Spitze eines Zeichens befindet, ist mir die Kombination von Einflüssen nie aufgefallen. Ich glaube, daß es auch nicht sehr viel weiterbringt, wenn man in einem solchen Fall beide Zeichen berücksichtigt.

FRAGE: Entsprechen Ihrer Erfahrung nach Träume einem problematischen Bereich im Horoskop, während dieser Bereich durch einen Transit aktiviert wird?

LIZ GREENE: Ja, ganz gewiß.

FRAGE: Würden Sie in einem Horoskop mit einer Waage-Sonne im Quadrat zu Pluto einen stärkeren Einfluß von Pluto erwarten als bei einer ähnlichen Konstellation mit der Sonne in einem anderen Zeichen?

LIZ GREENE: Ich glaube, daß es für einen Waage-Menschen schwerer ist, Pluto zu akzeptieren. Wenn man unter einem Zeichen geboren wurde, das zum Reich des Pluto eine stärkere Verwandtschaft spürt, wird man es mit ihm leichter haben. Ich glaube, daß für die Waage Pluto etwas Empörendes hat.

FRAGE: Ich frage mich, ob Sie etwas allgemeiner sagen könnten, was all das bewirkt. Es fällt mir schwer, die Frage zu formulieren. Ich nehme an, daß der Umgang mit Mythen beim Horoskopdeuten bei Menschen, die Krisen durchmachen, in gewisser Weise hilfreich sein kann.

LIZ GREENE: Er erweitert jedenfalls den Blickwinkel beim Betrachten des Problems. Wenn jemand in einem Dilemma steckt, neigt er dazu, das Gefühl zu haben: »Nur ich habe dieses Problem. Niemand leidet so wie ich. Und selbst wenn du auch schon Schwierigkeiten hattest, so ist das nichts im Vergleich zu meinen Schwierigkeiten.« Es findet eine Art Rückzug, eine Fixierung auf die Schwierigkeit statt, man bleibt darin stecken. Es scheint nichts anderes mehr im Leben zu geben, und man identifiziert sich völlig damit. Und dann macht man andere Leute dafür verantwortlich, empfindet Selbstmitleid, Abscheu vor sich selbst, Verzweiflung und Befremden darüber, daß so etwas überhaupt geschehen konnte. Wenn das Leiden blind ist, ist es nahezu unerträglich. Sobald es einem gelingt, das Problem zu öffnen, gewinnt es an Sinnhaftigkeit. Natürlich glauben die Menschen nicht an den Mythos. Man kann in einer Welt des zwanzigsten Jahrhunderts den Mythos nicht wörtlich nehmen und meinen, es hätte wirklich einen Menschen namens Perseus gegeben, der der Gorgo den Kopf abgeschlagen hat. Auf einer bestimmten Ebene jedoch sind die Mythen wahr, denn sie beschreiben archetypische menschliche Situationen. Sie erweitern den Horizont eines Menschen. Sie lassen Energie frei werden. Symbole haben die magische Fähigkeit, Energie in sich aufzunehmen und zu verlagern. Zudem verleiht der Mythos gewöhnlicher menschlicher Unbill eine gewisse Weihe. Sie ist nicht mehr geringfügig, kläglich, schäbig. Sie wird gewissermaßen geheiligt, erhält die Würde des noblen Erduldens und Strebens eines Menschen. Und das Leid führt weiter, denn mythologische Geschichten bestehen aus Bewegung und Veränderung. Auch Prometheus wird schließlich von seinen Ketten befreit. Mythen besitzen innere Logik. Persephone wird nicht einfach geraubt und ins Unglück gestürzt. Sie wird geraubt, weil sie ein einseitiges Bewußtsein verkörpert, und die ganze Geschichte kulminiert in der Geburt eines göttlichen Kindes. Minos begeht mit seinem Stier nicht einfach einen schrecklichen Fehler. Seine Sünde führt zu einem ungeheuerlichen Geschöpf, das es einem Jüngling ermöglicht, zum Helfer und Erlöser zu werden. All diese Geschichten sind teleologisch, d. h. es wohnt ihnen ein Ziel inne. Ich glaube, daß das Verwenden mythologischen Materials in einer Sitzung mit einem Menschen etwas von dieser Sinnhaftigkeit vermittelt oder erweckt, ohne didaktisch oder pedantisch zu wirken. Deshalb ist meiner Meinung nach eine weitere wichtige Funktion des Mythos, daß er ein Problem nicht mehr nur als Problem, sondern als möglichen Prozeß sehen läßt.

Ich glaube, daß dieses Vorgehen nicht nur für den Klienten, sondern auch für uns als Astrologen bedeutsam ist, denn es erweitert und vertieft die eigene Wahrnehmung des Lebens. Es läßt dem Nicht-rationalen Raum, und das ist ganz besonders wichtig, wenn man ein sehr intellektueller Astrologe ist, der alles nach logischen Begriffen und Kategorien interpretiert. Diese Art der Betrachtungsweise scheint vage, sinnlos, ungenau zu sein, aber ich glaube, daß sie in unserem Inneren etwas bewirkt. Sie läßt den Intellekt auf sehr subtile Weise bescheidener werden und verleiht der Phantasie und der Seele Würde. Diese Bilder sind ja soviel älter als unsere heutige Gescheitheit. Es ist eine sehr starke Erfahrung, wenn man entdeckt, daß Mythen sich durch unser eigenes Leben verwirklichen. Man sieht, daß sie lebendig sind und nicht einfach unwahre Geschichten, die einen nur unterhalten wollen. Sie lassen uns das, was man für Wissen hielt, mit mehr Bescheidenheit betrachten.

FRAGE: Haben Sie irgendwelche Gedanken zu Mythen für das neue Zeitalter?

LIZ GREENE: Nun, wir sollen ja jetzt in das Wassermann-Zeitalter kommen, von dem früher alle meinten, es sei eine Zeit der Liebe und der Brüderlichkeit. Auch hier würde ich wieder die Geschichte des Prometheus betrachten. Der politische Aspekt liegt leider darin, daß jeder seine eigenen, persönlichen Komplexe einbringt und daß die Argumente in allen sozialen und politischen Fragen auf beiden Seiten tief in der persönlichen Psychologie der Einzelnen verwurzelt sind. Ich bin nicht besonders politisch interessiert, deshalb möchte ich keine Vermutungen darüber anstellen, welche sozialen und politischen Veränderungen und Bewegungen mit dem Wassermann-Zeitalter einhergehen könnten. Aber das Problem des Prometheus, sich zu mehr Bewußtsein getrieben zu fühlen und dafür einen Preis zahlen zu müssen, ist wahrscheinlich von großer Relevanz. Letztlich können wir nicht viel mehr tun als zu versuchen, mit dem Prometheus in uns selbst umzugehen. Jung war der Ansicht, daß das Wassermann-Zeitalter die letzte Gelegenheit sei, das Problem von Gut und Böse zu klären. Ich weiß nur, daß alle negativen Erscheinungen Teil eines Zyklus sind, d. h. notwendige Stadien darstellen. Ich weiß nicht, ob das im konkreten Sinn zu einem letalen Ende führen muß oder ob man damit in einer verinnerlichten Form umgehen kann. Man hofft, daß es im Inneren zu lösen ist und daß man den Feind in sich selbst erkennt und nicht in bestimmten ökonomischen oder politischen Gegebenheiten oder Gruppen sehen muß.

FRAGE: Wie sehen Sie die Weltentwicklung in den nächsten Jahrzehnten?

LIZ GREENE: Es ist sehr schwer, über solche Dinge zu sprechen. Ich habe einfach keine Antworten auf solche Fragen. Ich habe über den Mythos sehr allgemein gesprochen, für mich jedoch ist er etwas sehr Persönliches und hat mit der individuellen Reise zu tun. Sobald sich das Gespräch um weltpolitische Probleme zu drehen beginnt, kann ich nur die Achseln zucken und sagen: ich weiß es nicht. Die »Welt« ist für mich eine sehr abstrakte Vorstellung. Die Welt ist meine Welt und deine Welt. Ich habe keine Ahnung, was in der Welt vorgehen wird. Ich weiß nur, daß es sehr nützlich ist, nach Hause zu gehen und sich im Spiegel zu betrachten.

4. Kapitel

Worum geht es heute in der Astrologie?

Stephen Arroyo

Ich möchte den philosophischen Hintergrund der Vorträge, die ich bei dieser Tagung halten werde, beschreiben, indem ich einige allgemeine Bemerkungen mache über meine Einstellung zur Astrologie, über den gegenwärtigen Stand der astrologischen Forschung, die Beziehung zwischen Astrologie, Beratung und Therapie und darüber, wie man Astrologie in der heutigen Zeit im Kontrast zur wissenschaftlich-materialistischen Weltanschauung sehen könnte. Zudem werde ich eine etwas ausführlichere Einführung in einige Hauptprobleme des Partnerschaftsvergleichs geben, die wir dann in meinem nächsten Vortrag über dieses Thema weiterdiskutieren können. Es ist übrigens nur zu angebracht, daß das Thema Beziehungen auch in diesem Vortrag eine wichtige Rolle spielt, da Jupiter und Saturn ihre Konjunktion in der Waage haben.

Ich habe immer deutlicher das Gefühl, daß es wesentliche Fragen im Bereich der Astrologie und ihrer Praxis gibt, die in der astrologischen Literatur oder auf Astrologie-Tagungen kaum behandelt werden.*) Sicher können viele von Ihnen bestätigen, daß eine ganze Reihe von Astrologie-Büchern vorgeben, alles sei in hübsche kleine Päckchen verpackt – es sind die astrologischen »Rezept-Bücher«. Die meisten Autoren astrologischer Bücher haben allem Anschein nach den Eindruck, sie müßten vorgeben, alles zu wissen. Deshalb bauschen sie alles auf! Wenn sie über den Mond in den verschiedenen Zeichen sprechen und selbst den Mond im Widder haben, schreiben sie vielleicht zehn sehr gute Seiten über den Mond im Widder. Doch dann kommen sie zum Mond im Stier und denken sich: »Ja, darüber muß ich nun auch zehn Seiten schreiben.« Und das tun sie dann, selbst wenn sie nicht mehr als ein paar Sätze darüber zu sagen wissen. Deshalb versuche ich bei diesen Vorträgen wie bei den Büchern, die ich schreibe, mich auf Dinge zu konzentrieren, die mir liegen oder mit denen ich vertraut bin. Ich fühle mich keineswegs als ein Experte für jeden Nebenzweig der Astrologie. Heute ist es notwendig, sich auf einen bestimmten Aspekt oder

*) siehe Stephen Arroyo: *The Practice and Profession of Astrology – Astrological Counseling in Modern Society,* CRCS Publications

Anwendungsbereich der Astrologie zu spezialisieren, denn es ist ein Gebiet, das sich, wie Sie wissen, in den letzten zehn Jahren unglaublich erweitert hat. Das ist zum Teil auf den Einfluß der Computer-Technologie zurückzuführen, zum Teil auch darauf, daß mehr intelligente Menschen ihren Wert erkennen, und auf das wachsende Interesse vieler Leute an einer sehr spezialisierten wissenschaftlichen oder pseudo-wissenschaftlichen Astrologie, die das Hauptgewicht auf das Meßbare und auf die endlose Analyse endloser Details legt. Ich werde in meinem Vortrag über Horoskop-Synthese mehr darüber sagen.

Ich möchte es hier ausdrücklich festhalten, daß ich nicht nur lauter hieb- und stichfeste Angaben machen kann. Ich behaupte nicht, alles ganz genau zu verstehen. Für mich ist Astrologie eine kosmische Wissenschaft; es ist zwar eine Kunst, mit ihr umzugehen, aber letztlich bleibt Astrologie eine Wissenschaft. Doch diese kosmische Wissenschaft ist ihrem Wesen nach etwas so Hohes und Umfangreiches, daß nur sehr wenige Menschen einen entsprechend hohen Bewußtseinsgrad erreichen können, um sie ganz zu erfassen. Ich gebe bestimmt nicht vor, so weit zu sein. Deshalb sollten wir uns im Umgang mit Astrologie immer um etwas Bescheidenheit bemühen; sie geht *immer* etwas über unseren Horizont hinaus. Auf vielen Ebenen können wir sie als Werkzeug benutzen; wir alle gehen unterschiedlich mit ihr um.

Wir sollten uns bemühen, unser Bestes zu geben, in der Einsicht, sie noch keineswegs zu beherrschen. Nachher wird jemand mich etwas fragen, und ich antworte vielleicht: »Ich weiß es wirklich nicht.« Die meisten sind von solchen Antworten natürlich keineswegs begeistert, aber so ist es. Selbst wenn ich die Rolle des Allwissenden spielen und irgendeine Art von provisorischer Antwort geben würde, wäre derjenige immer noch nicht zufrieden, wenn die Antwort nicht mit seiner Einstellung, seinen Vorurteilen oder unbewußten Erwartungen übereinstimmte. Sie sehen also, mit dem Fragenbeantworten ist es so eine Sache.

Man kann gar nicht über die wichtigsten Fragen der heutigen Astrologie sprechen, ohne den kulturellen und sozialen Kontext in Betracht zu ziehen, in dem die Astrologie studiert und angewendet wird. Deshalb müssen wir uns zunächst damit befassen. Ich habe hier die letzte Ausgabe der Zeitschrift *National Geographic* vor mir. Auf diesen wunderbar bunten, aufklappbaren Farbtafeln hier können wir die Beschreibung von Planeten lesen, die beispielhaft für die heutige Betrachtung des Lebens und des Sonnensystems sind. Wußten Sie, daß Jupiter »ein sich rasch drehender, im Inneren aus Flüssigkeit komprimierter Gasball« ist? Wußten Sie, daß Saturn nur aus »zahllosen Eispartikeln« besteht, »wie kleine Monde kreisend und sieben Ringe bildend« und dann im Inneren aus ziemlich viel Nitrogen zusammengesetzt ist? Wußten Sie, daß Neptun vor allem aus Methan und einer Reihe anderer Gase besteht? Sie sehen, die sogenannte wissenschaftliche Anschauung, die im Grunde nur eine sehr simple und materialistische Betrachtung des Lebens ist, reduziert alles letztlich auf ein Häufchen Dreck und Gas. Das ist eine Anschauung, die letztlich nur zerstörerisch wirken kann. Dane Rudhyar wies schon in den dreißiger Jahren darauf hin, daß die Astrologie, wenn sie sich in den nächsten Jahrzehnten in dieser Richtung weiterentwickle, ihre Möglichkeit, das Leben mit Sinn zu erfüllen, völlig verlöre und immer mehr zu einem Teil des etablierten materialistischen Lebensstiles der modernen Gesellschaft würde. Die Astrologie ist unter anderem eine Sprache, durch die man das Leben besser verstehen kann. Wenn die Astrologie uns nicht in die Lage versetzt, das Leben tiefer und besser zu verstehen, dann habe ich persönlich kein Interesse daran.

Leider ist die Weltanschauung, die heute in allen Zweigen der Massenmedien und Hochschulen verbreitet wird, von einer starren Uniformität. Selbst die großen Radio- und Fernsehgesellschaften in den Vereinigten Staaten stützen die materialistische Weltanschauung bedingungslos. Die kürzlich ausgestrahlte Fernseh-Serie mit dem Titel »Cosmos«, in der die Hohenpriester der materialistischen Wissenschaft wie der Programmleiter Carl Sagan vergöttert wurden, rief bedauernswerterweise überraschend wenig kritische Reaktionen jener in unserer Kultur hervor, die Zugang zu den Medien haben. Deshalb war ich besonders glücklich, ausgerechnet in *Wallstreet Journal* einen Leitartikel zu sehen, der die doktrinären Behauptungen solcher Programme systematisch unter die Lupe nahm. Ich zitiere hier einige der wichtigsten Punkte, die für viele andere Dinge, die man uns und unseren Kindern in unserer Kultur als absolute Wahrheit darstellt, ebenso Gültigkeit haben:

»Wie auch immer ›Cosmos‹ angekündigt wurde, Herr Sagan präsentiert seinem Fernsehpublikum nicht einfach Wissenschaft. Er tut auch seine philosophische Weltanschauung und religiöse Überzeugung kund – eine Mischung aus Naturmystizismus, Materialismus und Wissenschaftsglauben. Seine Neigung, metaphysische und wissenschaftliche Fakten zu vermischen, ist für den aufmerksamen Zuschauer verwirrend. Er stellt Behauptungen auf, die nicht durch Beweise gestützt werden, und versäumt es, darauf hinzuweisen, daß er einfach unbeweisbare Vermutungen von sich gibt.

Im ›Cosmos‹ treten Wissenschaftler als die Hohenpriester der Menschheit auf. Mit der Hilfe der Wissenschaft, so behauptet Herr Sagan, können wir ›das Universum kennenlernen, das uns schuf‹. Wenn Herr Sagan so weit geht zu behaupten, daß nur die Wissenschaft sich als geeignet erweisen wird, um die Geheimnisse des Lebens zu enthüllen, unternimmt er das, was der Philosoph A. Whitehead ›den Irrtum der deplazierten Konkretheit‹ nennt. Das heißt, er macht aus einer fruchtbaren Methode, die Wahrheit zu entdecken, eine alles umfassende, philosophische Weltanschauung.

Die sarkastische Stimme des Herrn Sagan bringt noch unverhüllter als das Manuskript seine religions- und kirchenfeindliche Tendenz zum Ausdruck. Doch vielleicht erscheint eine solch verkürzte und oberflächliche historische Perspektive dem aufmerksamen Zuschauer nicht zu überraschend, denn Herrn Sagan scheint es weniger darum zu gehen, Geschichte und Kultur einfühlsam zu interpretieren, als die Rivalen seines eigenen Wissenschaftsbildes zu verunglimpfen.« (aus: *TV: Carl Sagan's Narrow View of the Cosmos* von Richard A. Baer jr. in: Wall Street Journal vom 24. Oktober 1980).

Solche gedankenlosen, tendenziösen Ansichten sind nicht auf die infantilen Selbsttäuschungen eines Herrn Sagan beschränkt. Sie sind in unserer Kultur so verbreitet, daß die meisten Menschen solche ungeprüften Behauptungen als Teil der modernen Realität für selbstverständlich nehmen. Ich weise auf diese Umstände hin, weil wir als Astrologen erkennen müssen, daß wir gegen den Strom des modernen Lebens und Bewußtseins (oder eigentlich Unbewußtseins) schwimmen. Der Mangel an einer historischen Perspektive und einem philosophischen Gerüst in unserer modernen Gesellschaft und auch in den Hochschulen läßt die Fortsetzung und den herrschenden Einfluß solcher Entwicklungen zu, und ich fürchte, daß die meisten Menschen, die heute im Bereich der Astrologie tätig sind, ebenso keine historischen und philosophischen Grundlagen besitzen, die ihnen wenigstens eine gewisse Perspektive und vielleicht etwas Vertrauen und innere Stärke verleihen könnten.

Derartige Probleme sind nicht auf die USA beschränkt. Die britische Rundfunkgesellschaft bereitete ein Fernsehprogramm über Astrologie vor unter Mitarbeit einer Reihe von Leuten, die recht kompetent auf dem Gebiet waren; es wurde jedoch, so hörte ich, so starker politischer Druck ausgeübt, daß das ganze Projekt zu den Akten gelegt wurde. Auch die kanadische Rundfunk- und Fernsehgesellschaft geriet unter derartigen Druck, als sie sich mit dem

Thema Astrologie auseinandersetzen wollte. Wenn man über die Freiheit der Meinungsäußerung in unseren Ländern spricht, muß man anscheinend die traurige Tatsache akzeptieren, daß sie sich heutzutage nicht auf die Astrologie in den Massenmedien erstreckt. Ich glaube auch nicht, daß sich die Vorliebe der Medien, Sprachrohr für die Mächtigen und für kulturellen Dogmatismus zu sein, in den kommenden Jahrzehnten verringern wird. Die herrschende kulturelle Weltanschauung wird heutzutage in den Medien als Wahrheit verkauft. So gehört, ob wir es wollen oder nicht, jeder, der sich heute ernsthaft auf dem Gebiet der Astrologie betätigt, zu einer sehr kleinen Minorität, mit der man ziemlich unsanft umgeht. Es geht mir oft wie Rodney Dangerfield, der sagte: »Ich kann mir keinen Respekt verschaffen!« Wenn man darüber spricht, daß man sich mit Astrologie befaßt, ist die Reaktion oft ein höhnisches Lächeln, wenn nicht Schlimmeres. Mit dieser Situation müssen wir uns heute auseinandersetzen; es ändert nichts, wenn wir sie ignorieren.

Ich glaube, daß wir uns im Interesse der Astrologen davor hüten sollten, jenen in die Hand zu spielen, die auf die Astrologie nur einen zerstörerischen Einfluß hätten. Anstatt uns unglaublich begrenzten Behauptungen und Beispielen unterzuordnen, indem man die eigene Beobachtungs- und Ausdrucksweise in das Schema der »Wissenschaftler« preßt, sollten wir erkennen, daß ihre Schemata nicht so »objektiv« sind, wie sie vorgeben. Leider verfallen viele Astrologen heute in diesen Fehler. Wir sollten uns bemühen, unseren eigenen Weg zu finden und unsere Anschauung vom Leben nicht so einengen zu lassen. Indem man versucht, die Astrologie einem äußerst beschränkten Denkmuster anzupassen, das für sie völlig ungeeignet ist, verstümmeln wir lediglich die unglaublich weitreichenden Möglichkeiten der Astrologie, da wir sie in die Hände von Menschen legen, deren begriffliche Manipulationen sie zerpflücken und ihre schönsten und wertvollsten Möglichkeiten zerstören. Keine Sorge, ich werde nicht während der ganzen Tagung soviel über Politisches reden; ich fange nur mit diesen Dingen an, denn sie müssen gesagt werden, und niemand anders scheint das tun zu wollen, deshalb bleibt mir diese unangenehme Aufgabe überlassen.

Ich glaube, es wäre besser für die Astrologen selbst und für das einzigartige Forschungsgebiet der Astrologie, wenn sie ihre Beobachtungen und empirischen Erfahrungen in einer klaren Sprache ausdrückten. Die Astrologie braucht das, was Jung für die Psychologie tat. Ob man Jung schätzt oder nicht, man kann wohl kaum umhin zuzugeben, daß er ein Beispiel für das war, was ein wirklicher

Wissenschaftler sein sollte: Er sah etwas und berichtete davon, er sah etwas anderes und berichtete das; er stellte Theorien auf und gab zu, daß sie vielleicht falsch seien und daß sie bloße begriffliche Erfindungen von ihm seien, einfache Werkzeuge, die er im Prozeß der Wahrheitsfindung benutzte. Ich glaube, daß es genau das ist, was die Astrologen tun sollten, vor allem in ihren Veröffentlichungen. Sie sollten immer mehr dazu übergehen zu sagen: »Ich habe dieses gesehen, ich habe jenes beobachtet, ein Klient tat und sagte das und das ...« usw., und das in klarer Sprache. Und gleichgültig, ob sie von sogenannten positiven oder negativen Ergebnissen berichten können – ich habe noch nie eine statistische Studie im Bereich der Astrologie gesehen, die von Bedeutung wäre oder die einem Astrologen geholfen hätte, einem in Schwierigkeiten befindlichen Klienten etwas zu geben.

Leider fehlen in astrologischen Veröffentlichungen oft alle Beobachtungen und Beispiele. Gewöhnlich findet man nur eine Ansammlung allzu simpler Feststellungen; in vielen Fällen ist es nur Schaumschlägerei. Oft wiederholen die Leute nur das, was schon seit 1910 bekannt ist, was dann seine Berechtigung hat, wenn eine grundlegende Erkenntnis gemacht wurde, die sich im Laufe der Jahre als wahr erweist. Aber sie sollten wenigstens eine modernere Sprache finden. An den heute veröffentlichten astrologischen Büchern ist zu kritisieren, daß viele Autoren herzlich wenig über die alte und schöne astrologische Tradition wissen. Warum erwähnen die astrologischen Autoren nie andere Autoren? Warum sagen sie nicht: »Charles Carter sagte das schon 1930«, oder »Alan Leo war der erste, der diese Idee hatte«? Nein, wissenschaftliche Genauigkeit findet man selten, außer bei einigen wenigen Büchern, die oft selbstbeweihräuchernde Versuche sind, soviel wie möglich von der astrologischen Tradition zu zerstören.

Ein gutes Beispiel dafür ist Deans und Mathers, *Recent Advances in Natal Astrology,* ein Buch, das vorgibt, ein objektiver Überblick über die moderne Astrologie zu sein. Wie Dennis Elwell in seiner Besprechung des Buches schrieb, hätte es *Recent Retreats in Natal Astrology* heißen müssen! (advances = Fortschritte, retreats = Rückschritte) Jedenfalls schlugen die Autoren vor, ich solle etwas für ihr nächstes Buch schreiben, nachdem in der Zeitschrift der British Astrological Association ein paar kritische Kommentare von mir veröffentlicht worden waren. Ich lehnte ab. Ich hatte ja meinen Standpunkt schon ausführlich in meinen Büchern dargelegt und versucht, die Gedanken einigermaßen detailliert und in die Tiefe gehend zu entwickeln. Es gab keine Möglichkeit für mich, meine Aussagen so abzukürzen, daß sie in ihr Schema von kurzgefaßten

Absätzen zu pressen waren, die sie dann noch zerlegen konnten. Mit anderen Worten, sie erwarteten von mir, meine Ideen und meine Darstellungsweise so zu verkürzen, daß sie in ihre mikroskopische Weltsicht hineinpaßten. Ich glaube, daß die Astrologen auf eine positive und schöpferische Weise ihren eigenen Weg finden und aufhören müssen, sich in die Defensive zu begeben. Das heißt nicht, daß Astrologen von schöpferischer Selbstanalyse und Selbstkritik ausgenommen seien. Solange wir jedoch immerzu denken: »Oh, das müssen wir erst beweisen, jenes müssen wir erst mit einer statistischen Studie untermauern«, verlieren wir nur unsere Zeit. Wir werden nichts lernen und nur den Leuten in die Hände spielen, die, auch wenn sie das Gegenteil behaupten, die Astrologie nur aus dem Feld schlagen wollen.

Eine Zusammenfassung meiner heutigen Einstellung zur Astrologie findet man am prägnantesten in diesem Zitat von Charles Carter, geschrieben 1947. Ich habe oft das Gefühl, daß Carter die Dinge besser ausdrücken kann als ich, und ich schätze sein Werk, je älter ich werde, immer mehr:

> »Ich glaube, daß die Astrologie Teil einer Arkana-Tradition hohen Alters und unschätzbaren Wertes ist. Diese Tradition hat unter Fälschungen gelitten und wurde zum Teil von falsch Verstandenem überlagert. Dagegen hilft jedoch kein pauschaler Angriff gegen die gesamte Astrologie, sondern nur eine Suche nach den primären Prinzipien dieser Wissenschaft und eine Neuordnung unserer Theorie und Praxis auf diesen Grundlagen.«

Carter selbst bemühte sich in Büchern wie *Principles of Astrology* und *Astrological Aspects* darum. Mein Lieblingsbuch ist ein hervorragendes Büchlein mit dem Titel *Essays on the Foundations of Astrology,* in dem es um grundlegende Prinzipien geht. Die Sprache ist manchmal ein wenig unmodern, das Werk war jedoch damals seiner Zeit weit voraus und bleibt bis heute eines der besten erhältlichen Bücher. In Carters Zitat heißt es weiter:

> »Im Licht der astrologischen Urprinzipien können wir sehen, daß die astrologische Wissenschaft selbst in ihrer gegenwärtigen Form in der Substanz richtig ist ... ich greife niemanden an und sage nichts gegen irgendwelche ehrenwerten Systeme ...« (aus der Einführung zu: *Symbolic Directions in Modern Astrology)*.

Mit anderen Worten wendet sich Carter dem Positiven zu, erkennt aber zugleich an, daß die Astrologie von einer strengen Überprüfung und Erneuerung in gewissen Bereichen nur gewinnen kann. Ich sage all das nur, weil es wichtig ist, daß die Astrologen wissen, womit sie zu kämpfen haben, und um gleichzeitig ihre eigenen, einzigartigen Richtlinien, Wertvorstellungen und Möglichkeiten zu definieren, die kein anderer Beruf oder kein anderes Forschungsgebiet aufweist. Vor zwölf Jahren hatte ich den Eindruck, daß die Astrologie sich rasch entwickelte und auch allmählich in die Gesellschaft integriert wurde. Viele von Ihnen erinnern sich sicher an den Astrologie-Boom der sechziger und frühen siebziger Jahre und daran, welche Aufmerksamkeit die Medien ihm schenkten. Ich glaube, daß es jetzt, in diesem neuen Jupiter-Saturn-Zyklus, Zeit ist, eine Bestandsaufnahme zu machen und vielleicht noch einmal mit aller Energie sich der Klärung und Erweiterung praktischer und theoretischer Möglichkeiten der Astrologie zu widmen.

Die moderne psychologische Theorie in Beziehung zur Astrologie

Die nächsten Themen, über die ich sprechen werde, sollen vom Blickwinkel gegenwärtiger Theorien über die zwischenmenschlichen Beziehungen und die Sexualität aus betrachtet werden und zum Thema meines nächsten Vortrages, der Partnerschaftsastrologie, überleiten. Die jüngst zu Ende gegangene Periode mit Uranus im Skorpion hat unglaublich viele Experimente und Fixierungen auf dem Gebiet der Sexualität mit sich gebracht, und jene unter Ihnen, die in der astrologischen Beratung arbeiten, wissen sicher, wie viele Menschen außerordentlich verunsichert sind über ihre Sexualität und deren Platz in ihrem Leben. Deshalb will ich im folgenden einiges über diese Dimension von zwischenmenschlichen Beziehungen – über Venus und Mars – wie man auch sagen könnte, anmerken, was angesichts der beginnenden Jupiter-Saturn-Konjunktion in der Waage, auf die der Transit Jupiters in den Skorpion und dann der Eintritt von Saturn und Pluto in dieses Zeichen folgt, ja ganz passend ist. Wie Jim File in seiner Einführung bemerkte, war ich viel beratend tätig, und deshalb möchte ich gleich zur Sache kommen. So soll hier gleich von einem Schluß die Rede sein, zu dem ich gekommen bin und der viele von Ihnen nicht überraschen wird, der dem Durchschnittspsychologen jedoch undenkbar erscheint: Wenn Astrologie von einem erfahrenen, kompetenten Praktiker ausgeübt wird, von einem, der geistig und persönlich diszipliniert ist und nicht versucht, um jeden Preis seine Fähigkeiten zu beweisen oder zu beweisen, daß die Astrologie etwas taugt – wenn die Astrologie in den Händen eines solchen Menschen liegt, dann kann man sie beinahe unfehlbar als Werkzeug zu einem tieferen Verständnis zwischenmenschlicher Aktivitäten und Erfahrungen benutzen.

Die meisten von Ihnen wissen wahrscheinlich, daß es mir immer darum geht, die Astrologie als Werkzeug zum Verständnis zu benutzen und nicht als Ratespiel, mit dem man die Menschen beeindruckt. Ich habe mich auch viel mehr mit Beratung als mit Deutungen beschäftigt. Zweifellos geben viele schließlich nur noch Deutungen, selbst wenn sie das nicht wollen, weil die Menschen zum Astrologen kommen und erwarten, daß er die ganze Arbeit macht. Diese Klienten lehnen sich zurück, schalten völlig ab und stellen sich vor, daß man sie mit raffinierten Ratespielen und wunderbaren Voraussagen unterhält. Leider ist das nun einmal die astrologische Tradition, die sich im Lauf der Jahre entwickelt hat. Daran gibt es keinen Zweifel. Die Tradition in diesem Land wurde aus England importiert, wo die Astrologen die Klienten selten persönlich sahen – alles geschah per Post, was immer noch in sehr vielen Fällen so ist. Es war etwa um 1890, als die Astrologie mit einem Schlag populär wurde, und diese Popularität wuchs noch beträchtlich durch Alan Leos Massenproduktion von Horoskopen, die an Klienten überall auf der Welt verschickt wurden. Das ist die Tradition, die wir vorfinden und die wir meiner Meinung nach in vielerlei Hinsicht überwinden müssen, wenn wir je erreichen wollen, daß die Astrologie als legitimer Beruf mit therapeutischen Möglichkeiten ernst genommen wird.

Natürlich muß man oft eine Art »Deutung« geben, vor allem, wenn ein Klient skeptisch ist. Damit muß man sein Vertrauen gewinnen, obwohl man sich fragen könnte, ob es nötig ist, mit übermäßig skeptischen Klienten zu beginnen, denn das kostet einen viel Zeit und ist ziemlich frustrierend. Oft ist es viel besser, dem Klienten zu Beginn einige Fragen zu stellen, denn dann öffnet er sich vielleicht ein bißchen, vor allem wenn er merkt, daß man ein guter Zuhörer ist. Leider sind viele Astrologen viel bessere Redner als Zuhörer. Ich habe schon öfters erlebt, daß praktizierende Astrologen mich treffen wollten, um »eine neue Perspektive zu gewinnen«, aber dann waren es sie, die dauernd redeten. Sie wollten viel lieber sich selber reden hören und mich mit ihren Ansichten beeindrucken, als anzuhören, was ich vielleicht zu sagen hätte. Ich hatte also kaum Arbeit und wurde noch bezahlt dafür! Beim gewöhnlichen Klienten jedoch ist es sehr oft so, daß der Betreffende einfach mit jemandem sprechen möchte, und daß man ihm etwas Raum geben sollte, sich zu äußern, anstatt ihn mit den eigenen Ideen zu überschwemmen und die eigene Klugheit unter Beweis zu stellen.

Wenn der Betreffende wirklich das Bedürfnis hat, sich auszusprechen, man selber aber der einzige ist, der zu Wort kommt, überfrachtet man ihn wahrscheinlich mit Informationen. Der Klient wird dann vielleicht versuchen, all die Informationen irgendwann nach dem Gespräch zu sortieren; er wird jedoch in seine gewöhnlichen Gedankenmuster und Vorurteile verfallen und sie dann verwerfen, weil sie ihm nicht in den Kram passen. Ein wirklicher Dialog ist der viel sinnvollere Weg.

Es ist aber nun eine Tatsache, daß die »Schocks des gewöhnlichen Lebens«, wie sie ein Autor bezeichnet, meist nicht-professionellen Ratgebern anvertraut werden. Sehr wenige Leute wollen zum Psychiater oder Psychologen gehen. Erstens ist es teuer und zweitens muß man sich dann auf eine langwierige Sache einlassen. Die meisten fürchten wohl auch, von ihrer Umgebung schief angesehen zu werden, wenn sie professionelle Hilfe in Anspruch nehmen. Deshalb werden die meisten der wirklichen Lebensprobleme, der Probleme, die jeder einfach deshalb hat, weil er ein Mensch ist, unausgebildeten Gesprächspartnern anvertraut, die sich selbst nie als »Berater« betrachten würden. Oft sind es Rechtsanwälte oder Ärzte. Auch Minister erleben so etwas, und natürlich passiert es auch Chefs, daß ihre Angestellten sich in persönlichen Angelegenheiten an sie wenden. Natürlich sind auch Astrologen *de facto* Berater, denn fast alle Klienten kommen, um einen Rat oder wenigstens eine neue Perspektive zu erhalten, selbst wenn sie vorgeben, »nur neugierig« zu sein. Deshalb haben Astrologen sehr viel Gelegenheit, beratend zu wirken; wenn sie jedoch mit dieser Situation nicht umgehen können, versäumen sie, das Werkzeug zu verwenden, das ich für das wirksamste zum Verständnis der menschlichen Probleme und zur Vermittlung eines Gefühls der Ordnung und Ausrichtung im Leben halte – die Astrologie. Mit dem Horoskop erhalten wir eine Landkarte des gesamten seelischen Territoriums eines Individuums – sowohl bleibende Muster wie aktuelle Trends. Es ist wichtig, daß die Astrologen das Vertrauen nicht mißbrauchen, das die Menschen in sie setzen, selbst das Vertrauen der Menschen, die vorgeben, von der Astrologie gar nichts zu halten. Das Vertrauen des Klienten ist, wie es ein beratender Autor nennt, »die stärkste therapeutische Kraft dieser problembeladenen Individualitäten«. Natürlich fordert dieses Vertrauen vom Astrologen, mit großer Aufrichtigkeit zu antworten, selbst wenn das das Eingeständnis völliger Unwissenheit in bezug auf einige drängende Fragen mit sich bringt.

Daß jemand keine formelle Ausbildung als Berater hat, muß jedoch kein ernsthaftes Hindernis dafür sein, daß er gute und hilfreiche beratende Arbeit tun kann. Eugene Kennedy, der Autor von drei hervorragenden Büchern über Beratung, schreibt:

> Diese Fähigkeit, das Wesentliche im Leben des anderen zu begreifen, kann eine besondere Stärke jener sein, die keine spezielle berufliche Ausbildung haben. Ihr Denken ist nicht durch Theorien und vorgefaßte Meinungen belastet, ihre Fähigkeit, verständnisvoll zu sein, ist nicht getrübt. Studenten am Anfang der Ausbildung als Berater geben ratsuchenden Menschen oft bessere und natürlichere Antworten als Studenten, die schon weiter fortgeschritten sind. Letztere sind belastet durch den Versuch, klinisch korrekte oder anerkannte Aussagen zu machen und ihre Kompetenz zu beweisen. Die »Naiveren« jedoch versuchen einfach, die Menschen und ihre Reaktionen zu verstehen (*Sexual Counseling,* Seite 10).

Ich glaube auch, daß Astrologen oft zuviel gelernt haben oder zu viele Kriterien im Kopf haben, was sie daran hindert, sich einfach darauf zu konzentrieren, die Menschen und ihre Reaktionen zu verstehen. Beispielsweise werden wir nie das Wesentliche im Leben eines Menschen verstehen, wenn wir zu sehr auf die Einzelaspekte eines Horoskops fixiert sind. Man muß lernen, das Horoskop sich für einen öffnen zu lassen, den Menschen sich öffnen zu lassen, und man selbst muß offen bleiben für die Wirklichkeit der Person, selbst wenn sie nicht immer in unsere vorgefaßten astrologischen Theorien paßt.

Wie einige von Ihnen wissen, wird in der Ausbildung der meisten Berater, Psychologen, Psychiater und anderen Therapeuten die zergliedernde Analyse und die intellektuelle Raffinesse überbetont. Die Fähigkeit vieler solcher Menschen, einfach aus dem Bauch heraus zu reagieren, wurde oft kontinuierlich geschwächt. Ich will damit Beratern und Therapeuten nicht rundweg ihre Fähigkeiten absprechen; viele von ihnen sind hervorragend und arbeiten sehr erfolgreich. Meine Hauptkritik an der modernen Psychologie richtet sich gegen die Ausbildung und die Theorie, bei denen es mehr um das Feld der Wissenschaft als um die Menschen geht, die eigentlich betroffen sind.

In der modernen Psychologie herrscht ein ganz gravierender Mangel an wahren und wirksamen Theorien über die Funktionsweise der Psyche selbst. Dabei ist Astrologie die Theorie, derer wir so dringend bedürfen. Wenn jemand beratend oder therapeutisch tätig ist und keine sinnvollen Verständnisgrundlagen hat, kann er nur ins Blaue hinein reden, er tappt im dunkeln.

Ich glaube, daß sich Astrologen wie Psychologen davor hüten sollten, zu problemorientiert zu sein. Wenn wir uns darauf spezialisieren, »Probleme« zu identifizieren und zu etikettieren, dann erhöhen wir noch die Spannung, unter der der Klient steht, denn Probleme beinhalten per definitionem Spannungen. Es ist viel besser, das Horoskop dazu zu benutzen, das Augenmerk auf das gesamte Lebensmuster zu richten, um die Menschen zu ermutigen, Sinn darin zu finden – einen Gesamtzusammenhang der Situationen und Konflikte des Lebens. Diese Art holistischen Vorgehens besitzt eine wesentlich therapeutischere Wirkung als endlose Sitzungen, in denen man sich nur auf die Benennung und Zergliederung der seelischen Komponenten eines Menschen konzentriert.

Die jetzt endende Uranus- und Skorpionperiode war geprägt von einer Überbetonung des Sexuallebens in der Werbung, in Theorie und Beratung. Selbst eine konservative Zeitschrift wie *Reader's Digest* veröffentlicht jetzt laufend Artikel über das Thema »Wie man mit seinem Sexualleben besser zurechtkommt«. Es ist jedoch so, wie Eugene Kennedy in seinem Buch »Sexual Counseling« schreibt:

> Es werden immer noch falsche Informationen und Ratschläge gegeben, obwohl das Wissen über Sexualität in den letzten Jahren schlagartig zugenommen hat. Wir haben immer noch nicht genug Einsichten, um den grauen Schleier des Unwissens über der Sexualität zu lüften.

Man könnte noch hinzufügen, daß dieser »Schleier des Unwissens« auch unsere modernen Vorstellungen von Liebe und Beziehungen verdunkelt. All diese Dinge sind tiefe Geheimnisse des Lebens. Man kann sie nie ganz verstehen oder sie durch irgendeine Theorie restlos erklären. Auch die Astrologie kann nicht alles erklären, aber sie geht mit kosmischen Prinzipien um. Sie wird einem Verständnis der Mysterien des Lebens viel näher kommen als modische, zeitgenössische Theorien, die im Grunde nur die neuesten kulturellen Trends widerspiegeln.

Da die inneren Konflikte der Menschen sich heute so stark auf ihr Liebesleben auswirken, was zum Teil daran liegt, daß viele Menschen, die größere Schwierigkeiten im Leben haben, versuchen, durch eine Überbetonung der Sexualität oder aufregender Beziehungen Rettung oder Ablenkung zu finden, müssen wir als Berater – und das gilt auch für jene, die Horoskop-Deutung per Post betreiben – eine einfühlsame und offene Haltung dem Intimleben des einzelnen gegenüber einnehmen. Sätze wie »Sie müssen das tun« oder »Sie sollten jenes tun« erzeugen noch mehr Anspannung im Leben des Betreffenden, und so werden wir dazu herausgefordert, offen und mit großer Direktheit über delikate Fragen zu sprechen, über das, was Kennedy »die wunden Punkte der Persönlichkeit [des Klienten], die empfindlichsten Punkte für Konflikte und Turbulenzen« nennt. Die meisten Menschen sind heute seelisch hin und her gerissen zwischen all den Stimmen, die sie im Inneren und von außen hören. Wir als Astrologen haben hier die Möglichkeit, sie zu ein wenig mehr Seelenfrieden zu ermutigen; ich fürchte jedoch, daß der astrologische Stil so mancher »Berater« nur mehr Spannung, mehr sinnloses Analysieren und mehr Verwirrung erzeugt ... sehr oft durch eine Überschwemmung mit Informationen wie: »... Ihre vierzehn Sonnwendpunkte stehen im Quadrat zu allen Asteroiden und in Opposition zu Ihrem Schwachsinnspunkt.« Sehr bald hat der Klient völlig den Überblick verloren, und all sein Respekt für die Astrologie ist dahin. Eugene Kennedy beschreibt die Situation sehr gut:

> Was die Menschen ganz gewiß nicht brauchen, ist noch mehr Spannung im Bereich ihres Sexuallebens. Die Angst vor Erwartungen der anderen und das Bedürfnis, in der Sexualität Leistungen zu bringen, sind schon so verbreitet, daß man sie als Epidemie bezeichnen könnte. Die Menschen können es auch nicht brauchen, daß, wie es heute oft geschieht, ihre Sexualität zu einer Waffe zuungunsten anderer gemacht wird. Gewisse Leute wissen nur zu gut, wie man die geheimen Bedürfnisse der Menschen, die sich durch Sexualität ausdrücken, manipuliert. Sie tun das nur zu häufig zur Verwirrung der betroffenen Personen. Was die meisten Menschen auf diesem schwierigen Gebiet brauchen, ist nicht übertriebenes Am-Gängelband-Geführtwerden, sondern die Zeit und den Raum, in dem sie beginnen können, ihr Selbstwertgefühl zu konsolidieren und möglicherweise die Motivationen zu durchschauen, die ihre sexuelle Aktivität bestimmen. Und das ist genau die Atmosphäre, die ein nicht-professioneller Berater schaffen kann. *(Sexual Counseling,* Seite 10).

Die Motivationen aufzuspüren, die bei vielerlei sehr persönlichen inneren Kämpfen eine Rolle spielen, ist gerade eine der wichtigsten Möglichkeiten der Astrologie. Vor allem im Bereich der Motivationen ist Astrologie als Werkzeug unersetzlich. Keine andere Methode, Technik oder Theorie reicht da heran. Es gibt alle möglichen Arten von Tests zur Bestandsaufnahme der Persönlichkeit, zur Erforschung der eigenen Motivationen und der beruflichen Fähigkeiten, keine von ihnen jedoch kann so rasch zum eigentlichen Kern der individuellen Motivation vordringen. Und wenn man beginnt, die Motivationen zu verstehen, dringt man zu den Wurzeln der Seelennatur des Menschen vor – man sieht, worum es ihm wirklich geht, was er selbst anstrebt oder wozu es ihn drängt. Sehr oft ist es unbewußt, die Astrologie jedoch zeigt es deutlich. Wenn es einem beispielsweise gelingt, einem Menschen eine einfache, tiefgehende Wahrheit über sein eigenes Wesen nahezubringen, hat man schon einen großen Schritt zur Heilung getan. Wenn man beispielsweise zu jemandem sagt: »Sehen Sie, Sie haben ein halbes Dutzend Planeten im Löwen; Sie möchten gesehen und geschätzt werden!«, so hilft man diesem Menschen, zu zeigen, was er ist. Und darin liegt eine der wirksamsten Therapien, die wir überhaupt haben!

So wird die Art und die Qualität der Motivation dem Verständnis eines erfahrenen Astrologen oft auf eine Weise zugänglich, wie sie es selbst erfahrenen Beratern, die die kosmische Gesetzmäßigkeit nicht mit einbeziehen können, nicht ist. Und die Qualität der menschlichen Erfahrung im allgemeinen kann durch die Astrologie besser als durch jede andere Methode, die ich kenne, faßbar gemacht werden. Sehr oft kann man zu dieser Klarheit gelangen, ohne tausend verschiedene abstrakte Techniken zu verwenden – man betrachtet nur die Grundbetonung der Zeichen und die dominanten Elemente und hat damit schon mehr als genug zu tun. Ich erinnere mich an einen Vortrag, den ich vor ein paar Jahren bei der »American Federation of Astrologers Convention« hielt; das Thema waren die vier Elemente, die ich für außerordentlich wichtig halte, die jedoch in der heutigen Astrologie etwas vernachlässigt werden. Nach dem Vortrag hob ein Mann die Hand und sagte: »Ich habe in der letzten Zeit zunehmend mit den vier Elementen gearbeitet und bin höchst erstaunt darüber, daß man allein schon durch die Elemente so viel versteht, daß man oft die Aspekte und Häuser und all das übrige kaum mehr braucht!« Wenn man mit den ursprünglichen Energien und so mit den grundlegenden Motivationen des Menschen umgeht, kann man weit kommen; oft kann man eine sehr effektive Beratung geben, wenn man sich nur auf die Planetenpositionen in den Zeichen und die Elemente der Planeten bezieht. Sehr oft haben die Probleme eines Menschen beispielsweise vor allem mit dem Sonnenzeichen zu tun, aber er konnte diesen Teil seiner Natur nie ganz annehmen. Wenn jemand, sagen wir, mit Saturn in Opposition zur Sonne oder etwas ähnlichem geboren ist, hat er sich selbst vielleicht nie richtig akzeptiert. Und vielleicht hilft ihm ein Dialog viel, der seine Identitätsbedürfnisse und die Motivationen seines Ichs klärt. Das ist dann natürlich keine umfassende Deutung, aber es könnte in gewissen Fällen das einzig Richtige sein. Ich spreche hier über das, was im persönlichen Austausch mit den Klienten wirklich *effektiv* ist. In den letzten Jahren habe ich mich sehr intensiv mit der neuesten psychotherapeutischen Literatur über sexuelle Probleme beschäftigt. Das war einerseits eine Grundlagenforschung für ein Buch, an dem ich arbeite, und andererseits zur Weiterbildung im Bereich der Theorien zur Sexualtherapie, die ich brauchte, um meine Beratungserlaubnis zu erneuern, nachdem ein neues Gesetz erlassen worden war. Ich bin froh, daß ich mir für diese Forschung und für die zugehörige Ausbildung Zeit nahm, denn sie gaben mir mehr Vertrauen in die Astrologie. Sehr vieles in der modernen Theorie über Sexualität, Sexualtherapie, emotionale und sexuelle Verträglichkeit etc. gründet sich nur auf Quantität. Diese Studien sagen fast nichts über die Person oder über die Qualität der Erfahrung. Selbst wenn gelegentlich ein Artikel von »sexueller Energie« spricht, geht es vor allem um Quantität, wie bei dem kürzlich in »Reader's Digest« erschienenen Artikel mit dem Titel: »Wie man sexuelle Energie bekommen kann!« Damit ist gesagt, daß man irgendwo hingehen und sie bekommen kann, daß sie nicht *in* einem ist, daß man sie irgendwo außerhalb von einem selbst findet und nimmt wie eine Pille – eine typisch amerikanische Anschauung! Die Astrologie zeigt die *Qualität* jedes *Energie*austauschs und das, was die Menschen wirklich erfahren. Die Astrologie macht klar, daß emotionale und sexuelle Verträglichkeit immer paar-spezifisch sind, das heißt, daß z.B. ein Mensch einem bestimmten anderen gegenüber völlig asexuell ist und deshalb kalt wirkt, sich dann aber ein paar Minuten später ausschließlich und heftig zu einem Menschen hingezogen fühlt. Es ist ein Energieaustausch. Das ist ein ganz bekanntes Phänomen; dennoch hat die orthodoxe Psychologie keine Mittel, es zu erklären, und sie weigert sich, die Methode zu sehen, die es tatsächlich erklären kann – die Astrologie.

Ich möchte an dieser Stelle betonen, daß es mir, wenn ich so viele kritische Bemerkungen über die heutige psychologische Theorie und ihren Anspruch mache, nicht darum geht, sie in einer schadenfrohen Haltung der Negativität schlechtzumachen. Es geht mir nur darum, allen von uns, die im Bereich der Astrologie arbeiten, zu helfen, mehr Vertrauen in das zu gewinnen, was wir tun. Eine astrologische Beratung kann meiner Meinung nach viel mehr nützen als die meisten Arten psychologischer Therapie, und dem stimmen auch viele zu. Wenn wir also nicht nur unsere eigenen Fehler und die Notwendigkeit, an unserer Einstellung und unserem Vorgehen weiterzuarbeiten, kennen, sondern auch die Begrenztheit der anderen helfenden Berufe, können wir vielleicht beginnen, unsere eigenen Hilfeleistungen und Fähigkeiten höher einzuschätzen. Vielleicht werden wir dadurch auch ein wenig aus der Defensive gelockt.

Viele erfahrene Therapeuten und Berater werden zugeben, daß ihre Funktion oft nur darin besteht, dem Menschen das *Recht* zu geben, die Gefühle zu haben, die sie haben, und zu sein, was sie sind! Oft wissen sie nichts und tun auch nichts, aber ihre Stellung als Autorität in der Gesellschaft gibt ihnen die Möglichkeit, einfach zu sagen: »Es ist in Ordnung, so zu empfinden.« Der andere ist oft überrascht, das zu hören. Wenn beispielsweise ein Klient zu uns kommt, der starke Saturnquadrate zu den persönlichen Planeten hat, war es ihm vielleicht nie erlaubt, zu sein, was er ist. Viele Therapeuten geben sogar zu, daß ihre Therapie oft darin besteht, daß sie raten, von falschen Voraussetzungen ausgehen, scheitern – also völlig im Dunkeln tappen. In der psychologischen und psychotherapeutischen Theorie sind heute große Lücken; man weiß wirklich nichts über die individuellen Unterschiede, Gestimmtheiten und Motivationen, und diese Lücken werden durch intellektuelle Verrenkungen und Spekulationen gefüllt. Da immer das Bedürfnis nach einer übergreifenden Theorie besteht, wenn man irgendeine Art von beratender oder therapeutischer Tätigkeit ausübt und da die meisten Ausübenden den Wert der Astrologie nicht akzeptieren können, einer Wissenschaft von individueller Einzigartigkeit, bleibt ein Vakuum, das jede Art spekulativer Begriffbildung anzieht. Das ist einer der Gründe dafür, warum alle paar Jahre eine neue populäre psychologische Methode oder Theorie entsteht, die rasch eine Menge von Anhängern findet und dann innerhalb von ein paar Jahren wieder in Vergessenheit gerät. Zahlreiche Studien haben gezeigt, daß die meisten therapeutischen Systeme in den ersten paar Jahren ihrer Anwendung am effektivsten sind und dann ihre Wirksamkeit zu verlieren scheinen. Die meisten Studien haben für die unterschiedlichsten Methoden das gleiche Ergebnis herausgefunden: ein Drittel wird geheilt, ein Drittel gebessert und ein Drittel nicht gebessert.

In einem Artikel mit dem Titel »Recent American Psychiatric Development«, der im *American Handbook of Psychiatry* veröffentlicht wurde, stellt George Mora folgendes fest:

> Man stellt immer eindeutiger fest, daß die Ergebnisse der Psychotherapien erstaunlich ähnlich sind, unabhängig von der theoretischen Grundlage, auf der der Therapeut arbeitet, und daß die Persönlichkeit des Therapeuten viel wichtiger ist als seine Zugehörigkeit zu einer bestimmten Schule.

Glauben Sie, daß das so wäre, wenn die Therapeuten mit einer wirklichen Seelenwissenschaft arbeiten würden, in der eine heilende Kraft läge, die mit dem Kosmos selbst in Einklang ist? Dieses Zitat stimmt mit dem überein, was Jung schon viel früher sagte, daß es nämlich die Persönlichkeit des Arztes, Therapeuten oder Beraters ist, die heilkräftig auf den Patienten wirkt. Vielleicht hat nur ein Drittel der Berater, Therapeuten und auch der Astrologen wirklich die Fähigkeit, mit Menschen in einen fruchtbaren Austausch zu treten. Vielleicht läßt sich aber auch nur ein Drittel der Menschen, die einen Berater oder Therapeuten aufsuchen, überhaupt helfen. Die Astrologen sollten jedoch angesichts dieser Tatsachen nicht überheblich werden, denn eine Überprüfung ihrer Ergebnisse könnte ähnliche Resultate bringen. Ich weiß nicht, ob es eine solche Studie gibt; so könnte man jedoch die Wirksamkeit oder Unwirksamkeit des Astrologen am besten nachweisen. Der Unterschied zwischen der Anwendung der Astrologie durch den Astrologen und der Anwendung irgendeiner Theorie durch den Psychologen oder Psychiater besteht meiner Ansicht nach darin, daß die Astrologie selbst eine ihr innewohnende, heilende Kraft hat, wenn sie dem Klienten wirksam nahegebracht werden kann. Mit anderen Worten: Der Astrologe muß fähig sein, selbst zurückzutreten, damit die Astrologie selbst wirken kann, durch ihre Fähigkeit, das Bewußtsein des Menschen mit seiner wahren Natur in Einklang zu bringen.

Mir scheint, daß die Psychologie, obwohl sie sich als Wissenschaft ausgibt, in Wirklichkeit in sehr geringem Umfang auf wahrer Wissenschaft basiert. Letztlich braucht die Psychologie einen kosmischen Bezug, um sich mit den Energien und Lebensprinzipien auseinandersetzen zu können, die im Menschen als Kind des Kosmos wirksam sind, jenes Menschen, den die Psychologie doch einzig zum Inhalt hat. Um gerecht zu sein, müssen wir zugeben, daß die Astrologie durch mehr Berührung mit dem wirklichen Leben und durch detaillierteres Berichten über empirische Beobachtungen und Korrelationen gewinnen kann, und daß dazu einiges aus der psychologischen Methodik nützlich sein könnte. Es ist eine berechtigte Frage, was denn ein wirklich wissenschaftliches Astrologiesystem spezifisch zur Vertiefung der helfenden Berufe beitragen kann, vor allem im Bereich der Beratung und Therapie, in der es um die Dimension von Beziehungen und Sexualität im Leben geht. Diese Frage könnte ein unvoreingenommener, nicht-astrologischer Therapeut uns durchaus stellen.

Ich werde nun eine kurze Zusammenfassung der Bereiche geben, in der die Astrologie zur Psychologie und zur Psychotherapie etwas beitragen könnte. Ich möchte in meinem nächsten Vortrag auf den heute besprochenen theoretischen Grundlagen aufbauen; wir werden uns dann mit detaillierten Einzelheiten und direkten Anwendungsmöglichkeiten astrologischer Faktoren befassen, die zu einem Verständnis von Beziehungen, Sexualität und Harmonie in der Partnerschaft führen.

1. Es gibt Zyklen sexueller und emotionaler Energie, die durch die Astrologie beschrieben und verstanden werden können. Dazu gehören Zyklen erhöhten Interesses und darauf folgenden vergleichsweise schwachen Interesses an Beziehungen oder Sexualität, die man durch die Betrachtung planetarischer Transite mit hoher Genauigkeit bestimmen und vorhersagen kann. Beispielsweise entsprechen Uranus- oder Saturn-Transite über Sonne, Mars, Venus oder Mond (was je nach Person, Horoskop und Geschlecht verschieden ist) diesen Zyklen ziemlich genau, wie auch der Transit von Planeten durch die Häuser. Die Tatsache, daß es Zyklen im Leben gibt, daß sie zu erkennen und zu verstehen sind, könnte Therapeuten und ihren Klienten von großem Nutzen sein; das Wissen darum könnte unnötigen Kummer und Selbstzweifel unnötig machen!
2. Das Geburtshoroskop zeigt klar, daß das Maß der Sinnlichkeit und die Intensität des Bedürfnisses nach Sexualität, Berührung, nach Umgang mit Menschen des anderen Geschlechts und zwischenmenschlichen Aktivitäten *sehr stark* von Person zu Person schwanken. Es kann Beratern und Therapeuten nicht mehr nachgesehen werden, wenn sie alle Menschen theoretisch unter einen Hut zu bringen versuchen und ihnen unterstellen, gleiche Prägungen und Bedürfnisse zu haben. Das Geburtshoroskop zeigt die individuellen Unterschiede mit unglaublicher Genauigkeit – unglaublich für viele Psychologen, die Gelegenheit haben, mit einem guten Astrologen zu sprechen! Diese Erkenntnis kann zu einem vernünftigen Akzeptieren der Einzigartigkeit jedes Menschen führen.
3. Das Horoskop zeigt die objektive Realität, derer sich das Individuum vielleicht völlig unbewußt ist, weil es sozialem Druck, kulturellen Prägungen oder vielen anderen Einflüssen unterliegt. Beispielsweise überschätzen viele Menschen, vor allem Männer, ihr Bedürfnis nach Sexualität. Andererseits unterschätzen viele Menschen ihr Bedürfnis danach, vor allem Frauen. Und viele Menschen überschätzen ihr Bedürfnis nach Umgang mit anderen Menschen im allgemeinen, obwohl sie ihrer Natur nach vielleicht eher einzelgängerisch oder zutiefst antisozial sind. Mit anderen Worten: Viele von uns haben das Gefühl, sie sollten oder könn-

ten irgendwie geartet sein, machen sich damit aber völlig unnötige Sorgen. Und das Horoskop gibt ein objektives Bild unseres eigentlichen Wesens, bevor es durch viele Schichten überlagert und gefärbt wurde. Die Transite über ein Horoskop können ebenfalls zu einer solchen Objektivität führen. Ein bestimmter Transit kann einem beispielsweise oft die vorübergehenden sexuellen oder Beziehungsprobleme, Ängste, Blockierungen, Konflikte oder Zeiten der Unsicherheit erklären, die sonst zu großes Übergewicht bekommen und dadurch zu chronischen Quellen der Angst werden. Viele von Ihnen haben die Erleichterung im Gesicht eines Klienten gesehen, wenn man ihn zu Beginn einer Konsultation mit einer Frage überraschte, wie: »Haben Sie sich Ihrem Partner gegenüber in letzter Zeit besonders distanziert, kühl, desinteressiert gefühlt?« Plötzlich weiß der Mensch, daß es in diesem bestimmten Lebenszyklus ganz in Ordnung ist, so zu sein, wie er ist, und zu empfinden, wie er empfindet. Mit anderen Worten kann die Astrologie erklären und definieren, was für einen bestimmten Menschen richtig und natürlich ist. Dadurch wird es weniger nötig, Menschen als »unnormal« abzustempeln.

4. Das Horoskop zeigt, wie gut man wirklich mit anderen umgehen und wie gut man tatsächlich das andere und das eigene Geschlecht verstehen kann. Beispielsweise wird es vielen Männern mit der Venus im Widder nicht leichtfallen, zu den meisten Frauen eine Beziehung herzustellen. Oder eine Frau mit Mars in den Fischen wird leicht Angst vor den meisten Männern haben.
5. Das Horoskop kann die Tendenz eines Menschen zeigen, sich selbst positiv oder negativ in Beziehung auf Liebe, Sexualität und Beziehungen zu beurteilen oder zu bewerten. Beispielsweise könnte die Jungfrau den Wert des anderen anzweifeln oder Sexualität für etwas Schmutziges halten, die Waage sie als etwas zu Unzartes sehen, der Skorpion sie als Bedrohung seiner Selbstkontrolle betrachten und der Schütze Sexualität als unter seiner Würde ansehen usw. Ebenso können wir einer Betrachtung der Beziehung von Venus zu Mars oder dem Fehlen dieser Beziehung in einem bestimmten Horoskop entnehmen, wie die Vorstellung eines Menschen von Schönheit und Liebe in Beziehung zu Sexualität und Leidenschaftlichkeit steht. Wie wir Sexualität ästhetisch beurteilen, kann an der Wechselwirkung zwischen Venus und Mars ebenso wie an Zeichenposition und Aspekten dieser Planeten zu anderen Planeten abgelesen werden.

Das sind einige der spezifischen Möglichkeiten, die die Astrologie im Bereich der helfenden Berufe in Beziehung auf Partnerschaft und sexuelle Probleme hat. Über die allgemeinen Möglichkeiten der Astrologie im Bereich der Beratung muß ich hier nicht viel hinzufügen, da das siebte Kapitel meines Buches *Astrologie, Psychologie und die vier Elemente* den Titel »Die Anwendung der Astrologie in der Kunst der Beratung« hat; dort sind zahlreiche Anwendungsmöglichkeiten der Astrologie im Bereich der Therapie und Beratung und ihr großer Wert für jeden in diesen Berufen Tätigen beschrieben. Bevor wir nun zu Ende kommen, möchte ich noch einmal betonen, daß die Beratung von Menschen in ihren intimeren Problemen eine Herausforderung für Ihr Fingerspitzengefühl ist. Viele Menschen scheuen sich davor, anderen in diesen verletzlichen Bereich ihres Lebens Einblick zu gewähren; in vielen Fällen ist es zu schmerzhaft für sie, sich einen langwährenden Selbstbetrug einzugestehen, der ihnen über Jahre geholfen hat, durchs Leben zu kommen. Deshalb ist es nicht immer ratsam, zu schonungslos mit der Wahrheit umzugehen; es steht uns nicht immer zu, einen Menschen zu zwingen, schmerzhaften Tatsachen seines Lebens ins Auge zu sehen. Sicher haben wir auch nicht das Recht, etwas zu zerstören, was für einen bestimmten Menschen ein starker und haltgebender Wert oder Glaube ist. Wenn manche Menschen sich also auch selbst betrügen, indem sie sich nie zu einem wirklichen Dialog mit Ihnen öffnen, haben sie manchmal keine andere Wahl, als ihr Ausweichen hinzunehmen. So etwas richtig zu beurteilen, kann man nicht in einer Ausbildung lernen; Beratung ist eine wirkliche Kunst.

5. Kapitel

Zusammenfassung der Ergebnisse der aktuellen astrologischen Partnerschaftsforschung

Stephen Arroyo

Dies ist das Thema eines Buches, an dem ich schon viele Jahre arbeite. In letzter Zeit überarbeite ich die ganze Konzeption des Buches, weil ich nicht damit zufrieden bin und weil ich, je älter ich werde, immer mehr Fakten und nicht noch mehr Theoretisches zur Grundlage machen möchte. Ich glaube, daß schon jede mögliche Theorie über die Astrologie in Büchern oder Zeitschriften publik gemacht wurde; mich interessieren in zunehmendem Maße spezifische Dinge, genaue Beobachtungen, die Erfahrungen von Menschen, und mir wird die Reichweite des Themas und der damit verbundene Umfang des Buches immer klarer, je mehr Informationen über Beziehungen ich durch Beobachtungen, Interviews, Fragebögen usw. sammle. Dieser Vortrag ist eine Zusammenfassung vieler Ergebnisse, Schlüsse, Beobachtungen, Hypothesen und vorläufiger Ergebnisse, die ich den Notizen zu dem entstehenden Buch entnommen habe. Dieses Buch ist noch lange nicht fertig, da ich es immer wieder verändere und erweitere. Deshalb werde ich Ihnen heute in großen Zügen von meiner Forschungsarbeit berichten.

Vieles in dem Buch ist traditionelle Astrologie. Vieles bestätigt die traditionelle Astrologie, manches widerspricht ihr. Viele meiner Schlüsse und Beobachtungen basieren auf Interviews, die ich mit Dutzenden von Menschen gemacht habe, ein Vorgehen, das ich wählte, weil die Erfahrung jedes einzelnen im Bereich der Beziehungen natürlich begrenzt ist. Es sind nur einige Menschen, die man gut kannte oder liebte oder mit denen man lang eng verbunden war, und natürlich fühlt sich jeder zu bestimmten Arten von Menschen hingezogen und ist von anderen abgestoßen. Deshalb habe ich eine Menge detaillierter Interviews gemacht, und ich plane und sammle noch viele. Ich benutze zudem die Antworten aus einem von mir entworfenen eingehenden Fragebogen, der schon Hunderte von ausführlichen Beantwortungen ergeben hat; wir verschicken diese Fragebogen immer noch in großer Zahl.

Dieser Vortrag hat hauptsächlich Venus und Mars zum Thema, was natürlich nur einen Aspekt des großen Themas Partnerschafts-

Astrologie umfaßt. Ich mußte den Vortrag begrenzen; das Material, das ich für das Buch gesammelt habe, ist so umfangreich, daß ein Vortrag dafür nie ausreichen würde. Ich habe mich also entschlossen, mich auf Mars und Venus zu konzentrieren, da das für alle ein interessantes Thema ist und da, wie die unter Ihnen, die beratend in der Astrologie tätig sind, sicher wissen, etwa 70 % der Menschen, die einen aufsuchen, vor allem an ihren Liebes- und Sexualitätsproblemen interessiert sind. Ich will daher die wichtigsten Wege der Interpretation nennen, die sich mir als besonders nützlich erwiesen haben und deren Entwicklung und Verständnis oft jahrelange Arbeit erforderte. Sie klingen oft einfach, wenn man sie in kurze Worte faßt, es war jedoch nicht immer einfach und leicht, sie zu definieren.

Eine letzte Bemerkung, bevor wir beginnen. Ich weiß um die Bedeutung des Mondes in allen menschlichen Beziehungen, auch wenn wir über dieses Thema heute nicht sprechen. Aber wenn jemand hier ist, der das Gefühl hat, vom Mond etwas zu verstehen, so soll er bitte ein Buch darüber schreiben. Wahrscheinlich wird es eine Frau sein oder vielleicht ein Krebs-Mann; jedenfalls brauchen wir mehr Material über den Mond in unserer Literatur. Das Sonnenzeichen zieht alle Aufmerksamkeit auf sich, der Mond steht hinter den Kulissen und hat viele Fäden in der Hand! Das Wesen des Mondes ist jedoch so geartet, daß man es schwer definieren und verbalisieren und schwer logisch und systematisch verstehen kann. Es ist ähnlich, wie wenn man versucht, einen Krebs auf eine bestimmte Meinung festzunageln!

Wie ich in meinem letzten Vortrag erwähnte, kann die Astrologie viele Ebenen des Begehrens und viele Variationen des Bedürfnisses nach Nähe, Zuneigung, Sexualität, Berührung usw. verdeutlichen. Mars und Venus sind die wichtigsten Indikatoren für diese Bedürfnisse, obwohl natürlich viele Zeichenbetonungen im Horoskop sowie das Mondzeichen und Mondhaus ebenfalls darauf Einfluß haben. Es ist wichtig, zwischen dem Sexuellen und dem Sinnlichen zu unterscheiden, wenn man über Mars und Venus spricht. Natürlich tendiert Mars mehr zum Sexuellen und Venus mehr zum Sinnlichen, die Zeichenposition jedes dieser Planeten kann jedoch seine archetypische Ausdrucksform verändern. Beispielsweise sind Menschen mit Luftzeichen gewöhnlich nicht sehr körperlich bestimmt, vielleicht auch nicht sehr sinnlich, aber durchaus sexuell, wenn Mars stark plaziert ist. Ein anderer kann eine starke Erdzeichenbetonung haben und sehr sinnlich sein, einen beispielsweise immer berühren, wenn er mit einem spricht etc., jedoch nicht so betont sexuell sein. Oder da ist jemand, der keine Erdzeichen, aber eine starke Skorpionbetonung hat und sehr sexuell, aber nicht sinnlich ist. Sie können all das sehr schnell aus dem Horoskop ablesen, wenn sie mit den verschiedenen Typen gründlich vertraut sind.

Manche Menschen brauchen viel emotionale Nähe. Sagen wir, es hätte jemand eine starke Betonung der Zeichen Fische oder Krebs; solch ein Mensch ist sehr emotional, aber muß durchaus nicht sexuell sein. Andere Menschen werden den Ausdruck ihrer Emotionen oft sexuell interpretieren, und so werden sie immer mißverstanden, weil es in unserer Kultur für Emotionen nur eine sehr schmale Ausdrucksskala gibt. Man muß nur einmal eine Weile außerhalb der USA leben und dann hierher in eine städtische Umgebung zurückkehren. Wenn man nicht mehr so daran gewöhnt ist, wird man die Einschränkung der Emotionalität dann besonders spüren. In der modernen hektischen städtischen Gesellschaft sind wir nicht mehr verwurzelt. Wir gehen auf Beton und Linoleum, in Schuhen mit Plastiksohlen, und unsere Energie hat keine Verbindung mit der Erde mehr. Wir werden entkörperlicht, entwurzelt. Das hat natürlich ein starkes Bedürfnis nach irgendeiner Erfahrung von Intensität und Intimität zur Folge.

Wie ich in meinem letzten Vortrag erwähnte, besteht einer der großen Verdienste der Astrologie darin, daß sie erklären und definieren kann, was für einen bestimmten Menschen richtig und natürlich ist. Mit anderen Worten: Man kann eine Selbsterkenntnis gewinnen, die weit über die Mutmaßungen und Etikettierungen hinausgeht, mit denen die meisten Therapeuten einen abfertigen. Man muß nicht als »unnormal« abgestempelt werden, nur weil man ein völlig anderer Mensch ist als der Psychologe, der das Urteil fällt. Ein gutes Beispiel dafür ist die Erfahrung, die eine Freundin von mir kürzlich hatte, die mit Sonne, Mars und Uranus in Konjunktion im Krebs geboren wurde ... eine starke Häufung von Planeten im Krebs, im Quadrat zu einer Saturn-Neptun-Konjunktion in der Waage. Der transitierende Pluto bildete in jüngster Zeit ein Quadrat zu dieser massiven Krebs-Energie und trat in Konjunktion mit den Waage-Planeten. Wenn eine Geburtskonstellation von Mars, Uranus und Sonne durch etwas Starkes aktiviert wird, kann man ziemlich sicher sein, daß sich das auf intensive Weise äußern wird. Während also Pluto immer wieder über diese Konstellation transitierte, beginnt diese Kraft sie heftig zu verändern. Ihr Körper reagiert mit Furunkeln und Akne. Sie ist fast dreißig Jahre alt und hat plötzlich eine Haut wie ein Teenager! Pluto bewirkt immer irgendeine Art von Ausbruch. Sie versteht viel von Astrologie und hatte den Vorteil zu wissen, daß Transite oft von unerklärlichen Veränderungen der Persönlichkeit und der emotionalen und geistigen Verhaltensweisen begleitet sind.

Schließlich sagte sie sich: »Obwohl ich mich in der Astrologie auskenne, könnte mir ein Gespräch mit einem Berater vielleicht helfen, denn ich fange wirklich zu spinnen an!« Sie war einfach nicht daran gewöhnt, daß dieser plutonische Ausbruch ihr emotionales und geistiges Leben ständig überflutete. So ging sie zu einer sehr traditionellen Psychologin. Die Dame hörte sich ihre Phantasien und Probleme an und sagte schließlich: »Nun, es fällt mir schwer, Ihnen das zu sagen, aber Sie sind wirklich nahe daran, verrückt zu werden. Ich glaube, Sie sollten sich in einer psychiatrischen Klinik untersuchen lassen.« Meine Freundin ging weg und kam nie wieder. Sie fühlte sich danach viel besser, denn jetzt wußte sie wenigstens, daß es andere Leute gab, die noch verrückter waren als sie. Sie sah jedoch auch ein, daß, wenn die Psychologin ihr nicht helfen konnte, sie sich selbst dem Problem stellen mußte, und das war wohl auch die einzige Möglichkeit. Die Schüchternheit, der Selbstzweifel und die Ängstlichkeit, die sich durch die Geburtsstellung von Saturn und Neptun im fünften Haus im Quadrat zu den Krebsplaneten zeigten, wurde verwandelt! Die Möglichkeiten zu Mut und Zutrauen zu sich selbst, die sich in der Mars-Sonne-Uranus-Konjunktion zeigten, begannen an die Oberfläche zu kommen.

Der Begriff der »Verträglichkeit«

Bevor wir uns gründlicher mit Venus und Mars und der Frage der Verträglichkeit, der Kompatibilität, befassen, möchte ich definieren, was ich mit diesem Begriff meine. Das Wort kommt aus dem Lateinischen, von *cum passus,* was heißt, mit jemandem zusammen gehen. Dieses Wort enthält eine Dynamik, eine gemeinsame Bewegung, einen Weg. Ich machte einmal einen Horoskopvergleich für einen Löwe-Mann, der 35 Jahre lang mit einer Widder-Frau verheiratet gewesen war. Ich fragte ihn: »Wie konnte das so lange gutgehen, wenn Sie sich doch andauernd in den Haaren liegen?« »Wir kommen miteinander aus.« Das war seine ganze Erklärung; es war die eigentliche Bedeutung des Wortes Kompatibilität. Man sollte noch erwähnen, daß ein späteres lateinisches Wort, »compati«, allmählich die Bedeutung »in Einklang sein« bekam. Das Wort bedeutet auch einen Zustand des harmonischen Energieaustausches mit einem anderen Menschen. Zudem gibt es eine Ähnlichkeit mit unserem Wort Mitleid (engl.: compassion). Woraus besteht also das Miteinanderauskommen, das Zusammenpassen? Darin, daß man den anderen Menschen benutzt? Nein. Daß einem nur Angenehmes vom anderen entgegengebracht wird? Nein. Im anderen jemanden zu haben, der immer mit uns übereinstimmt und alles für uns tut? Nein. Die Bedeutung von »Kompatibilität« könnte man so zusammenfassen: der Zustand, in dem man mit jemandem im Einklang ist, in dem man sich gemeinsam harmonisch bewegt und immer ein gewisses Einverständnis und eine Sympathie für das Wesen des anderen und seine augenblickliche Entwicklungsrichtung behält.

Etwas, das man bei der Beratung immer im Auge behalten sollte, ist die Definition der Reichweite einer bestimmten Beziehung. Man sollte nicht zu umfassend über Beziehungen sprechen oder sich anmaßen, Vermutungen über die Absichten eines Menschen in einer Beziehung anzustellen. Mit anderen Worten, man muß sich fragen: was für eine Art Beziehung will der Betreffende in einer bestimmten Situation? Wenn man das nicht definiert, besteht die Gefahr, daß man immer, wenn auch unbewußt, versucht, sich ganz und gar einzubringen und den anderen genauso ausschließlich zu betrachten. Wenn man das tut, ist es vielleicht unmöglich, überhaupt über längere Zeit mit jemandem auszukommen. Wenn man es sich recht überlegt: Wie oft ist man jemandem begegnet, mit dem man sich nur zu 50 %, geschweige denn zu 100 % verstand? Wenn man also definiert, was einem in einer Verbindung wichtig ist, ob es nun eine Liebesbeziehung, ein sexuelles Abenteuer, eine Geschäftsbeziehung oder was auch immer ist, man weiß schon beim Horoskopvergleich sofort, daß bestimmte astrologische Faktoren von besonderer Bedeutung sein werden. Indem man die Reichweite und die Begrenztheit einer Beziehung definiert, ist man in der Lage, sinnvoller mit nur einigen astrologischen Faktoren umzugehen, und entgeht der Gefahr, sich in den endlosen Einzelheiten eines Horoskopes zu verlieren.

Wenn man beispielsweise einen Horoskopvergleich bei Geschäftspartnern macht, muß man sich natürlich auf Saturn, Jupiter und Mars konzentrieren. Wenn Menschen lieben oder verliebt sind, neigen sie jedoch dazu, sich selbst völlig zu verlieren, was die Problematik verwischt und die Urteilskraft trübt. Sehr erdhafte Menschen machen vielleicht einen Partnervergleich und sagen dann: »Nun, das wird gehen und jenes auch, das genügt.« Ein praktischer Mensch mit vielen Erdzeichen nimmt eine Beschränkung der Beziehung vielleicht als selbstverständlich hin. Idealistischere, romantischere Menschen jedoch wollen sich ganz und gar auf jemanden einstellen, ganz in ihm aufgehen, und sind dann natürlich oft enttäuscht. Sie schaffen sich Bilder von anderen, die sich später als bloße Selbsttäuschung erweisen; sie wünschen sich eben so sehr, eine umfassende Erfahrung zu machen. Das gilt oft besonders für Menschen, die eine starke Waage-Betonung und/oder

Wasserzeichen-Betonung haben. In gewisser Hinsicht haben auch die Feuerzeichen diese Tendenz, da sie so oft von großartigen Träumen und vollkommenen Bildern beherrscht sind. Wir werden später die Elemente unter diesem Aspekt besprechen.

Eines habe ich aus vielen hundert Horoskopvergleichen und durch meine eigene Erfahrung mit Beziehungen gelernt: Man muß etwas wagen! Man kann nie alles voraussehen. Selbst wenn man ein großartiger Astrologe ist, der seine Kunst wirklich beherrscht, wird man durch bloße Analyse doch nie zur eigentlichen Wahrheit durchdringen. Man kann nur zum tieferen Verständnis einer Beziehung im eigenen Leben gelangen, wenn man sich ihr ohne Rückhalt hingibt. Dann wird sich auch das Horoskop öffnen, und der Horoskopvergleich kann einem viel sagen. Wenn man sich einer eigenen Beziehung nur aus einer vorsichtigen, kritischen Distanz nähert und versucht, die Erfahrung durch einen astrologischen Vergleich vorauszunehmen, wird man nicht sehr weit kommen. Natürlich kann einem auch am Beginn einer Beziehung ein Horoskopvergleich sehr viel sagen, aber wir sind so stark durch unbewußte Dinge – manche Menschen würden sagen durch das Karma – motiviert, daß wir einfach nicht alles sehen können. Oft wollen wir es auch gar nicht sehen, und in anderen Fällen kann man es nicht sehen, bevor die Zeit nicht dafür reif ist. Es gibt gar keine Möglichkeit, all die tiefer liegenden Dinge auf einmal zu erkennen und zu durchschauen, bevor man bereit ist, sie zu *erfahren.* Sicher haben Sie alle schon Astrologen erlebt, die fieberhaft versucht haben, alle möglichen Einzelheiten über eine potentielle Beziehung herauszufinden, ohne sich selbst wirklich darauf einzulassen (und sich damit Enttäuschungen auszusetzen). Und während sie immer noch darüber nachgrübeln, ist der andere vielleicht schon längst auf und davon.

Der persische Mystiker Rumi sagte: »Die Liebe ist das Astrolabium der Geheimnisse Gottes.« Ich mag diesen Satz sehr. Denken Sie darüber nach ... Durch die Liebe kann man mehr von den Geheimnissen Gottes, mehr von der kosmischen Realität, dem göttlichen Gesetz, oder wie auch immer man es nennen will, sehen. Durch die Liebe, sagt er, kann man etwas von diesen letzten Wirklichkeiten *erfahren,* nicht durch endlose Analyse. Man kann die Liebe nicht *erklären.* Sie ist ein göttliches Geheimnis. Astrologie kann eher etwas über das Miteinander-Auskommen als über die Liebe aussagen. Es ist mir klar, daß es überhaupt ein bißchen altmodisch wirkt, wenn ich heutzutage über Liebe spreche – bei einer Jupiter-Saturn-Konjunktion in der Waage ist das jedoch gar nicht zu vermeiden. Heute spricht man ganz nüchtern darüber, ob man es »miteinander probieren« soll. Es klingt kühl und distanziert, wenn man von »Beziehung«, von seinem »Bekannten«, seinem »Partner« redet, so als wäre der andere ziemlich austauschbar. »Ich brauche meinen Freiraum« und all das Gerede über die Selbstverwirklichung. Man treibt es heutzutage mit dem Individualismus ein bißchen weit, und ich hoffe, daß der Jupiter-Saturn-Zyklus in der Waage zu etwas mehr Zusammengehörigkeitsgefühl führen wird, zu einem menschlicheren Austausch und der Erkenntnis, daß wir Menschen, solange wir auf dieser Welt leben, einfach wirkliche Bindungen mit anderen brauchen, daß wir geben und nehmen müssen.

Wenn man sich mit dem Thema »Verträglichkeit« beschäftigt, vor allem aber, wenn man bestimmte Regeln der Horoskopinterpretation dazu aufstellt, muß man sehr vorsichtig sein. Jeder Astrologe hat bestimmte Vorlieben, die von seinem Geschmack, seinen Erfahrungen und seinen Neigungen bestimmt sind. Das kann man gar nicht vermeiden. Sehr eindrucksvoll erlebte ich das in einer Gruppendiskussion, die wir organisiert hatten, um die vielseitigen Erfahrungen zu sammeln, die die Teilnehmer mit Beziehungen hatten und die sie in der Sprache der Astrologie auszudrücken versuchten. Alle Teilnehmer waren Berufsastrologen oder Amateure, und das Gespräch dauerte viele Stunden lang. Eine Frau wurde auf einmal sehr heftig und dogmatisch, als sie Männer mit dem Mars im Wassermann beschrieb; offensichtlich hatte sie einige von ihnen gründlich kennengelernt. Diese Frau hatte die Venus im Stier; als sie einen bestimmten Mann beschrieb, sagte sie: »Er war schrecklich. Ich haßte ihn! Er machte mich verrückt. Er enttäuschte mich immerzu. Er war immer völlig asexuell.« Sie wurde immer wütender, als sie berichtete: »Ich hatte sechs Freunde, und sie hatten alle den Mars im Wassermann und machten mich alle verrückt mit ihrer frustrierenden Art!« Sie steigerte sich richtig in die Beschreibung der Kälte und Distanziertheit dieser Männer hinein, ohne natürlich ein Wort über ihre eigene fordernde Natur zu verlieren.

Da erhob eine andere Frau die Hand und sagte: »Ich kenne eine ganze Reihe von Männern mit Mars im Wassermann, und sie sind alle wunderbar. Sie sind so nett und freundlich und sehr hilfsbereit. Streit versuchen sie immer zu vermeiden.« Ich fragte sie: »Wo steht Ihre Venus?« Sie sagte: »Oh, in den Zwillingen!«. Das ist ein sehr gutes Beispiel für ein persönlich gefärbtes Urteil. Wenn man über Verträglichkeit spricht, geht man immer von einem bestimmten Standpunkt aus. Warum hatten die beiden so unterschiedliche Ansichten über Männer mit Mars im Wassermann? Wegen der Verträglichkeit; es geht um den Energiefluß. Die Frau mit Venus in den Zwillingen fühlt sich emotional angezogen und genährt von Mars im

Wassermann, während die Frau mit Venus im Stier etwas vermißt und enttäuscht wird.

Wenn man über Verträglichkeit spricht, muß man auch über die verschiedenen Ebenen des Austausches sprechen. In jedem gründlichen Horoskopvergleich muß man herauszufinden versuchen – was allerdings in keinem Buch über Synastrie besonders erwähnt wird –, welche Ebenen des Energieaustausches für die beiden betreffenden Menschen am wichtigsten sind. Das ist zwar eine Selbstverständlichkeit, aber gerade das Selbstverständliche wird oft übersehen. Für besonders emotionale Menschen ist emotionale Verträglichkeit besonders wichtig, also für wasser- oder mondbetonte Typen; geistige Übereinstimmung ist für merkurbetonte Menschen am wichtigsten, also Menschen, die einen stark gestellten Merkur oder eine besondere Betonung der Zwillinge oder der Jungfrau haben. Ein anderes Beispiel wäre ein Venus-Typ, der eine starke Waage- oder Stier-Betonung hat; solche Menschen brauchen verträgliche Venus-Energien mit anderen Menschen mehr als eine Harmonie der Mars- und Merkur-Energie, und ein Quadrat von der Venus des einen zur Venus des anderen beispielsweise könnte für solch einen Menschen viel problematischer sein als für jemanden mit einer anderen Prägung. Ja, das sind Gemeinplätze, aber neigen wir nicht oft dazu, anzunehmen, jeder müsse wie man selbst sein? Und weil man so ist, müßte auch der andere so empfinden? Wir leugnen vielleicht, so etwas bewußt zu denken, aber im Innersten sind wir oft von solchen Vermutungen oder Überzeugungen bestimmt.

Ein gutes Beispiel für das, wovon ich spreche, ist eine Frau mit Venus im Skorpion, die ich interviewte und die folgendes sagte: »Ich hasse Menschen, die die Sexualität oder das sexuelle Verhalten anderer beurteilen. Sie wissen nicht, wie wichtig es für jemanden wie mich ist und welche Funktion es im Leben von Menschen wie mir hat. Ich hatte mein erstes Liebeserlebnis mit dreizehn Jahren und seither werde ich deshalb immer von allen Leuten angegriffen!« Mit anderen Worten, viele Leute meinen, sie sei außerordentlich unmoralisch, aber sie hat Venus in Konjunktion zur Sonne im Skorpion. Was für diese Frau zur Übereinstimmung mit einem anderen und zur Erfüllung notwendig ist, mag für jemand anderen mit einer ganz anderen Natur nicht im entferntesten so wichtig sein. Wenn jemand zum Beispiel sehr luftbetont ist und etwa die Venus und den Mars in Luftzeichen hat, ebenso wie die Sonne oder den Mond oder den Aszendenten, dann ist es diesen Menschen vielleicht gar nicht so wichtig, wenn in einer Beziehung die sexuelle Übereinstimmung ein wenig zu kurzkommt. Zumindest können sie eher mit einem Mangel an sexueller oder auch emotionaler Übereinstimmung zurechtkommen, weil solche Menschen mehr im Kopf leben; ihre Motivationen und Neigungen liegen mehr auf der geistigen Ebene, und deshalb ist ein starker geistiger und sprachlicher Austausch mit einem anderen Menschen in einer längerwährenden Partnerschaft genug für sie.

Andererseits würde ein Mensch mit einer starken Betonung im Erd- und Wasserelement auf einen Mangel an sexueller und emotionaler Übereinstimmung völlig anders reagieren; er würde solch einen Mangel als einen starken Vitalitätsverlust erleben. Es würde ihn stark beeinträchtigen, denn anders als die luftbetonten Typen brauchen solche Menschen die physische und emotionale Nähe. Um ein extremes Beispiel zu nennen: wenn jemand alle wichtigen Planeten und Punkte in Wasser- und Erdzeichen hätte und eine starke Merkur-Plazierung fehlte, wäre für ihn möglicherweise sogar überhaupt keine intellektuelle Übereinstimmung notwendig. Wenn man ein luftzeichenbetonter Mensch ist und deshalb wirklich das starke Bedürfnis nach sprachlicher Kommunikation hat und mit jemandem lange zusammen sein muß, der dieses Bedürfnis nicht hat, wird man sehr schnell erleben, was das Luft-Element bedeutet. Gleichgültig, was man zu so einem Menschen sagt, man bekommt kaum eine Reaktion. Wenn man so jemandem viele Fragen stellt, um etwas aus ihm herauszubekommen, erhält man sehr einsilbige Antworten. Kurz gesagt, was für einen Menschen das Leben selbst ausmacht, kann für den anderen völlig uninteressant oder unwichtig sein; deshalb sollte jeder Horoskopvergleich mit einer gründlichen Betrachtung der individuellen Horoskope beginnen.

Nachdem ich so viele Horoskopvergleiche gemacht hatte, wurde mir klar, daß man intime Beziehungen auf die verschiedenste Art klassifizieren kann, von denen jede ihre astrologischen Indikatoren hat. Wenn man beratend tätig ist, kann es nützlich sein, die in Frage kommende Beziehung (zumindest stillschweigend) zu kategorisieren, um zu klären, was der Mensch empfindet. Der erste Typ von Beziehung läßt sich so umschreiben: »Ich mag (liebe) dich, aber vieles an dir paßt mir nicht.« Das heißt, daß das Zentrum, das Selbst in Ordnung ist, die peripheren Dinge jedoch nicht. In astrologische Symbolik übersetzt, gibt es vielleicht einige sehr angenehme Aspekte zwischen Sonne, Mond, Aszendent und vielleicht auch Jupiter und Venus, etwas sehr Positives, das die gegenseitige Wertschätzung der beiden Menschen ausdrückt, es finden sich jedoch all diese kleinen, irritierenden Aspekte zwischen den beiden Horoskopen, wie Mars im Quadrat zum Mond, Merkur im Quadrat zu Saturn usw. In einem solchen Fall sollten die beiden Menschen wahrscheinlich nicht versuchen, miteinander zu leben.

Typ 2 sagt: »Ich mag (liebe) vieles an dir, aber eigentlich nicht dich!« Es ist nun natürlich ein Schock, wenn man das schließlich erfährt, nachdem man mit jemandem sehr lange zusammen war. Die Menschen können das anderen gegenüber, ja sich selbst gegenüber selten zugeben, aber es ist tatsächlich sehr häufig, vor allem in Beziehungen, in denen sexuelle Übereinstimmung oder Manipulation eine Rolle spielt, in denen man den Körper des anderen oder seine äußere Erscheinung, die Art, wie er einen mit Geld verwöhnt, zwar mag, aber nicht eigentlich ihn selbst. Diese Situation findet man oft bei Merkur-Typen, die sich sehr schnell für periphere Dinge an einem Menschen interessieren, dann aber das Interesse verlieren und feststellen, daß die Person des anderen sie nicht wirklich anzieht. Daß das der Fall war, merkt man, wenn ganz plötzlich ein Mensch, mit dem man lange ein Verhältnis hatte, einem an den Kopf wirft: »Ich kann dich nicht ertragen!« Astrologisch gesehen findet man in einer solchen Beziehung viele Unverträglichkeiten zwischen Sonne, Mond und/oder Aszendent, auch wenn viele weniger zentrale Faktoren recht gut miteinander harmonisieren.

Typ 3 ist sehr einfach umschrieben: »Ich mag dich und vieles an dir nicht.« Natürlich möchte man mit solchen Menschen nicht viel zu tun haben. Astrologisch wird sich solch eine Unverträglichkeit entweder durch viele offensichtliche Spannungen und Konflikte oder einige besonders enge, Abneigung ausdrückende Aspekte mit Saturn und Pluto, möglicherweise auch beides, feststellen lassen.

Der vierte Typ ist sehr selten, und auch wenn die Astrologie eine solche Übereinstimmung in einer Beziehung auch *widerspiegeln* kann, wird sie sie jedoch nie vollständig *erklären.* Der vierte Typ ließe sich so ausdrücken: »Ich mag (liebe) dich *und* sehr vieles an dir.« In diesem Fall hat man das Zentrum und das Ganze; zwei ganze Sonnensysteme stehen in Beziehung zueinander. Ich sage damit nicht, daß diese Menschen in jedem kleinen Detail übereinstimmen; es gibt immer Unterschiede, aber die beiden Ganzheiten verschmelzen wie durch eine Art Magie, die sehr selten ist. Der Horoskopvergleich wird zwar viel von dem positiven, harmonischen Energiefluß widerspiegeln, möglich ist so etwas jedoch nur durch die einzigartige Weise, in der diese beiden Menschen miteinander umgehen und ihre Lebensentwicklung gemeinsam machen. Durch einen Horoskopvergleich allein könnte man so etwas nie voraussagen. Es gibt wichtige Faktoren im Leben, die unerklärbar bleiben, wie Karma, Magie, Dharma, Pflichtgefühl, das Bedürfnis, eine Aufgabe erfüllen zu wollen usw. Das ist wahrscheinlich der Grund, warum es so viel leichter ist, die schweren Dinge im Leben vorherzusagen als die wirklich seltenen großen und schönen Dinge.

Wie gesagt: Ich erwähnte diese vier Typen vor allem deshalb, weil es bei der Beratung nützlich sein kann, dem Klienten genügend Informationen zu entlocken, um eine Vorstellung von der Art der Beziehung zu bekommen. Wenn man versucht, die Dinge so zu kategorisieren, kann das eine Grundlage schaffen, die oft sehr nützlich ist, damit man weiß, in welcher Richtung man weiterarbeiten muß. Solche Fragen bringen die Leute oft dazu, alle möglichen Frustrationen sehr direkt zur Sprache zu bringen; man hat sie ein wenig »in die Falle gelockt«. Und dann hat man viel Material, mit dem man arbeiten kann!

Kommunikation und die Illusion von Kommunikation

Auch wenn Therapeuten und Berater immer wieder die Bedeutung der Kommunikation zur Lösung von Beziehungsschwierigkeiten betonen, ist meine Beobachtung, daß es gar keine wirkliche Kommunikation geben kann, wenn keine spontane Grundlage der Einfühlung, der Harmonie der Energien, der Anteilnahme und des gegenseitigen Verständnisses da ist, und diese Grundlage wird im Horoskopvergleich sichtbar. Ein Austausch von Worten ist keine Kommunikation. Manche von Ihnen haben vielleicht schon psychotherapeutische Prozeduren erlebt, in denen Sie »kommunizieren« sollten, und werden vielleicht folgenden Ablauf beobachtet haben: Nach einigen heftigen emotionalen Stürmen, oft verbunden mit Schreien und Weinen, stellt sich oft die Illusion von Kommunikation und das Gefühl ein, daß nun mehr Verständnis für den Partner da ist. Aber zwei Wochen später ist man wieder genau an dem Punkt, an dem man angefangen hat. Ich möchte diese therapeutischen Methoden nicht rundweg ablehnen, denn sie sind für manche Menschen zu bestimmten Zeiten das Richtige. Oft jedoch werden falsche Hoffnungen geweckt, und neue Illusionen treten an die Stelle von alten, wenn man das psychische Gleichgewicht verliert.

Bei dem Wort »Kommunikation« denkt man zunächst wahrscheinlich an Merkur. Natürlich findet auf allen Ebenen aller Planeten Kommunikation statt, doch konzentrieren wir uns einen Augenblick auf Merkur, der die intellektuelle, verbale, rationale Kommunikation symbolisiert. Selbst wenn der Merkur im Horoskopvergleich nicht mit dem des anderen harmoniert oder es sogar einige starke verletzte Merkuraspekte gibt, kann ein starker Strom von Zuneigung und Sympathie zwischen den beiden Menschen, der sich durch andere Interaspekte zeigt, eine Kommunikationsebene bilden, die den Mangel an Merkur-Kommunikation nicht so fühlbar werden läßt. Man muß nicht unbedingt sehr viel sprechen, um einander zu verstehen; man weiß manchmal auf der emotionalen oder intuitiven Ebene, wie der andere sich fühlt, und kann sogar zuweilen seine Gedanken lesen. Es kann in solch einer Beziehung sogar verwirrend wirken, wenn man versucht, mit dem anderen zu deutlich zu sprechen. Wird jedoch in einer solchen Beziehung durch die Desillusionierung und die Enttäuschung oder durch die starke Veränderung der Haltung eines Partners während einer persönlichen Krise der Fluß der emotionalen Harmonie gestört oder unterbrochen, dann dauert es nicht lange und beide merken: »Mein Gott, wir haben jahrelang keine wirkliche Kommunikation miteinander gehabt!« Dann kommen alle Merkur-Probleme recht deutlich an die Oberfläche. Das gilt natürlich auch für andere Faktoren, nicht nur für Merkur. In Beziehungen wie im Leben jedes einzelnen sind die Dinge immerzu in Veränderung begriffen. Wenn ein starker Transit gleichzeitig im Horoskop beider Menschen die Ausdrucksformen wichtiger Planeten verändert und viele latente, schwelende Probleme bewußt werden, geht es oft mit einem Verlust bisheriger Möglichkeiten zu harmonischem Austausch einher. Dann muß man fähig sein, sich mit den Veränderungen in Einklang zu bringen, man darf seinen Standpunkt nicht verlieren und muß wissen, daß alles sich im Laufe der Zeit verändert und verwandelt.

Zum Thema Kommunikation möchte ich kurz über die vier Elemente und ihre Art, sich mitzuteilen und Probleme zu diskutieren, sprechen. Luftzeichen fliegen auf bestimmte Ideen, Tatsachen oder Begriffe. Wenn man sie berät, werden sie einen oft unterbrechen und zeigen wollen, wie schlau sie sind. Sie kommunizieren nicht immer so gut, wie sie uns glauben machen. Erdzeichen warten oft geduldig und tun so, als hörten sie zu, vor allem wenn der Betreffende glaubt, solch eine Offenheit würde ihm dazu verhelfen, das zu bekommen, was er will. Dann, nach dem Gespräch, verfallen die Erdzeichen gewöhnlich wieder in ihre alten Gewohnheiten, wenn die Jungfrau sich auch noch eine Weile Gedanken darüber machen wird! Vor allem für Steinbock und Stier ist Kommunikation wie ein Tribut, der gezahlt werden muß, und nicht eine Aktivität, die in sich selbst schon wertvoll ist.

Feuerzeichen sind meist zu ungeduldig, um ausführlich über die Dinge zu sprechen. Sie tun es zwar trotzdem oft, aber nur, um die Hindernisse aus dem Weg zu räumen. Dann wollen sie wieder lustig weitermachen und ihre Zügel schießen lassen, ungehindert von intellektuellen Überlegungen. Natürlich sind Schützen oft bereit zu »kommunizieren«, jedoch nur, wenn sie die ganze Zeit reden können! Wasserzeichen neigen dazu, dem Gespräch selbst zu mißtrauen. Sie wissen, daß Reden Silber ist, weil sie davon überzeugt sind, daß vieles im Leben und in Beziehungen auf einer tieferen Ebene stattfindet. In einer therapeutischen Situation haben wassergeprägte Menschen oft Ausbrüche von Emotionen und Wut über die Pseudo-Kommunikation, die ihnen ihr Partner aufgedrängt hat. Irgendwie schien es ihnen, als sei das alles nur leeres Gerede gewesen, manchmal nur ein Mittel, sie zu manipulieren... die armen, vertrauensvollen, naiven Wasserzeichen! Deshalb haben sie oft genug von all dem Gerede. Sie erkennen, daß Reden keine wirkliche Kommunikation ist, und reagieren deshalb oft mit Abwehr, Ausflüchten und Irrationalität, anstatt offen zu kommunizieren.

In intimen Beziehungen wie im alltäglichen Leben gibt es dann mit dem Tempo, dem Rhythmus oder der Intensität des Energieflusses zwischen zwei Menschen keine Probleme, wenn sie sich wirklich in harmonischer Übereinstimmung befinden. All das ist auf ganz natürliche Weise im Fluß, und man kritisiert sich nicht insgeheim gegenseitig, da man ein Gefühl füreinander hat und miteinander schwingen kann. Ist man in intimen Beziehungen jedoch sehr anders als der Partner und kommt nicht so leicht mit ihm in Einklang, muß man die Distanz zwischen sich und dem anderen reduzieren, indem man eine bestimmte Stimmung oder Atmosphäre, eine Art Zauber- oder Trance-Zustand schafft. Durch eine solche Aufhebung der Distanz zwischen den beiden Menschen werden die Unterschiede zwischen ihnen zeitweise verwischt. Das ist ein Neptun-Phänomen, eine andere Illusion von Kommunikation, über die wir sprechen wollen.

Beispielsweise weiß jeder, daß man in der klassischen Situation eines romantischen Tête-à-tête gewöhnlich versucht, eine bestimmte Stimmung, einen Zauber zu schaffen. Man tut alles für die Illusion eines Ideals (Neptun), und wenn es einem gelingt, diese Atmosphäre zu schaffen, befindet man sich plötzlich an einem magischen Ort, in einer eigenen kleinen Welt, in der alle Spannungen und realen, offensichtlichen Unterschiede verschwinden. Je weniger man übereinstimmt, desto mehr muß man das versuchen und desto mehr kultiviert man diesen archetypischen, illusorischen Trance-Zustand, in dem die beiden miteinander verschmelzen können. Diese neptunische Zauberstimmung, die oft durch neptunische Substanzen wie Kerzen oder Musik (Neptun) verstärkt wird, ist sehr leicht störbar, wenn sie sich nicht auf etwas Reales gründet, was oft der Fall ist. Liegt ihr kein wirklicher Energiefluß, keine Kommunikation zugrunde, ist sie ein selbstgeschaffenes Produkt der Phantasie, des Wunsches, der Vorstellungskraft, nur auf Bilder und Illusionen aufgebaut. Dann ist die Stimmung unreal und kann sich tatsächlich in Nichts auflösen. Man muß nur das Falsche sagen oder eine falsche Bewegung machen, und der andere bemerkt, daß man nicht mehr in sein Idealbild paßt. Die Seifenblase zerplatzt, das zerbrechliche Glas kann das Wasser nicht halten.

Intimität, innige Anteilnahme und Sexualität sind für die meisten Menschen ganz besondere Erfahrungen. Deshalb versuchen die Menschen sie heraufzubeschwören, indem sie eine neptunische Stimmung, eine spezielle Atmosphäre herstellen; das daraus entstehende Erlebnis kann jedoch dennoch nicht so traumhaft sein, wie man es sich gewünscht hat, weil der Energiefluß fehlt oder nicht die nötige Dynamik hat. Spontane Kommunikation durch die elektromagnetischen Wellen und Energiefelder, die uns beleben, *kann* stattfinden. Aber das haben wir nicht in der Hand. Deshalb rühren die Probleme vieler Menschen, und dazu gehören auch sexuelle Schwierigkeiten, von ihrem Versuch her, einen gewissen Zustand, in dem Energie fließt, herbeizuzwingen. Sie drängen ihre Partner und sich selbst dazu, alles mögliche vorzugeben. Aber etwas Vorgespieltes ist nicht von Dauer. Nach einiger Zeit zerbrechen in einer Beziehung die Bilder und Illusionen, und man beginnt zu sehen, was wirklich ist und was in den Horoskopen schon immer zu finden war, was die Betroffenen aber nicht zu erkennen bereit waren.

Carl Payne Tobey schuf den Begriff der »Zeichen-Paare« zweier Tierkreiszeichen, die durch ihren gemeinsamen alten Herrscherplaneten verbunden sind. Es sind folgende Paare:

Zwillinge und *Jungfrau,* beherrscht von Merkur,
Widder und *Skorpion,* beherrscht von Mars,
Stier und *Waage,* beherrscht von Venus,
Schütze und *Fische,* beherrscht von Jupiter,
Wassermann und *Steinbock,* beherrscht von Saturn,
Krebs und *Löwe,* beherrscht von den Lichtern Sonne und Mond.

Ich nehme an, daß Tobey diese Idee entwickelte, weil er beobachtete, daß diese beiden Zeichen in vielen Arten von Beziehungen oft zusammentreffen. Und tatsächlich haben sie auch oft miteinander zu tun, ich kann jedoch seiner Vorstellung nicht zustimmen, daß diese Verbindungen die »idealen Paare« darstellen. Ich halte diese Idee sogar für ein gutes Beispiel für das, was ich die »Illusion von Kommunikation« nenne. Wie man sieht, haben Wasser- und Feuerzeichen und Erd- und Luftzeichen jeweils einen Herrscher gemeinsam. Deshalb denken Menschen unter dieser Konstellation oft, sie kommunizierten oder teilten eine gleichartige Erfahrung vom gleichen Standpunkt aus. Die vier Elemente sind jedoch im Grunde unvereinbar, und vor allem besteht keine Harmonie zwischen den positiven und den negativen Elementen. Damit soll ihnen nicht ihre komplementäre Natur abgesprochen werden und damit eine gewisse Möglichkeit, Positives zu einer komplexen Beziehung beizutragen; auf der Ebene der reinen energetischen Kompatibilität jedoch wirken diese sogenannten Zeichenpaare auf sehr unterschiedliche Weise, geleitet von völlig unterschiedlichen Motivationen. Deshalb betone ich, daß die Kommunikation oft nur scheinbar ist, obwohl man die mangelnde Übereinstimmung auf den ersten Blick nicht sieht.

Nun entdeckt man in einer bestimmten Partnerschaft oft, daß diese Zeichenkombinationen gut miteinander auskommen, und deshalb möchte ich Sie bitten, die allgemeinen Prinzipien, von denen ich spreche, keinesfalls mit einer Behauptung zu verwechseln, Paare mit einer solchen Kombination im Horoskopvergleich müßten sich mit unabänderlicher Unverträglichkeit abfinden! Man muß das ganze Horoskop und die Gesamtsituation der Menschen und ihre Erwartungen in Betracht ziehen. Wenn man ein Paar berät, *weiß man nicht,* ob es zusammenpaßt oder nicht; man weiß nicht, was die Partnerschaft für sie bedeutet, was sie wollen oder was sie für ihr Wachstum brauchen. Was man jedoch *weiß,* ist, daß in einem frühen Stadium solch einer Beziehung ein sehr starker Energiefluß da sein kann, der jedoch vielleicht nicht mehr sehr lange weiterbesteht, wenn die beiden Menschen einmal begonnen haben, auf einer tieferen Ebene intensiver zu kommunizieren. Als beratender Astrologe muß man einen solchen Fortgang der Entwicklung in Betracht ziehen.

Definition des Venus- und Mars-Prinzips

Obwohl nahezu jedes astrologische Lehrbuch die Bedeutung dieser Planeten auf die eine oder andere Weise definiert, fühle ich mich immer getrieben, die Planetenprinzipien in meiner eigenen Sprache zu formulieren, bevor ich über sie spreche, anstatt die Terminologie der zwanziger Jahre zu benutzen oder Implikationen Ihrerseits befürchten zu müssen, die ganz und gar nicht in meinem Sinne sind. Bei beiden Geschlechtern zeigt Venus, wie man Zuneigung gibt und ausdrückt und wie man sie von anderen annimmt. Es ist ein Symbol des Fließens, des Gebens und Nehmens. Wenn die Venus eines Menschen stark durch Spannungsaspekte beeinflußt ist, bedeutet das nicht nur, daß dieser Mensch nicht so leicht etwas geben kann, sondern auch, daß er Schwierigkeiten hat, etwas zu nehmen – es ist der gleiche Kanal des Energieaustausches. Die Zeichenposition der

Venus zeigt auch, wie man Wertschätzung und Nähe empfindet, wodurch man sich anerkannt fühlt, wodurch man sich jemandem anderen nahe fühlt. Wenn man beispielsweise die Venus in einem Luftzeichen hat und mit jemandem zusammen ist, dessen Venus sich in einem Wasserzeichen befindet, wird der andere vielleicht Dinge sagen wie: »Du bist so lieb und nett etc.«, er »verwässert« einen immerzu. Die eigene Venus im Luftzeichen empfindet solche Liebenswürdigkeiten vielleicht als unwirklich. Man tut sie ab, man fühlt sich nicht gemeint. Man merkt schon, daß der andere zu einem spricht und seine Zuneigung ausdrückt, aber man empfindet es nicht als persönlich. Man hat das Gefühl, der geistige Bereich und die persönlichen Bedürfnisse nach Kommunikation und Ideen würden nicht wirklich respektiert. Das ist ein Beispiel für das, was ich vorhin mit den verschiedenen nonverbalen Ebenen der Kommunikation meinte. Man wird von jemandem vielleicht aufrichtig geliebt, aber man ist völlig unfähig, es zu sehen, es zu glauben oder anzunehmen.

Venus weist durch ihre Zeichenposition und auch etwas durch ihre Aspekte auf den Geschmack hin, auf die emotional gefärbten Werte, die nicht nur die künstlerischen und ästhetischen Vorlieben, sondern auch sehr stark die emotionalen, sinnlichen, romantischen und sexuellen Neigungen und Triebe beeinflussen. Sie repräsentiert all die Bilder von Schönheit und Liebe, die Eigenheiten der Empfindung, das Gefühl für das, was einem Freude und Vergnügen macht. Ich glaube, daß die Sonne eher den *visuellen* Geschmack, die allgemeinen Neigungen betrifft; die Venus hat mehr mit den konkreten, sinnlich fühlbaren Vorlieben zu tun, sie ist emotionaler, außer natürlich, wenn die Sonne in einem Wasserzeichen steht! Wenn z. B. ein Mann die Sonne im Stier und Venus in den Zwillingen hat, wird er Stier-Frauen vielleicht sehr gerne anschauen, kluge, intellektuelle Frauen aber im Grunde aufregender und als ihm emotional näher empfinden, weil seine Venus in den Zwillingen steht.

Die Venus zeigt auch die Haltung an, die man gegenüber der Liebe und zwischenmenschlichen Beziehungen einnimmt, ja die Haltung allen sozialen Interaktionen gegenüber. Das kann man vor allem anhand des Zeichens und Elementes bestimmen, in denen Venus steht. Venus ist in allen Wasserzeichen eher zurückgezogen, oft ein wenig verschlossen. Venus in den Erdzeichen ist zurückhaltend und deshalb oft etwas introvertiert, manchmal schüchtern und eher passiv. Die Luftzeichen sind natürlich mehr nach außen gewandt ebenso wie die Feuerzeichen. Die Venus zeigt auch durch ihre Zeichenstellung wie durch ihre Aspekte etwas sehr Wesentliches über die Fähigkeit, Beziehungen herzustellen und etwas anzunehmen. Beispielsweise ist die Bereitschaft der Venus im Widder oder im Löwen, sich mit jemandem zu verbinden, eher begrenzt und manchmal problematisch, weil beide Zeichen nicht so gut annehmen können. Widder und Löwe sind eher maskulin, sehr extrovertiert, und es ist für solche Menschen manchmal schwer, Energie von anderen emotional aufzunehmen, was Beziehungen manchmal etwas schwierig macht. Wenn diese Venus auch noch gespannt aspektiert ist, mag es noch weniger einfach sein, das Venusprinzip in ihrem Leben auszudrücken und zu integrieren. Sie sind so nach außen gewandt, daß es sehr schwer für sie ist, sich zu öffnen und einen anderen Menschen in ihr Leben einzulassen.

Wenden wir uns nun einigen Möglichkeiten zu, Mars zu definieren. Je nach dem Zeichen, in dem er steht, weist Mars darauf hin, wie man sich das nimmt, was man will. Er hat auch mit der besonderen Weise zu tun, in der man mit den alltäglichen Dingen umgeht, dem Vorgehen, der Arbeitsweise. Vor allem, wenn man mit jemandem täglich oder für ein bestimmtes Projekt zusammenarbeitet, sollte man den eigenen und den Mars des anderen betrachten, um herauszufinden, ob die Methoden, mit denen man dabei vorgeht, harmonieren. Mars repräsentiert die Arbeitsmethoden und Techniken, die Weise, in der man ein Ziel systematisch angeht.

Der Mars zeigt auch, wie man Wünsche ausdrückt und wie man sich durchsetzt, und das vor allem durch seine Position im Zeichen. Es geht dabei nicht nur um leidenschaftliche Wünsche oder Begehren, sondern darum, wie man im allgemeinen ausdrückt, was man will. Z.B. wird Mars in dem oft verwirrten, nicht bestimmten Zeichen Fische häufig unfähig sein, auszudrücken, was er will. Solche Menschen werden ziemliche Schwierigkeiten haben, sich durchzusetzen, vor allem wenn sie keine anderen starken Faktoren in ihrem Horoskop wie Planeten im Skorpion oder im Widder haben. Diese Unfähigkeit führt oft zu der bekannten Tendenz der Fische, sich selbst zu untergraben, indem sie ihr Leben von dieser Schwäche und Verwirrung leiten lassen und dann andere dafür verantwortlich machen. Eine klare Richtung zeigt sich immer erst dann, wenn es zu spät ist. Manchmal findet man die Art von Zorn, die man normalerweise nur bei Mars im Skorpion kennt, auch in den Fischen; bei ihnen jedoch bleibt er so lange unausgedrückt, bis der Betreffende ihn schließlich gegen sich selbst wendet. Bei einem Fische-Mars wird die Durchsetzungskraft manchmal wegen Emotionalität aufgelöst. Ein Junge, den ich gut kenne, litt in seiner Kindheit unter dem Problem, daß er in schwierigen Situationen immer sofort zu weinen begann, anstatt etwas Entschiedenes und Eindeutiges zu tun.

Mars zeigt auch, wie man versucht, seine Wünsche zu erfüllen, also wieder die Methode, mit der man etwas erreichen möchte. Die Marszeichenenergie muß aktiviert und stimuliert werden, damit man das Gefühl haben kann, daß die eigenen Wünsche akzeptiert werden. Im Bereich der sexuellen Befriedigung muß das eigene Marszeichen und Element durch den anderen irgendwie aktiviert werden, damit man spürt, daß die natürlichen Wünsche, die sexuelle Energie und Leidenschaft, die man hat, in Ordnung sind und angenommen werden. Wenn man immer das Gefühl hat, die eigenen Wünsche und Leidenschaften seien nicht richtig, besteht eine eindeutige Blockierung, die sich in den astrologischen Faktoren entweder des eigenen Horoskopes oder im Horoskopvergleich oder in beiden widerspiegeln wird.

Das Zeichen, in dem Mars steht, und bis zu einem gewissen Grad auch die Aspekte zu Mars haben auch mit der Einstellung zur Sexualität zu tun. Man begibt sich in ein kompliziertes und natürlich auch etwas widersprüchliches Gebiet, wenn man über die Unterschiede zwischen den Geschlechtern spekuliert; ich glaube jedoch, daß jeder, der sich der energetischen Dimension des Lebens bewußt ist, die alle für unsere physischen Augen sichtbaren, in Bewegung befindlichen Formen aktiviert, eine offensichtliche Wahrheit nicht leugnen kann: Die Urkräfte, die die sichtbaren physischen Formen bilden und schaffen, müssen bei beiden Geschlechtern auf eine entscheidende Weise verschieden sein, da die daraus entstehenden physischen Gestaltungen sich so deutlich unterscheiden. In vielen Gesprächen, die ich geführt habe, sagten mir Menschen beider Geschlechter immer wieder, daß die Sexualität der Frau unendlich komplexer ist als die des Mannes. Astrologisch gesprochen könnte man sagen, daß Venus und Mond auch im weiblichen Sexualitätsmuster eng verwoben sind mit Mars. Doch trotz dieser wichtigen Unterschiede wird die Einstellung zur Sexualität und vor allem zum Sexualakt bei beiden Geschlechtern durch das Marszeichen und in gewissem Ausmaß durch die Aspekte zu Mars definiert, ebenso die Grundstimmung der orgasmischen sexuellen Energie. Mit anderen Worten zeigt Mars, wie die sexuelle Energie eines Menschen stimuliert wird und wie sie sich äußert. Mars ist natürlich die physische Energie, sowohl die muskuläre als auch die sexuell geäußerte.

Es gibt noch etwas, das durch Mars angezeigt wird und das vor allem wichtig ist, wenn man einen Heilberuf ausübt oder in der medizinischen Astrologie arbeitet; es ist die Abwehrkraft, die man gegen Krankheiten, aber auch gegen Probleme und Sorgen hat. Ein starker Mars vor allem hinsichtlich seiner Zeichenposition wird viel leichter mit allen möglichen physischen und geistigen Problemen fertig und kann dem Körper schneller wieder Energie zuführen und Infektionen abwehren. Mars ist eben der Kriegsgott, der Kämpfer. Die Bedeutung und der Wert des Mars und seiner Beziehung zum Kämpfen, zur Wut und zu vielen anderen Kraftäußerungen, die nur zu oft als negativ abgestempelt werden, sollte als nicht nur physisch, sondern auch emotional heilende Kraft nicht unterschätzt werden. Ein starker, kämpferischer Mars kann die Gesundheit und die Selbstheilungskräfte sehr stärken.

Ich fand es interessant, daß beispielsweise in einem Workshop für Sexualtherapie, an dem ich teilnahm, immer wieder festgestellt wurde, daß die Menschen meistens ihre sexuellen Wünsche und Leidenschaften nicht frei äußern können, wenn sie nicht auch ihre negativen Gefühle ausdrücken können. Der Tradition nach steht Mars, der Kriegsgott, für Haß, Wut, Zerstörung, enttäuschte Hoffnungen usw., und natürlich beherrscht in der traditionellen Astrologie Mars all diese Emotionen, ebenso wie die Sexualität. Warum steht Mars der Tradition nach im Steinbock, im Zeichen der starken Selbstdisziplin, erhöht? Weil man durch eine Disziplinierung und Kanalisierung dieser Marsenergie weit kommen und Großes vollbringen kann. Wenn man versucht, Mars zu verstehen, wird man auch bereit sein zu erkennen, daß Mars teilweise tatsächlich negative Energien und eine ziemlich grobe, ja sogar gewalttätige Kraft repräsentiert und daß diese Kraft oft destruktiv wirken kann, wenn sie nicht diszipliniert wird, wie ihre Erhöhung im Steinbock es symbolisiert. Zuviel Disziplin jedoch wirkt unterdrückend und schafft einen siedenden Kessel voller Groll und Frustration. Wir erleben oft, in jüngster Zeit vor allem bei Frauen, daß die verschiedenartigsten destruktiven Emotionen hervorbrechen, wenn die Mars-Energie plötzlich nicht mehr unterdrückt wird und in Fluß kommt.

Viele Sexualtherapeuten haben festgestellt, daß bei Menschen, denen man helfen kann, ihre negativen Gefühle, ihre Wut, ihren Groll, ihren Zorn auszudrücken, die sexuelle Energie sich allmählich auch direkter ausdrücken kann. Ich leugne nicht, daß auch eine Gefahr darin liegen kann, den Ausdruck negativer Gefühle so zu fördern. Es kann zu weit gehen oder es kann so geschehen, daß der Betreffende ziemlich hilflos zurückbleibt, überschwemmt von negativen Gefühlen, die in produktive schöpferische Energie umzuwandeln ihm niemand hilft. Doch wenn man über Sexualität spricht, muß man andererseits auch bereit sein, jemanden zu verletzen, man muß ab und zu etwas riskieren und bereit sein, sich durchzusetzen, damit die Mars-Energie auf befriedigende Weise in Fluß kommen kann. Das gilt vor allem für Menschen beiderlei Geschlechts, die ihrem Wesen nach besonders durchsetzungskräftig und marsbetont sind. Sie können einfach diesen wichtigen Teil ihrer Natur nicht unterdrücken, ohne daß es auf sie selbst zurückfiele.

Mars und Venus beim Mann

Es ist schwierig geworden, über die Geschlechterrollen zu sprechen, denn jede Rolle wird in Frage gestellt und auf die Spitze getrieben, und viele Menschen rebellieren mit einer Art Hysterie auf alle Rollenverteilungen überhaupt. So ganz ohne Kategorien werden wir jedoch nicht auskommen. Was also bedeutet Mars beim Mann im allgemeinen? Mars zeigt an, wie er seine Stärke und Aggression äußert, auch im sexuellen Bereich, was er von sich hergibt. Über dieses Geben in Zusammenhang mit Mars habe ich noch in keinem Astrologiebuch etwas gelesen. Für die meisten Männer, vor allem wenn sie marsbetont und heterosexuell sind, hat dieser Planet viel damit zu tun, was sie anderen von sich geben. In einer sexuellen Beziehung geben sie etwas von ihrer Kraft ab. Sie geben von ihrer Männlichkeit, was für sie ein Wagnis bedeutet. Deshalb hat Mars viel mit dem zu tun, was ich jetzt das männliche Ich nenne. Wenn man in ein paar Dutzend astrologischer Bücher nachsieht, findet man die verschiedensten Versuche, psychologische Termini mit astrologischen Faktoren in Relation zu setzen. Die einen sagen, die Sonne sei das Ich, die anderen, der Aszendent sei das Ich. Man sollte diese begrenzten Begriffe und nutzlosen Versuche, unzusammenhängende Termini aus ganz verschiedenen Begriffssystemen in Relation zu setzen, ignorieren. Das Ich oder Ego ist ein vieldimensionales Etwas mit so vielen Schichten, daß einfache Erklärungen nie hinreichend sind.

Für die meisten Männer ist es jedoch nützlich und zutreffend, von Mars als dem »männlichen Ego« zu sprechen. Beim Mann ist die Venus teilweise das, was Jung die »Anima« nannte. Es ist allerdings nur ein partielles Anima-Bild, da man auch andere weibliche Faktoren im männlichen Horoskop, vor allem den Mond, in Betracht ziehen muß. Mit anderen Worten hat Venus damit zu tun, welche Art Mensch ihn anzieht, was nicht nur für das andere Geschlecht gilt, sondern für alle freundschaftlichen sozialen Beziehungen. Venus hat auch mit den Idealvorstellungen von Liebe, Sexualität und Zärtlichkeit zu tun; Venus ist bei beiden Geschlechtern Symbol für das Romantische, Gefühlvolle, Schwärmerische. Das Zeichen, in dem Venus steht, färbt das Bild, das man von Romantik und Liebe hat ebenso wie alle sozialen Neigungen.

Venus und Mars bei der Frau

Venus bei der Frau hat mit dem weiblichen Ich zu tun. Sie zeigt, wie sie in der Liebe und Sexualität nimmt, aber auch, was sie von sich hergibt. Das heißt nicht, daß sie nicht auch durch ihre Mars-Energie gibt, Venus jedoch steht besonders für das Nehmen und Geben von Zuneigung. Bei Frauen ist Venus auch viel eher als bei Männern ein Hinweis auf ihre Sexualität. Bei Männern hat Venus mehr mit ihren Idealbildern von Schönheit und Romantik zu tun; ihre Sexualität ist eher mit Mars verknüpft. Venus hat auch damit zu tun, wie zugänglich eine Frau für Beziehungen ist, auch wie sie Beziehungen eingeht, die zu einer sexuellen Annäherung führen können. Eine Frau ist dabei viel mehr von Venus bestimmt als ein Mann. Ich spreche hier von einer archetypischen Ebene. Natürlich wird bei einer stark marsbetonten Frau dieses Element viel rascher zur Wirkung kommen. Und ein sehr mond- oder venusbetonter Mann wird beim Eingehen von Beziehungen viel mehr als andere Männer von seinen Mond- oder Venus-Energien und -Eigenschaften bestimmt sein, bevor seine Mars-Energie ins Spiel kommt.

Im Horoskop einer Frau ist Mars unter anderem Teil ihres Animus-Bildes, zu dem ihre Sonne und oft auch ihr Saturn gehört. In den Horoskopen der meisten Frauen hat das Marszeichen viel mit dem zu tun, was sie in der Liebe aufregend oder romantisch findet. Das bedeutet nicht, daß dieses Bild oder diese Anziehungskraft allein für sie bestimmend ist. Und ob eine Beziehung dieser Art oder mit einem solchen Mann sehr gut für sie wäre, ist eine ganz andere Frage. Die Mars-Energien werden jedenfalls durch solche Menschen aktiviert. Etwas Prinzipielles zeigt der Mars einer Frau ebenfalls: Welche Art von Mensch – vor allem welche Art von Mann – von ihr als physisch anziehend empfunden wird. Mars zeigt immer bei beiden Geschlechtern die physische Energie an. Ich zitiere hier einen Satz aus einem Gespräch mit einer Frau, die den Mars in der Jungfrau hat, und dieses Zitat ist ein gutes Beispiel für den Unterschied von Mars und Venus bei Frauen. Denken Sie dabei bitte daran, daß ich sagte, daß Mars etwas mit Sexualverhalten zu tun habe.

> Wenn ich aggressive Energie herauslasse, ist das Mars. Wenn ich möchte, daß ein Mann mit mir schläft, ist das Venus. Wenn ich eine Verführung *plane,* plane ich jede Einzelheit.

Diese Frau verstand offensichtlich etwas von Astrologie. Ich hätte nie gedacht, daß eine Frau mit Mars in der Jungfrau jede Einzelheit planen würde. Sehen Sie nun, warum diese Interviews so nützlich sind? Die Astrologie wird auf eine Weise lebendig, daß ich viel weniger erklären und theoretisieren muß.

Um zwischen den Funktionen und Energien von Venus und Mars zu unterscheiden, ist es hilfreich, wenn man zwei Menschen findet, die umgekehrte Venus-Mars-Plazierungen haben. Hat der eine beispielsweise Mars in den Zwillingen und Venus im Krebs, muß man einen anderen Menschen gleichen Geschlechts finden, der die Venus in den Zwillingen und Mars im Krebs hat. Dann vergleicht man, wie sie mit Beziehungen umgehen, wie sie ihre Bedürfnisse nach Intimität, Sexualität usw. erfüllen. Solch ein Vergleich ist sehr vielsagend, obwohl man die beiden Menschen natürlich recht gut kennen muß, bevor die Astrologie wirklich lebendig wird. Solch eine Studie wird einem aber zeigen, wie sehr der Schein trügen kann und auf wie vielen Ebenen die Menschen agieren. Eine Frau, die beispielsweise eine wenig sinnliche und asexuelle Venusplazierung hat, mag zwar recht distanziert erscheinen, jedoch den wenigen Menschen gegenüber, die sie sehr gut kennen, sehr leidenschaftlich sein; dann steht ihr Mars vermutlich in einem stark sinnlichen oder sexuellen Zeichen. Andererseits kann eine Frau mit einer zum Flirten und zur Sinnlichkeit neigenden Venusplazierung, deren Mars jedoch in einem relativ asexuellen Zeichen steht, immer Botschaften geben, die von den Männern mißverstanden werden. Solch eine Frau ist vielleicht höchst erstaunt darüber, daß die verschiedensten Männer sich über sie ärgern, weil sie »mehr verspricht, als sie hält«. Das ist einer der Gründe, warum es einem helfen kann, durchs Leben zu kommen, wenn man Venus und Mars in einer harmonischen Beziehung mit dem anderen hat. Dann kann das, was im Inneren ist, sich deutlicher nach außen hin darstellen. Wenn man solche Vergleiche anstellt, sollte man an eine einfache Regel denken: Die meisten Männer reagieren zunächst mit ihrem Mars auf das andere Geschlecht, während die meisten Frauen zunächst mit ihrer Venus reagieren. Selbst wenn sie bewußt versuchen, das nicht zu tun, beginnen die unpersönlichen Energien der Chakren von selbst zu fließen, wenn diese Energien in dem Betreffenden aktiv sind.

Zu all dem muß man noch sagen, daß die meisten Männer erst über den Sex hinauskommen müssen, bevor sie sich wirklich auf ihre Venus einstimmen und ihren Gefühlen freien Lauf lassen können. Deshalb müssen Frauen sehr oft erst durch den Mars eines Mannes hindurchgehen, um zu seiner Venus zu gelangen. Ebenso müssen die meisten Frauen erst über ihre Venus hinwegkommen, bevor die unpersönlichere Mars-Energie zum Fließen kommen kann. Das heißt, daß die Bedeutung der persönlichen Beziehung für sie erst klar sein muß, bevor sie sich im sexuellen Bereich wirklich entspannen kann. Deshalb muß ein Mann erst durch ihre Venus hindurch, bevor er ihren Mars erreicht. Das sind archetypische Vorgänge. Natürlich steht bei einigen wenigen Frauen Mars im Vordergrund, ihre Persönlichkeit ist von Venus-Eigenschaften nicht sehr stark geprägt, und einige wenige Männer sind sehr venusbetont und haben keine sehr starken Mars-Eigenschaften. Das Horoskop spiegelt diese Eigenarten natürlich wider.

Ich möchte Ihnen einige Beispiele für das geben, was ich meine, wenn ich von Venus als dem »weiblichen Ich« spreche. Wenn beispielsweise jemand die Venus im Löwen hat, besteht bei ihm die Tendenz, ein Bild von Größe, von Großzügigkeit zu projizieren. Es ist eine großherzige Frau, die sich gerne sorgfältig und besonders kleidet. Mit der Venus in der Jungfrau projiziert man vielleicht ein Bild der Reinheit, der Hilfsbereitschaft, der Urteilskraft und Sauberkeit und neigt dazu, sich eher konservativ zu kleiden. Man bevorzugt klare Linien. Eine Frau mit Venus in der Waage würde dazu neigen, ein Bild der Freundlichkeit, der Anmut, der ästhetischen Sensibilität zu projizieren, und hätte eine Vorliebe für Kleider im klassischen Schnitt und Stil, einfach, aber mit einem Hauch von Eleganz. Die Frau möchte dieses Bild *sein,* und deshalb hängt es stark mit dem weiblichen Ich zusammen. Eine Frau braucht das Gefühl, die Eigenschaften ihres Venus-Zeichens zu haben, um sich weiblich zu fühlen. Und diese Eigenschaften sind zumindest bis zu einem gewissen Grad real, selbst wenn alle anderen Schwerpunkte des Horoskops und ihre Weise, sich zu geben, dem widersprechen. Steht die Venus beispielsweise im Löwen, muß man sich diesem Bild entsprechend fühlen, sonst empfindet man sich nicht als weiblich, und die eigenen weiblichen Eigenschaften verkümmern oder werden verzerrt.

Das Venus-Bild bleibt jedoch ein Bild und ist nur eine energetische Dynamik und nicht notwendigerweise etwas, das für das ganze Selbst gilt (dem eigentlichen Wesen entspricht dieses Bild nur dann sehr stark, wenn Venus im Sonnenzeichen steht). Mit anderen Worten: Wenn man sich nur in das weibliche Bild und die weibliche Rolle einfügt, begrenzt man seine übrigen Ausdrucksmöglichkeiten, besonders wenn man die Venus in einem Zeichen hat, das mit vielen anderen Faktoren im Horoskop nicht übereinstimmt. Die Venus ist bei Frauen deshalb auch ein Hinweis auf ihre Erwartungen in dem Sinn, daß eine Frau auf subtile (oder weniger subtile) Weise versucht, bei anderen ein Verhalten hervorzurufen, das ihre Venus-Eigenschaften unterstützt oder zu ihnen paßt. Kann sie diese Reaktion nicht bewirken, d. h. sind ihre Aspekte zur Venus vor allem spannungsvoll und/oder paßt ihr übriges Horoskop nicht zu den Eigenschaften ihres Venus-Zeichens, so fühlt sie sich ungeliebt, unweiblich, nicht gebraucht. Das kann dann leicht zu negativem Verhalten und Empfinden führen, weil sie so wenig von dem notwendigen Energiefluß und der Polarisierung erfährt, die sie emotional und ästhetisch bestärken.

Um nun ein paar Beispiele dafür zu nennen, wie Mars für das »männliche Ich« charakteristisch ist, wollen wir zunächst das Zeichen Widder betrachten. Ein Widder-Mars projiziert das Bild einer tapferen, verwegenen Seele. Nun darf man aber nicht vergessen, daß Mars mehr als nur ein Bild ist; er ist zugleich eine reale, starke Energie. Sehr oft scheint es jedoch, daß die Männer überall in der Welt mehr das männliche Ich-Bild als die wirkliche Energie selbst verkörpern. Wenn dieses Bild der vorherrschende Charakterzug der männlichen Persönlichkeit wird, wie das so oft z. B. bei Arabern, Italienern und auch bei vielen amerikanischen Männern geschieht, wird sehr viel von der übrigen Persönlichkeit vernachlässigt. Hat ein Mann den Mars im Stier, projiziert er das Bild eines bequemen, recht selbstzufriedenen Menschen. In diesem Zusammenhang darf man übrigens nicht vergessen, daß ein Bild wie ein Spiegel eine glatte Seite hat, die ihr Bild in die Welt zurückwirft, daß es aber auch eine dunkle Rückseite gibt...die Selbstzweifel, die negativen Eigenschaften, die Ängste. Das gilt ebenso für Mars wie für Venus. Ein Mann mit Mars in den Zwillingen würde dazu neigen, das Bild eines klugen, geselligen, offenen Menschen, der jünger aussieht als er ist, zu projizieren, selbst wenn er im Grunde eher dogmatisch und unkommunikativ ist.

Im Prinzip also muß ein Mann das Gefühl haben, die Eigenschaften seines Mars-Zeichens zu haben, um sich männlich zu fühlen. Selbst wenn alle anderen Aspekte seiner Persönlichkeit (und damit das übrige Horoskop) dem Mars-Bild und der Mars-Energie widersprechen, ist beides dennoch vorhanden und wichtig. Das gilt jedoch nicht für das ganze Selbst. Es kann für einen Mann sehr schwierig sein, die männliche Rolle in der Welt zu spielen, wenn er nicht davon überzeugt ist, die Eigenschaften seines Mars-Zeichens zu haben. Wenn nun der Mars eines Mannes von einer Frau nicht an- und aufgenommen wird, kann ihn das wütend und griesgrämig machen, kann ihn irritieren und ihm die Kraft nehmen, weil er nicht genügend Polarisierung erfährt, um seine Energie zum Fließen bringen zu können. Deshalb weist der Mars eines Mannes auch auf seine Erwartungen hin, in dem Sinn, daß er Befriedigung und Anerkennung seiner Männlichkeit braucht. Versteht man diese

Venus- und Mars-Bilder und -Bedürfnisse, so erklärt das viel von den enttäuschenden Erfahrungen, die Menschen mit ihren Beziehungen zum anderen Geschlecht haben. Solch ein Verständnis kann es einem auch erleichtern, sich den Bedürfnissen des anderen ohne Ressentiments anzupassen, sie zu erkennen und zu akzeptieren.

Wenn man etwas über die Qualität des Ausdrucks aussagen möchte, die von dem Geburts-Mars oder der Geburts-Venus eines Menschen bestimmt ist, muß man meiner Meinung nach die Zeichenposition als wichtigsten Faktor in Betracht ziehen; sie ist viel wichtiger als die Haus-Position, auch wichtiger als die Aspekte, die zwischen den Planeten bestehen. Vor allem die Position im Zeichen beschreibt die tatsächliche energetische Qualität und die Tönung der Erfahrungsdimension, die der Planet repräsentiert. Wenn man beispielsweise die Venus in der Waage im Quadrat zu Uranus hat, ist die Waage-Qualität dominierender, sie drückt sich manifester aus und wird für andere eher spürbar als die Uranus-Energie, die auch mit ins Spiel kommt. Die Bedeutung der Zeichenposition als dominanter Faktor gilt ebenso für die Sonne, den Mond, für Merkur, Jupiter und auch für Saturn. Wenn man zu den äußeren Planeten kommt, verliert das Tierkreis-Zeichen gegenüber der Hausposition und den Aspekten an Bedeutung.

Die Aspekte zeigen, auf welche Weise die Energie frei wird und wie leicht es für einen ist, sie auszudrücken oder die durch den beteiligten Planeten angezeigten Bedürfnisse zu erfüllen. Die Aspekte drücken aus, wie die Grundenergie eines Planeten in einem Zeichen reguliert und mit welcher Intensität sie geäußert wird. Vor allem wenn die Aspekte eng sind, tönen sie den Ausdruck der Planeten-Energie sehr stark. Hier einige Beispiele für den Einfluß der Aspekte, wenn sie im Geburtshoroskop nahezu exakt sind: Ein annähernd genaues Venus-Uranus-Quadrat verleiht etwas von der Offenheit, Neugierigkeit und Unkonventionalität einer Venus im Wassermann, gleichgültig in welchem Zeichen Venus steht. Die uranische Tönung wäre umso stärker, wenn Venus in einem der leichteren, experimentierfreudigeren Zeichen wie Zwillinge, Wassermann oder vielleicht Schütze stünde. Eine Konjunktion von Venus mit Neptun hätte etwas vom mitfühlenden, passiven und sensiblen Wesen einer Venus in den Fischen; die Stärke hinge jedoch von der Zeichenposition der Venus und dem übrigen Horoskop ab. Ich habe eine Frau erlebt, bei der die Venus und der Mond im Widder, beide in Opposition zu Neptun standen. Sie ist ein sehr sanfter und mitfühlender Mensch; diese Eigenschaften sind jedoch auf merkwürdige Weise mit Ungeduld gegenüber anderen Menschen und einer chronischen Ruhelosigkeit gemischt. Ein anderes

Beispiel wäre eine Mars-Pluto-Konjunktion. Ein Mensch mit einem solchen Aspekt hätte eine deutliche Tendenz zu Eigenschaften, die einem Mars im Skorpion entsprächen, was einem merkwürdig vorkommen kann, wenn er beispielsweise gar keine Planeten im Skorpion hat.

Noch etwas ist bei der Betrachtung von Venus und Mars im Geburtshoroskop wichtig. Man sollte immer das Zeichen im Auge behalten, das zum Herrscher dieses Planeten gehört. Mit anderen Worten: Wenn man Mars im Krebs hat, muß man auch das Zeichen mit einbeziehen, in dem der Mond steht, weil es den Marsausdruck ebenfalls beeinflußt. Hat man den Mars im Krebs und den Mond in den Fischen, so wird der Mars sehr wasserbetont sein und von großer Emotionalität und Sensibilität getönt. Steht der Mars aber beispielsweise im Krebs, der Mond jedoch in Widder, Löwe oder Schütze, wird der Krebs-Mars viel extravertierter und energischer, vielleicht auch selbstbewußter sein, als man das bei ihm erwarten würde.

Die alte Lehre von den Planeten-Herrschern sollte nicht unterschätzt werden. Das Zeichen, in dem der Herrscher eines Planeten steht, ist ebenso wichtig wie seine Aspekte und seine Hausposition! Geht man den Planeten-Herrschern im Horoskop nach, wird der Blick für die Feinheiten eines Horoskops geöffnet, und man gewinnt mehr Verständnis für die Vielschichtigkeit der Persönlichkeit.

Bei der Beschäftigung mit den Planetenherrschern muß man an zwei Dinge denken. Erstens hat ein Planet, der »erhöht« ist, also in dem Zeichen steht, das er beherrscht, keinen Zeichenherrscher, d. h., daß das Tierkreiszeichen, in dem der Planet steht, als dominante Ausdrucksqualität für diesen Menschen besonders stark ist. Und zweitens sollte man beim Verfolgen der Planetenherrscher im Horoskop die äußeren Planeten außer acht lassen, da sie zu unpersönlich sind. Man hält sich also an die alten Herrscher. Hat man beispielsweise die Venus im Wassermann, sollte man das Zeichen, in dem Saturn steht, in Betracht ziehen, um etwas über den zusätzlichen Einfluß auf die Venus zu erfahren. Hat man den Mars in den Fischen, kann die Tatsache, daß Jupiter beispielsweise im Löwen steht, dem gewöhnlich schüchternen Fische-Mars eine etwas großzügigere, extrovertiertere Tönung geben. Ich bin dazu übergegangen, diese unterschwellig vorhandene Färbung durch das Zeichen des Planetenherrschers »Unterton« zu nennen, und bin dabei, Material für ein Buch über dieses Thema zu sammeln. Wir haben keine Zeit mehr, hier darauf genauer einzugehen; ich möchte Ihnen jedoch noch ein weiteres Beispiel für die Bedeutung der Untertöne geben.

Warum ist Venus in den Zwillingen bei einem Menschen betont intellektuell, sehr distanziert und ganz unkörperlich, so daß der Betreffende eine völlig asexuelle Ausstrahlung hat? Dann wieder wird die Venus in den Zwillingen bei einem anderen Menschen mit viel mehr sinnlichem Enthusiasmus und offensichtlicher Freude an der Sexualität ausgedrückt. Man muß nur nach der Zeichenposition von Merkur in beiden Horoskopen sehen, da er in beiden Fällen Herrscher der Venus ist. Im ersten Fall steht Merkur ebenfalls in den Zwillingen, im anderen Fall im Stier. Deshalb hat man im ersten Fall eine Venus in den Zwillingen mit einem zusätzlichen Zwillinge-Unterton – also eine eher verstandesmäßige Haltung in Liebesdingen. Im zweiten Fall ist der Unterton der Zwillinge-Venus vom Stier geprägt – die für die Zwillinge typische Rationalität und Neugier wird also getönt durch ein Bedürfnis nach körperlicher Berührung, durch eine stark sinnliche Gestimmtheit und ein großzügiges Interesse für alle physischen Bedürfnisse. Wenn man auf diese Untertöne achtet, hilft einem das, das ganze Horoskop sehr rasch mit eindrucksvoller Genauigkeit überschauen und verknüpfen zu können, obwohl man dabei nur einfache astrologische Grundtatsachen benützt, die jeder verstehen kann. Versuchen Sie es!

Venus und Mars in den Elementen

Ich habe Venus und Mars in den Elementen zwar schon in allgemeinerer Weise in meinem Buch über die Elemente*) behandelt; inzwischen habe ich jedoch zu diesem Thema einiges zusätzliches Material gesammelt. Überdies habe ich viele Zitate aus Interviews, die auf sehr dynamische Weise die Bedeutung der Elemente für die einzelnen Planeten illustrieren. Wir haben heute nicht genügend Zeit für all dieses Material, ich möchte jedoch die grundlegenden Prinzipien durch ein paar Beispiele verdeutlichen.

Einige besonders interessante Zitate stammen aus einem Interview mit einem doppelten Krebs-Mann, der, ganz im Gegensatz zu seinem außerordentlich konservativen Äußeren und seinem traditionellen Beruf ein ausgezeichneter Hobby-Astrologe ist. Mit der Venus und Uranus in den Zwillingen hat er im Laufe der Jahre viele Menschen beobachtet und – da sein Merkur im Krebs zu meinem Merkur im Quadrat steht – lieferte er mir ganz neue Gesichtspunkte für meine Forschung. Ich fragte ihn also: »Wie würden Sie ›Kompatibilität‹ auf den verschiedenen, durch die Elemente symbolisierten

*) *Astrologie, Psychologie und die vier Elemente,* Hugendubel 1982

Ebenen, also Energie-Ebenen, definieren?« Auf der Wasser-Ebene, sagte er, verliert man das Gefühl für Zeit und Raum, man verliert sich selbst völlig und geht im anderen Menschen auf. Bei einer Übereinstimmung auf der Luft-Ebene lösen sich, wie er sagte, die geistigen Grenzen auf, und die Denkrichtung verändert sich. Man fühlt sich spontan hingezogen zum anderen, versteht seine Gedanken und mag ihn einfach. Oft ist auch etwas Spielerisches und Humorvolles in der Beziehung. Übereinstimmung auf der Feuer-Ebene manifestiert sich, wie er sagte, durch das Gefühl beider Menschen, Teil von etwas Großem, Kosmischen zu sein, aus dem einem Begeisterung zufließt. Gemeinsam schöpfen sie aus dieser überpersönlichen Energiequelle, die so stark ist, daß beide schließlich nicht mehr wissen, wohin mit ihrer Kraft und ihrem Überschwang. Übereinstimmung auf der Ebene des Erd-Elementes definiert er so: Das Gefühl für die Umgebung und für das Reale verändert sich; das Körpergefühl verändert sich. Man erlebt etwas, das er »ekstatisches Sicherheitsgefühl« nannte – beide fühlen sich sehr gegenwärtig, die Sinne erwachen, die Wahrnehmung für die physische Realität wird außerordentlich klar und deutlich. Man erlebt die Gegenwart in einem Zustand der Intensität, ist aber dennoch entspannt.

Wenn jemand Mars und Venus in Wasser- und Erdzeichen hat, sind seine emotionalen und sexuellen Reaktionen verbunden mit Erinnerungen, Erfahrungen aus der Vergangenheit, alten Konditionierungen, Schmerzen und Leiden, aber auch vergangenen Freuden. Gewöhnlich ist der emotionale und sexuelle Bereich bei Menschen, die sowohl Mars als auch Venus in Wasser- und/oder Erdzeichen haben, von besonderer Tiefe. Die Mars- und Venusaktivitäten scheinen ihnen in gewisser Weise als Möglichkeit zu dienen, negative Energie frei werden zu lassen. Wenn Venus und Mars in Luft- und Feuerzeichen stehen, also in den sogenannten »positiven Zeichen«, sind Liebe und Sexualität für sie eng verbunden mit Bildern, Zukunftswünschen, bewußten Absichten und Idealen. Ich würde sogar so weit gehen zu sagen, daß Menschen mit Mars oder Venus in positiven Zeichen – und das gilt vor allem für diejenigen, die beide Planeten in den positiven Zeichen haben – eher in der Lage sind, diese Energien bewußt zu kontrollieren; es fällt ihnen leichter, sie in eine bestimmte Richtung zu lenken, sie aber auch zu verleugnen, zu kanalisieren oder zu vernachlässigen. Die Energien und Bedürfnisse sind nicht so unbewußt triebhaft wie bei Wasser- und Erd-Plazierungen. Die Wasser- und Erd-Plazierungen sind instinktiver, üben mehr Druck aus und beeinflussen den Menschen auf einer tieferen Wesensebene... so sehr, daß es ihnen viel schwerer fällt, sie zu übergehen. Indessen kann man bei Venus und Mars in den positiven Zeichen ohne Übertreibung sagen, daß ihre emotionale und sexuelle Natur mit ihrem Wesenskern nicht so eng und unabdingbar verbunden sind; in der Alltagserfahrung der physischen Welt ist dieser Bereich für solche Menschen etwas peripherer.

Nun zu einem Beispiel der Kompatibilität oder ihres Mangels zwischen unharmonischen Zeichen. Eine Beziehung zwischen jemandem mit Venus oder Mars, die leicht und spielerisch sind (Luft oder Feuer), und jemandem mit Venus oder Mars, die ernsthafter empfinden (Wasser oder Erde), kann entweder sehr mühsam oder eine wichtige Lernerfahrung sein – im Laufe der Zeit wahrscheinlich beides! Die ernster Gestimmten empfinden die leichte, spielerische, lebhafte Art des anderen Typs als verwirrend und mißtrauenerwekkend. Der ernsthaftere Mensch fühlt sich vernachlässigt und mißverstanden, während der extrovertiertere, unbekümmertere den anderen als schrecklich langweilig, nichtssagend und schwerfällig empfinden mag.

Diese Unverträglichkeit der Elemente hat jedoch auch eine andere Seite. Nicht alles Wichtige im Leben ist leicht zu erlangen. Mit der Zeit können zwei Menschen, vor allem in einer dauerhaften Beziehung, viel voneinander annehmen. Der schwerfälligere kann vielleicht lernen, über sich selbst zu lachen und lockerer zu werden, und der leichtfüßigere kann an Tiefe des Empfindens und Ausdrukkes gewinnen. Die beiden Menschen können lernen, die Energien und das Verhalten des anderen wirklich aufrichtig zu akzeptieren und zu schätzen; es hat jedoch keinen Sinn, das erzwingen zu wollen – die Veränderung und das Annehmen müssen von innen kommen und langsam wachsen. Man muß schon großes Glück haben, wenn dieses gegenseitige Einverständnis entstehen soll. Es darf keine zu große Wesensfremdheit bestehen, und es muß viel Liebe und Anteilnahme aufgebracht werden. Solch ein Gleichgewicht kann auch nur nach einer langen Zeit voller Auf und Ab, voller Enttäuschungen und Mißverständnisse entstehen, nachdem man gelernt hat, mit derlei Dingen umzugehen, indem man mutig und offen darüber spricht und zeigt, was man empfindet. Man muß der Wahrheit Ausdruck zu geben versuchen. Eine offene Kommunikation bedeutet nicht, daß man verletzend ist oder immer nörgelt; hin und wieder muß man jedoch eine Verletzung oder etwas Ärger riskieren.

Ein großer spiritueller Meister antwortete einmal auf die Frage eines Schülers, was man zur Verbesserung einer engen Beziehung tun könne: »Verständnis ist wichtiger als Liebe.« Es geht also eher um eine wirkliche Bemühung, um ein Verständnis, um Toleranz und Akzeptieren der für einen schwierigen Eigenschaften eines anderen und nicht so sehr um das, was man im allgemeinen »Liebe« nennt. Und was könnte einen besser dazu führen als die Astrologie?

Mars und Venus im Element Wasser

Da das Wasser selbst formlos ist, wissen Menschen mit Venus oder Mars in Wasserzeichen oft nicht wirklich, was sie fühlen oder wollen, ohne es ausprobiert und Erfahrungen gesammelt zu haben. Nur das fördert ihre Gefühle zutage und läßt sie sie bewußter erleben. Da Wasser formlos ist, müssen die Gefühle vom wasserbetonten Menschen durch das Zusammensein mit einem anderen, durch den entstehenden Austausch, geformt werden. Wasser ist ein passives Element, es reflektiert. Wer Venus oder Mars in einem Wasserzeichen hat, spiegelt die Wünsche der anderen Menschen wider, er braucht es, gebraucht zu werden. Wenn ein anderer ihn wirklich braucht, wirkt das auf ihn anregend und belebend! Die Wasserzeichen möchten nicht zu verletzlich werden, deshalb warten sie oft darauf, daß der andere seine Wünsche und Gefühle zuerst zeigt. Die Wasserzeichen neigen dazu, sehr passiv zu sein, vor allem Fische und Krebs, sie reagieren auf die Wünsche und Absichten des anderen, bevor sie noch selbst wissen, wie es um sie steht. Das gilt in gewisser Weise auch für den Skorpion, der jedoch stärker begehrt und mehr Initiative entwickelt und – obwohl auch dieses Zeichen nicht gerne verletzlich ist – Menschen mit einer starken Skorpion-Betonung sind oft so sehr auf Sexualität und/oder emotionale Intensität angewiesen, daß sie mehr riskieren.

Mars und Venus in Wasserzeichen sind außerordentlich sensibel, und so erleben sie sexuelles Vergnügen und emotionale Intimität schon durch die subtilsten Stimuli. Sexualität ist für sie eng verbunden mit emotionaler Sicherheit und Äußerungsfähigkeit ebenso wie mit emotionalem Zugehörigkeitsgefühl. Die Sensibilität von Mars und Venus in Wasserzeichen ist nicht auf ihre eigenen Gefühle beschränkt; sie spüren sehr stark heraus, wie es um den anderen steht und wie er emotional und sexuell reagiert. Sie spiegeln den Gefühls- und Energiezustand des anderen wider. Sie gehen in den Gefühlen des anderen auf und passen sich seinen Emotionen an. Es beglückt sie und tut ihnen gut, wenn sie die subtileren Gefühle und Bedürfnisse des anderen Menschen herausspüren können.

Menschen mit der Venus und/oder Mars im Wasserzeichen fühlen sich selbst gestärkt, wenn sie dem anderen etwas geben, ihn nähren können. Das gilt traditionsgemäß für Krebs und Fische; ich glaube jedoch, daß auch der Skorpion viel lieber gibt, als man ihm das zutraut, wenn er auch manchmal ebensoviel nimmt und verzehrend wirkt. Skorpione sind oft so verschlossen und zurückgezogen, daß man ihre guten Eigenschaften gar nicht bemerkt. Es stimmt zwar, daß sie oft mit Emotionen ebenso wie mit Geld geizen. Haben sie sich aber einmal entschlossen zu geben, dann geben sie rückhaltlos. Alle Wasserzeichen können ebenso engherzig wie großzügig sein. Der Krebs ist natürlich oft sehr geizig in finanziellen Dingen und im Bereich seiner Gefühle auf Selbstschutz bedacht, so daß sich diese Menschen manchmal mit der starren Maske, die sie tragen, identifizieren. Die Fische, die nicht gerade als besonders kleinlich gelten, können oft lange Zeit Energie oder Geld aus anderen saugen, ohne selbst viel Energie einzubringen. So hat jeder astrologische Faktor seine zwei Seiten. Wir sollten nicht alle negativen Eigenschaften eines bestimmten Elementes nur einem Zeichen dieses Elementes zur Last legen.

Eine letzte Bemerkung zu Venus und Mars in Wasserzeichen: Es befriedigt sie zwar persönlich, einen anderen Menschen emotional zu nähren und selbst genährt zu werden, das geschieht jedoch auf eine sehr geheimnisvolle Weise, die sich nicht begrifflich fassen läßt. Da Wasser ein stilles Element ist, das sich ohne großes Aufsehen durchsetzt, sprechen eine Wasser-Venus oder ein Wasser-Mars in romantischen oder sexuellen Situationen nicht gerne viel. Ihnen liegt mehr ein stilles Aufgehen im anderen, eine schweigsame Harmonie, die sehr selten erlebt wird und die sie innig genießen wollen.

Mars und Venus im Element Luft

Im Gegensatz zur Schweigsamkeit des Wasser-Elementes äußern sich Venus und Mars im Luftelement gerne – sie brauchen es, ihre Gefühle und Wünsche auszudrücken und mitzuteilen. Manchmal tun sie das sogar etwas aufdringlich. Und, wie ich schon sagte, zeichnen sich Venus und Mars in Luftzeichen nicht durch besondere Sinnlichkeit aus, das heißt, daß ihr Bedürfnis, einem anderen Menschen physisch nahe zu sein, nicht so stark ist wie das der Menschen mit Wasser- oder Erdbetonung. Hat der Betreffende jedoch die Sonne beispielsweise in einem Erdzeichen, kann allein diese Tatsache der Persönlichkeit eine stark sinnliche Färbung geben, selbst wenn Venus und Mars in Luftzeichen stehen. Ich muß also immer wieder betonen, wie wichtig es ist, das ganze Horoskop im Auge zu behalten. Und wieder gilt: Ein persönliches Gespräch ist viel besser als jede Art schriftlicher Horoskopinterpretation; in einem solchen

Gespräch ist es viel einfacher, alle Faktoren in Zusammenhang zu bringen und einen genauen und realistischen Eindruck der Gesamtpersönlichkeit zu gewinnen, während man bei einer Interpretation per Post schon ein großer Schriftsteller sein muß, um zu einem gleichermaßen komplexen Gesamtbild zu kommen.

Mars im Luftelement weist nicht gerade auf eine starke sexuelle Energie hin, obwohl diese Menschen im Flirten mit Worten groß sind. Sexualität ist für sie mit Kommunikation, mit Spaß, mit geistiger Anregung und geistigen Bildern verbunden. Solche Leute können mit jemandem ausgehen und den ganzen Abend sehr genießen, obwohl es keine sehr starke emotionale oder physische Gemeinsamkeit gibt, wenn nur das Gespräch und die Kommunikation sie fesseln. Menschen mit einer eher erotischen oder physischen Orientierung versetzt das in Erstaunen; sie können nicht glauben, daß es jemandem genügt, nur Konversation zu treiben.

Wie ich schon sagte, werden Menschen mit einer Luft-Betonung durch geistige Bilder stimuliert. Sie haben eine sehr persönliche Orientierung. Das gilt in ganz besonderem Maß für das Zeichen Waage. Wie Dane Rudhyar in seinem Buch *The Pulse of Life* schrieb, unternehmen Waage-Menschen alle sozialen und persönlichen Aktivitäten mit der äußersten Ernsthaftigkeit, was das Leben oft schwer für sie macht, weil sie meinen, alle anderen wären ebenso aufrichtig wie sie! Die Zwillinge haben auch etwas sehr Persönliches, obwohl ihnen auch ein unpersönlicher Zug eigen ist, der die Menschen überrascht, die sich von ihrem Charme haben um den Finger wickeln lassen. Der Wassermann steht in dieser Hinsicht an letzter Stelle. Er kann persönlich sein, aber meistens nur eine gewisse Zeitlang. Schließlich tritt wieder seine Unpersönlichkeit in den Vordergrund, und man muß sich einfach daran gewöhnen, zeitweise ignoriert zu werden, was einem nicht so schwerfällt, wenn man selbst eine Wassermann- oder Widderbetonung im Horoskop hat.

Jeder, der schon einmal von jemandem mit Venus oder Mars im Wassermann sitzengelassen wurde, weiß, was ich mit diesem Hang zum Unpersönlichen meine. Man findet ihn übrigens auch bei Menschen, die einen starken Uranus im Horoskop haben. Wenn eine Beziehung für einen Wassermann-Menschen zu Ende geht, merkt man vielleicht mit einem Mal, daß derjenige vielleicht nie eine wirklich persönliche Nähe zu einem hatte. Vielleicht war man nur die Art Mensch, die eine Zeitlang gebraucht wurde, um im kopforientierten Realitätsmodell des Wassermanns einen gewissen Platz auszufüllen. Wassermann-Menschen können auf ihre ganz eigene Art durchaus mit persönlicher Bezogenheit handeln und dabei durchaus als echt empfunden werden; schlägt das Unpersönliche jedoch durch, so können sie in ihrer Distanziertheit beinahe erschreckend wirken.

Ich habe schon oft erlebt, daß Frauen mit einer Venus im Wassermann zur Beratung zu mir kommen und sagen: »Ich habe große Probleme mit Beziehungen. Keiner der Männer, die ich kannte, verstand mich. Ich bin schrecklich enttäuscht. Ich brauche sie, aber ich brauche auch meine Unabhängigkeit!« Diese Frauen waren so unabhängig, daß die Männer einfach das Gefühl hatten, nicht genügend von ihnen gebraucht zu werden. Solche Frauen fühlen sich von der männlichen Intelligenz angezogen, sie flirten gerne, knüpfen gerne Beziehungen an, sind eher lebhaft. Ihre Unabhängigkeit und Distanziertheit jedoch verwirrt und beunruhigt die meisten Männer, vor allem wenn sie sehr besitzergreifend oder traditionsgebunden sind. Solche Frauen empfinden ihre soziale Rolle im Bereich intimer Beziehungen als viel zu einschränkend.

Für Mars im Luftzeichen ist übrigens auch kennzeichnend, daß der Kopf die Sexualität und die mit ihr verbundene Energie beherrscht. Bei diesen Menschen geht alles durch den Verstand. Die Vorstellung von einer bestimmten Beziehung, ihrer Form, muß sie anziehen, um sie zu motivieren. Sie wehren sogar oft Gefühle ab, wenn sie nicht intellektuell kategorisieren können, was geschieht. Selbst wenn die Gefühle angenehm sind, kann der Betreffende sie unterdrücken oder von sich weisen, wenn es ihm nicht gelingt, sie in vertraute Vorstellungen einzuordnen. Das ist ein gutes Beispiel für die konservative Einstellung der Luftzeichen! Das ist auch eine Erklärung dafür, warum die Erd- und Luftzeichen die alten Herrscherplaneten gemeinsam haben. Beide Zeichengruppen haben eine Tendenz, sich auf Formen, Kategorien und eine gewisse Voreingenommenheit zu fixieren. Deshalb ähnelt eine alte Waage oft einem Stier und erinnert ein alter Wassermann oft an einen strengen Steinbock!

Unser Gespräch über diese Grundprinzipien sollte Sie jedoch nicht dazu verführen, die Bedeutung von Mars oder Venus in einem Luftzeichen bei jemandem zu sehr vereinfacht zu sehen. Vergessen Sie nicht, daß die Aspekte mit Venus und Mars sowie die Grundfärbung beider Planeten und ihre Position in den Häusern ebenso ihre Auswirkung haben. Wenn beispielsweise ein Mann mit Mars in einem Luftzeichen starke Aspekte von Uranus, Pluto oder vielleicht Saturn zu Mars hat, läßt ihn das vielleicht viel lustbetonter und leidenschaftlicher sein, als das sonst für Mars in Luftzeichen typisch ist. Das gilt ebenso, wenn dieser Mars einen Skorpion- oder Steinbock-Grundton hat. Die gleichen Faktoren tönen ebenso die Geburts-Venus. Die Plazierung im Luftelement jedoch wird immer vorherrschend bleiben, selbst wenn sie durch Aspekte oder andere Faktoren gestört oder modifiziert wird.

Mars und Venus im Element Erde

Es sollte einen bei Venus und Mars in Erdzeichen nicht überraschen, daß die Zeit in Beziehungen eine entscheidende Rolle spielt – Zeit und Geduld. Sie brauchen Zeit, um ihre Gefühle und Wünsche auszudrücken, und diese Zeit erscheint anderen manchmal endlos! Oft sind eine Weile Vorsicht und praktischer Sinn stärker als die Instinkte und das Bedürfnis nach zärtlichen Abenteuern. Die physischen Instinkte sind zwar im Erdelement stark, beherrschend sind jedoch vor allem der Wunsch nach Selbstschutz und der praktische Sinn. Selbstkontrolle ist ein Thema, das als roter Faden durch alle Aktivitäten und Motivationen der drei Erdzeichen läuft. Es geht ihnen aber nicht nur um Selbstkontrolle, sondern auch um den Wunsch, alles und jeden zu kontrollieren. Die Erdzeichen scheinen in der Vorstellung zu leben, durch Kontrolle Sicherheit erlangen zu können.

Hat jedoch ein Mensch mit einer solchen Erdbetonung einmal ja zu jemandem gesagt und sich auf eine Partnerschaft eingelassen, neigt er dazu, das beständig und hingebungsvoll zu tun. Man weiß dann, daß solch ein Mensch wirklich bei einem ist und nicht irgendwelchen Idealvorstellungen nachhängt oder sehnsüchtig auf eine aufregendere Gelegenheit wartet. Er wird für die Beziehung tun, was er kann. Problematisch könnte in solch einer Partnerschaft jedoch sein, daß man nie weiß, ob der andere mit einem zusammen ist, weil es ihm wirklich um einen persönlich geht oder weil er irgendwelche praktischen Gründe dafür hat. Vielleicht möchte er sich nur Sicherheit verschaffen. Vielleicht braucht er einen nur zur Befriedigung seines Ehrgeizes? Menschen mit Mars und/oder Venus in den Erdzeichen sind oft pflichtbewußt und fleißig, was beim Stier jedoch gewöhnlich von Bequemlichkeit überlagert wird. Oft sind sie auch stolz auf ihre sexuellen Techniken, versuchen sich darin zu vervollkommnen und selbst ihre Leidenschaft unter Kontrolle zu haben. Mars und Venus in den Erdzeichen sind sehr nüchtern, praktisch und prosaisch. Sogar die Jungfrau ist recht sinnlich und sehr physisch orientiert, aber nicht sonderlich sexuell. Viele Menschen mit einer starken Jungfrau-Betonung beschäftigen sich deshalb mit Heilkunst, Ernährungsfragen, Krankenpflege, Physiotherapie und Massage. Die Erdzeichen möchten sich auf unpersönliche und effiziente Weise der menschlichen Bedürfnisse annehmen. Sexualität, Liebe und enge Beziehungen haben für sie immer mit grundlegenden Bedürfnissen und Verpflichtungen zu tun. Diese Haltung führt dazu, daß sie manchmal etwas Routinehaftes, ja Langweiliges an sich haben. Spontanität und Phantasie sind nicht gerade ihre Stärke.

Menschen mit Venus in einem Erdzeichen suchen Schutz, Struktur und emotionale Sicherheit in Beziehungen, was zu einer zu stark traditionsgebundenen, konservativen Haltung und Starre führen kann, die manchmal schließlich zu einer tiefen Einsamkeit führt. Anstatt eine solide emotionale Grundlage zu bilden, nimmt das Erdelement oft überhand und läßt den Betreffenden völlig unbeweglich werden. Allein die physische Gegenwart des geliebten Menschen wird als Beweis dafür genommen, daß alles in der Beziehung in Ordnung ist. Der erdbetonte Mensch hält oft das Formale für das Entscheidende, selbst wenn es im Grunde falsch, geheuchelt und trügerisch ist. Wenn man einen Partner, der eine starke Erdbetonung wie Venus, Mars, Sonne oder Mond in einem Erdzeichen hat, tief treffen will, merkt man vielleicht, daß er nur dann reagiert, wenn man ihn für eine Weile physisch verläßt. Für solche Menschen ist das das einzig Reale; es bewirkt viel mehr als monatelange Diskussionen, in denen man versucht, ihn davon zu überzeugen, daß man mit irgend etwas Probleme hat.

Hier folgt ein Zitat von einer Frau mit Mars im Stier aus einem Gespräch, das ich kürzlich mit ihr geführt habe. Als sie mir erklärte, wie sie gerne von Männern behandelt werden wollte, sagte sie: »Ich möchte real, greifbar, physisch wahrgenommen werden. Ich möchte, daß er meinen Körper will, nicht nur mich!« Das ist ein klarer Gegensatz zu Mars oder Venus in Luftzeichen, über die wir gerade sprachen. Der luftbetonte Mensch würde so etwas nie sagen. Er würde sagen: »Ich möchte als Persönlichkeit wahrgenommen werden ... mein Körper kann später drankommen.« Körperlichkeit, äußere Form, Erscheinung und Kleidung sind für erdbetonte Menschen besonders wichtig, vor allem wenn bei ihnen die Venus im Erdzeichen steht.

Weil sie im Bereich zwischenmenschlicher Beziehungen außerordentlich konservativ sind, schränken Menschen mit einer Erdbetonung (und auch hier wieder vor allem mit Venus in einem Erdzeichen) ihre Möglichkeiten sehr ein. Sie sind so traditionell eingestellt und die anderen Menschen müssen so genau in ihre Vorstellung passen, daß viele Gelegenheiten, neue Erfahrungen mit Menschen zu machen, vernachlässigt oder als unmöglich oder unpraktisch abgetan werden. Das gilt zwar für viele Menschen ganz allgemein;

ist die Erdbetonung jedoch sehr stark, so ist diese Haltung noch verbreiteter und hinderlicher. Der Erd-Typus ist oft sehr förmlich und kann sich nicht vorstellen, daß es Menschen gibt, die zum Leben und zur Liebe eine weniger starre Einstellung haben. Ebensowenig kann er sich eine Beziehung vorstellen, die keine traditionelle, konservative Übereinkunft mit fest umrissenen Pflichten, Rechten und einem ganz bestimmten Lebensstil ist.

Mars und Venus im Element Feuer

Venus und Mars im Element Feuer sind direkt, aber eher unpersönlich. Liebe, Beziehungen, Verliebtheit und Sexualität sind hier mit dem Freiwerden überschüssiger Energie und einer Bestätigung der Identität verbunden. Sie neigen in Beziehungen und in der Sexualität zu Selbstbezogenheit und sind nicht sehr offen. Es fällt ihnen schwer, sich menschlich auf die Ebene des anderen einzulassen. Menschen mit guten Planetenplazierungen haben oft Beziehungsprobleme, weil sie zu unpersönlich sind; es fällt ihnen schwer, sich anzupassen und auf einer einfachen zwischenmenschlichen Ebene auf andere einzugehen. Das gilt vor allem für Venus in den Feuerzeichen. Die Eigenschaften des Elements Feuer werden in Liz Greenes Buch *Kosmos und Seele* ausführlich und treffend beschrieben. Ich kann hier nicht alles wiedergeben; generell kann man jedoch sagen, daß das Feuerelement viel mit Stilgefühl und Phantasie zu tun hat. Menschen, die Venus und/oder Mars in einem Feuerzeichen haben, möchten, daß der geliebte Mensch oder Ehepartner zu dem Bild paßt, das sie anziehend und aufregend finden; sie wollen, daß er sich in ihre Phantasiewelt und in ihre dynamische, dramatische Lebensanschauung einfügt. Das Feuer ist immer größer als das Leben; es genügt solchen Menschen nie, einfach in aller Zufriedenheit zu sein. Der Widder ist immer auf der Suche nach dem Neuen; der Schütze muß sich immer mehr erweitern, selbst wenn seine Verallgemeinerungen immer weniger Sinn haben, und der Löwe muß sich so intensiv darstellen und ins rechte Licht rücken, daß das Publikum manchmal einfach die Geduld verliert.

Anders gesagt: Menschen mit Venus und/oder Mars in Feuerzeichen wollen den von ihnen geliebten Menschen in den flammenden Tanz unreflektierter Energie hineinziehen, den sie für das Leben halten. Feuerbetonte Menschen fühlen diesen Tanz des Lebens in sich und möchten, daß alle anderen daran teilhaben. Es ist, als sagten sie zu einem: »Komm, lebe! Komm mit mir, nimm teil an meiner Phantasie, tauche in meine Begeisterung ein, werde Teil von etwas Großem! Träume meinen Traum mit mir. Du wirst mich erst bekommen, wenn du an meinen wilden Visionen vom Leben und seiner magischen Kraft teilnimmst.« Wenn man dazu nun keine Neigung verspürt, wenn man seine Identität nicht aufgeben und die Füße auf dem Boden behalten will, wird wahrscheinlich nicht viel Übereinstimmung entstehen. Man wird den anderen vielleicht für schrecklich egoistisch halten und die Flucht ergreifen. Es bleiben einem auch nicht viele Möglichkeiten. Entweder läßt man sich auf seinen Tanz ein oder man vergißt ihn. Man kann nicht gegen ihn kämpfen, mit der Hoffnung, irgendwann einmal die Oberhand zu gewinnen. Feuerbetonte Menschen kommen einem nicht entgegen; man muß sich ihnen anpassen.

Feuer ist ein starkes Element und geht einher mit einem starken Ich. Das Selbstbild, das diese Menschen auf andere projizieren, ist sehr wichtig für sie, ebenso wie ihr persönlicher Stil. Es sei hinzugefügt, daß das Feuer seinem Wesen nach Licht projiziert; Menschen mit einer starken Feuerbetonung in ihrem Horoskop können gar nicht anders, als irgendein Bild zu projizieren. Im besten Fall ist es hell, positiv, ermutigend, inspirierend. Im schlimmsten Fall hält der Betreffende sich für die größte Leuchte auf Gottes weiter Welt. Es folgt ein Zitat aus einem Interview mit einem Mann, der Frauen mit Venus im Feuerzeichen beschrieb:

> Bei feuerbetonten Frauen muß man Teil ihrer abgehobenen Traumwelt werden, sonst geschieht nichts in der Beziehung. Es ist, als warteten sie immer auf den Traummann, der ihre magischen Wunschbilder erfüllen soll. Man muß *ihre* Träume erfüllen oder so tun, als erfüllte man sie. Seine eigenen Träume scheinen für sie nicht wirklich wichtig zu sein. Aber solange man ihnen etwas vorspielen kann, lassen Frauen mit einer Feuer-Venus sich ziemlich leicht an der Nase herumführen. Sie gehören nicht gerade zu den realistischen Menschen.

Ich muß noch etwas erwähnen, das für Mars im Feuer ziemlich bedeutsam erscheint. Bei Männern manifestiert sich Mars im Feuer gewöhnlich durch klares Handeln im eigenen Leben. Bei Frauen wird die Mars-Energie häufig projiziert, und sehr oft aktiviert sie die Phantasie sehr stark. Es ist, als flösse die Mars-Energie in die Vorstellungswelt und riefe alle Arten von Projektionen, Bildern und Phantasievorstellungen hervor. Das gilt zwar auch für Männer mit Mars in einem Feuerzeichen; aber häufiger fließt ein größerer Teil ihrer Mars-Energie in physische Aktivitäten und dynamische äußere Handlungen. Man darf da natürlich nicht sehr scharf trennen; in ihren lokalen Sportvereinen finden Sie sicher viele Frauen, die Mars in Feuerzeichen haben. Es besteht bei ihnen jedoch die Tendenz zu einer stark ausgeprägten Phantasiewelt und zu dynamischen Projektionen in die Zukunft.

Für Menschen mit Venus und Mars im Feuer verbindet sich Sexualität oft mit Lachen, fröhlichem Überschwang und einem Gefühl, gemocht zu werden, weil man Spaß miteinander hat. Eine Frau, die ich interviewte und die Mars in einem Feuerzeichen hatte, sagte: »Ich bin leichter verführbar, wenn wir viel lachen und viel Spaß miteinander haben.« Feuer-Plazierungen der Planeten manifestieren sich oft in echter Leidenschaftlichkeit, bei vielen jedoch nur, wenn sie keine moralischen Einwände haben und wenn sie von anderen genügend respektiert werden. Man darf nicht vergessen, daß ihr Selbstbild intakt bleiben und durch die Aufmerksamkeit anderer Menschen gestärkt werden muß! Feuer zeichnet sich jedoch auch dadurch aus, in der Sexualität ungeduldig zu sein und über andere bestimmen zu wollen, was beim Partner manchmal Unmut hervorruft und zu einer Zurückweisung führt.

Wenn man einige dieser Grundprinzipien im Kopf behält, wird man sich in die intimen Probleme und Bedürfnisse der Klienten so gut hineinversetzen können, daß man ihnen manchmal einen ganz schönen Schrecken einjagt!

6. Kapitel

Licht und Schatten

Liz Greene

Ich möchte, daß Sie alle eine kleine Übung mit mir machen. Denken Sie einige Augenblicke darüber nach, welche Art von Mensch Sie am meisten irritiert. Das kann ebenso ein Personentyp im allgemeinen sein wie ein bestimmter Mensch aus Ihrem Bekanntenkreis, über den sie sich ärgern. Versuchen Sie herauszufinden, was Ihnen an solch einem Menschen so schwierig erscheint.

Dann sollten Sie herausfinden, welche Menschen Ihres eigenen Geschlechts Sie leicht idealisieren. Ist es ein allgemeiner Typus, dann merken Sie sich, was ihn ausmacht. Ist es ein bestimmter Mensch, dann versuchen Sie herauszuspüren, was an ihm Sie fasziniert, welche Eigenschaften Sie an ihm so bewunderswert finden.

Als drittes sollten Sie etwas darüber nachdenken, gegen welche besondere rassische oder gesellschaftliche Gruppe Sie irgendwelche Vorurteile haben oder über die Sie im Gespräch vorgefaßte Meinungen äußern. Ebenso könnten Sie überlegen, welche kollektive Gruppe Sie gewöhnlich idealisieren oder verherrlichen, die Ihnen heldenhaft und vorbildlich erscheint. Denken Sie einen Augenblick darüber nach.

Und schließlich möchte ich Sie bitten, sich über Ihre politische Einstellung ein paar Gedanken zu machen. Gibt es einen bestimmten politischen Standpunkt oder eine Ideologie, die Sie als absolut hassenswert empfinden, so daß Sie wütend und streitsüchtig werden, sobald Sie diesem Standpunkt in einer Gruppe oder in einem Gespräch begegnen? Weiter: Gibt es eine bestimmte politische oder ideologische Richtung, die Sie idealisieren und von der Sie glauben, sie wäre die alleinseligmachende Wahrheit und würde die Welt retten?

Bitte vergessen Sie die Antworten auf diese Fragen nicht, wenn wir uns jetzt mit unserem morgendlichen Thema beschäftigen.

In diesem Vortrag geht es um die Aspekte der Persönlichkeit, die im Licht sind, und um die Aspekte, die im Schatten liegen. Die Fragen, über die nachzudenken ich Sie bat, haben sehr viel mit diesem Thema zu tun. Da niemand von Ihnen eine Antwort verlangen wird, können Sie ehrlich mit sich selbst sein. Sie müssen Ihre Überlegungen auch nicht schriftlich festhalten.

Ich möchte zunächst über die Jungsche Auffassung vom Schatten sprechen. Wie viele andere psychologische Begriffe geht auch der Begriff vom Schatten allmählich in die Umgangssprache ein, zumindest in astrologischen und psychologischen Kreisen. Ich finde es höchst kurios, daß man heute unter Astrologen jedem Nächstbesten erzählen kann: »Ja, ich weiß, ich bin zur Zeit etwas deprimiert, aber das liegt daran, daß mein Saturn rückläufig ist.« Früher hieß es vielleicht, die Grippe sei schuld oder man habe etwas Unrechtes gegessen oder es hätte Ehekrach gegeben. Man kann sich auch sehr esoterisch geben und mit alchimistischer Symbolik um sich werfen; dann erklärt man, man sei deprimiert, weil man mitten in einem *Nigredo* sei. Über den Schatten kann man natürlich genauso reden: »Es tut mir leid, das war nicht ich, das war mein Schatten.« Obwohl das natürlich eine gute Möglichkeit ist, sich um die Verantwortung zu drücken und sich nicht mit den eigenen seelischen Problemen auseinanderzusetzen, ist es wahrscheinlich doch wichtig, daß wir überhaupt anfangen, in solchen Dimensionen zu denken.

Wenn Jung über den Schatten schreibt, macht er sehr deutlich, daß er nicht die Fehler eines Menschen meint. Das Problem von Licht und Schatten hat nichts mit diesen persönlichen Bereichen zu tun, in denen man weiß, daß man nicht so großartig ist, wie man sein sollte oder wo man sich seiner Probleme durchaus bewußt ist. Es ist einfach zu sagen: »Ach, ich bin viel zu sensibel« oder »Ich weiß, daß ich eine zu scharfe Zunge habe«. Wir können solche kleine Schwächen ruhig aufzählen, ohne daß eine große Sache daraus wird. Sie sind nicht der Schatten in dem Sinn, wie Jung ihn versteht. Das liegt daran, weil man sich dieser kleinen persönlichen Unzulänglichkeiten bewußt sein und offen über sie sprechen kann; selbst wenn sie ein gewisses Unbehagen hervorrufen – ein tiefes Dilemma ergibt sich nicht daraus. Man hat da eher eine Art unverbindliche Entschuldigung: »Es tut mir leid, ich bin eben so.« Es sind Dinge an uns, die wir mehr oder weniger akzeptieren. Jung beschreibt den Schatten als ein tiefes moralisches Dilemma. Was zum Schatten gehört, ist nicht sichtbar, und deshalb hat es nichts mit unseren aufzählbaren Fehlern zu tun. Ein moralisches Dilemma kann tiefen Abscheu vor sich selbst hervorrufen. Die Erfahrung des Schattens wird oft als böse, abstoßend oder hassenswert erlebt. Zum Schatten gehören vielleicht Aspekte unserer Persönlichkeit, die wir absolut nicht als zu uns gehörig sehen wollen. Wir möchten nichts mit ihnen zu tun haben, denn sie sind für uns so etwas wie ein Kreuz, das wir zu tragen haben.

Warum ein Mensch, der versucht, gut oder anständig zu sein, so etwas mit sich herumschleppen muß, ist eigentlich eine metaphysische Frage. Warum hat jedes Individuum seelische Eigenschaften, die mit der bewußten Persönlichkeit so unverträglich sind? Warum unterdrückt jemand den Schatten mit aller Kraft und leidet so sehr, wenn er gezwungen ist, ihn zu erkennen? Ich glaube, man kann solche Fragen nicht beantworten, ohne sehr theoretisch und philosophisch zu werden. Das ist einfach so. Das Geheimnis der Schattenseite der Persönlichkeit spielt im Märchen eine große Rolle. Und obwohl Märchen nie versuchen, metaphysische Fragen zu beantworten, enthalten sie oft eine große Weisheit über den Sinn der Dinge. Deshalb möchte ich einige Hinweise darauf geben, welche Gestalt der Schatten in Sagen und Märchen annimmt. Das Beste, was man zu diesem Thema lesen kann, stammt von Marie-Louise Franz, die ein Buch zu diesem Thema geschrieben hat. Ihr verdanke ich viele Einzelheiten.

Der Schatten hat viele Gesichter; eines davon, das sehr häufig in Märchen vorkommt, ist ein zwergenähnliches Geschöpf wie das Rumpelstilzchen. Manchmal ist es auch ein Mensch, der in einen Frosch oder ein Untier verwandelt wurde. Diese Gestalten haben etwas sehr Groteskes. Sie sind verkrüppelt, entstellt, verderbt. Gewöhnlich sind sie sehr häßlich und oft auch boshaft, und sie treten meistens an einem Punkt im Märchen auf, an dem alles stagniert. Plötzlich taucht diese groteske Gestalt auf und bringt alles durcheinander oder vereitelt alles, indem sie einen Fluch ausspricht, ein Kind stiehlt, jemanden irreführt oder eine tödliche Wette mit jemandem abschließt. Oft erreicht sie auch, daß die Eltern ihr das Leben ihres Kindes versprechen.

Eine Gruppe dieser Märchen beginnt immer mit einer Gestalt wie dem Müller, dem Bauern oder dem Kaufmann. Der Müller oder der Kaufmann hat plötzlich all sein Geld verloren und begegnet eines Tages im Wald einer dieser mißratenen oder boshaften Gestalten wie einem Zwerg oder einem Kobold. Der Zwerg weiß, daß er kein Geld hat, und sagt: »Wenn du mir das gibst, was jetzt hinter deiner Mühle steht, werde ich dir alles Gold geben, das du willst.« Oder er schlägt vor: »Versprich mir, daß du mir das gibst, was als erstes deine Beine berührt, wenn du nach Hause kommst, und ich werde dich zu einem reichen Mann machen.«

Der Müller oder Kaufmann fällt immer nichtsahnend darauf herein und denkt bei sich: »Ach, das kann nichts Wichtiges sein. Das einzige hinter meiner Mühle ist mein alter Apfelbaum.« Oder er ist sicher, daß das einzige, was seine Beine berühren könnte, sein alter Hund ist. Und so läßt sich der Müller immer auf den Handel mit dem bösen Zwerg ein, er geht nach Hause und entdeckt zu seinem Schrecken, daß es seine schöne Tochter ist, die hinter der

Mühle steht oder sein kleiner Sohn, der ihn als erster begrüßt. Das ist der Augenblick, wo der Schatten naht und sich die Verzweiflung des Menschen zunutze macht, der glaubt, seinen Reichtum oder Wert verloren zu haben. Der Schatten sagt: »Du kannst von mir bekommen, was du willst, aber du mußt mir dafür dein Kind geben, deine wahren Möglichkeiten, deine höchsten Werte.« Die Schattengestalt hat die Funktion, die Hauptfigur des Märchens zur Entwicklung zu zwingen; sie muß nun, um aus den selbstverursachten Schwierigkeiten herauszukommen, ganz neue Wege gehen. Am Ende der Geschichte geschieht eine Erlösung, die zu einer höheren oder besseren Stufe führt, die der Müller am Anfang, als er seinen Reichtum verlor, noch nicht erreicht hatte.

Eine andere Gestalt des Schattens im Märchen ist die der Hexe oder des Zauberers. Bei ihnen geht es oft um Macht. Das sagt einem etwas anderes über den Schatten. Der Zwerg sagt einem, daß der Schatten die entstellte, verkrüppelte, häßliche Seite des eigenen Selbst ist. Die Hexe und der Zauberer haben oft mit einer bestimmten Art von Macht zu tun; der Schatten dringt durch einen kleinen Spalt in die Rüstung ein, den Bereich des Selbstzweifels, der Schwäche oder des Ungenügens.

Alfred Adler hat sich mit dem Problem der Macht intensiv auseinandergesetzt. Sein Hauptthema war der Minderwertigkeitskomplex und der Wille zur Macht, der ihn kompensieren sollte. Im Zusammenhang mit unserem Thema ist diese seelische Dynamik sehr bedeutsam. Hier ist das Bild des Schattens der Teil des Menschen, der sich kindlich und machtlos, hilflos und wertlos fühlt. Das gekränkte, verstörte, verlassene Kind findet einen sehr gefährlichen Freund, der stark und mächtig ist und im Gewand der Hexe oder des Zauberers auftritt. Diese Gestalt sagt zu dem verängstigten Kind: »Hab' keine Sorge, ich werde dich beschützen. Ich werde verhindern, daß dir noch einmal ein Leid geschieht. Ich werde darüber wachen, daß dich niemand mehr anrührt.« Eine typische Gestalt dieser Art ist die böse Königin in Schneewittchen, die in den Spiegel sieht und die Schönste im ganzen Land sein möchte. Sie kann keine Konkurrenz oder Beziehung zu einer anderen Frau ertragen. Das ist eine Schattengestalt. Diese Gestalten lähmen im Märchen den Helden oder die Heldin und legen ihnen Fesseln an. Wird man von solch einem Schatten überwältigt, bringt er jeden schöpferischen Fluß im Leben zum Stillstand, weil man so sehr damit beschäftigt ist, seine Abwehrhaltung aufrechtzuerhalten und die anderen zu beobachten. Gerade wegen dieser Lähmung jedoch muß im Märchen immer ein Prinz oder eine Prinzessin auftreten, die eine Prüfung bestehen oder eine Aufgabe erfüllen müssen, um die

Erlösung zu bewerkstelligen. Der Schatten ruft den Erlöser herbei. Und so sind auch hier diese Gestalten wieder, wie im bisherigen Fall der Zwerg, für die Dynamik der Geschichte verantwortlich. Ohne sie gäbe es keine Entwicklung.

Eine andere Gestalt, in der der Schatten erscheint, ist der rauhe Geselle. Er begleitet den Helden oder die Heldin und erscheint oft im Gewand eines Bettlers. Manchmal ist es auch ein richtiger Rohling. Aber obwohl diese Gestalt derb und unzivilisiert ist, ist sie es, die im entscheidenden Augenblick weiß, wie man über die Brücke kommt, wie man den Weg aus dem Wald findet, oder sie weiß einen Zauber, mit dem man sich vor der Hexe schützen kann. Manchmal ist es auch ein hilfreiches Tier, ein Hund, ein Frosch oder ein zottiges kleines Pferd. Auch daran wird deutlich, was den Schatten ausmacht: Er ist oft instinkthaft, unzivilisiert und roh. Aber auch wenn man sich seiner in besserer Gesellschaft schämen muß, weiß er einen natürlichen Weg und ist da überlegen, wo der zivilisierte Mensch mit seiner Weisheit am Ende ist.

Eine der interessantesten Methoden besteht darin, das Horoskop daraufhin zu untersuchen, was im Dunkeln ist und was im Licht. Ich habe dieses Motiv schon in Zusammenhang mit dem Thema Partnerschaft gestreift, ich möchte jedoch heute vor allem mit der Schattengestalt arbeiten, denn der Schatten trägt meist die Maske des eigenen Geschlechtes. Man kann das zwar nicht zur unumstößlichen Regel erheben, im allgemeinen jedoch geht es beim Schatten nicht um das Problem sexueller Anziehung oder Abstoßung, sondern um das Dilemma des Annehmens der eigenen Männlichkeit oder Weiblichkeit. Alles im Horoskop kann in den Schatten fallen, es ist, als könne diese Gestalt sich alle Punkte im Horoskop zu eigen machen. Ich habe schon von den fehlenden Elementen gesprochen. Die fehlenden Elemente haben nicht nur mit der Art von Menschen zu tun, in die wir uns verlieben. Sie stehen auch in einem engen Zusammenhang mit der dunklen Seite der Seele. Auch die Aspekte zwischen den Planeten können ebensoviel mit dem Schatten wie mit den Menschen des anderen Geschlechtes zu tun haben, die einen faszinieren. Zudem haben Punkte im Horoskop wie der Deszendent und das IC viel mit dem zu tun, was in den Schattenbereich der Persönlichkeit fällt.

Ich möchte zunächst etwas über das IC sagen, weil es ein oft übersehener Punkt im Horoskop ist. Das medium coeli oder MC hat meist damit zu tun, wie wir in den Augen der anderen Menschen, der Gesellschaft, erscheinen wollen. Der gegenüberliegende Punkt, das IC, betrifft eher den Bereich, den wir niemandem zeigen wollen. Das Zeichen, das ganz unten im Horoskop steht, ist der

Bereich der Dunkelheit, der Tiefpunkt der Sonne, es ist unser wunder Punkt, durch den der Schatten Eingang findet.

Wenn Sie sich nun an die Fragen erinnern, die ich Ihnen zu Anfang stellte, so betrachten wir das Zeichen, in das das IC in Ihrem Geburtshoroskop fällt, ebenso das Zeichen am Deszendenten und ihre besonderen Eigenschaften. Das, was wir lieben, und das, was wir hassen, hat eine merkwürdige Beziehung zueinander. Oft ist es das gleiche in einer etwas verschiedenen Form. Stellt man die beiden Bilder dessen, was man idealisiert, und dessen, was man verachtet, nebeneinander, entdeckt man vielleicht, daß beide dieselben Wurzeln haben. Es ist die gleiche Gestalt, die einmal in dem einen und einmal in dem anderen Gewand auftritt.

Hat man beispielsweise einen Stier-Aszendenten und für das Zeichen typische Eigenschaften, mag man wahrscheinlich Menschen nicht, die nicht offen sind. Der Stier hat oft eine Abneigung gegen das Geheimnisvolle und Manipulative, gegen Menschen, die nicht direkt sind, die die Dinge komplizieren und Krisen hervorrufen, wo alles seinen ruhigen, friedlichen Gang gehen könnte. Zugleich aber ist der Stier fasziniert von Menschen, die etwas Geheimnisvolles an sich haben, die nicht gleich zu durchschauen sind und die magische Erkenntnisse über die Natur des Menschen zu besitzen scheinen. Es ist die gleiche Gestalt. Aber wenn man sie nicht mag, ist sie böse oder tückisch, und wenn man sie mag, ist sie tiefgründig und stark. Beide Seiten stecken im Skorpion-Deszendenten.

Hat man den Wassermann am MC, zeigt man wahrscheinlich der Welt gerne das tolerante humane Gesicht mit der für den Wassermann so typischen wunderbaren Vernunft, der Gerechtigkeit und dem Einsatz für die Rechte der anderen Menschen. Dann haßt und verachtet man vielleicht diese selbstsüchtigen Menschen, die sich auf Kosten der Gruppe in den Vordergrund stellen und immer die Hauptrolle spielen wollen, weil man glaubt, daß jeder etwas Besonderes ist und die gleichen Rechte und Vorzüge genießen sollte. Dennoch ist man vielleicht voller Bewunderung für den schöpferischen Menschen, den Künstler, der sich um niemanden kümmert und sich fünf Jahre einsperrt, um ein großartiges Gemälde oder einen wunderbaren Roman hervorzubringen. Um so schöpferisch zu sein, muß man natürlich größenwahnsinnig genug sein, um zu glauben, daß das Hervorgebrachte wichtig genug sei, um von allen gesehen oder gelesen zu werden.

Aber gerade Wassermann-Menschen idealisieren häufig den Künstler, während sie nicht sehen wollen, daß jeder Künstler notwendigerweise egoistisch und rücksichtslos gegenüber den Forderungen und Rechten anderer Menschen sein muß. Wieder ist es die gleiche Gestalt, die auf sehr verschiedene Weise wahrgenommen wird.

Ein anderes Beispiel wäre ein Zwillinge-Aszendent, der kühl, rational und geschickt ist und nichts sehr ernst nimmt. Die Zwillinge lieben das Spiel mit Worten und Ideen, die für sie wie die Bälle des Jongleurs sind. Der Zwillinge-Mensch interessiert sich vor allem für Informationen, er ist der Berichterstatter und Beobachter des Lebens. Er erinnert sich immer an die kleine Anekdote oder bemerkt eine Eigenart an einem anderen Menschen, die allen anderen entgeht. Hat man jedoch einen Zwillinge-Aszendenten, findet man das alles wahrscheinlich sehr interessant, nimmt aber keinen leidenschaftlichen Anteil an den Dingen. Leidenschaft und Intensität erscheinen vielleicht eher störend oder sogar erschreckend. Vielleicht lehnt man den Fanatiker, den Proselyten sogar ab, der mit Leib und Seele von etwas überzeugt ist, der Fakten jedoch kein Gehör schenkt. Oder man verachtet Menschen, die das Herz auf der Zunge tragen, die aus ihren heftigen Gefühlen für einen Menschen oder ihrer Begeisterung für eine Philosophie keinen Hehl machen. Ein Zwillinge-Mensch kann sich richtig ärgern über jemanden, der sich einer Religion oder einer Philosophie verschrieben hat, jemanden, der einen gar auf der Straße anspricht und für eine Sekte wirbt. Die intellektuelle Raffinesse des Zwillinge-Menschen hält ihn davon ab zu glauben, es gäbe nur eine Wahrheit. Dennoch bewundert er vielleicht insgeheim den Menschen, der eine wirkliche spirituelle Überzeugung hat und der leidenschaftlichen Anteil am Leben nimmt. Er idealisiert denjenigen, der Phantasie und Intuition hat, und erkennt nicht, daß beide Gestalten vom gleichen Feuer inspiriert sind.

Identifiziert man sich sehr stark mit bestimmten Eigenschaften des eigenen Wesens, löst es oft eine Abwehrhaltung aus, wenn die entgegengesetzten Eigenschaften bei jemand anderem zutage treten. Häufig ist es eine stark moralisch gefärbte Abwehr, ein tiefer Widerwille gegen das, was der andere verkörpert oder wofür er eintritt. Es ist nicht nur ein gewöhnliches Desinteresse oder Abneigung. Der Schatten läßt eine der Situation völlig unangemessene Wut aufsteigen. Man ignoriert den Fanatiker mit den Werbebroschüren an der Straßenecke nicht einfach. Am liebsten würde man mit den Fäusten auf ihn losgehen. Warum diese heftige Wut und Abneigung?

Wenn man tiefer in die Gefühle eindringt, die eine Auseinandersetzung mit dem Schatten mit sich bringt, wird man sehen, daß der Schatten als schreckliche Bedrohung erlebt wird. Es bedeutet eine Art Tod, wenn man es zuläßt, den Schatten zu erkennen oder zu akzeptieren. Wenn man bereit ist, auch nur eine Handbreit nachzugeben, ein wenig Toleranz, Mitleid oder Wertschätzung zuzulassen, bedeutet das eine Bedrohung für das gesamte Ich-Gebäude. Natürlich wird der Schatten um so bedrohlicher, je tiefer bestimmte Einstellungen und ein bestimmtes Selbstbild in einem verwurzelt sind. Besonders schmerzhaft ist es, daß man das manchmal erkennen muß, aber dennoch aus moralischen Gründen die Entscheidung treffen muß, nicht danach zu handeln.

Vor einiger Zeit erstellte ich ein Horoskop für eine Wassermann-Frau mit Steinbock am Aszendenten. Sie hatte eine Reihe sehr starker Saturn-Kontakte in ihrem Horoskop, von dem die meisten Trigone und Sextile waren, und ihre Selbständigkeit bedeutete außerordentlich viel für sie. Sie war stolz auf ihre Tüchtigkeit und ihre Stärke. Sie war mit einem ungeliebten, schwachen Mann, der sie nicht unterstützte, verheiratet, hatte zwei Kinder großgezogen und sich zugleich eine erfolgreiche Stellung als Bankangestellte erarbeitet. Nie konnte sie jemandem anderen gegenüber zugeben, daß sie hilflos, bedürftig oder abhängig sei. Lieber litt sie stumm, als irgendein Bedürfnis zu zeigen, das sie in den Augen eines anderen Menschen hätte verletzlich erscheinen lassen. Sie brauchte einen Mann, der ihr so wenig zur Seite stand, weil ein Mann, der mehr für sie getan hätte, sie gezwungen hätte, sich mit ihrem eigenen Schatten zu konfrontieren. Als wir über diese Fragen zu sprechen begannen, erzählte sie mir einen beunruhigenden Traum, der sich zwei- oder dreimal wiederholt hatte. In ihrem Büro arbeitete eine Frau, die sie absolut nicht leiden konnte. Sie träumte, daß sie zu Hause war und daß diese Frau an die Tür klopfte und bat, hereinkommen zu dürfen. Sie wurde sehr wütend und schlug der Frau die Tür vor dem Gesicht zu.

Ich bat sie, mir von der anderen Frau zu erzählen. Meine Klientin sagte: »Oh, ich kann sie nicht ertragen. Ich finde sie einfach entsetzlich.« Ich sagte: »Was an ihr hassen Sie so?« Sie erzählte mir, daß diese Frau, die etwa zwanzig Jahre jünger als meine Klientin war, »eines dieser dummen kleinen Empfangsmädchen« sei. Die jüngere Frau schien sehr verletzlich zu sein und oft zu weinen und spielte den Männern im Büro gegenüber die Hilflose. Sie tat immer so, als wüßte sie nicht, wie man etwas machte, obwohl sie es sehr wohl wußte, und forderte so die anderen dazu heraus, ihr zu helfen. Meine Klientin benutzte bei dieser Beschreibung die gröbsten Adjektive – die junge Frau sei kriecherisch, falsch, entsetzlich, widerlich. An solchen, weit über das Ziel hinausschießenden Adjektiven kann man die Dynamik einer solchen Schatten-Projektion, unter anderem, recht deutlich sehen. Meine Klientin war nicht in der

Lage, einfach zu sagen: »Ich mißbillige das Verhalten dieser Frau.« Das ging noch eine ganze Weile so weiter.

Schließlich sagte ich: »Meinen Sie, daß das Verhalten dieser Frau etwas mit Ihnen selbst zu tun haben könnte?«, was sie kurzerhand von sich wies. »Natürlich nicht!« An diesem Punkt der Horoskopbesprechung tat sie genau das, was sie in dem Traum getan hatte. Sie knallte die Türe zu, um den Schatten auszuschließen. Nach einer Weile wechselte ich das Thema. Es ist ein Beispiel für eine Schattengestalt, auf die meine Klientin in einer sehr typischen Weise reagierte.

Sie sehen, daß es beim Problem des Schattens nicht darum geht, irgendwelche Fehler zuzugeben. Man läuft Gefahr, von Grund auf erschüttert zu werden, weil man erkennt, daß man nicht so ist, wie man scheint – nicht nur anderen gegenüber, sondern auch sich selbst gegenüber. Der Schatten droht, wenn man ihn einläßt, die Dinge, die einem am wertvollsten sind, in Frage zu stellen. Meine Klientin mit ihrer stark saturngeprägten Persönlichkeit hatte ihr ganzes Leben und ihr Selbstbild auf stolze Selbstgenügsamkeit gegründet. Der Schatten klopfte immer wieder an ihre Tür, aber sie weigerte sich beharrlich, ihn einzulassen. Hinter der Abwehr verbirgt sich gewöhnlich tiefe Angst, die Angst, als die Person, als die man sich selbst kennt, ausgelöscht zu werden.

Ich glaube, daß es mit zunehmendem Alter immer schwieriger wird, sich dieser Bedrohung, daß alles zerstört werden könnte, was man sich aufgebaut hat, zu stellen. Natürlich ist Zerstörung gar nicht notwendig. Man hat jedoch Angst davor. Je mehr sich die Persönlichkeit kristallisiert hat, je stärker das Ego wird, je mehr man darum gekämpft hat, die Dinge, die einem wichtig sind, zu bekommen, desto schwieriger wird das ganze Problem. Hat man Selbstbeschränkung oder gar Selbstverleugnung um irgendeines Ideals willen geübt, ist diese Konfrontation um so schmerzhafter, denn es könnte den Einsturz des ganzen Kartenhauses bedeuten, wenn man den Schatten einließe. Es ist also verständlich, warum man mit Angst und Abwehr reagiert. Es ist nicht bloß eine beiläufige Abneigung. Es ist eine Bedrohung mühsam aufgebauter Werte. Je einseitiger wir sind, um so heftiger kämpfen wir gegen das Eindringen dieser Gestalt. Selbst wenn meine Klientin erkannt hätte, daß ihre »schreckliche« Kollegin tatsächlich ein Bild für etwas in ihr selbst war, hätte sie es mir nicht gedankt, sie darauf aufmerksam gemacht zu haben.

In primitiven Kulturen existiert der alte Brauch, daß man nie auf den Schatten eines anderen Menschen treten darf. Das ist wörtlich zu verstehen. In diesem Bild liegt eine tiefe psychologische Weisheit, denn das, was einem der beste Freund nicht sagt, sagt er einem gerade deshalb nicht, um die Freundschaft zu erhalten. Wenn jemand beschließt, einem in nüchterner Unverbrämtheit alles über den eigenen Schatten zu sagen, wird man ihn wahrscheinlich lange Zeit nicht mehr ausstehen können.

Es gibt wahrscheinlich kaum eine Möglichkeit, jemandem zuzuhören, der diesen unbewußten wunden Punkt berührt, ohne sehr heftig darauf zu reagieren.

FRAGE: Wie brachten Sie bei Ihrer Wassermann-Klientin dann das Problem des Schattens zur Sprache?

LIZ GREENE: In diesem Fall sagte ich nicht: »Ach, Sie tun nur so, als seien Sie stark und unabhängig, in Wirklichkeit sind Sie verzweifelt und sehnen sich danach, schwach zu werden und hilflos zu sein, damit sich etwas verändert.« Ich sagte ihr Schmeichelhaftes über ihr Verantwortungsgefühl und ihre Selbstdisziplin und meinte dann, daß sie manchmal vielleicht etwas zu hart gegen sich selbst sei und gelegentlich andere Menschen um Hilfe bitten solle. Sie reagierte sehr bitter darauf und behauptete, daß ihr sowieso niemand helfen wolle und daß es deshalb gar keinen Sinn hätte, jemanden zu bitten. Das war auch der Punkt des Gespräches, an dem sie den Traum erwähnte, als wolle sie sagen: »Sehen Sie, ich habe mein ganzes Leben lang so hart gearbeitet, und nun muß ich mich mit so schrecklichen Leuten auseinandersetzen, denen alles von selbst zufällt.« Ich wertete ihre Erwähnung des Traumes als ein Zeichen für ihre unbewußte Suche nach Einsicht.

FRAGE: Ich nehme an, daß dieser Traum vor allem eine Art Botschaft war.

LIZ GREENE: Ja, so sehe ich es auch. Wenn eine Gestalt wie diese immer wieder im Traum auftaucht, versucht sie, ins Bewußtsein zu dringen. Die Tatsache, daß diese Gestalt an die Tür klopft, spricht für sich selbst. Träume gehen immer dem voran, das uns bewußt wird. Wenn nun eine Gestalt im Traum auftaucht und der Betreffende davor zurückschreckt, muß man das Ganze vielleicht eine Weile ruhen lassen, bis er mehr Bereitschaft zeigt, sie sich anzusehen.

FRAGE: Könnte es Ihrer Meinung nach sein, daß jemand, der ein stark betontes Haus im Horoskop hat, sagen wir das erste Haus, dadurch Widder-Eigenschaften hätte und daß der Schatten dieses Menschen mit den Eigenschaften des natürlichen Zeichens in Zusammenhang mit dem gegenüberliegenden Haus zu tun haben könnte?

LIZ GREENE: Ja, so könnte es scheinen. Man kann jedoch nicht ein Horoskop nehmen und sagen: »Der Schatten hängt mit A, B oder C zusammen.« Natürlich kann er die Gestalt eines leeren Hauses annehmen, das einem Stellium gegenüberliegt. Er könnte aber auch geprägt sein von dem Zeichen, das dem Sonnenzeichen gegenüberliegt.

FRAGE: Im Fall Ihrer Klientin scheint der Schatten etwas mit dem Zeichen am Deszendenten zu tun zu haben.

LIZ GREENE: Ja, Sie haben recht. Meine Klientin hatte einen Steinbock-Aszendenten, und ihre Schattengestalt hat tatsächlich typische Krebs-Eigenschaften.

FRAGE: Können Sie mir etwas über den Zeitpunkt von Träumen sagen? Könnte man etwas Bestimmtes träumen, lange bevor es sich im Leben äußert?

LIZ GREENE: Der Traum kann schon lange zurückliegen oder man kann ihn zwei Tage vorher haben. Man kann es nicht wissen. Es gibt manchmal Kindheitsträume, die schon das ganze Lebensmuster vorzeichnen. Über solche Dinge kann man einfach erst im nachhinein etwas sagen. Nur wenn der Traum etwas über einen Zeitpunkt aussagt, könnte das ein Hinweis sein. Manchmal spricht der Traum ganz explizit von gewissen Zeiträumen. Kürzlich erzählte mir eine Frau einen Traum, in dem sie ein Kind zu früh zur Welt brachte. Es hatte sehr merkwürdiges Haar, und das Haar repräsentierte alle möglichen Dinge, die die Träumerin suchte und um die sie kämpfte. Das Kind im Traum wurde nach vier Monaten Schwangerschaft geboren und bedurfte besonderer Pflege, bis es zu normaler Größe herangewachsen war. Es dauerte also fünf Monate, bis es einem normalen Neugeborenen glich. Das könnte eine deutliche Zeitangabe aus dem Unbewußten sein, aber es hat nicht notwendigerweise diese Bedeutung. Der Traum könnte auch gesagt haben, daß etwas zu früh auftauchte, was sorgfältiger Pflege bedurfte. Man weiß es einfach nicht sicher.

FRAGE: Glauben Sie, daß solche Dinge mit bestimmten Transiten zusammenhängen?

LIZ GREENE: Ja. Darüber wollte ich ohnehin sprechen. Saturn und Pluto scheinen die Planeten zu sein, deren Progressionen und Transite ungewöhnlich oft in Beziehung zu Problemen mit dem Schatten stehen. Die Frau, von der ich sprach, erlebte die zweite rückläufige Saturn-Phase. Es ist also kein Zufall, daß die Schattengestalt zu diesem Zeitpunkt auftaucht. Saturn hat natürlich viel mit dem Schatten zu tun. Das Zeichen, in dem Saturn steht, sein Haus und alle seine Aspekte könnten etwas über den Schatten aussagen. Das ist jedoch nicht die einzige Thematik im Horoskop, die man in Betracht ziehen muß.

Ich glaube, daß wir aufpassen sollten, diese Dinge nicht zu wörtlich zu nehmen und einfach über einen bestimmten Punkt im Horoskop zu sagen: »Aha, das ist der Schatten!« Eines der Probleme mit dieser dunklen Seite der Persönlichkeit liegt darin, daß die Dunkelheit, die man entdeckt, nur vertieft wird, wenn man beginnt, Licht auf sie zu werfen. Es geht immer weiter. Es ist kein Prozeß, in dem man die Sache irgendwann ein für allemal im Griff hätte. Der Schatten vertieft sich und zeigt immer mehr kollektive Züge. Überall wo das Licht des Bewußtseins ist, breitet sich auch ein Bereich des Schattens aus. Beginnt man mit den persönlicheren Aspekten des Schattens zu arbeiten, erweitert sich die ganze Persönlichkeit. Doch dann wird auch der Schatten tiefer, und man beginnt archetypischeren Aspekten zu begegnen. Plötzlich tauchen Gestalten auf wie die, von denen ich vorhin sprach: die schreckliche, kastrierende Gorgo und der Psychopath, der kein Mitgefühl für andere hat. Das sind die archetypischeren Gestalten.

Auch der Aszendent kann etwas mit dem Schatten zu tun haben. Der Aszendent ist sehr oft ein Punkt im Horoskop, den der Betreffende gar nicht mag. Ich habe viele Leute kennengelernt, die, wenn man ihnen ihr Aszendentenzeichen sagt, antworten: »Ach nein, ich dachte, ich hätte einen Zwillinge-Aszendenten. Ich möchte keinen Stier-Aszendenten haben. Stiere sind so langweilig.« Oder sie sagen: »Ach wie schrecklich. Hätte ich nur keinen Krebs am Aszendenten. Ich kann Krebse nicht ausstehen. Meine Mutter ist auch einer.« Oder sie sagen mir, ich müsse mich verrechnet haben, denn dieses Zeichen passe überhaupt nicht zu ihnen, es könne einfach nicht stimmen. Ich habe das besonders häufig bei Steinbock- oder Skorpion-Aszendenten gehört, denn diese Zeichen haben nicht gerade den besten Ruf. Sehr oft scheint der Aszendent sich als autonome Gestalt zu verhalten. Das geschieht besonders oft, wenn das übrige Horoskop ganz anders gestimmt ist, beispielsweise ein Horoskop mit viel Luft und Feuer und dann ein Steinbock- oder Stier-Aszendent.

Wenn ein Element im Horoskop besonders schwach vertreten ist und dann am Aszendenten erscheint, kann man ziemlich sicher sein, daß der Schatten einige der Charakteristika dieses Zeichens haben wird. Und man wird feststellen, daß man ungewöhnlich oft anderen Menschen begegnen wird, die unter diesem Zeichen geboren sind.

Letztlich geht es darum, in eine wirkliche Beziehung zum Schatten zu treten und ihn nicht nur intellektuell zu erkennen. Das ist das allerschwierigste, denn es geht dabei um ein moralisches Problem. Einmal ist da die Frage, ob man die Schatteneigenschaften auslebt oder nicht. Das ist ein großes Dilemma in der analytischen Arbeit sowohl für den Analytiker als auch für den Analysanden. Wenn der Schatten sich zu formulieren und ins Bewußtsein zu treten beginnt, muß er die Last der Ambivalenz tragen. Wenn jemand ein sehr konventionelles und ordentliches Leben geführt hat und der Schatten taucht als unbeständiger, dionysischer Saufbruder auf – was soll der arme Mensch mit ihm anfangen? Soll er sein ganzes bisheriges Leben zunichte machen, auf und davon gehen und zu seinem Schatten werden? Wenn er nicht ganz gefühllos ist, wird er dadurch ziemlich in Bedrängnis kommen, denn so etwas wie die richtige Entscheidung gibt es nicht. Sollte er einen Weg suchen, diese Gestalt auf einer symbolischen Ebene auszuleben? Oder sollte er einfach akzeptieren, daß es diesen Schatten gibt, ihn energisch unterdrücken und sein bisheriges Leben weiterführen?

Auf solche Fragen gibt es keine allgemeingültigen Antworten. Das ist einer der Gründe dafür, warum in diesem Bereich Urteile so sinnlos sind. Der eine findet es vielleicht notwendig, den Schatten auszuleben, da sein Leben bisher so wenig vital war und der Schatten die ganze Energie auf sich gezogen hat. Das kann einen sehr hohen Preis fordern, da es die Zerstörung vieler Dinge, die dem Betreffenden lieb waren, bedeuten könnte. Vielleicht bezahlt er diesen Preis gern, weil ihm sein bisheriges Leben in gewissem Sinn als Lüge erscheint. Ein anderer hält es für besser, den Schatten zu zügeln und zu versuchen, einige seiner Eigenschaften innerhalb der Grenzen der bewußten Wertvorstellungen zu integrieren. Es ist schwer zu sagen, welche Lösung schmerzhafter ist, denn beide sind sehr schwierig. Für einen Dritten könnte der Schatten solch primitive Bedürfnisse ausdrücken, daß es ihm besser scheint, sie zu opfern. Das ist natürlich ein eher spiritueller Weg. Der Schatten eines Heiligen ist auch nicht sehr schön, und ein Teil der spirituellen Reife besteht darin, sich mit ihm auseinanderzusetzen und ihm dann zu entsagen. Wie man richtig mit dem Schatten umgeht, kann man nicht sagen, bevor die Zeit reif ist. Und selbst dann gibt es auf diese Frage nie eine richtige Antwort. Am schwierigsten jedoch ist es meiner Meinung nach, angesichts des Schattens nicht einfach zu meinen, man könne sich nun, weil man ein wenig Einsicht gewonnen habe, daran machen, ihn zu transformieren. Natürlich gerät man leicht in Versuchung, so auf alles zu reagieren, was man häßlich, verstümmelt, befleckt findet. Typisch ist eine solche Reaktion vor allem für idealistischere Menschen, die beispielsweise ein luftbetontes Temperament haben. Solange man dem Schatten gegenüber diese Haltung einnimmt, wird er zurückschlagen. Solange wir ihn als häßlich ansehen, wird er immer noch häßlicher werden. Solange wir ihn als Feind betrachten, erklärt er uns den Krieg.

Welchen Sprung muß man machen, um akzeptieren zu können, daß sich der Schatten vielleicht nie verändern wird? Ein Buch, das ich Ihnen in diesem Zusammenhang empfehlen möchte, ist *The Dream and the Underworld* von James Hillman.*) Obwohl ich glaube, daß es James Hillman Spaß macht, allen und jedem nur um des Widerspruchs willen zu widersprechen, sagt er doch einiges, das mir sehr wichtig erscheint. Es geht in diesem Buch um die häßlichen und verkrüppelten Gestalten, die aus der Unterwelt der Psyche auftauchen und die für den Analysanden eine äußerst erschreckende Erfahrung bedeuten. Er wendet sich gegen die typische Haltung der Psychotherapeuten diesen Gestalten gegenüber, die darin besteht, daß der Klient von ihnen geheilt und wieder normal gemacht werden soll. Natürlich leisten sie gegen solche Bemühungen Widerstand, und Hillman hält diesen Widerstand für ganz gerechtfertigt, da das Pathologische im Seelischen vielleicht eine Notwendigkeit sei. Man kann eine Analyse Jahr um Jahr fortsetzen in der Hoffnung, daß der Schatten sich wirklich verwandeln und ganz hell und strahlend werden würde, aber oft tut er das einfach nicht. Die Wunde heilt niemals. Dieses Buch ist eine Art Reiseführer für die Geographie des Schattens.

Hillman benutzt mythologisches Material in großem Umfang. Er beschreibt die Unterweltregionen des Tartaros, in denen Gestalten wie Sisyphus für immer ihren Felsblock den Berg hinaufrollen. Sisyphus ist ein Bild für etwas, das sich nie verändert, für den ewig gleichen Kreislauf und die Rückkehr zu immer derselben Wunde.

FRAGE: Das klingt ähnlich wie das, was Sie über Pluto sagten.

LIZ GREENE: Es hat auch viel mit Pluto zu tun. Wenn man schöpferisch mit dieser Seite des Lebens arbeiten will, muß man, so glaube ich, bereit sein, die Möglichkeit zu akzeptieren, daß es im gewöhnlichen Sinn nie »besser« werden kann. In dem Augenblick, in dem man sich dazu durchringen kann, entsteht die Möglichkeit, irgendeinen Sinn in dem Schatten zu sehen und in eine wirkliche Beziehung zu ihm zu treten. Versucht man jedoch weiterhin, sich davon zu heilen, ist es nahezu eine Garantie für eine ewige Feindschaft.

*) Deutsch: James Hillman, *Am Anfang war das Bild – Unsere Träume, Brücke der Seele zu den Mythen,* München 1983

Ich glaube, es wäre dabei notwendig, daß man bereit dazu ist, wirklichen Abscheu vor sich selber zu empfinden. Wer will das schon? Wer wird schon versuchen, solch eine Eigenschaft zu kultivieren? Es klingt nicht gerade so, als sei das ein Ziel der Selbsterkenntnis. Wer möchte schon glauben, daß ein Teil der Persönlichkeit gelähmt ist und nie wieder genesen wird? Natürlich kultiviert ein hysterischer Mensch gerade das; er läuft herum und macht darauf aufmerksam: »Schau, wie schrecklich ich bin, wie kannst du meine Gegenwart überhaupt ertragen?« und so weiter. Aber das meine ich nicht mit wirklichem Abscheu vor sich selbst. Das ist kein Abscheu. Es ist viel Befriedigung dabei. Aber wenn man ein Gefühl für den eigenen Wert hat und dann dem verkrüppelten Schatten begegnet, wird es die eigene Integrität nicht erlauben, ihn zu rechtfertigen. Jede Beziehung, die man eingeht, jede Nähe zu einem anderen Menschen, setzt einen der Gefahr aus, daß die Schattengestalt früher oder später auf den Plan treten wird. Und wenn sie sich nicht ändert, kann man in dieser Beziehung mit dem anderen Menschen nie wirklich zufrieden sein. Wer von uns ist wirklich bereit, solch ein Risiko auf sich zu nehmen? Es ist verständlich, warum Jung so viel von dem höchst schwierigen moralischen Dilemma spricht, wenn er sich mit dem Schatten befaßt. Es ist eine Herausforderung für die gesamte Persönlichkeit.

Nun möchte ich ein paar Worte zur Identifikation mit dem Schatten sagen. Das bedeutet, daß man sich selbst als diese Gestalt sieht und zu ihr wird. Sehr oft geschieht das in Form von Stimmungen. Es ist eine der wichtigsten Komponenten bei vielen Depressionen. Man fällt dem Schatten in die Hände und fühlt sich depressiv, weil man sich für verkrüppelt, abstoßend oder häßlich hält. Das kann oft eine sehr produktive und wichtige Erfahrung sein, besonders wenn jemand sie macht, der dazu neigt, alle anderen für das Negative verantwortlich zu machen, das ihm im Leben widerfährt. Das ist eine charakteristische Reaktion auf einen Saturn-Transit oder eine Saturn-Progression – wir entdecken etwas Häßliches im Keller und sind eine Weile erschüttert dadurch.

Es gibt jedoch Menschen, bei denen die Identifikation mit dem Schatten ein mehr oder weniger permanenter Zustand ist. Wenn der Schatten besonders schwarz ist, wird aus dem Betreffenden möglicherweise ein Außenseiter der Gesellschaft. Er ist derjenige, der den kollektiven Schatten auf sich nimmt. Oft begegnet man Menschen, die alles Dunkle in der Familie auf sich nehmen und dann zu Sündenböcken und Symptomträgern werden. Sie leben all das Böse für die Familie aus, und die übrigen Familienmitglieder machen gute

Miene zum bösen Spiel, denn so können sie sich alle besser fühlen. Aus vielleicht sehr geheimnisvollen Gründen identifizieren sich solche Menschen nicht mit ihrer eigenen Dunkelheit, sondern auch mit dem archetypischen Schatten. Deshalb sieht die Gesellschaft sie als böse an, und sie selbst betrachten sich ebenfalls als böse. Bereitwillig nehmen sie das Böse für uns auf sich, und wir haben deshalb große Angst vor ihnen.

Frage: So ist es wohl vielen Vietnam-Veteranen gegangen. Alle machen sie für das verantwortlich, was in Vietnam geschah.

Liz Greene: Das ist ein gutes Beispiel. Ein anderes Beispiel ist jemand wie Peter Sutcliffe. Wissen Sie alle, wer das ist? Er wurde der »Yorkshire Ripper« genannt. In Großbritannien gibt es weniger Massenmörder als in Amerika, und wenn einer auftaucht, berichten die Schlagzeilen monatelang über ihn. Dieser Mann schaffte es lange Zeit, immer wieder zu entkommen. Seine Spezialität war der Mord an Frauen. Manche von ihnen waren Prostituierte, andere wahrscheinlich Frauen, die er für Prostituierte hielt. Als er schließlich überführt und vor Gericht gestellt wurde, entstanden heftige Meinungsverschiedenheiten darüber, ob er böse oder verrückt sei. Ein großer Teil der Beobachter sagte: »Dieser Mann ist böse, er muß mit lebenslänglich Gefängnis bestraft werden.« Gäbe es in England noch die Todesstrafe, was nicht der Fall ist, hätte man gefordert, er solle erhängt werden. Für diese Menschen bestand kein Zweifel über Peter Sutcliffe. Er war böse und verdiente die schlimmstmögliche Strafe.

Demgegenüber stand eine fast ebenso große Zahl von Prozeßbeobachtern, darunter eine Reihe von Psychiatern und Sozialarbeitern, die sagten: »Dieser Mann ist krank, er hat seine Taten begangen, weil er eine schreckliche Kindheit hatte. Seine Frau trieb ihn dazu.« Sie brachten zutage, daß seine Frau schizophren war und ihm das Leben zur Hölle gemacht hatte. Sie sprachen von seiner schlimmen Kindheit. Sie waren der Meinung, Peter Sutcliffe sei für seine Taten nicht verantwortlich gewesen, und plädierten für ein Urteil aufgrund verminderter Zurechnungsfähigkeit, da er ein kranker Mann sei und die Gesellschaft es ihm schuldig sei, für ihn zu sorgen und zu versuchen, ihn zu heilen.

Das waren die beiden Standpunkte, von denen aus dieser Fall beurteilt wurde. Die Gerichtsverhandlung wurde zum Muster eines tiefen moralischen Zwiespaltes, der meiner Meinung nach viel mit unserem Problem des Schattens zu tun hat. Es erhebt sich unvermeidlich die Frage, ob diese dunkle Seite der Persönlichkeit böse ist oder ob sie Schaden gelitten hat, weil einen die Mutter abgelehnt hat, weil einen der Vater geschlagen hat oder weil die Kindheit unglücklich und entbehrungsreich war. Ihre Einstellung zum Schatten wird sich ändern, je nachdem welchen der beiden Standpunkte Sie einnehmen. Ich weiß nicht, was die richtige Antwort ist. Ich sehe Wahres an beiden Standpunkten. Ich weiß, daß meine eigenen Reaktionen auf den Fall Peter Sutcliffe sehr ambivalent waren und daß ich froh war, zu keinem Urteil über dieses Problem aufgerufen zu sein, denn bei keinem Urteil hätte ich ein gutes Gefühl gehabt. Ich nehme an, daß der Schatten zugleich böse und geschädigt ist, aber man könnte ebenso sagen, daß seine Bosheit die Ablehnung und die daraus folgende Schädigung bewirkt, wie man sagen kann, daß das Kranke das Böse hervorbringt. Das führt uns auch zu der Fragestellung, was das Böse für uns überhaupt ist. Woher kommt es? Ist es eine unabhängige Kraft oder eine Reaktion auf etwas anderes? Gibt es wirklich einen archetypischen Teufel oder ist der Teufel das Produkt menschlichen Elends, der verkümmerten oder entstellten Menschlichkeit? Wenn ein Mensch so sehr entstellt ist, könnte er sich mit dem Dunklen, mit Machthunger und dem Zerstörungstrieb identifizieren. Diese Triebe leben in uns allen. Warum manche Menschen ihnen verfallen und andere nicht, ist ein großes Geheimnis.

FRAGE: Wie sieht Peter Sutcliffes Horoskop aus?

LIZ GREENE: Leider kenne ich sein Horoskop nicht.

FRAGE: Wie war der Ausgang der Gerichtsverhandlung?

LIZ GREENE: Sie beschlossen, ihn eher für böse als für verrückt zu halten. Er erhielt lebenslänglich. Die Verhandlung war sehr verwirrend. Peter Sutcliffe behauptete, Stimmen gehört zu haben, die ihm befahlen, Prostituierte zu töten. Das wurde angefochten, und der Psychiater, der anfangs meinte, man könne ihm wegen der Stimmen verminderte Zurechnungsfähigkeit zusprechen, gab später zu, daß er wohl getäuscht worden sei. Offenbar hatte Peter Sutcliffe das schizophrene Verhalten seiner Frau genauestens beobachtet, denn sie hörte tatsächlich Stimmen. Er begriff sehr schnell, daß man ihn, wenn er behauptete, auch Stimmen zu hören, weniger hart bestrafen und in einem angenehmeren Gefängnis psychiatrisch behandeln würde.

Die ganze Beurteilung des Falles hing davon ab, ob er seine Verbrechen willentlich und bewußt begangen hatte oder nicht. Das ist ein außerordentlich verzwicktes Problem. Natürlich ist man ganz eindeutig verrückt, wenn man Stimmen hört; wenn man keine hört, ist es eben schon viel schwieriger, das zu beurteilen.

Aber nicht nur dunkle, sondern auch helle Gestalten können mit dem Schatten in Verbindung gebracht werden. Das klingt vielleicht paradox, aber es ist tatsächlich so, daß der Schatten göttliche Eigenschaften haben kann und nicht notwendigerweise böse sein muß. In den Schattenbereich der Seele fällt das, was außerhalb der bewußten Wahrnehmung liegt. Wenn man sehr wenig Selbstachtung hat und meint, man würde im Leben immer scheitern, wie der Elefantenmann, der nicht viel erwartet, weil er weiß, daß er so grotesk ist, kann der Schatten als Erlöser, als Übermensch erscheinen. Er ist vielleicht sogar nichts Geringeres als eine Christusgestalt. Diese Gestalt kann in den Träumen als Aspekt des persönlichen Schattens in Form eines von uns idealisierten Menschen auftreten. Ich glaube, daß die Grenzlinie zwischen dem, was wir verachten, und dem, was wir idealisieren, sehr verschwommen ist. Wenn ein Kollektiv sehr wenig Selbstachtung hat, kann der Schatten in diesem Kollektiv die Gestalt von einer Art Erretter annehmen. Das war in Deutschland nach dem Ersten Weltkrieg der Fall. Das Land war besiegt und am Boden zerstört. In dieser Verfassung mußte aus dem Kollektiv unvermeidlich die Sehnsucht nach einem Retter aufsteigen. Es klingt zwar schrecklich ketzerisch, aber ich glaube, daß es nicht so ganz falsch ist, zu vermuten, daß nicht nur der Teufel eine archetypische Schattengestalt ist, sondern Christus ebenfalls.

Eine Frage, die häufig in Zusammenhang mit diesen Gestalten auftaucht, ist die, was man nun eigentlich mit ihnen tun soll. Ich möchte Sie an etwas erinnern, über das ich in einem anderen Vortrag sprach: Diese Seelenbilder suchen nach Inkarnation oder konkretem Ausdruck im Leben. Eine der besten Möglichkeiten, mit diesen inneren Bildern zu arbeiten, ist es, sie zu malen. Das klingt in Ihren Ohren vielleicht furchtbar simpel, es ist jedoch ein sehr magischer Prozeß, wenn man ein solches Bild zu malen versucht, vor allem, wenn in Träumen eine erschreckende oder beunruhigende Gestalt auftritt. Schattengestalten haben oft etwas Alptraumhaftes. Es ist sehr produktiv, sich mit ein paar großen Bogen Papier und einigen guten, leuchtenden Farben, Ölkreiden oder Plaka-Farben hinzusetzen und das Bild sich selbst porträtieren zu lassen. Es ist sogar besser, wenn man kein Künstler ist, da man dann nicht in Versuchung gerät, etwas Museumsreifes produzieren zu wollen.

Wichtig bei diesen Bildern ist, daß sie lebendig sind und sich wie andere Lebewesen verhalten. Wenn man sie ernst nimmt, ihnen seine Aufmerksamkeit zuwendet, reagieren sie. Wenn man Interesse genug an ihnen hat, um sich eine Stunde am Tag Zeit zu nehmen und soviel Energie auf diese innerpsychischen Gebilde zu verwenden, wie man es normalerweise nur für etwas Äußeres und Konkretes täte, dann kommen sehr oft Veränderungen in Gang. Ton ist ein gutes Arbeitsmaterial dafür. Das Unbewußte beginnt sich selbst auf ungeahnte Weise zu äußern. Irgendwelche kleinen Dinge schleichen sich manchmal ganz unabwendbar in das Bild oder in die Zeichnung ein. Wenn man weiter damit arbeitet, ohne zu beurteilen oder zu analysieren, wenn man einfach zuläßt, daß es sich selbst spontan darstellt, geschieht möglicherweise etwas, das schwer zu beschreiben ist, das sich jedoch wie eine starke Entladung von Energie anfühlt. Damit beginnt man zuzulassen, daß die Gestalt ins Bewußtsein tritt. Häufig erscheint in den nächsten Träumen die Gestalt leicht verändert, wenn man mit solchen Bildern arbeitet. Sie ist vielleicht ein bißchen weniger erschreckend, etwas zugänglicher. Vielleicht war sie anfangs eine Schreckgestalt, die einen verfolgte oder bedrohte. Hat man sich die Zeit genommen, sie in einer schöpferischen Weise auszudrücken, ist sie vielleicht in den nächsten Träumen immer noch unangenehm und sagt einem böse Dinge, aber sie spricht schon mit einem, anstatt einem nur an den Kragen zu wollen. Bilder haben eine große Fähigkeit, Energie zu binden und zu verwandeln. Alles, was man tun kann, ist, diesem Prozeß zu vertrauen und an ihm weiterzuarbeiten. Eine andere gute Ausdrucksmöglichkeit ist es, eine Geschichte über die Figur zu schreiben, wobei man sich jedoch hüten sollte, die Dinge mit dem Intellekt zu zensieren.

FRAGE: Was ist, wenn diese Kraft unsichtbar ist? Ich habe das erlebt. Es war ein schreckliches Gefühl, es gab kein sichtbares Bild.

LIZ GREENE: Wenn keine fest umrissene Gestalt da ist, gibt es andere Dinge, die man schöpferisch ausdrücken kann. Vielleicht findet man einen Geruch oder eine Farbe, durch die man diesem Etwas Ausdruck verleihen kann. Vielleicht zeichnet man nur eine graue Wolke; aber wenn man ein paar Farbstifte hat und mit der grauen Wolke herumspielt, beginnt sich vielleicht plötzlich in ihrer Mitte etwas zu formen. Es ist nicht wichtig, ob das eine erkennbare menschliche Gestalt ist. Ich habe lange Zeit mit jemandem gearbeitet, der immer nur ganze Blätter schwarz malte. Eines Tages begann er die schwarze Farbe zu verdünnen, und es bildeten sich Wolken heraus. Ich glaube, daß man diesen Dingen gegenüber die Haltung eines Kindes einnehmen muß, da das Ganze einem sonst einfach lächerlich erscheint. Ein Kind jedoch, oder das Kind in uns, kann in diese magische Welt eintreten und sie ernst nehmen. Die größten Veränderungen können im Menschen vorgehen, wenn er es nur zuläßt, daß das Unbewußte auf diese Weise auf sein Ich einwirkt.

Eine andere Möglichkeit ist die Körperarbeit. Das ist ein völlig anderer Weg, an den Bereich des Schattens heranzukommen. Man kann versuchen herauszuspüren, an welchen Körperstellen die Energie blockiert ist oder sich staut. Für viele Menschen sind Bilder weniger zugänglich als Körperempfindungen. Es gibt natürlich eine ganze psychotherapeutische Richtung, in der versucht wird, seelische Energie zu befreien, die im Körper gefangen ist. Vielleicht lebt der Schatten in Ihrem Magen, und Sie kennen ihn von Ihren dauernden Verdauungsstörungen oder Krämpfen. Vielleicht lebt er auch in Ihrem Kopf, und Sie spüren ihn in Form von Migräne. Vielleicht manifestiert er sich auch als Rückenschmerz oder als rote Flecken, die immer in Ihrem Gesicht auftreten, wenn Sie in eine Situation geraten, in der der Schatten sich bemerkbar macht.

FRAGE: Glauben Sie, daß spontane Kritzelzeichnungen in diesem Zusammenhang von Nutzen wären?

LIZ GREENE: Wahrscheinlich schon, aber ich habe irgendwie das Gefühl, daß es nicht das gleiche ist, wie wenn man es einem inneren Bild erlaubt, sich selbst zu malen. Wenn man sich mit einem verborgenen Teil seiner selbst vertraut machen will, muß man sich ihm wirklich öffnen und sich Zeit dafür nehmen. Problematisch an dieser Arbeit mit Phantasiebildern ist, daß man manchmal besser eine Anleitung haben sollte, denn die Macht der Bilder und Gefühle, die bei einer Arbeit wie der eben beschriebenen frei werden können, kann einem Angst machen, auch wenn man sich selbst sagt, daß das lächerlich sei.

FRAGE: Wäre ein Dialog mit solch einer Gestalt keine gute Möglichkeit, sie in den Griff zu bekommen?

LIZ GREENE: Ich glaube nicht, daß es darum geht, sie in den Griff zu bekommen. Ja, natürlich ist es oft sehr fruchtbar, in einen imaginären Dialog einzutreten. Wenn er einem unangenehm wird, kann man jederzeit damit aufhören. Die Fragen, die ich Ihnen am Anfang stellte, können einem da einige Hinweise geben. Man kann sich ein Bild machen von der Art Mensch, die man ablehnt, und in der Phantasie ein Gespräch mit ihr beginnen und sie Dinge fragen wie: »Wer bist du?«, »Habe ich dich gekränkt?«, »Was denkst du über mich?« und so weiter.

FRAGE: Das klingt, als sei der Schatten so etwas Ähnliches wie Animus und Anima.

LIZ GREENE: Ich glaube, daß diese Begriffe eine künstliche Trennung seelischen Materials in einzelne Teile beinhalten. Solch eine Einteilung ist zwar sehr nützlich, in der Praxis ist die Grenze zwischen diesen Gestalten jedoch viel fließender, als die begriffliche Fixierung vermuten ließe. Wir benutzen solche Unterscheidungen, um sie besser erkennen zu können und sie in unser Leben zu integrieren. Die Gestalt des Schattens gehört jedoch eher zum eigenen Geschlecht, da sie ein Aspekt der eigenen männlichen oder weiblichen Persönlichkeit ist und dem Bewußtsein nähersteht. Die gegengeschlechtliche Gestalt ist weit weniger bewußt und wird als viel weniger persönlich empfunden. Oft haben sie nahezu die gleichen Eigenschaften. Sicherlich gehen sie ineinander über.

Nehmen wir beispielsweise einen sehr kultivierten Mann. Man findet das bei starker Luftzeichenbesetzung im Horoskop, also bei einer Betonung von Zwillingen, Wassermann oder Waage. Das männliche Prinzip, das sich durch solch ein Horoskop ausdrückt, fühlt sich am wohlsten, wenn es sich intellektuell ausdrücken kann; für solch einen Menschen ist es sehr wichtig, zivilisiert, vergeistigt, klar und rational zu sein. Oft besteht eine prinzipielle Abneigung gegen Aggression. Für die niederen Äußerungen der Männlichkeit wird er nur Verachtung empfinden. Er würde sich nie mit anderen Männern in einer Kneipe treffen, Rugby spielen oder sich auf derbe Gespräche einlassen, wie man sie von einer Männerrunde erwartet. All das würde er als unter seiner Würde betrachten. Gewalt fürchtet er oft. Vielleicht ist er Pazifist und begeisterter Philosoph. Er würde nie eine Frau schlagen oder sie mit offener Respektlosigkeit behandeln. Natürlich beschreibe ich eine Karikatur, Menschen sind jedoch oft Karikaturen. Und bei diesem Männertyp wird der Schatten oft in Träumen die Gestalt eines Gewalttätigen, eines riesigen behaarten Gorillas, eines brutalen Rohlings annehmen.

Man kann es aber auch von der anderen Seite betrachten. Da gibt es den typischen Fall des vom Männlichkeitswahn besessenen Mannes, der schreckliche Angst davor hat, »weibische« Eigenschaften zu zeigen. Er wird nie eine Träne vergießen und keinerlei Gefühle zeigen. Er muß immer und überall der erste sein, und der Gedanke, eine Frau zu brauchen, ist ihm unerträglich. Sein Schatten wird oft eine sehr spirituelle, oft androgyne Gestalt annehmen. Für solch einen Mann ist es oft ein sehr schwieriger Prozeß, mit solch einer Schattengestalt zurechtzukommen. Gelingt einem das jedoch, so gewinnt man ein viel breiteres Spektrum an Lebensmöglichkeiten. Man kann viele verschiedene Aspekte des Männlichen annehmen und muß sich nicht verzweifelt an einen einzigen klammern.

D. H. Lawrence bemerkte einmal treffend, daß Frauen entweder Gemahlinnen oder Geliebte sind. Er scheint ein grundlegendes Schattenproblem der Frau erkannt zu haben. Wenn eine Frau sich völlig damit identifiziert, Ehefrau und Mutter zu sein, wird der

Schatten sich oft als Hure äußern. Je ehrbarer die Frau ist, je hingebungsvoller und selbstloser sie sich ihrer Familie widmet, desto entfesselter und rebellischer wird der Schatten sein. Man kann es aber auch umgekehrt sehen. Die sehr befreite und unabhängige Frau hat vielleicht einen außerordentlich konventionellen Schatten. Man begegnet oft Karrierefrauen, die voller Verachtung auf Hausfrauen und Mütter herabblicken, weil sie zu Hause bleiben, um sich um ihre Kinder zu kümmern. In ihren Augen ist das ein Zeichen von Schwäche und Unentwickeltheit. Der Schatten entspricht oft einer Frau aus einer spießigen Kleinstadt mit all ihrer Bigotterie und ihrem Konservativismus – vielleicht aber auch ihrem Reichtum, ihrer Stabilität und Kraft, wenn Sie sich dieser Gestalt nur toleranter nähern und herausfinden könnte, was sie ihr möglicherweise zu geben hätte. Meist liegt die gegengeschlechtliche Gestalt in einer tieferen Schicht, und man ist geneigt, sich in dieses Bild zu verlieben, da darin eine Möglichkeit zum Ganzwerden liegt. Sehr oft teilen der Schatten und das Liebesobjekt jedoch die gleichen Eigenschaften. Der sehr kultivierte, vergeistigte Mann mit hohen ethischen Grundsätzen, den ich eben beschrieb, hat vielleicht einen sehr primitiven Schatten und möglicherweise die Tendenz, sich in sehr primitive Frauen zu verlieben. Wenn er den gleichen Eigenschaften jedoch beim eigenen Geschlecht begegnet, wird er sie hassen. Bei den Frauen ziehen sie ihn an, und so hat man diese merkwürdige Dichotomie, daß man den gleichen Gegenstand idealisiert und ablehnt.

Es ist sehr interessant, sich im Hinblick auf diese Dinge mit dem Horoskop zu beschäftigen. Man kann sich dabei auf Punkte wie das IC, den Deszendenten oder Saturn konzentrieren, ebenso auf Quadrate und Oppositionen, bei denen ein beteiligter Planet Eigenschaften oder Triebe beschreibt, die dem Ego nicht akzeptabel erscheinen. Es ist jedoch viel produktiver, nach einem Bild für diese astrologischen Konstellationen zu suchen und sie zu malen als sie zu analysieren und sie mit Schlüsselbegriffen zu beschreiben. Vielleicht findet man auch eine Gestalt aus einem Märchen, die diese Eigenschaften auf irgendeine Weise symbolisiert, oder eine mythologische Gestalt oder einen Darsteller aus einem Film oder einer Fernsehsendung. Ich halte es für wichtig, mehr mit Bildern als mit Begriffen zu arbeiten. Das hilft einem nicht nur innerlich, sondern läßt einen auch Dinge über die Astrologie erfahren, die man in keinem Nachschlagewerk und in keinem Vortrag lernen kann.

Ich möchte mich nun mit dem Problem des kollektiven Schattens beschäftigen, denn das berührt die Frage nach unseren rassischen und ideologischen Vorurteilen, die ich am Anfang stellte. Es fällt mir immer wieder auf, daß wir, im Glauben, ganz objektive politische oder religiöse Anschauungen zu haben, sehr persönlich urteilen und sehr häufig vom persönlichen Schatten beeinflußt sind. Wenn man in einen Parteienkonflikt gerät, sieht man sehr deutlich, wie diese Dynamik wirkt. Da ist zum Beispiel das alte Thema des Kommunisten und des Faschisten und ihres ewigen Hasses aufeinander. Das Ganze sieht gar nicht mehr so sehr politisch aus, wenn man sein Exemplar von »Mein Kampf« oder »Das Kapital« beiseite legt und versucht, sich ein Bild von diesen schrecklichen links- oder rechtsextremen Menschen zu machen. Dann entdeckt man vielleicht einige bemerkenswerte Dinge über sich selbst und findet irgendwann heraus, warum man so sehr darauf bedacht ist, eine politische Meinung, feste Überzeugungen und den Drang, die Welt zu verändern, haben muß. Ich will damit nicht sagen, daß man sich nicht für die Welt interessieren sollte. Wenn man jedoch im Kern dessen, was man für eine objektive politische Ansicht hielt, die eigene Psychologie entdeckt, wird man vielleicht ein kleines bißchen weniger sicher über die absolute Richtigkeit der eigenen Argumente sein. Das muß nicht die eigenen Bemühungen, zu einer Veränderung in der Gesellschaft beizutragen, zerstören, aber es wird einen vielleicht ein wenig toleranter werden lassen. Dann werden die Ansichten, die man verkündet, vielleicht ein wenig realistischer, und die Chance wächst für einen selbst und für andere, die Dinge auch zu verwirklichen und etwas mehr in der menschlichen Realität zu verwurzeln.

Auch die Problematik der rassistischen Vorurteile ist außerordentlich interessant. Wir wollen es nicht gerne wahrhaben, daß wir Vorurteile haben, ich vermute jedoch, daß niemand davon frei ist, denn niemand ist ohne Schatten. Diese Vorurteile liegen vielleicht in einem ganz anderen Bereich, als wir glauben. Die rassistischen Probleme sind vielleicht viel weniger offensichtlich vorhanden, und man weiß vielleicht gar nichts von ihnen, bevor man nicht durch eine konkrete Situation mit ihnen konfrontiert wird. Welches Bild also haben Sie von der bestimmten Gruppe, die Sie so sehr fürchten oder ablehnen? Auch hier wieder könnten Sie Interessantes über sich selbst entdecken. Es hat mich beispielsweise lange beschäftigt, das schwarze Gestalten immer wieder in den Träumen weißer Menschen auftauchen und weiße Gestalten in den Träumen schwarzer Menschen. Ich glaube, daß wir hier ein seelisches Bild auf die physischen Charakteristika einer Person oder einer Rasse projizieren. Wir machen also aus physischen Menschen Symbole für etwas, das mit uns zu tun hat. Das gleiche spielt sich zwischen Juden und Katholiken, zwischen Juden und Deutschen ab. Man sieht diesen

Vorgang sogar an der Weise, wie wir das Licht auf die Gestalt des indischen Gurus projizieren. Ich habe viele Leute nach ihren Assoziationen gefragt, wenn ein indischer Guru oder ein Ashram in einem ihrer Träume erschien, und sehr oft sagten sie mir, daß sie alle Inder für mystisch und erleuchtet hielten. Natürlich kann man so etwas nicht behaupten, solche Verallgemeinerungen treffen auf keine Gruppe oder kein Volk zu. Aber der Guru ist ein Bild, ein Symbol für die eigene Spiritualität, die in dem Träumer selbst unbewußt vorhanden ist.

Wenn man versucht, mit etwas Dunklem im psychologischen Sinne zurechtzukommen, werden wir es vielleicht in jemandem verkörpert finden, der physisch dunkel ist. Das Problem besteht darin, daß das »Dunkle« für jeden einzelnen sehr viel Verschiedenes bedeuten kann und daß keine dieser Bedeutungen irgend etwas mit der als Projektionsfigur dienenden schwarzen Person zu tun hat. Auch wenn es um etwas Helles geht, neigen wir dazu, diesen seelischen Bereich an einem physischen Objekt festzumachen. Bei all dem können wir letztlich die persönliche Situation nicht von der kollektiven trennen. Wir alle haben unsere geheimen Phantasien über kollektive Gruppen. Obwohl es recht unwahrscheinlich ist, daß ein Teilnehmer dieser Tagung Mitglied des Ku-Klux-Klan oder der Nationalen Front sein könnte, erscheinen Gestalten aus solchen Gruppen in den Träumen der meisten liberal gesonnenen Individuen, die natürlich erschrecken, wenn sie so etwas in sich entdecken. Wir alle träumen von Ronald Reagan, Breschnew, Margaret Thatcher oder dem Ayatollah. Sie sind jedoch nicht nur kollektive Gestalten. Sie haben auch etwas mit einem selbst zu tun, wenn sie in den eigenen Träumen auftauchen.

Die Grenzen zwischen dem Persönlichen und dem Kollektiven sind tatsächlich sehr fließend. Wenn wir im persönlichen Bereich etwas tun – und das ist letztlich das einzige, was uns zugänglich ist –, besteht vielleicht die Möglichkeit, daß dieser kleine persönliche Beitrag irgendwann auf unsichtbare Weise auch das größere Kollektiv beeinflußt.

Ein anderer interessanter Bereich, in dem man diese Dinge sehen kann, ist unsere Reaktion auf große kollektive Krisen. In diesem Zusammenhang möchte ich auf die Konjunktion von Saturn und Pluto hinweisen, die zuletzt zwischen Ende 1946 und 1948 im Löwen stattfand. Die unter dieser Konjunktion geborene Gruppe interessiert mich sehr, weil ich glaube, daß Pluto eine Beziehung zum kollektiven Schatten hat. Saturn und Pluto bildeten ein Quadrat, als Saturn im Stier stand, und eine Opposition (um 1930), als Saturn im Steinbock stand. Schon während des Ersten Weltkrieges fand eine

Saturn-Pluto-Konjunktion statt. Diese beiden Planeten berühren sich im Laufe eines Jahrhunderts regelmäßig. Ende 1982 bilden sie wieder eine Konjunktion.

Saturn repräsentiert für mich unter anderem die Grenzlinie des Ichs, die Stelle, an der das Du beginnt. Er gibt mir das Gefühl des Getrenntseins, meine Struktur, meinen Verteidigungswall. Wenn Saturn mit Pluto oder einem der anderen äußeren Planeten in Konjunktion steht, bedeutet das, daß etwas aus dem Kollektiven eindringt, meine Grenzlinie durchbricht. Wenn Saturn diese Planeten berührt, entsteht eine Art Durchlässigkeit für die Bewegungen und Ströme, die tief im kollektiven Unbewußten wirksam sind. Ist Pluto beteiligt, dann hat man mit der kollektiven Dunkelheit zu tun. Ich halte es nicht für zufällig, daß die Saturn-Pluto-Konjunktion gerade während des ersten und nach Beendigung des zweiten großen Krieges in diesem Jahrhundert stattfand. Ich möchte keinen Kommentar zu der Tatsache abgeben, daß die dritte Konjunktion 1982 und 1983 stattfinden wird.*) Ich glaube jedoch, daß das, was wir »Krieg« nennen, in gewisser Weise ein Ausdruck des kollektiven Schattens ist. Ich bin ziemlich sicher, daß der letzte Krieg vieles mit dieser Art Eruption von Aggression und Gewalt zu tun hatte. Wenn Sie ein Gefühl dafür bekommen wollen, was das mit Ihnen persönlich zu tun hat, überprüfen Sie Ihre Reaktionen, wenn Sie beispielsweise etwas über den Holocaust im Fernsehen sehen. Wo ist der Nazi und der Jude in Ihnen selbst?

Frage: Ich mußte an Hitler denken und wie wir uns von ihm distanzieren. Vielleicht kommen die meisten von uns nicht mit dem persönlichen Schatten zurecht, und so wird er zu einer kollektiven Angelegenheit. Vielleicht sind wir in gewisser Weise alle für Hitler verantwortlich.

Liz Greene: Ja, da würde ich Ihnen zustimmen. Mir sind bei Menschen, mit denen ich arbeite, oft Träume begegnet, in denen Hitler erscheint, und das sowohl bei Männern wie bei Frauen. Ich frage den Betreffenden immer, was seine Assoziationen zu Hitler sind, denn das ist bei jedem anders. Meist jedoch hat diese Gestalt mit etwas Tyrannischem und Diktatorischem in dem betreffenden einzelnen zu tun. Sehr oft ist auch der Haß Hitlers auf die Juden von Bedeutung, denn der Jude ist für viele Menschen eine symbolische Figur. Der blonde, arische Übermensch, der den dunklen Sündenbock verfolgt, hat etwas mit den inneren Problemen des einzelnen zu tun.

*) Dieser Vortrag wurde im Juli 1981 in San Francisco gehalten.

Es ist mir bei Menschen, die unter der Saturn-Pluto-Konjunktion geboren wurden, aufgefallen, daß sie von einer Art Gefühl geprägt sind, den Krieg durchgestanden zu haben. Es ist schwer zu beschreiben, aber mir sind bei Saturn-Pluto einige paranoide Züge begegnet, vor allem Angst vor Menschenmengen und großen Massen. In Gruppen halten sich die Saturn-Pluto-Leute eher im Hintergrund. Sie möchten zu keiner Gruppe gehören. Sie mißtrauen solchen Ansammlungen und Führern, besonders wenn sie irgendeine Art von Gehorsam fordern.

Mir sind bei Pluto-Saturn-Menschen auch viele Traumbilder begegnet, die eine unheimliche Ähnlichkeit mit dem Holocaust haben. Ebenso häufig sind Träume, in denen jemand von einem wütenden Kollektiv verfolgt wird oder selbst zu einem Kollektiv gehört, das einen Sündenbock jagt. Mir wurden sogar Träume erzählt, in denen jemand in eine Gaskammer gesperrt wurde. Ich möchte nicht voreilig behaupten, Reinkarnation sei eine Erklärung dafür, denn ich glaube, daß es letztlich fruchtbarer ist, das Ganze als psychologisches Problem zu sehen. Was in der äußeren Welt geschieht, dient uns als symbolisches Bild für das, was im Inneren vor sich geht. Die sehr gegenwärtigen Schreckensbilder des letzten Krieges sind nicht nur historische Tatsachen. Sie beschreiben das mythologische Drama des inneren Krieges. Wenn man eine Saturn-Pluto-Konjunktion hat, ist das, als fände dieser Krieg im Inneren statt.

FRAGE: Und wie ist es bei einer Opposition?

LIZ GREENE: Sehr ähnlich. Sie hat eine ähnliche Färbung, und auch die Traumbilder gleichen sich.

FRAGE: Glauben Sie, daß die Saturn-Pluto-Menschen eine besondere Aufgabe haben?

LIZ GREENE: Ich glaube, daß man eine bestimmte Verantwortung hat, wenn man mit diesen Aspekten geboren wird. Das gilt meiner Meinung nach bei Saturn in Zusammenhang mit allen äußeren Planeten. Für mich bedeutet es, daß man eine Begabung hat – daß man starke Bilder aus der Kollektivpsyche kanalisieren und vermitteln und ihnen Form geben könnte. Saturn ist der Gestalter. Ich glaube, es geht darum, dem Schatten der eigenen Rasse schöpferisch Form zu verleihen. Vielleicht bedeutet es auch, daß man versucht, aus einer anfangs gar nicht so schönen kollektiven Rohmasse alchimistisch etwas zu verwandeln, und daß man versuchen sollte, diesen Vorgang zu erkennen.

FRAGE: Und das Quadrat?

Liz Greene: Jeder Saturn-Pluto-Kontakt hat mit diesen Dingen zu tun. Natürlich haben viele Leute solche Aspekte. Ich lege das Hauptgewicht auf die Konjunktion, weil es hier am offensichtlichsten ist. Aber ich habe diese paranoide Angst vor Menschenmengen und die Angst, von irgend etwas oder irgend jemandem kontrolliert zu werden, bei allen Saturn-Pluto-Aspekten gesehen. Klaustrophobie ist ein verbreitetes Symptom, das mir bei diesen Menschen begegnet ist – Klaustrophobie im wörtlichen Sinn, also die Angst, mit vielen Menschen auf engem Raum zusammengesperrt zu sein.

Frage: Wie könnte man Ihrer Meinung nach mit solchen Aspekten in einem Horoskop arbeiten?

Liz Greene: Ich sehe es so: Die Energien, die wir astrologisch durch Planeten, Zeichen und Aspekte symbolisieren, sind der Stoff, aus dem wir gemacht sind. In der Alchimie hätte man ihn die »prima materia« genannt, die Ursubstanz, mit der das Werk beginnt. Ein Horoskop ist für mich ein Bild für den Klumpen Ursubstanz, der einem sozusagen mit den Worten »Mach damit, was du kannst« bei der Geburt übergeben wurde. Ist Saturn-Pluto darin enthalten, so ist es nicht nur ein persönliches Problem, daß man mit Macht, Aggression und Triebhaftigkeit umgehen muß, sondern es ist einem auch eine hohe Sensibilität für ein weitreichendes kollektives Problem mit denselben Inhalten verliehen. Die persönliche Schattengestalt, die in einem lebt, hat hier vielleicht Anklänge an einige der kollektiven Schattengestalten, die in der Geschichte eine Rolle gespielt haben – vor allem der Tyrann. Wenn das der Fall ist, muß man innerlich damit arbeiten und einen Weg finden, diese gewaltige Kraft zu formen und zu kanalisieren. Zugleich leistet man einen Beitrag für ein Kollektiv, in dem die Götter zu der Zeit, als man geboren wurde, es mit ihren Urleidenschaften nicht leicht hatten. Es gibt einige Planetenkonstellationen, die etwas einfacher sind, und ich glaube, es wäre töricht, das nicht zuzugeben.

Frage: Glauben Sie, daß ein Saturn-Pluto-Aspekt im Transit über einen Punkt im Geburtshoroskop bedeutet, daß der Betreffende in wichtige historische Ereignisse verwickelt wird?

Liz Greene: Ich weiß nicht. Ich glaube nicht, daß ein Transit etwas aus einem Horoskop herausholen kann, wenn dazu nicht von Anfang an eine Tendenz vorhanden war. Nicht jeder wird so in äußere Ereignisse verwickelt. Wahrscheinlich reflektiert die Konjunktion ein Dilemma der Macht und der Erlösung des Tieres. Wenn sie das Horoskop eines Menschen trifft, wird dieses Dilemma im Leben des Betreffenden entsprechend der speziellen Weise, in der er Dinge erlebt, zutage treten. Ob das auch auf einer historischen Ebene geschieht oder nicht, weiß ich nicht.

Frage: Wie steht es mit dem Trigon und dem Sextil?

Liz Greene: Es ist dasselbe Planetenpaar. Ich glaube, daß ein Trigon für den Betreffenden eine etwas weniger schwierige Färbung symbolisiert als das Quadrat. Das Tier ist dann vielleicht ein bißchen weniger erschreckend, oder man neigt weniger dazu, es von vorneherein zu unterdrücken und zu verdammen. Diese Kräfte können sich dann vielleicht ein bißchen natürlicher äußern. Wenn man einen inneren Planeten hat, der zur Saturn-Pluto-Konjunktion oder zum Quadrat oder zur Opposition dieser beiden Planeten ein Trigon oder ein Sextil bildet, gibt es einen relativ zugänglichen Lebensbereich, durch den das Primitive kanalisiert werden kann. Dann ist es einfacher, mit dieser Gestalt umzugehen.

Frage: Ich glaube, wenn Pluto, der ein sehr starker Planet ist, in Konjunktion mit Saturn tritt, der ein ebenso starker Planet ist, wird das Ergebnis etwas Ungeheuerliches sein. Daran führt wohl kein Weg vorbei. Wenn man sich annimmt, wie man ist, und den Dingen ins Auge sieht, entsteht eine ungeheure Energie, die sich auf das Kollektiv auswirkt und die mehr ist, als die beiden Planeten anfangs waren.

Liz Greene: Ich habe Schwierigkeiten zu verstehen, was Sie meinen.

Frage: Wenn man einen Schritt in einer guten Richtung macht, wird Energie frei, und diese Energie ist stärker als die Energie der beiden Planeten zu Anfang.

Liz Greene: Ja, ich sehe, was Sie meinen. Sicher haben Sie recht. Ich kann nur etwas dazu sagen, wie das vielleicht im Individuum vor sich geht, da ich das Kollektiv nicht einschätzen kann. Ich habe jedoch erlebt, daß Saturn-Pluto die größten inneren Reserven an Kraft und Tiefe geben kann, wenn der Betreffende sich wirklich mit dem Tier in sich auseinandersetzt.

Frage: Wenn jemand mit einem Saturn-Pluto-Aspekt geboren wurde, sind Sie dann wie ich der Meinung, daß er zum Zeitpunkt eines transitierenden Saturn-Pluto-Aspektes für die Gesellschaft eine bestimmte Bedeutung bekommt?

Liz Greene: Die psychologischen Probleme im Individuum werden zur gleichen Zeit relevant, zu der diese Probleme in der Gesellschaft zur Auswirkung kommen. Wenn in der Außenwelt ein Krieg stattfindet, wird der Saturn-Pluto-geprägte Mensch sich zur gleichen Zeit seines inneren Krieges sehr bewußt werden, selbst wenn er nicht in die äußeren Ereignisse verwickelt ist.

FRAGE: Gilt das auch, wenn die transitierende Saturn-Pluto-Konjunktion nichts im eigenen Horoskop aspektiert?

LIZ GREENE: Ja, ich glaube schon. Wenigstens habe ich das beobachtet. Übrigens möchte ich sagen, daß ich das ganze Problem in Zusammenhang mit Pluto und dem kollektiven Schatten nicht als schlecht oder böse ansehe. Ich verstehe die plutonische Energie als archaisch und primitiv. Sie ist noch nicht zivilisierte Ur-Natur.

Während der Pausen zwischen den Vorträgen haben einige von Ihnen mir gesagt, daß Sie die ganze Schatten-Problematik schrecklich pessimistisch finden. Ich kann mir denken, daß das für manche von Ihnen so ist, der Schatten gehört jedoch zum Leben, und ich glaube, daß wir uns um ein wachsendes Verständnis der schöpferischen Möglichkeiten des Lebens bemühen müssen.

Ich stimme auch mit der Jungschen Ansicht über die Entwicklungsschichten der Menschheitsgeschichte, die wir in uns tragen, überein. Wenn man einen Menschen des zwanzigsten Jahrhunderts nimmt und die oberste Schicht des rationalen Bewußtseins abträgt, findet man einen mittelalterlichen Menschen, und die mittelalterliche Weltanschauung unterscheidet sich sehr von der unseren. Für den mittelalterlichen Menschen war das Universum etwas Wunderbares und Ehrfurchteinflößendes – ein in sich zusammenhängendes, lebendiges Wesen. Man sprach von den Hierarchien der Engel und dem Gesetz der Entsprechungen. Diese Dinge liegen der modernen Astrologie zugrunde; meist haben wir dieses Erbe nur vergessen. Man kann beispielsweise bei Paracelsus lesen, wie der Planet Mars und das Eisen, die rote Farbe, das Blut und die Eiche als Teil der gleichen Substanz beschrieben werden.

Streift man also das Bewußtsein des zwanzigsten Jahrhunderts ab, findet man mittelalterliches Bewußtsein. Streift man dieses mittelalterliche Bewußtsein ab, findet man das alte Griechenland mit seinem reichen Pantheon heidnischer Götter. Trägt man die griechische Bewußtseinsschicht mit ihrer mythischen Imagination und der geistvollen, kindlichen Erforschung des Universums, die schließlich zur Wissenschaft wurde, ab, stößt man auf die Mentalität des primitiven Menschen, die durch und durch animistisch ist. Da leben Geister in Steinen, Dämonen in Flüssen und die Seelen der Ahnen in Bäumen, und die Erde ist bevölkert mit wirkenden Urkräften, angesichts derer das kleine Ich-Bewußtsein sehr vergänglich ist. Es ist wie das Licht einer winzigen Kerze in einem großen, dunklen Raum. Man muß sich sehr bemühen, das Flämmchen zu bewahren und sich die erschreckenden Naturkräfte, deren mächtigste Zeugung und Tod sind, gewogen machen. Auf dieser ursprünglichsten Ebene sehe ich Pluto. Er ist keine böse Macht, sondern etwas durch und durch Unzivilisiertes. Er ist nicht mehr oder weniger böse als die Natur selbst.

Wenn diese Kraft in unserer westlichen Welt des zwanzigsten Jahrhunderts zum Ausbruch kommt, was meiner Meinung nach während des letzten Krieges geschah und was in bestimmten Fällen von seelischen Zusammenbrüchen geschieht, sieht sie nicht gerade schön aus. Dies liegt jedoch vor allem an der Arena, in der sie zum Ausbruch kommt, und an einem völligen Mangel an Verständnis ihr gegenüber. Wir können einfach nicht glauben, daß solche Leidenschaften noch in uns existieren. Unsere Bewußtseinsentwicklung hat uns schrecklich anmaßend werden lassen. Wenn man Deutschland und seine Rolle im Zweiten Weltkrieg symbolisch betrachtet und die deutsche Geschichte mit einbezieht, entdeckt man, daß es die einzige Nation in Europa war, die nie romanisiert wurde. Germanien war heidnisch und verehrte Wotan, einen wahnsinnigen, chaotischen Gott. Dann wurde es plötzlich in kürzester Zeit christianisiert, ohne daß die Jahrhunderte allmählicher römischer Veredelung dazwischengelegen hätten. In allen anderen europäischen Ländern fand eine stufenweise Entwicklung von den frühen heidnischen Göttern bis zur Christianisierung statt. Ich stelle mir Deutschland als eine Kollektivpsyche mit einer Art Vakuum im Inneren vor, in das Wotan allmählich von tief unten wieder einzudringen begann. Die Christianisierung Germaniens war nie sehr wirksam. Alle wirklich mächtigen, chaotischen, häretischen Sekten im Mittelalter, wie beispielsweise die Flagellanten, fanden im deutschen Raum ihren Nährboden. Es gab eine ganze Reihe mystischer wilder Kulte und Führer, die im frühen Germanien auftauchten und das Gebäude der Kirche bedrohten. Ich glaube, daß Wotan auch damals heraufzusteigen versuchte. Ich empfehle Ihnen zur Lektüre den Jungschen Aufsatz über Wotan zum Verständnis der Zusammenhänge, denn die Ereignisse in Deutschland in diesem Jahrhundert waren sicher eine Art Wiederaufleben eines starken heidnischen Geistes.

Wenn man als Kern des letzten Krieges dieses Durchbrechen einer heidnischen und primitiven Energie durch eine scheinbar zivilisierte Tünche sieht, wird einem klar werden, daß diese Kräfte überall zum Ausbruch kommen können. Der einzige Unterschied zwischen Deutschland und den anderen westlichen Nationen war während des Krieges, daß die anderen Länder durch die Romanisierung eine dickere Tüncheschicht hatten, mit der sie die primitiven Kräfte besser niederhalten konnten. Doch selbst unter den »guten« Ländern brach der gleiche Antisemitismus und die gleiche Roheit durch. Heute ist das allen sehr peinlich, und man bagatellisiert es. Eine antijüdische Einstellung ist für England heute kein Gesprächsthema, obwohl sie während des Krieges stark dominierte. Es ist sehr angenehm, den kollektiven Schatten auf die deutsche Geschichte projizieren zu können, weil wir alle dann besser dabei wegkommen. Ich glaube wirklich nicht, daß es dabei um das Problem des Bösen geht, sondern um Einseitigkeit und die Abspaltung von Seelenanteilen.

FRAGE: Das würde bedeuten, daß Gott auf keiner Seite steht?

LIZ GREENE: Ich sympathisiere ebenso mit der griechischen Philosophie wie mit dem Neoplatonismus der Renaissance. Ich glaube, daß es viele verschiedene Götter oder Aspekte einer zentralen Wesenheit gibt, und ich glaube, daß die verschiedenen Götter sich auf verschiedene Seiten stellen. Homer sagte viel über dieses Thema, als er den Krieg zwischen den Griechen und den Trojanern in seiner Ilias beschrieb. Einige Götter ergriffen die Partei Griechenlands, andere die Trojas, und sie bekämpften sich auf dem Schlachtfeld inmitten der menschlichen Soldaten, wie sie sich mit List und Tücke auf dem Olymp bekämpften. Es sind alles Götter, aber sie sind untereinander uneins. Das sagt auch das Horoskop – Quadrate und Oppositionen sind ein Bild für die sich streitenden Götter, und wir stehen dazwischen.

Ich halte es für sehr nützlich, die Dinge so zu betrachten, und wenn es einen ärgert und unangenehm berührt, dann ist es noch nützlicher. Ich fürchte, daß eine verantwortungsvolle Arbeit an den persönlichen Problemen, ganz zu schweigen von der Arbeit an den Problemen eines Klienten, bedeutet, daß man den Luxus aufgeben muß, zu glauben, man könne immer das Richtige sehen. Letztlich scheint zwar in unserem Innersten eine Erkenntnismöglichkeit zu liegen. Die Fähigkeit jedoch, mit der eigenen Ungewißheit zu leben, ist meiner Meinung nach das kostbarste Geschenk, das man einem Klienten machen kann – vor allem, wenn es um den Schatten geht. Natürlich kann man es sich leisten, sehr tolerant zu sein bei einem Klienten, dessen dunkle Seite der eigenen in nichts ähnelt, denn dann kann man relativ objektiv sein und das Ganze voller Mitgefühl betrachten. Man kann mit dem Betreffenden über Möglichkeiten sprechen, besser mit dem zurechtzukommen, was er an sich selbst verachtet. Aber wenn sein Schatten irgendwie dem Ihren ähnelt, dann stehe Gott Ihnen bei, dann kann man mit nichts als dem eigenen Gefühl darauf reagieren. Plötzlich ist man am Schicksal dieses Patienten beteiligt und kann nicht mehr distanziert überlegen oder objektiv sein. Man ist nicht der allwissende Astrologe, der mit dem Horoskop vor sich in seinem Sessel sitzt. Dieser Klient wird Unbehagen in einem auslösen, und das ist sehr gut, denn dann müssen Sie sich wirklich selbst in die Horoskopdeutung einbringen. Wenn man mit ein wenig Ungewißheit über das leben kann, was man für das Wesen der Welt und für die Richtigkeit der eigenen Überzeugungen hält, dann gerät man vielleicht etwas weniger in Versuchung, seinen Klienten bewußt oder unbewußt zu der Art von Veränderung leiten zu wollen, die man für ihn geeignet hält. Ich glaube, daß wir dieses Problem nie ganz bewältigen können, gleichgültig, wie lange wir schon daran gearbeitet haben. Auch ich bin bestimmt nicht frei davon. Ich kenne niemanden, der es ist. Ich kenne auch keinen Analytiker, der das Problem nicht hätte, deshalb nehmen Analytiker auch die Verantwortung auf sich, sich viele Jahre lang selbst einer Analyse zu unterziehen.

Frage: Ändert sich irgend etwas daran, wenn Pluto im Löwen steht?

Liz Greene: Ich glaube, daß ein Planet sich durch das Medium des Zeichens, in dem er steht, auszudrücken versucht. Da Pluto mit den ursprünglichsten, archaischsten Impulsen in uns zu tun hat, wird er versuchen, sich Raum im Bewußtsein des Individuums zu schaffen, wenn er im Löwen steht. Er wird versuchen, im einzelnen schöpferisch zu wirken. Ich sehe Pluto zum Teil als eine Art matriarchales, primitives Element im Kollektiv. Ich vermute, daß Uranus eher dem Philosophen der Renaissance oder Griechenlands gleicht, der versucht herauszufinden, wie das Universum regiert wird. Er ist der Geist des Fragens, der versucht, den Ratschluß der Götter zu verstehen. Plato glaubte, die göttlichen Ideen seien die innerste Struktur, auf der das manifeste Universum sich aufbaue. Hat man einen Saturn-Uranus-Kontakt, rückt dieses Bild in den Vordergrund. Ideen können natürlich genausogut zerstörerisch wie schöpferisch sein. Ich finde keineswegs, daß Uranus »besser« ist als Pluto. Ich glaube nur, daß wir ihn im zwanzigsten Jahrhundert sympathischer finden.

Ich assoziiere Neptun mit der Gestalt des göttlichen Opfers und des göttlichen Erlösers. Ich sprach bereits über diese mystische Sehnsucht, die Sehnsucht eines Volkes nach seiner spirituellen Heimat. Es ist der Wunsch, mit dem vereinigt zu werden, aus dem man hervorgegangen ist, ob man es nun als Gott oder den Mutterleib sieht. Diese Sehnsucht kann die Persönlichkeit ebenso auflösen wie beleben. Wenn man einen Saturn-Neptun-Kontakt hat, konstelliert sich die Gestalt des Mystischen.

Es ist interessant zu sehen, wie die Menschen mit solchen Saturn-Aspekten umgehen; manche kämpfen mit Saturn gegen den äußeren Planeten, und andere schlagen sich auf die Seite des äußeren Planeten. Der Schatten wird den einen wie den anderen ereilen. Es gibt beispielsweise Saturn-Uranus-Menschen, die sich sehr stark mit der uranischen Seite identifizieren. Sie sind die Träger neuer Ideen für die Gesellschaft, die sie verändern wollen, und was sie am meisten hassen, ist die saturnale Kraft der Tradition. Saturn ist die unflexible Struktur, die auf dem durch Erfahrung Erworbenen und Bewahrheiteten ruht, er läßt keinen Raum für riskante Veränderungen. Saturn-Uranus widerstrebt es vielleicht, wenn sich diese Kraft in der Außenwelt zeigt, und davon wird seine Ideologie gefärbt. Die Inflexibilität und Starre wird jedoch Teil seines Schaffens, und so sind oft gerade die Menschen, die die kühnsten neuen Ideen vertreten, auch am unbeweglichsten in ihrer Haltung.

Ebenso können sich Saturn-Neptun-Menschen stark mit der neptunischen Seite identifizieren. Es ist mir aufgefallen, daß viele Menschen, die unter dieser Konjunktion geboren wurden, sich aus der Gesellschaft zurückgezogen haben und in Kommunen leben, wo sie hoffen, die alternative Utopie verwirklichen zu können, durch die die spirituelle Seite des Menschen sich öffnet. Was sie hassen, ist Materialismus, und vielleicht verachten sie den Menschen, der seine Energie auf das Geldverdienen verwendet, um sich ein Haus und ein Auto leisten zu können. Aber das, was sie verachten, wird gerade Teil des Schattens, und es sind mir nie Gruppen mit soviel Geldproblemen und einer so manipulativen Einstellung zum Geld begegnet wie die spirituellen Gruppen, die Geld für etwas Schmutziges halten. Und dann gibt es jene, die auf der anderen Seite stehen und sich mit Saturn identifizieren. Sie werden die neptunischen Visionäre verurteilen und sie alle als Drogensüchtige und Außenseiter abtun, denn so sieht Saturn den Neptun.

FRAGE: Glauben Sie, daß man mit Saturn-Neptun der Gemeinschaft dienen sollte?

LIZ GREENE: Eigentlich nicht. Ich glaube nicht, daß es bei Neptun um den Dienst an der Welt geht. Bei Neptun geht es darum, das Gefühl des Getrenntseins aufzugeben. Das ist eine innere, ungreifbare Angelegenheit, und wenn man versucht, sie in gute Werke umzuwandeln, kann das zu Fanatismus führen. Einer der Momente, wo man Neptun sehen kann, ist in einem Gottesdienst, den jemand mit wirklicher innerer Anteilnahme erlebt. In einer Gruppe, die gemeinsam singt, betet oder meditiert, entsteht ein starkes Gefühl, über sich selbst erhoben zu werden. Man verliert das Gefühl der Isolation und Vereinzelung. Auf einer sehr elementaren Ebene kann man ihn auch bei einem Fußballspiel erkennen, wo das Individuum in der Masse verschwindet, in das Geschrei der Menge einstimmt und hofft, daß eine Seite gewinnen wird. Auch in der Mode finden wir Neptun. Warum tragen plötzlich alle Leute das gleiche und stellen das gar nicht in Frage? Ein Stil ist da, und wir kaufen uns diese Kleider. Es ist, als tauche man in eine Art kollektives emotionales Sammelbecken ein, was uns ein Gefühl der Zugehörigkeit verschafft. Neptun taugt nicht wirklich zum praktischen Dienen. Bei ihm geht es um ein Gefühl des Einsseins mit einem größeren Ganzen. Wenn man einen Saturn-Kontakt mit Neptun hat, muß man einen Weg finden, diese Sehnsucht ins eigene Leben zu integrieren. Neptun kann sowohl erhaben als auch banal sein, letztlich geht es ihm jedoch immer um das gleiche Ziel.

FRAGE: Was ist mit der Gruppe, die unter Pluto in Konjunktion mit Uranus geboren wurde?

LIZ GREENE: Diese Gruppe scheint über große Energien zu verfügen, aber auch zu heftiger Gewalttätigkeit zu neigen. Als der transitierende Saturn durch die Jungfrau ging und diese Konjunktion überquerte, gab es bei vielen aus dieser Gruppe Ausbrüche. Plötzlich machten sie überall in England Schlagzeilen. Die Punk-Rock-Welle überschwemmte die Szene, und Banden von Vierzehn- bis Fünfzehnjährigen überfielen die Leute in Bussen und Untergrundbahnen. Diese Generationsgruppe wurde nicht nur von Saturn, der in Konjunktion transitierte, sondern auch von Neptun, der im Quadrat transitierte, aktiviert. Ihr Motto war die Zerstörung der bestehenden Gesellschaft. Ich sehe natürlich, daß in all dem auch ein sehr positives Potential liegt, und wahrscheinlich wird diese Gruppe später den Anstoß zu vielen sozialen Veränderungen geben; ich fürchte jedoch, daß diese Veränderungen nicht sehr friedlich und allmählich vor sich gehen werden, denn Uranus-Pluto ist eine sehr heftige Konjunktion. Saturn-Neptun ist viel mehr durch eine mystische und visionäre Haltung bestimmt.

FRAGE: Glauben Sie, daß es uns freisteht, wie wir auf diese kollektiven Bewegungen reagieren? Oder sind wir durch diese generationsbedingten Trends schicksalhaft bestimmt?

LIZ GREENE: Es fällt mir schwer, diese Frage zu beantworten. Wir werden stark davon bestimmt, wie wir erzogen werden, welche Einstellung unsere Eltern haben. Die Eltern haben viel mit dem persönlichen Schatten zu tun, und Probleme mit den Eltern bringen mit sich, daß unsere Entscheidungen oft wenig bewußt getroffen werden, weil wir dazu neigen, die Welt so zu sehen, als sei sie von Mutter und Vater bevölkert, solange wir noch nicht zu einem gewissen Bewußtsein davon gelangt sind, wie unsere elterlichen Bindungen beschaffen sind. Es hat auch ein großes Gewicht, in welchem Land man lebt und welche kollektiven Maßstäbe man mit der Muttermilch aufgesogen hat. Man kann sich nicht von der Gesellschaft loslösen und sie verlassen. In gewisser Weise muß man nicht nur mit der Welt zurechtkommen, in der man lebt, sondern auch mit den Strömungen und Tendenzen, die in der Zeit, in der man lebt, bestimmend sind. Ich glaube jedoch, daß wir durchaus entscheiden können, wie wir diese Dinge individuell leben, und je mehr man über die geheimen Zwänge und Einflüsse weiß, die ungelöste, unbewußte Konflikte bestimmen, desto freier kann man sich entscheiden.

FRAGE: Glauben Sie nicht, daß uns immer nur so viel aufgegeben wird, wie wir tragen können und nicht mehr?

LIZ GREENE: Nun, da bin ich mir nicht so sicher. Es ist eine sehr hübsche Philosophie. Es gibt jedoch Situationen, in denen das Kollektiv stärker ist und das Individuum mit Füßen getreten wird. Ich habe das Gefühl, daß manchen von uns mehr aufgegeben wird, als sie tragen können. Ich bin zwar sicher, daß uns in irgendeinem theoretisch vollkommenen Universum nicht mehr auferlegt wird als wir bewältigen können, aber es trifft mich immer wieder sehr, zu sehen, wie manche zum Opfer werden. Es gibt Menschen, die anscheinend für uns alle den Wahnsinn auf sich nehmen. Das ist die Ansicht von Ronald D. Laing über die Schizophrenie. Der Schizophrene ist eigentlich die große Christusfigur unserer Zeit, da er die psychische Gespaltenheit des Kollektivs auslebt. Ich fürchte, ich kann Ihnen also nicht zustimmen. Was Sie sagen, gilt nur für einen theoretischen Kosmos. Ich kann zwar von freien Entscheidungen sprechen, es ist mir jedoch nur zu bewußt, welch übermenschliche Mühe es oft erfordert, in persönlichen Fragen auch nur ein wenig Freiheit zu erringen. Ich glaube, daß vielen von uns mehr auferlegt wird, als wir tragen können.

FRAGE: Wie sieht die helle Seite des Schattens aus?

LIZ GREENE: Ich glaube, daß die mythologische Gestalt, die sie am besten verkörpert, die des Erlösers ist. Wenn man sich mit einigen der großen Erlösergestalten wie Christus, Mithras oder Dionysos beschäftigt, wird man sehen, daß der Erlöser die Welt durch sein

Leiden verwandelt. Merkwürdigerweise ist die leidende, verkrüppelte Seite der Persönlichkeit gleichzeitig der dunkle Schatten, der sich nicht verändert, und der Erlöser, der das Leben verwandelt und die eigenen Wertvorstellungen verändert. Der Erlöser kann den verborgenen Schatz finden, die Prinzessin erobern oder den Drachen besiegen, weil er in gewisser Weise gezeichnet ist – er ist nicht normal. Der Schatten ist zugleich das Schreckliche, das der Erlösung bedarf, und der leidende Erlöser, der sie bewirken kann.

Wenn ein Mensch das nach außen projiziert, glaubt er, daß jemand anders ihn erlösen könne. Das ist eines der häufigsten und geheimnisvollsten Ereignisse in der Psychotherapie. Der Analytiker oder Therapeut nimmt die gesamte Projektion des Schattens auf sich, was bedeutet, daß er zugleich das Schreckliche und Bedrohliche ist und das, was rettet und erlöst. Die Erkenntnis, daß beide Extreme zu einem selbst gehören, ist ein Schock, sie ist jedoch der Beginn des Heilungsprozesses im Inneren des Menschen.

Ich möchte Ihnen als Beispiel dafür einen Traum erzählen. Der Mann, der ihn träumte, hat die Sonne im Skorpion, ebenso Merkur und Venus, und all diese Planeten stehen im Quadrat zu Pluto im zwölften Haus. Ich arbeitete längere Zeit mit ihm, und wie Sie sich denken können, war sein Traummaterial zunächst sehr gewalttätig und blutig. Er fürchtete sich sehr vor seiner eigenen Grausamkeit und Wut, nicht nur weil er sie an sich erschreckend fand, sondern auch, weil er einen sehr gewalttätigen Vater hatte, durch den er mit diesen Dingen schon in jungen Jahren in Berührung gekommen war. Er war sich seines eigenen Schadens sehr bewußt und sah sich als sehr verletzten Menschen, der wenig Hoffnung auf Veränderung oder Glück hatte. Zu einem gewissen Zeitpunkt unserer Arbeit hatte er den folgenden Traum, der für ihn eine große Veränderung anzeigte:

Er saß in einem Wagen, der ihm gehörte, den er jedoch nicht fuhr. Er war in der Mitte, an seiner Seite saß sein Vater. Auf der anderen Seite, am Steuer, saß ein alter Mann. Er kannte diesen alten Mann nicht, wußte jedoch, daß er weise war und magische Heilkräfte hatte. Plötzlich, während sie so dahinfuhren, merkte er, daß sich zwischen seinem Vater und dem alten Mann etwas abspielte. Der alte Mann heilte seinen Vater auf irgendeine Weise, ohne daß sie ein Wort wechselten. Der Träumer hatte mit diesem Vorgang nichts zu tun, er hatte keinen Einfluß darauf, aber es geschah in seinem Wagen. Was ihn verwunderte, war, daß sein Vater und der alte Mann sich ähnelten.

Ich glaube, daß dieser Traum für sich selbst spricht. Die beiden älteren Männer ähneln einander, aber einer von ihnen ist der schreckliche, gewalttätige Vater, der andere der »weise alte Mann«, von dem Jung so oft schreibt. Es ist vielleicht nicht ganz im Sinne Jungs, wenn ich den alten Mann als einen Teil des Schattens betrachte, aus dem Traum geht jedoch klar hervor, daß die beiden Gestalten die beiden Hälften eines Ganzen sind. Der alte Mann ist derjenige, der den Sinn und Zweck des Problems versteht und der die Geduld, die Weisheit und das Mitleid hat, es zu lösen, zu erlösen. Der Träumer hat es nicht in der Hand. Etwas geschieht in ihm, in seinem Wagen, aber ohne sein Zutun, und in diesem Prozeß wird die gewalttätige Wut in ihm geheilt.

Oft erscheinen diese Erlöser-Gestalten mitten in einer besonders schrecklichen Periode des eigenen Lebens. Sie hinterlassen ein Gefühl der Hoffnung, selbst wenn der Betreffende zu dieser Zeit sehr niedergeschlagen ist. Das Leiden hat irgendeinen Sinn.

Ich glaube, daß die großen Religionen diese Gestalt aufgreifen und das Bild des Erlösers auf eine historische Persönlichkeit projizieren. Das bedeutet nicht, daß die historische Persönlichkeit nicht zugleich der Erlöser sein könnte. Darüber weiß ich nichts, denn ich bin keine Theologin. Psychologisch gesehen ist die Gestalt des Erlösers jedoch eine innere Figur. Wenn man sie in Maria, in Buddha, Krishna, Christus oder dem Analytiker oder sogar dem Astrologen erlebt, hat man sie exteriorisiert. Das heißt nicht, daß man seine Religion aufgeben müßte, aber Gott und der Teufel finden ihren Wiederhall im eigenen Inneren.

7. Kapitel

Methoden der Horoskopsynthese

Stephen Arroyo

Horoskopsynthese ist das Thema dieses Vortrages, und ich werde, wie die Ankündigung sagt, einige Methoden, die ich zum Verständnis des Horoskopes als Ganzes und zur Integration der verschiedenen Teile des Horoskopes wichtig finde, vorstellen. Ich werde über Methoden der Synthese sprechen, die sich als besonders nützlich erwiesen haben.

Wie kann man das Gesamtbild des Lebens und der Natur eines Menschen sehen, ohne offen für die Größe und Weite des Lebens oder – man könnte auch sagen für Jupiter – zu sein? Mit Merkur in Konjunktion zu Jupiter in meinem Horoskop kann ich von der Philosophie, von den philosophischen Implikationen der Ideen, vom eigentlichen Sinn der Vorstellungen, Methoden und Theorien nicht loskommen. Deshalb bin ich ziemlich wählerisch, was astrologische Theorien, Ideen und Techniken anbelangt, die ich persönlich benutze und empfehle. Wie Dane Rudhyar, der mit einem Schütze-Aszendenten von Jupiter »beherrscht« wird, im Lauf der Jahre immer wieder betonte, muß man eine klare Philosophie und eine eindeutige Auffassung vom Sinn der Sache haben, um die Astrologie wirklich verstehen und ausüben zu können. Hat man das nicht, ist es natürlich sehr schwer, zwischen Ideen, Theorien und Techniken zu differenzieren. Es fehlt einem dann die sichere Grundlage, und man verliert leicht immer wieder den Faden. Zunächst muß ich betonen, daß ein intuitives Erfassen des gesamten Horoskopes, das heißt der ganzen Person, durch nichts zu ersetzen ist. Diese Fähigkeit kann sich nur über lange Zeit durch weitreichende Erfahrungen mit vielen Menschen und vielen Horoskopen entwickeln. Ich will nicht leugnen, daß manche Menschen schon mit der Fähigkeit geboren werden, solch eine intuitive Erkenntnis rasch zu entwikkeln. Andere brauchen viele Jahre geduldiger Übung und persönlicher Entwicklung, bevor ihnen eine solche Gesamtschau oft ganz plötzlich zufällt. Doch gleichgültig welche Art Mensch Sie sind, keine noch so genaue analytische Konzentration auf spezifische isolierte Faktoren des Horoskops kann ein Erfassen der Gesamtheit eines Individuums, seines Wesens und Energiemusters ersetzen oder aufwiegen. Und dieses Erfassen ist gewöhnlich nur in der Gegenwart des Klienten möglich, es sei denn, man hätte ganz besondere telepathische Fähigkeiten. Und selbst wenn man die Begabung hat, sich auf jemanden einzustimmen, den man nie gesehen hat, nur durch Beschäftigung mit dem Horoskop (wie bei den Horoskopdeutungen per Post, die viele machen), muß man bereit sein, unglaublich viel psychische Energie aufzuwenden. Man bezahlt einen hohen Preis dafür; es ist oft sehr anstrengend. Ich will damit nicht sagen, daß es unmöglich wäre, aus der Distanz zu einem umfassenden Verständnis eines Menschen und seines Horoskops zu kommen. Aber ich kann nicht verschweigen, daß es viel schwieriger, viel anstrengender, viel gefährlicher und oft auch irreführend und ungenau ist, und daß sehr wenige Menschen das gut und mit gleichbleibender Zuverlässigkeit tun können. Viele Menschen, die sich mit Astrologie beschäftigen, verfügen zumindest über ein gewisses Maß an Sensitivität, aber warum soll man es sich unnötig schwer machen? Wozu soll das führen? Warum versucht man nicht, den Betreffenden, wenn immer möglich, persönlich zu sehen, damit er oder sie in einem unverfälschten, detaillierten Dialog auch durch seine Energie etwas zu der Arbeit beitragen kann?

Nun, da ich deutlich gesagt habe, wie begrenzt manche speziellen Methoden sind, muß ich natürlich auch einräumen, daß manche Methoden der Horoskopsynthese uns helfen können, die Ganzheit und Einheit zu sehen, und mit ihnen möchte ich mich heute beschäftigen. Ich kann jedoch nicht genug betonen, daß man zu keiner Synthese gelangen kann, solange man eine Analyse zur anderen hinzufügt, Vermutungen über alle möglichen Einzelaspekte des Lebens anstellt und dabei die Fähigkeit zur intuitiven Erkenntnis vernachlässigt. Nützlich und sinnvoller ist es, sich auf die Wurzeln und auf den Saft des Lebensbaumes zu konzentrieren, anstatt seine Zeit mit dem Versuch zu vertun, jedes Blatt an diesem Baum zu zählen und zu klassifizieren, eine Aufgabe, mit der man nie zu Ende kommen wird. Es wachsen immer wieder neue Blätter, und man kommt nicht nach. Versteht man jedoch etwas von der Urenergie des Baumes, von dem, was ihn nährt, vom Fließen der Säfte, von der Struktur der Wurzeln, muß man sich um die Blätter nicht weiter kümmern. Sie werden gesund sein, wenn die Wurzeln und der Lebenssaft gesund sind.

Deshalb lege ich so viel Gewicht auf die vier Elemente, die die Lebensenergie, den Saft des Baumes bilden. Aber der menschliche Verstand ist so beschaffen, daß er eine Unzahl raffinierter Details zusammenfügen kann, um sich dann selbst für seine Schlauheit zu beglückwünschen. Schlauheit hat jedoch nichts zu tun mit Einsicht oder dem Erkennen des großen Lebensgemäldes. Man sollte nicht vergessen, daß auf der archetypischen Ebene die Zwillinge immer dem Schützen gegenüberstehen: Schlauheit, die in keinem Zusammenhang steht, im Kontrast zu übergreifenden Systemen von Sinnhaftigkeit und Gläubigkeit. Spielt man jedoch nur mit raffinierten Analysen herum, mit der intellektuellen Zergliederung des Horoskops, kann man daraus natürlich endlos viele neue Methoden, Fakten, Bezugssysteme und Pseudofakten gewinnen, was wir am richtungslosen, chaotischen Wuchern »neuer Techniken« der Astrologie in den letzten Jahren ablesen können. Ein Weiterverfolgen solch beschränkter Methoden wird jedoch nie von selbst zu einem Verständnis oder nur zu nützlichen Entdeckungen führen.

Solange man mehr in die Astrologie hineinlegt, als sie geben und sein kann, wird man nicht zu einer Synthese gelangen. Liz Greene sagte in einem ihrer Vorträge etwas Ähnliches. Solange man den Anwendungsbereich der Astrologie übermäßig ausdehnen möchte, führen wir uns selbst nur zu Mißverständnissen, wir führen unsere Klienten in die Irre, indem wir mehr versprechen, als wir halten können, und wir tun der Astrologie einen schlechten Dienst, weil wir ihre wahre Größe und eigentliche Stärke verkennen. Wenn wir alle Einzelheiten im Horoskop betrachten, können wir nie zu einer Synthese kommen. Wenn wir allem mit astrologischen Details beikommen wollen, vergessen wir, das Leben selbst zu betrachten, zu sehen, was es enthüllt, und uns von ihm inspirieren zu lassen. Wir müssen einsehen, daß die Astrologie ihre Grenzen hat wie jedes Werkzeug, jede Erfindung, jedes Gedankensystem.

Nur das Wissen um die innere Erfahrung führt zu einer wirklichen Synthese

Ich möchte Ihnen etwas erzählen, was mir vor ein paar Jahren passierte. Es ist ein gutes Beispiel dafür, daß man zu einer wirklichen Synthese des Horoskops nur durch Konzentration auf die Ebene der inneren Erfahrung gelangen kann. Vor ein paar Jahren stand ich vor einigen wichtigen Entscheidungen: Sollte ich umziehen? Sollte ich mir eine Hilfe anstellen? Sollte ich eine geschäftliche Partnerschaft eingehen? Wie würde es mit meiner schöpferischen Arbeit weitergehen? usw. Ich hatte einen Astrologen kennengelernt, dessen Namen ich Ihnen nicht sagen will, weil die Arbeit, die er für mich tat, sich als vollkommen unzulänglich und unzutreffend erwies; er war mir damals jedoch als sehr intelligent und fähig erschienen. Ich glaubte, die Konsultation eines anderen würde mir einen neuen Blickwinkel eröffnen können. Sie wissen, daß ein guter

Arzt seine Kinder und sich immer von einem anderen Arzt untersuchen läßt, damit er sich ein objektives Bild machen kann. Dieser Astrologe hat einen sehr guten Ruf und ist sehr intelligent. Technisch ist er sehr fähig und in seiner Arbeit außerordentlich gründlich und systematisch. Deshalb fiel meine Wahl auf ihn, obwohl ich ihn nicht persönlich kannte; aber das, was ich von ihm gehört hatte, machte einen guten Eindruck. Zudem kannte ich niemanden in meiner näheren Umgebung, zu dessen Arbeit ich besonderes Zutrauen gehabt hätte, außer einigen Menschen, die mir aber persönlich zu nahe standen.

So schrieb ich ihm also, obwohl er sehr weit weg wohnte und ich ihn nicht persönlich aufsuchen konnte, und bat ihn, auf der Grundlage meines Horoskopes für die nächsten ein oder zwei Jahre eine vollständige Analyse mit Progressionen, Transiten usw. zu machen. Ich tat das vorurteilslos, es war aber zugleich auch eine Art Experiment, da ich von Interpretationen per Post nie viel gehalten hatte. Da es mir jedoch mehr um eine Interpretation von Trends, Zyklen und wichtigen Zeitpunkten als um eine tiefgehende psychologische Beratung ging, dachte ich, es sei einen Versuch wert. So sagte ich ihm: Ich erwarte mir keine Sonderbehandlung. Ich werde Sie ganz ordnungsgemäß bezahlen. Ich möchte nur, daß Sie sich sehr gründlich mit meinen Fragen befassen, da ich bald einige außerordentlich wichtige Entscheidungen zu fällen habe. Ich will nicht Ihr Wissen auf die Probe stellen. Ich möchte nur eine neue Perspektive bekommen.

Er machte seine Sache ungeheuer gründlich, legte mir sogar all seine Notizen, die er vor der endgültigen Ausarbeitung gemacht hatte, bei. Alle Transite waren systematisch in ihrer Reihenfolge aufgeführt. Um gerecht zu sein, muß ich sagen, daß die Ergebnisse seiner Arbeit vielleicht gar nicht schlecht gewesen wären, wenn wir uns hätten persönlich sprechen können. Jedenfalls war ich sehr aufgeregt, als seine Unterlagen bei mir ankamen, denn ich hatte mir seit Jahren von niemand anderem mehr ein Horoskop machen lassen!

Ich las es, und es klang recht eindrucksvoll: vernünftig, intelligent und praktisch. Ich sah aber sofort, daß er eine Reihe falscher Vermutungen angestellt hatte, da er nie mit mir gesprochen und mir nie Fragen gestellt hatte, um zu klären, was meine tieferen Wertvorstellungen, meine weiterreichenden Pläne, Motivationen und Ideale waren. Allerdings hatte er mich anfangs gebeten, ihm schriftlich ziemlich viele detaillierte Informationen zu geben über die Fragen, die ich hatte, über die Entscheidungen, die ich treffen wollte usw., was ich auch sehr ausführlich getan hatte.

Er war in ziemlich wichtigen Punkten von falschen Voraussetzungen ausgegangen. Beispielsweise setzte er voraus, daß ich die Wertvorstellungen dieser Kultur teilte. Er nahm an, daß ich dem Leben und geschäftlichen Entscheidungen gegenüber ebenfalls eine typische materialistische Einstellung hätte und deshalb natürlich auf Vergrößerung und Weiterkommen bedacht sei, was in Amerika so üblich ist. Nun ging und geht es mir aber vor allem darum, ein eher einfaches Leben zu führen; die Einfachheit des Lebensstiles muß immer gegen Geld und äußerlichen Erfolg in die Waagschale gelegt werden. Er kam beispielsweise auch zu falschen Schlüssen darüber, wie ich spirituelle Ideale mit meiner Arbeit in Einklang bringen könnte, ein Problem, das er völlig anders sah als ich. Seine falschen Voraussetzungen führten zu falschen Schlüssen. Das Material bezog sich hauptsächlich auf die Zukunft und ihre Trends und Möglichkeiten. So beschloß ich, seine Horoskopinterpretationen für eine Weile beiseite zu legen und die Zukunft auf mich zukommen zu lassen.

Nun las ich vor ein paar Monaten, nachdem viel Zeit vergangen war, das Ganze noch einmal gründlich durch. Es war fast 100%tig falsch. Das lag daran, daß er das Hauptgewicht auf die äußere Welt der Ereignisse und nicht auf die inneren Vorgänge in meinem Leben legte. Er bewegte sich an der Peripherie des Lebens und stellte Mutmaßungen über Einzelheiten an, anstatt zum Zentrum vorzudringen, aus dem alle Motivationen und Handlungen kommen. Ich konnte genau verfolgen, wie er zu seinen Schlüssen gekommen war, denn er hatte genau niedergelegt, wie er vorgegangen war und was seinen Überlegungen zugrunde lag. Nichts jedoch geschah, wie er es erwartet hatte. Ich kritisiere ihn nicht persönlich, da er ein sehr fähiger, intelligenter traditioneller Astrologe ist. Aber er sprach nicht mit mir und stellte mir keine Fragen wie: »In welche Richtung wollen Sie gehen?« »Was ist im Augenblick wirklich wichtig für Sie?« »Wie schätzen Sie Ihre eigenen Möglichkeiten ein?« ... Und weil er mir nie solche Fragen stellte, um sich in meine Realität einfühlen zu können, nahm er natürlich sofort an: »Nun, Sie wollen natürlich wie jeder andere großen Erfolg haben. Wenn Sie erfolgreich sind, dann sind Sie auch glücklich, also wird es das sein, was Sie erreichen wollen.« Diese Erfahrung war, das muß ich wohl nicht betonen, sehr lehrreich für mich und schockierte mich sogar ein wenig. Aber es bestärkte mich in meiner Einstellung gegenüber Horoskopdeutungen für Menschen, die man nicht kennt und nicht persönlich zu Gesicht bekommt. Wenn man einen Klienten persönlich kennengelernt hat, ist es vielleicht eher möglich, später einige allgemeine einfache Aussagen über Tendenzen zu machen, selbst wenn man dann nicht mehr persönlich mit ihm sprechen kann. Aber selbst das erfordert eine ungewöhnlich genaue und einfühlsame Beherrschung der Sprache, damit man den eigenen Eindruck mit allen Feinheiten in Worte fassen kann. Doch wie viele Astrologen sind dazu in der Lage? Wie kann ein Astrologe oder ein astrologischer Berater also zu einer Synthese kommen, die tatsächlich mit der Realität des Klienten übereinstimmt? Nur indem er sich auf die innere Erfahrungswelt des Klienten einstimmt – auf seine ureigene Einstellung zum Leben. Das ist die Wirklichkeit des Klienten, nicht das, was andere vielleicht sehen.

Einfachheit als Richtlinie für die astrologische Arbeit

Ein ästhetischer Leitsatz für die Astrologie, der notwendig ist, da Astrologie ebenso eine Kunst wie eine Wissenschaft ist, sollte Einfachheit sein. Ich kann in diesem Vortrag nicht auf die genaueren Gründe für die Bedeutung des Prinzips der Einfachheit eingehen, möchte aber, um zu unterstreichen, daß dieses Prinzip für die Wissenschaft wie für die Kunst eine wesentliche Grundlage darstellt, aus L. L. Whytes hervorragendem Buch *Accent on Form* zitieren:

> Die Aufgabe der Wissenschaft besteht nicht nur darin, die wechselnden Strukturmuster in allem zu identifizieren, sondern sie in ihrer Einfachheit zu sehen. Die Wissenschaft beginnt mit der Voraussetzung, die immer gegenwärtig, wenn vielleicht auch unbewußt oder vergessen oder manchmal sogar geleugnet ist:
>
> Es existiert eine einfache Ordnung in der Natur; es ist möglich, Erfahrungen einfach darzustellen; die Aufgabe der Wissenschaft besteht darin, das zu entdecken.

Der gleiche Gedanke liegt dem berühmten Satz zugrunde, den William Occam im 14. Jahrhundet formulierte: »Vielfältigkeit sollte nie ohne Notwendigkeit postuliert werden.« Mit anderen Worten: Warum belasten wir uns unnötigerweise mit so vielen Theorien und Daten, wenn wir sie gar nicht brauchen? Wir sollten uns um die Prozedur, Theorie, Methode oder Technik bemühen, die die wenigsten zusätzlichen Voraussetzungen, Modifikationen und komplexen Details braucht, um eine bestimmte Aufgabe zu erfüllen. Aber tun wir das in der Astrologie? Vielleicht sollten wir den Rat des William Occam annehmen. Es scheint, daß viele Astrologen heutzutage offensichtlich versuchen, die Dinge so kompliziert wie möglich zu machen, nur um eine Pseudoklugheit zu demonstrieren, ohne dabei irgendein klar definiertes Ziel oder eine Richtung zu haben. Es ist eine Eigenart des Verstandes, daß er gerne Probleme schafft. Man könnte es als eine Krankheit der westlichen Welt bezeichnen, daß wir den Intellekt zu einseitig entwickeln und von unserem übrigen Sein abtrennen. Wir können einfache Dinge nicht mehr auf einfache Weise aufnehmen, ohne sie durch unser überspanntes Computergehirn gehen zu lassen. Im Grunde wird bei uns im Westen gelehrt, mit Stolz und Freude Probleme zu schaffen und sie dann zu lösen oder vorzugeben, man löste sie. Aber haben diese vorgeblichen Lösungen irgendeinen Nutzen? In so vielen Fällen sind sie nichts als Geschwafel, reine abstrakte Spekulation oder eine Anhäufung sinnloser Klassifikationen, die man mit sinnlosen Etiketten versehen hat. Einer meiner Lehrer, Dr. Randolph Stone, pflegte zu sagen: »Der Verstand liebt die Torheit!« Einige der »intelligentesten« Menschen, die auf alles immer sehr kluge Antworten haben, gehören, wie man schnell merken wird, zu den unglücklichsten Menschen auf der Erde, da sie völlig auf den Kopf fixiert sind. Solche Leute sind sehr frustriert, wenn sie das Problem, das sie geschaffen haben, nicht lösen können.

Sie werden sich allmählich fragen, was all diese philosophischen Bemerkungen mit Horoskop-Synthese zu tun haben. Nun kommen wir zur Sache; man kann zu einer Synthese nicht durch bloße Analyse gelangen. Analyse ist zergliedernd, sie zerstückelt das Ganze. In der astrologischen Praxis muß man zwar auch analytisch vorgehen, aber um zu einer abschließenden Synthese zu gelangen, muß diese Analyse auf einer holistischen, synthetischen Gesamtschau beruhen. Eine wirkliche Synthese kann nur durch einen weitgespannten Überblick entstehen, durch den man mehr vom Ganzen erfaßt. Und so ist diese jupiterhafte Philosophie im Gegensatz zur merkurbetonten Analyse ein Versuch, uns auf eine höhere Ebene des Verständnisses zu führen, von der aus uns ein weiterer, umfassenderer Blick möglich ist.

Für mich ist ein Horoskop einem Musikstück sehr ähnlich. Es gibt Themen, die durch jedes Horoskop laufen, einige deutlicher als andere. Manchmal finden wir weniger wichtige Themen, die nur durch ein oder zwei Faktoren beschrieben werden. Und dann gibt es Hauptthemen, auf die drei, vier oder fünf Faktoren hinweisen. In ihrem ausgezeichneten Lehrbuch *Astrology: The Divine Science* spricht die späte Marcia Moore über das, was sie das Gesetz der Drei nennt. Sie sagt, daß sich alles, was wichtig im Horoskop und somit ein wirklich dominierendes Thema im Leben ist, auf drei verschiedene Weisen ausdrückt. Sagen wir, eines Ihrer dominanten Themen sei unnachgiebiger Eigensinn. Vielleicht haben Sie Mars in Konjunktion mit Uranus und eine starke Stier-Betonung, beides noch verstärkt durch eine Löwe-Betonung. Wenn man nun versucht, die Ganzheit einer Person mit dem Werkzeug der Astrologie zu erfassen, so sollte man sich auf die wichtigsten Themen im Horoskop konzentrieren, denn sie reflektieren die Hauptthemen im Leben eines Menschen. Viele der unnötig komplizierten astrologischen Methoden, mit denen man heutzutage herumstümpert, werden kein wichtiges neues Thema zutage fördern, das sich nicht schon durch die traditionellen Methoden, wenn man sie richtig verstanden hat, klar herauskristallisierte.

Das folgende Zitat beschreibt treffend die gegenwärtige Situation in der Astrologie, die uns der Einfachheit beraubt, die wir für ein tieferes Verständnis brauchen. Douglas Donleavy schrieb es, als er Herausgeber von »Transit« war, dem Mitteilungsblatt der British Astrological Association.

> In den vergangenen zehn Jahren begann sich in der Astrologie eine Tendenz zu manifestieren, die sich wahrscheinlich in den kommenden zehn Jahren noch auf alarmierende Weise verstärken wird. Es gab einmal eine Zeit, da kannte man in der Astrologie nur sieben Himmelskörper. Und selbst 1971 gab es erst zehn, wenn diese auch auf immer kompliziertere und indirektere Weise miteinander in Beziehung gesetzt wurden. Seitdem kamen hinzu: zwei Planetoiden (Chiron und Charon), vier ältere Asteroiden (Ceres, Juno, Pallas, Vesta), ein fiktiver Mond (Lilith), sechs jüngere Asteroiden (Sappho, Hidalgo, Eros, Toro, Icarus und der andere Lilith) und dazu wer weiß wie viele transplutonische Planeten, arabische Punkte, Okkultationen, imaginative Monde, imaginative Planeten, Sterne, die in allem, nur nicht in der Interpretation fix sind, und die lieben alten sensitiven Punkte. Und sicher kommen bald Schattensonnen, galaktische Ebenen, bedeutungsschwere Meteoriten und magische schwarze Löcher. Offenbar hat jeder neue Himmelskörper eine besondere Bedeutung, die zwar keinem der älteren Himmelskörper wirklich entspricht, aber auch nicht wirklich anders ist. Es kann schon kaum mehr viele Leser geben, deren zehn Geburtsplaneten nicht durch irgendeinen realen oder imaginativen Felsbrocken, für den eine Ephemeride existiert, aspektiert werden. In weiteren zehn Jahren haben wir vielleicht so viele Himmelskörper wie es Astrologen und Klienten gibt. Jedes Horoskop wird dann seinen eigenen, einzigartigen Herrscher-Kieselstein haben. Wieviel einfacher

> wird es sein, sich damit zu identifizieren, als mit den komplexen und vieldeutigen Schwerpunkten eines konventionellen Horoskopes. Die Astrologie wird dann zu einer Fernpsychometrie vereinfacht, Aspekte werden ein eigenes Forschungsgebiet für Spezialisten sein, und die Horoskopinterpretation wird eher mit dem Lesen von Enzyklopädien zu tun haben als mit der Interpretation von Gedichten.
>
> Es gibt einige im Grunde exzellente und kluge Astrologen, deren Motto zu sein scheint: Wenn es sich bewegt, interpretiere es. Woher kommt dieser krampfhafte Versuch, jedes neu entdeckte oder neu vermutete Planetoid zu beseelen? Ich bezweifle, ob das ausreichend erklärt werden kann als Reaktion auf die neuen Hilfsmittel zur Berechnung oder ähnliche »wissenschaftliche Anwendungen«. Ich glaube, daß es möglicherweise ein Symptom wachsender Frustration über die Tatsache ist, daß das Selbst eines Menschen sich dem Astrologen entzieht, und es macht sich ein gewisser Verdacht breit, daß das Horoskop nur die archetypischen Masken des Selbst und die Spiele, die zwischen diesen Masken stattfinden, zeigt. Wenn das Horoskop ein alles andere als leicht verständlicher Plan eines Menschen ist, vielleicht gibt es dann irgendwo dort draußen den Punkt oder Aspekt, der die Lücken füllt? Wenn eine solche messianische Entdeckung gemacht wird, nimmt sie uns vielleicht die Last der Ungewißheit ab.
>
> Ich glaube eher, daß alle Horoskope verschlüsselt die Botschaft enthalten, daß das Leben nie ganz interpretiert, analysiert oder gegen Ungewißheit und Unsicherheit versichert werden kann. Wenn das so ist, besteht die ernsthaftere Herausforderung darin, mit der Unsicherheit zu leben und sie zu transzendieren, anstatt vergebens zu versuchen, ihr zu entrinnen, indem man sie auf irgendwelche neuen Gesteinspartikel projiziert.

Ich behaupte, daß es ein Eindringen zu vieler Faktoren in das Horoskop schwieriger macht, zwischen den wichtigen Themen und den peripheren Einzelheiten zu unterscheiden, anstatt uns zu helfen, zu einer Synthese des gesamten Horoskopes und so zu einer sinnvollen Einschätzung der Hauptlebensthemen eines Menschen zu kommen. Da man durch ein Geburtshoroskop beinahe alles rational erklären kann, und das um so mehr, je mehr Punkte, Methoden und Nebenplaneten man in Betracht zieht, bin ich der Ansicht, daß man ein Minimum von wichtigen, verläßlichen Faktoren benutzen soll, um einen Klienten und seine Situation klar zu erkennen. Sonst verursacht man nur Verwirrung beim Klienten, anstatt Ordnung herzustellen.

Ebenso wie Luftfahrtkontrolleure auf einem Flughafen Schwierigkeiten haben, Flugzeuge von anderen atmosphärischen Störungen auf dem Radarschirm zu unterscheiden und zu erkennen, welches das sich am schnellsten nähernde Flugzeug ist, wenn zu viele zugleich in der Luft sind, werden es Astrologen, die zu viele Himmelsfaktoren benutzen, immer schwieriger finden, zwischen dem Wichtigen und dem Unwichtigen zu unterscheiden, und werden immer mehr dazu neigen, Klienten, die nach Klarheit suchen, mit Illusionen und unzutreffenden Beobachtungen zu verwirren. Die Menschen gehen nicht zum Astrologen, um sich verwirren zu lassen oder tausenderlei nebensächliche Einzelheiten zu erfahren oder Spekulationen zu hören; sie suchen Klarheit und eine Richtung in ihrem Leben. Selbst wenn sie etwas über die Zukunft erfahren wollen, ist das ihre Art, nach Klarheit zu suchen.

Sie haben alle von der Vorstellung gehört, daß das Wesen eines Menschen (der Mikrokosmos) sich im Sonnensystem oder sogar im ganzen Universum (dem Makrokosmos) widerspiegelt und daß umgekehrt das ganze Universum in jedem einzelnen Menschen zu finden sei. Das ist in dem berühmten Satz von Jesus: »Das Reich Gottes ist in euch« ausgedrückt. Wir wissen nun, daß die moderne, materialistische Wissenschaft verliebt ist in die unendlichen Details der Schöpfung, die man durchs Mikroskop sehen kann. Das Mikroskop hilft uns, die physische Realität des Mikrokosmos und die unmittelbare Umgebung zu verstehen.

Die Astrologie jedoch kann als ein Makroskop gesehen werden, da sie vor allem dazu dient, das Gesamtbild, die Gesamtheit des Lebens anstatt unbedeutender Einzelheiten zu sehen und zu verstehen. Wenn wir diese Analogie von Mikroskop und Makroskop benutzen, um die astrologische Praxis zu verstehen, was finden wir da heraus?

Wie beim Mikroskop benutzen alle praktizierenden Astrologen eine Vielzahl von Linsen. So könnte man all die verschiedenen Methoden, Systeme, Betrachtungsweisen, Techniken und Standpunkte im Grunde als Linsen für das astrologische Makroskop betrachten. Wir alle benutzen bestimmte Linsen, und wenn man herausgefunden hat, daß eine bestimmte Linse einem hilft, die Wirklichkeitsebene zu sehen, die man sehen möchte, wird man zweifellos beginnen, sie den anderen vorzuziehen. Man wird jedoch nie herausfinden, wie eine bestimmte Linse wirkt, wenn man die Linsen so schnell wechselt, daß man keine Zeit hat, auch nur eine von ihnen zu reinigen, zu schleifen und genau einzustellen. Manche Linsen sind sehr fein, man kann sie sehr scharf einstellen und sehr klar durch sie sehen. Andere sind außerordentlich ungenau, und man sieht kaum etwas durch sie, es sei denn vage Umrisse und Objekte von bestimmter Größe.

Diese Analogie scheint mir zwei Punkte zu verdeutlichen. Zum einen wären wir töricht, wenn wir nicht die feinstgeschliffenen Linsen verwendeten, die wir finden können. Mir scheint, daß die einfachsten Grundlagen der Astrologie außerordentlich fein geschliffene Linsen sind: die Zeichen, die Planeten, die ursprüngliche Bedeutung der Häuser, die wichtigsten Aspekte usw. Tausende und Abertausende von Astrologen haben diese Faktoren schon wer weiß wie lange benutzt. Sie haben durch Beobachtung, Experiment und Irrtum diese Linsen immer wieder geschliffen, so daß wir uns auf ihre Klarheit und Schärfe verlassen können. Ich behaupte nun nicht, daß die meisten der neuen Techniken, die zur Zeit herumschwirren, dumm oder falsch sind oder ungenaue Resultate liefern, aber ich kann doch nicht umhin festzustellen, daß sie als ungenaue Linsen betrachtet werden müssen. Sie sind einfach noch nicht fein geschliffen. Wenn man natürlich mit einer groben Linse experimentieren will und sie mehr und mehr schleifen möchte – gut; das sollte man jedoch für sich allein ausprobieren. Wenn ein Klient einen aufsucht, hat man die Verantwortung, die beste, schärfste Linse zu benutzen, die man besitzt, und nicht die, die man erst noch schleifen muß.

Vor allem in den ersten Jahren des astrologischen Studiums ist es meiner Meinung nach am besten – und ich weiß, daß manche von Ihnen, die unterrichten, das auch festgestellt haben –, ein Minimum an wichtigen und verläßlichen Faktoren zu benutzen, die notwendig sind, um einen Klienten und seine Situation klar zu sehen. Von dieser Basis aus kann man dann weitergehen.

Man könnte fragen, wie es möglich ist, in einer Konsultation alle Grundprobleme, geschweige denn, was darüber hinausgeht, zu behandeln. Nun, das kann man auch nicht. Deshalb betone ich immer wieder, daß sich der astrologische Berater auf das konzentrieren sollte, was im Wesen und Leben des Menschen wichtig ist, und darauf, was für eine Art Mensch er vor sich hat. Das ist der einzige Weg zur Horoskopsynthese. Das Geburtshoroskop kann nur innerhalb des Individuums und durch das Gefüge seines Lebens wirklich zu einer Synthese gebracht und erkannt werden. Selbst wenn man eine Beratung per Ferngespräch macht, sollte man den Betreffenden zunächst fragen, was er will, was ihm Schwierigkeiten macht, wo er seine Möglichkeiten sieht und welche wichtigen Entscheidungen alle Aufmerksamkeit erfordern.

Die wahre Horoskopsynthese ist immer ein Bemühen um eine Einstimmung auf die wesentlichen Lebensthemen eines Menschen, das ist nicht nur ein Vorurteil von mir, sondern wird auch dadurch bekräftigt, was wir über Reinkarnation wissen und darüber, wie das Gedächtnis von einem Leben zum nächsten Brücken schlägt.

Diejenigen von Ihnen, die sich mit Rückführungen oder mit Aussagen so anerkannter und zuverlässiger Seher wie Edgar Cayce über frühere Leben beschäftigt haben, werden sich daran erinnern, daß sich Menschen, die in vergangene Existenzen zurücksehen, in vielen Fällen nicht an Einzelheiten erinnern. Sie erinnern sich jedoch immer an die wichtigen Themen des vergangenen Lebens, die entscheidenden, seelenbewegenden Konflikte, die schmerzhaften Dilemmas, die erhebenden Erfahrungen spiritueller Inspiration. Was sich der Seele dauerhaft einprägt, sind deshalb nicht die trivialen Details des Lebens und die bedeutungslosen, vorübergehenden Ereignisse, sondern Erfahrungen, die wirklich in die Tiefe gehen. Wenn man diese wesentlichen philosophischen Einsichten zur Anwendung bringt, kann man vielleicht zu einer wahren Horoskopsynthese gelangen. Nur dann können wir über spezifische Methoden und Techniken sprechen, die zu einer solchen Synthese führen.

Spezielle Methoden der Horoskopsynthese

Es gibt eine Vielzahl von Synthesetechniken, die man benutzen kann. Ich werde einige von ihnen kurz beschreiben. Für jemanden wie mich, der alles in energetischen Zusammenhängen sieht, ist die Theorie von Dr. William Davidson über die energetische Bedeutung von Sonne, Mond und Aszendenten besonders brauchbar. Diese Ideen erläutert er in seinem hervorragenden Buch *Lectures on Medical Astrology*. Er sagt, die Sonne sei unsere Voltspannung, die Grundkraft, die unser Leben bestimmt. Den Mond nennt er unsere Stromstärke, in der Elektrizität Ampère, also die Intensität des Energieflusses. Wie der Mond das Sonnenlicht zur Erde reflektiert, reflektiert und beeinflußt der Mond die Intensität und Stärke des Energiestromes, die die Sonnen-Volt-Spannung im Körper und im Leben hat. Schließlich sagt er, daß der Aszendent das Leitvermögen oder der Widerstand sei, also die Art und Weise, in der die Lebenskraft durch den Menschen und in die Welt fließen kann. Schon diese Entsprechungen ermöglichen es uns, die grundlegenden Energien im Horoskop zu überschauen und in einen Zusammenhang zu bringen.

Der Aszendent und mit ihm zusammenhängende Faktoren

Einer sehr alten Tradition gemäß besitzen die Aszendenten in Feuerzeichen die größte Vitalität und deshalb die größte Abwehr gegen Krankheiten. Das Leitvermögen für den Energiefluß ist großartig und der Widerstand der Feuerzeichen sehr gering. Beim Löwen, dem fixen Feuerzeichen, gibt es einen gewissen Widerstand, der jedoch nicht zu groß ist. Es ist ein Zeichen, das Energie ausstrahlt (diese Vorstellung von der Leitfähigkeit ist übrigens sehr wichtig für die Praxis verschiedener energieorientierter Heilmethoden).

Wir werden einiges über den Aszendenten sagen; ich und viele andere haben sich jedoch schon lange gefragt, warum es so wenig gutes schriftliches Material über den Aszendenten gibt, da doch alle Astrologen schon seit langem sagen, daß der Aszendent von so entscheidender Bedeutung sei. Das hat mich jahrelang stutzig gemacht, und nun bin ich zu dem Schluß gekommen, daß es daran liegt, daß ihn niemand beschreiben kann. Der Aszendent ist so subtil, so wesentlich und so dynamisch, daß er sehr schwer faßbar ist, wenn man nicht in sehr traditionellen Begriffen von ihm spricht. Dieser Mangel an Material regte mich dazu an, ein weiteres Forschungsprojekt zu beginnen, das noch einige Jahre in Anspruch nehmen wird. Ich habe begonnen, Notizen über die verschiedenen Aszendenten zu sammeln, von denen jeder zwölf Variationen hat, entsprechend der Stellung des Herrscher-Planeten: Jungfrau-Aszendent mit Merkur im Widder, Jungfrau-Aszendent mit Merkur im Stier, Jungfrau-Aszendent mit Merkur in den Zwillingen usw. Ich glaube, das wird eine recht interessante Studie werden, die wahrscheinlich zum Zeitpunkt der nächsten Jupiter-Saturn-Konjunktion fertig werden wird. Ich habe also genug Zeit bis dahin.

Kehren wir zum energetischen Aspekt der Aszendenten zurück: Die Aszendenten in Luftzeichen haben ein hohes Leitvermögen, ihr Widerstand ist ebenfalls niedrig, außer vielleicht beim Wassermann, dessen starres Denken den Energiefluß manchmal behindert. Bei Aszendenten in Wasserzeichen ist die Leitfähigkeit nicht besonders groß und der Widerstand eher hoch, vor allem bei einem Skorpion-Aszendenten, der sich oft durch eine gewisse Trägheit auszeichnet. Die Aszendenten in Erdzeichen haben die geringste Leitfähigkeit und den größten Widerstand gegen den Energiefluß; sie sind alle eher grobstofflich. Der Jungfrau-Aszendent hat die größte Leitfähigkeit aller Erdzeichen, weil er merkurbetont ist und das Nervensystem dieses Zeichens Energie einigermaßen gut leitet. Jemand kann unter dem Gesichtspunkt des Sonnen- oder Mondzeichens über außerordentliche Vitalität verfügen; ein Stier-Aszendent im besonderen und ein Steinbock-Aszendent in gewissen Fällen kann diese Energie jedoch zum Stocken bringen oder sich häufig ihrem Fluß in einer unübersehbaren und oft problematischen Weise widersetzen. Das ist ein Beispiel für die ersten Schritte der Horoskopsynthese; man muß seinen Blick dafür schärfen, wie die Energie durch den ganzen Menschen und so auch durch das ganze Horoskop fließt. Das Horoskop spiegelt den einzigartigen Tanz kosmischer Energie wider, den jeder einzelne Mensch verkörpert. Bei allen Bemühungen um eine Synthese muß man den Aszendenten genau betrachten und herausfinden, inwiefern er dem Betreffenden hilft, die anderen Energien auszudrücken, die sich im Horoskop zeigen, oder inwiefern er ihn daran hindert.

Bei der Betrachtung des Aszendenten muß man nicht nur zusätzlich die Zeichen- und Hauspositionen des Planeten beachten, der den Aszendenten beherrscht (er wurde jahrzehntelang der »Herrscher des Horoskops« genannt), sondern auch die Aspekte zum Aszendenten. Diese Aspekte werden in astrologischen Lehrbüchern selten erwähnt, bis auf gelegentliche Hinweise, daß sie sehr wichtig seien. Ich habe dann meistens den Verdacht, daß der Autor nicht weiß, wovon er spricht. Ich persönlich halte das für ein weiteres Beispiel eines Faktors, der so dynamisch und so wesentlich ist, daß die meisten Menschen Schwierigkeiten haben, ihn überhaupt zu sehen oder zu beschreiben. Hier haben wir wieder einen Fall unserer Unfähigkeit, einen ganz offensichtlichen Horoskopfaktor wahrzunehmen. Ein weiterer Grund dafür, warum Aspekte zum Aszendenten nicht mehr betont werden, liegt darin, daß sie nur bei Horoskopen, die auf einer genauen Geburtszeit basieren, verläßlich bestimmt werden können. Deshalb ist es schwieriger, sie systematisch zu untersuchen. Bis vor einigen Jahrzehnten wurden die meisten Menschen zu Hause geboren, und man schrieb die Geburtszeit gar nicht auf oder schätzte sie zu einem späteren Zeitpunkt. Deshalb mußten sich Generationen von Astrologen bei ihrem Studium auf wirklich zuverlässige Faktoren stützen.

Wenn man sich also mit den Aspekten zum Aszendenten befaßt, muß man zunächst nachprüfen, wie genau die Geburtszeit wahrscheinlich ist; woher stammt die Geburtszeit und als wie verläßlich hat sich der angenommene Aszendent selbst erwiesen? Wie reagiert der Aszendent auf Transite und Progressionen? Da so viele Geburtszeiten fünf oder zehn Minuten vom wirklichen Zeitpunkt abweichen, gehe ich so vor, daß ich bei der Beurteilung von Aspekten zum Aszendenten einen weiten Orbis annehme. Das berücksichtigt einerseits kleine Ungenauigkeiten der Geburtszeit, andererseits aber auch die Tatsache, daß der Aszendent ein wichtiger dynamischer Punkt im Horoskop ist, der sozusagen eine große Aura hat. Er ist ein ebenso dynamischer Punkt wie die Planeten, und *jeder* Planet, der den Aszendenten aspektiert, beeinflußt das ganze Leben des Menschen außerordentlich stark, er färbt die Einstellung des einzelnen allen Dingen gegenüber und seine Art, sich in der Welt auszudrücken.

Jeder Aspekt, der durch einen Winkel, der das Vielfache von 30 Grad umfaßt, den Aszendenten aspektiert, tönt und beeinflußt unweigerlich unser ganzes Bewußtsein. Es ist etwas, das man ganz automatisch in sich hat und leicht ausdrücken kann, nicht etwas, das man erst lernen muß, obwohl man im Laufe der Zeit vielleicht lernen muß, sich dessen bewußt zu werden und es bewußt als wichtigen Teil seiner selbst anzunehmen. Die Funktion und die Erfahrungsdimension dieses Planeten sind einem von früh auf verfügbar; es ist ein intimer, wesentlicher Teil der eigenen Persönlichkeit. Ja, ich wage sogar zu behaupten, daß der Planet, der den Aszendenten eng aspektiert, vielleicht bei vielen Menschen stärker zur Wirkung kommt als das Aszendentenzeichen. Das wird nicht immer zutreffen, aber man wird es, wenn man darauf achtet, in vielen Fällen feststellen. So könnte man auch sagen, daß eine Kombination aus dem Zeichen am Aszendenten, seinem Herrscherplaneten und jedem Planeten, der den Aszendenten aspektiert, ein wichtiger Schritt zur Horoskopsynthese und eine große Herausforderung für den Astrologen ist. Eine Verschmelzung dieser Faktoren kann viele Türen zum Verständnis des Wesens eines Menschen und dazu öffnen, was er bewußt oder unbewußt ausdrücken oder sein möchte.

Der Aszendent sagt viel darüber, wie man mit der Außenwelt in Kontakt tritt. Es gibt vielerlei Möglichkeiten, ihn zu definieren. Besonders nützlich ist es, den Aszendenten als das »Bild der Persönlichkeit« zu betrachten. Er ist entweder dieses Bild oder er trägt auf wichtige Weise dazu bei, wobei die Position seines Herrscherplaneten und die Aspekte zum Aszendenten dieses Bild natürlich ebenfalls färben. Er ist jedoch nicht die Persönlichkeit selbst, sondern nur ein kleiner Teil ihrer Gesamtheit.

Dies ist für viele Menschen irreführend. Ich bin sicher, daß viele von Ihnen merken, daß man sie auf eine bestimmte Weise wahrnimmt; wenn einen jemand anderes dann beschreibt, wie er einen sieht, ist man sehr verwundert, weil es so ganz anders ist als das Gefühl, das man von sich selbst hat. Die anderen sehen oft dieses *Bild* der Persönlichkeit.

Es ist auch nicht so, daß der Aszendent immer die physische Erscheinung beschreibt, wie manche Traditionen behaupten. Manchmal tut er das zwar sehr genau; das Mond-Zeichen, das Zeichen des Herrscherplaneten und das Sonnenzeichen tun es jedoch auch in sehr vielen Fällen. Der Aszendent beschreibt die Erscheinung manchmal, aber sie kann von so vielen anderen Faktoren beeinflußt sein. Ein Planet im ersten Haus, vor allem wenn er mit dem Aszendenten in Konjunktion steht, kann die äußere Erscheinung ebenfalls ganz deutlich beeinflussen. Der Aszendent ist jedoch immer ein Bild der eigenen Persönlichkeit in einem viel umfassenderen Sinn als die physische Erscheinung. Das Aszendenten-Zeichen beschreibt irgend etwas, das man an sich hat, die Energie, die man ausstrahlt und die dann vom Zeichen des Herrscherplaneten, den Aspekten und den vielerlei anderen Faktoren moduliert wird.

Wenn man einen Aszendenten hat, der sowohl von einem alten als auch von einem neuen Herrscher geprägt ist, wie Skorpion, Fische und Wassermann, sollte man die Häuserpositionen beider Punkte beachten, da beide im Leben des Betreffenden eine gewisse Bedeutung haben. Vor allem jedoch sollte man die Zeichen-Position des alten Herrschers in Betracht ziehen, da dieses Zeichen immer sehr viel stärker sein wird als das Zeichen des neuen Herrschers, wenn es nicht durch andere Faktoren betont wird. Mit anderen Worten: wenn man einen Skorpion-Aszendenten hat, ist das Mars-Zeichen im allgemeinen viel wichtiger für die eigene Natur als das Pluto-Zeichen, wenn dieses Zeichen nicht durch irgendwelche andere wichtigen Punkte betont wird. Nicht jeder, der in der Generation mit Pluto im Löwen geboren wurde und der einen Skorpion-Aszendenten hat, ist in seinem Wesen und in seiner Persönlichkeit besonders löwehaft! Das Marszeichen ist bei diesen Menschen jedoch immer besonders stark, immer kommt diese Energie bei ihnen besonders deutlich zum Ausdruck.

Auch das ist ein Gebiet, in dem ich immer mehr zu den alten Vorstellungen zurückkehre. Sie müssen wissen, daß ich sonst zu den Menschen gehöre, die ihre eigenen Fehler machen müssen, die im Leben experimentieren müssen und die nicht akzeptieren können, was man früher für Wahrheit gehalten hat, nur weil die Autorität eines Menschen oder einer Tradition dahintersteht. In vielen Fällen jedoch führen mich gerade meine Beobachtungen und meine Erfahrungen wieder zu den Werten zurück, die in älteren astrologischen Erkenntnissen liegen. So fühle ich mich immer mehr zu früheren Vorstellungen über die Herrscherplaneten hingezogen. Viele andere verwerfen gerade diese Vorstellungen. Ich sehe, daß so viele Leute sich mit allerlei pseudowissenschaftlichem Kram beschäftigen, während Stephen wieder ins »dunkle Mittelalter« zurückfällt! Ich kann es jedoch nicht verhindern, ich muß den Weg gehen, auf den meine persönliche Wahrheitssuche mich führt. In manchen Kreisen ist es heutzutage Mode, die Herrscher-Planeten, die Häuser und die Erhöhung von Planeten in Zeichen zu unterschlagen, als sagte man sich: »Ach, diese altmodischen Astrologen, wie konnten sie überhaupt etwas wissen, bevor unsere wunderbare neue Zeit anbrach? Wir sind viel klüger als sie und viel raffinierter. Und vor allem haben wir Computer!« Dazu kann ich nur sagen: »Was für eine Arroganz!« Weisheit ist heute so selten wie eh und je. Und was Computer zur Vertiefung des astrologischen Verständnisses anbelangt, so sollte man nie vergessen, daß sie nur die Informationen ausspucken, mit denen man sie füttert.

Man sollte also meines Erachtens den sogenannten Herrscher-Planeten des Horoskopes, seine Zeichen-Position und sein Haus genau in Augenschein nehmen. Die Haus-Position zeigt immer einen Erfahrungsbereich, in dem sich viel von der Lebensenergie und den persönlichen Bemühungen zeigt. Wenn ich von Aspekten zum Aszendenten spreche, muß ich betonen, daß eine Konjunktion zum Aszendenten oder zum Deszendenten ein besonders starker Aspekt ist. In vielen Fällen handelt es sich bei diesem Planeten vielleicht um den stärksten Planeten im ganzen Horoskop. Manchmal dominiert ein Planet, der den Aszendenten eng aspektiert, das ganze Leben. Es sind mir zum Beispiel Menschen begegnet, die sehr künstlerisch begabt waren und mystische Neigungen hatten und die mir sagten: »Ich habe einen unaspektierten Neptun.« Man wirft einen Blick auf das Horoskop und sieht, daß Neptun in genauem Quadrat oder in einem genauen Trigon zum Aszendenten steht. Wenn Sie zu denjenigen gehören, die sich im Horoskop auf die wichtigsten Aspekte konzentrieren, empfehle ich Ihnen sehr, dabei auch die Aspekte zum Aszendenten einzubeziehen!

Eine weitere wichtige Frage in Zusammenhang mit dem Aszendenten ist die, wie gut der Aszendent sich in das übrige Horoskop integrieren läßt. Mit anderen Worten: Repräsentiert der Aszendent etwas, das auch für das übrige Wesen dieses Menschen gilt, oder ist er ein Schutzschild oder ein starkes Image, das im übrigen ziemlich leer ist? Stimmt dieses Bild mit dem übrigen Menschen überein? Oder verdeckt es in erster Linie viele andere Aspekte seiner Natur? Der Aszendent zeigt einem oft den ersten Eindruck, den man von dem anderen hat. Gilt dieser Eindruck jedoch für das ganze Wesen des anderen oder ist er nur ein Bild ohne Tiefe? Eines der besten Beispiele dafür ist ein Krebs-Aszendent. Sie wissen, daß der Krebs ebenso wie der Löwe dafür bekannt ist, sich oft als Schauspieler zu betätigen. Nun ist es so, daß Menschen mit einem Krebs-Aszendenten oft viel einfühlsamer und sensibler erscheinen als sie sind, vor allem, wenn ihre anderen Schwerpunkte in der Luft und im Feuer liegen. Wie stark der Aszendent in der übrigen Natur integriert ist, hängt in hohem Maß davon ab, ob das Element des Aszendenten mit den Elementen der anderen Schwerpunkte im Horoskop harmoniert.

Worauf ich hinaus will, ist, daß der Aszendent im wesentlichen ein Bild oder ein Tor für die Gesamtpersönlichkeit des Menschen sein kann. Man muß einfach das ganze Horoskop betrachten, um festzustellen, ob der Mensch die Fähigkeit und Entschlossenheit oder das Talent hat, zu verwirklichen, was der Aszendent verspricht. Kann er sein übriges Horoskop, seine übrige Energie, mobilisieren, daß sie durch den Kanal fließt, den der Aszendent symbolisiert? Der Aszendent ist die Öffnung, durch die viel vom Selbst nach außen tritt. Kann ich mein ganzes Wesen oder viel davon durch ihn ausdrücken? Wenn nicht, kann ich mein Leben oder meine Lebensweise irgendwie verändern, damit es mir mit der Zeit leichter fällt?

Horoskopsynthese und Plazierung in den Häusern

Will man das Horoskop als Ganzes wahrnehmen, mit anderen Worten, die vielen Faktoren zu einer Synthese bringen, so muß man ein Gespür für die verschiedenen Häuser-Typen haben, um die einzelnen Häuser-Betonungen schnell kombinieren zu können. Lassen Sie uns das kurz durchgehen. Bei einer Betonung der Wasser-Häuser weiß man, daß der Betreffende sehr stark durch Sehnsüchte, durch tiefe unbewußte Bedürfnisse und Bestrebungen motiviert ist, die manchmal so verborgen sind, daß der Betreffende Schwierigkeiten hat, sich auszukennen. Gleichgültig, wo die Zeichen in den Planeten stehen, eine Betonung des vierten, achten und/oder zwölften Hauses zeigt auf jeden Fall den Einfluß vieler unbewußter Faktoren auf das Leben des Betreffenden. Er ist entweder sehr spirituell oder psychisch sensibel, vielleicht aber auch nur besonders verletzlich und immer voller Sehnsucht nach Schutz und Geborgenheit.

Besteht eine Betonung der Erd-Häuser (des zweiten, sechsten und zehnten), weiß man, daß der Betreffende sich sehr stark auf seine Bedürfnisse konzentriert: Wie kann ich Geld verdienen, wie kann ich zu einer Stellung kommen, wie kann ich meinen Platz in der Welt finden, wie kann ich nützlich sein? Selbst wenn jemand keine Planeten in Erdzeichen hat, dafür aber viele Planeten in Erd-Häusern stehen, weiß man, daß der Betreffende nie so recht von seinen praktischen Problemen loskommen wird. Er muß einfach viel Energie darauf verwenden, nützlich und tüchtig zu sein. Sonst fühlt er sich nicht lebendig.

Wenn die Lufthäuser betont sind (das dritte, siebente und elfte), hat man jemanden vor sich, der sich in seinem Leben vor allem auf Begriffe und Vorstellungen konzentriert. Selbst wenn er nur wenig oder gar keine Betonung der Luftzeichen hat, wird er seine Energie auf das Denken, auf Kommunikation, auf Konzepte, auf den Umgang mit anderen Menschen und ein Aufspüren der endlos vielen herumschwirrenden Ideen richten. Ich bin sicher, daß viele von Ihnen die Entsprechung zwischen Zeichen und Häusern bemerkt haben; manchmal ist sie wirklich erstaunlich. Beispielsweise wird man, wenn jemand eine Betonung des dritten Hauses hat, vor allem wenn die Sonne dort steht (und Merkur, durch den es noch deutlicher wird) eine enorme Neugier und das dauernde Bedürfnis zu lernen feststellen, selbst wenn keine Planeten in den Zwillingen stehen. Solche Menschen haben ein lebhaftes Interesse an erstaunlich vielen Dingen. Manchmal schreiben sie auch oder führen ein Tagebuch. Die Entsprechungen zwischen Zeichen und Häusern sind auch in der medizinischen Astrologie außerordentlich wichtig; die Häuser entsprechen sehr oft den Körperteilen, die man der Tradition nach mit den entsprechenden Zeichen in Zusammenhang bringt. Es gibt so viele eklatante Beweise dafür, daß die Häuser ein brauchbares Konzept darstellen, daß ich persönlich denjenigen keineswegs zustimmen kann, die die Häuser nur deshalb vernachlässigen, weil sie physikalisch nicht meßbar sind.

Bei einer Betonung der Feuerhäuser (dem ersten, fünften und neunten) findet man, selbst wenn keine wichtigen Planeten in den Feuerzeichen stehen, eine deutliche zukunftsorientierte Lebenseinstellung. Der Betreffende wird durch Inspirationen, Bestrebungen und Ambitionen motiviert. Es gibt in meinem Buch »Astrologie, Karma und Transformation« eine ganze Abteilung über diese Häuser, deshalb muß ich hier nicht noch einmal alles wiederholen. Ich möchte mich mit der Feststellung begnügen, daß am Dreieck der Feuerhäuser etwas Magisches ist, und ich glaube, daß dies mit der Tatsache zu tun hat, daß die Feuerhäuser im natürlichen Horoskop alle mit dem Aszendenten entweder in Konjunktion oder im Trigon stehen. Die Feuerhäuser haben mit der grundsätzlichen Haltung des Menschen dem Leben selbst gegenüber zu tun, und Planeten in diesen Häusern beeinflussen diese Haltung.

Wichtig ist auch, daß man die Häuser, die durch bestimmende Aspekte berührt werden, in Betracht zieht. Vor allem drücken sich meiner Erfahrung nach die wesentlichen Lebensprobleme, besonders wichtige Entwicklungsbereiche und Bereiche vorherrschender Aktivitäten durch die einander entgegengesetzten Häuser aus, die sowohl durch Oppositionsaspekte als durch die Mondknotenachse betont werden. Manchmal kann man sehr schnell etwas über die wesentlichen Konflikte des Klienten herausspüren, wenn man nur diese gegenüberliegenden Häuser betrachtet. Ich wage jedoch zu behaupten, daß die Häuser, in die die Mondknoten fallen, nicht notwendigerweise von solcher Bedeutung für den Menschen sind, wenn sich nicht zugleich auch Geburtsplaneten in ihnen befinden. Der Betreffende mag in diesen Lebensbereichen zwar recht aktiv sein, wie wichtig für ihn persönlich ein Lebensbereich jedoch ist, hängt mehr von den Planetenpositionen ab. Dort finden wir den unmittelbarsten Energiefluß und deshalb auch die bewußtesten Bemühungen.

Welche Faktoren tönen die Planeten-Prinzipien?

Jeder Planet entspricht einem Prinzip und repräsentiert eine spezifische Erfahrungsdimension, die durch unzählige Faktoren getönt oder gefärbt wird. Wenn man beginnt, alle Faktoren zu prüfen, die einen Planeten beeinflussen, kommt so viel zusammen, daß man beträchtliche seelische Energie aufwenden muß, um für alle auf einmal ein Gefühl zu bekommen. Der analytische Verstand kann eine solche Vielfalt von Variablen, von denen jede auf einer etwas anderen Ebene zur Wirkung kommt, gar nicht auf einmal erfassen. Diese Faktoren wirken alle auf einen bestimmten Planeten und stellen so die wichtigsten Tönungen oder Färbungen einer bestimmten Erfahrungsdimension dar.

1. *Das Zeichen des Planeten*
   Das ist die grundlegende Energiewelle und Gestimmtheit eines Planeten in einem bestimmten Horoskop und symbolisiert den vorherrschenden Ausdrucksmodus dieses Planetenprinzips. Andere Faktoren modulieren diese Grundfrequenz.

2. *Der Grundton des Planeten*
   Das ist die Zeichenposition des Planetenherrschers, wobei man nur die alten Herrscher verwendet. Wer z. B. den Mond in der Jungfrau und Merkur im Schützen hat, wird als jemand betrachtet, der einen Jungfrau-Mond mit einem Schütze-Grundton hat.

3. *Die engen Aspekte des Planeten*
   Die wichtigsten Aspekte, wozu alle Winkel zählen, die ein Vielfaches von 30 Grad sind, tönen den Ausdruck eines Planeten merklich.

4. *Die Hausposition des Planeten*
   Wenn beispielsweise jemand die Venus im dritten Haus hat, entspricht das einem Merkur-Aspekt zu Venus, das heißt, der Grundfärbung der Venus wird ein Merkur-Ton hinzugefügt.

Man könnte noch eine ganze Reihe zusätzlicher Faktoren anfügen, das würde jedoch ein ohnehin schon sehr komplexes Bild nur unnötig komplizieren. Schließlich würde man so weit kommen, daß jeder Planet durch jeden anderen astrologischen Einfluß getönt würde. Man betrachtet nur die wichtigsten, verläßlichen Faktoren, vor allem jene, die sich wiederholen.

Nehmen wir zum Beispiel ein bestimmtes Horoskop.*) Mit dem Mond im Schützen wird man eine vorherrschend Schütze-betonte Reaktion auf alle möglichen Dinge und Situationen haben. Das Mondprinzip ist Reaktion – wie reagiert man instinktiv und spontan? Gleichgültig, welche anderen Faktoren diesen Mond tönen, immer wird sich eine Schütze-betonte Reaktion zeigen. Diese Reaktion wird jedoch von allen möglichen anderen Faktoren moduliert werden, die diese urschützehafte Ausdrucksweise färben. Zugleich wird die Sonne, die in einem exakten Quadrat zum Mond, also in den Fischen steht, der schützehaften Ausdrucksweise gegenüber vorsichtig, ja bestürzt sein. Die Sonne sagt: »Warte einen Augenblick, ich muß mir diese Sache erst näher ansehen.« Und dann sagt der Mars im Wassermann, der in einem genauen Sextil zum Mond steht: »Ja, nur zu, solche Aktionen mag ich.« Und dieser Mensch hat Jupiter in der Jungfrau, und so ist der Grundton seines Mondes einfach Jungfrau. Jupiter wird also, während all das vor sich geht, analysieren und herauszufinden versuchen, warum ein Teil des Selbst so ungerechtfertigt optimistisch ist; immerhin steht die Jungfrau im Quadrat zum Schützen. Wenn man dazu noch den engen Aspekt des Uranus mit dem Mond und die Stellung des Mondes im zweiten Haus in Betracht zieht, kommen noch mehr Faktoren hinzu, die alle zusammen die Reaktionen des Mondes färben.

Es ist erstaunlich, wie komplex Menschen sind. Mit einer Horoskopinterpretation kann man eigentlich gar nicht zu Ende kommen. Jeder Planet ist so unglaublich komplex und auf so vielfältige Weise

*) Zur Erläuterung wurde eine Zeichnung auf der Tafel verwendet.

mit anderen verwoben. Schließlich muß man zu einer Horoskopsynthese gelangen; man hat keine Versicherung, ob man wirklich gute Astrologie betreibt. Deshalb sagte ich vorhin, daß man sich wirklich auf das konzentrieren muß, was für den Betreffenden wichtig ist. Wenn man eine »vollständige Deutung« zu machen versucht, kommt man ins Uferlose. Es ist einfach absolut unmöglich. Wie kann ein Mensch mit seiner beschränkten Intelligenz ein solch komplexes, unendliches Geschöpf wie einen anderen Menschen in ein Schema pressen?

Ich bin überzeugt davon, daß viele von Ihnen, vor allem jene, die vielleicht schon zehn Jahre lang oder mehr Astrologie betreiben, auch einmal dachten, sie hätten das eigene Horoskop verstanden, und dann verändert man sich, wächst, gewinnt an Selbsterkenntnis, neue Züge treten hervor, Altes verschwindet, und das Horoskop wird wieder lebendig und aufs neue geheimnisvoll. Man sagt sich: »Oh, *das* ist es! Das hat mir mein Horoskop immer gezeigt, aber ich konnte es bis jetzt nicht sehen.« Ein gutes Beispiel dafür ist Neptun. Sehen Sie sich das Haus an, in dem Ihr Geburtsneptun steht ... Aha, früher dachten Sie, daß Sie etwas darüber wüßten. Sie meinten, die Bedeutung von Neptun in Ihrem Leben erkannt zu haben. Aber ist Neptun nicht der Planet der Täuschung, des Selbstbetruges, der Illusion? Man lernt immer etwas und staunt vielleicht darüber, wie wenig man weiß und wie wenig man früher wußte. Aber in der Vergangenheit war man vielleicht stolz darauf, sich in dem Lebensbereich, der durch die Hausposition Neptuns angezeigt wird, so gut zurechtzufinden. Vielleicht dachten Sie, Sie seien sehr idealistisch in diesem Punkt oder hätten eine gewisse Klarheit darüber; jetzt kann man jedoch oft zurückschauen und feststellen, daß man in Wirklichkeit überhaupt nicht wußte, was vorging.

Regeln zur Anwendung und Interpretation der Untertöne

Wir haben nur so viel Zeit, um einige der wichtigsten Anwendungsweisen und -regeln für das, was ich »Unterton« zu nennen pflege, zusammenzufassen. Die Grundbedeutung dieses Begriffes habe ich schon erwähnt, und ich sprach auch darüber, daß ich mich mit einem Langzeit-Forschungsprojekt über die Untertöne befasse, aus dem später ein Buch entstehen soll. Da es also genug Material über dieses Thema gibt, um ein ganzes Buch zu füllen, können wir in diesem Vortrag nur einiges Grundsätzliche sagen. Ich möchte mit einem Zitat aus dem letzten Gedicht der *Four Quartets* von T. S.

Eliot, die oft als eine der wichtigsten Dichtungen unseres Jahrhunderts betrachtet werden, beginnen. Was er sagt, gilt auch für die Untertöne und ihre Ureinfachheit, ebenso wie für die häufige Erfahrung, von der wir gerade sprachen – die Tatsache, daß man einmal glaubte, man kenne sich selbst etwas und wüßte deshalb, was das Geburtshoroskop bedeute, und daß man dann später erschrokken und erstaunt ausruft: »O Gott, ich habe in den ganzen Jahren nicht gesehen, was ich direkt vor der Nase hatte!«

And the end of all our exploring
will be to arrive where we started
And know the place for the first time.

(Am Ende all unseres Forschens
Kehren wir an den Anfang zurück
Und erkennen den Ort zum ersten Mal.)

Man sollte eine solche einfache Idee wie die von den Untertönen nicht unterschätzen. Manche von Ihnen fragen sich vielleicht: »Warum kaut er uns solche simplen, primitiven Sachen vor?« Nun, vielleicht sollten wir am Ende all unseres Erforschens verschiedener und weit hergeholter astrologischer Begriffe an den Anfang zurückkehren – die absoluten Grundlagen der Astrologie. Und wenn wir die Dinge mit anderen Augen betrachten können, werden wir den Ort vielleicht zum ersten Mal erkennen.

So könnte man den »Grundton« eines Planeten (sein Zeichen und Haus), zusammen mit seinem »Leitton« darstellen. Wenn der Geburtsmond des Betreffenden im Schützen im zweiten Haus steht und sein Jupiter in der Jungfrau im zehnten Haus, ergibt sich folgende Gleichung:

$$\text{Mond} \quad \frac{\text{Schütze/zweites}}{\text{Jungfrau/zehntes}}$$

Mit anderen Worten: Hier haben wir einen Schütze-Mond im zweiten Haus mit einem Jungfrau-Unterton, und da der Herrscher des Mondes, Jupiter, im zehnten Haus steht, hat der Unterton noch einen Zehntes-Haus-Beiklang. Hier spricht schon dieser Faktor allein von jemandem, der Akademiker oder in seinem Beruf oder in seiner Lebensweise ein Lehrender sein könnte. Es ist jemand, der gerne sagt, was er glaubt, vielleicht sogar ein Prediger, durch den Jungfrau-Unterton zeigt sich aber auch ein gelehrter, ein analytischer Zug und vielleicht Interesse an Gesundheit. Nun ist der Betreffende tatsächlich Professor und zugleich Lehrer auf dem

Gebiet der Therapie und Gesundheit. Er lehrte zudem vergleichende Religionswissenschaft und Mystik. Da seine Sonne in den Fischen steht, ist Jungfrau auch der Unterton seiner Sonne. Sie erinnern sich – wir benutzen den alten Herrscher der Fische, um den Unterton der Sonne zu bestimmen, also Jupiter. Mit anderen Worten: Sein Jungfrau-Jupiter im zehnten Haus ist der Herrscher sowohl seiner Sonne als auch seines Mondes. Er ist also stark Jungfrau-betont, und doch würden, da sein Jupiter der einzige Planet in der Jungfrau ist, die meisten Astrologen ihm keine besonders starken Jungfrau-Eigenschaften zuschreiben, wenn sie sein Horoskop auf herkömmliche Weise interpretierten. Er ist mit vierzig sogar noch Junggeselle! Die Gleichung für seine Sonne würde so aussehen:

$$\text{Sonne}\quad\frac{\text{Fische/viertes}}{\text{Jungfrau/zehntes}}$$

Wie hat sich dieser starke Jupiter sonst in seinem Leben manifestiert? Er ist sehr religiös, wenn auch in einer unorthodoxen Weise. Er ist sehr optimistisch, zumindest in der Stimmung, die er nach außen hin zeigt. Er hat in seinem Leben viele Reisen gemacht, was sich auch daran zeigt, daß die Zeichen und Untertöne von Sonne und Mond beweglich sind. Er lebte in vielen verschiedenen Ländern und verbrachte zudem viele Jahre im Ausland.

Ich sagte schon, daß man dem Herrscher des Planeten nachgeht, um seinen Unterton zu finden, jedoch nur unter Berücksichtigung des alten Herrschers. Hat man beispielsweise einen Merkur im Skorpion, ist das Zeichen, in dem Mars steht, der Unterton von Merkur. Wichtig ist auch, daß man vor allem die Untertöne von Sonne, Mond und Aszendent als wichtigste Faktoren in Betracht zieht und dann erst in zweiter Linie die Untertöne von Merkur, Venus und Mars untersucht.

Die Untertöne von Jupiter, Saturn und den drei äußeren Planeten werden für praktische Zwecke außer acht gelassen. Nehmen wir als Beispiel einen der hier Anwesenden. Was ist Ihr Sonnenzeichen und in welchem Haus steht Ihre Sonne?

TEILNEHMER: Eine Stier-Sonne im zweiten Haus.
Also regiert Venus Ihr Sonnenzeichen. Wo steht nun Ihre Venus?

TEILNEHMER: Venus steht im ersten Haus im Widder.
Gut, Sie würden es also folgendermaßen aufschreiben:

$$\text{Sonne}\quad\frac{\text{Stier/zweites}}{\text{Widder/erstes}}$$

Ihre Sonne hat also einen Widder-Unterton, und das noch in dem recht selbstbewußten ersten Haus. Sie werden also ein ziemlich energischer Stier sein, viel dynamischer als der archetypische träge Stier. Wo steht Ihr Mond?

TEILNEHMER: In den Fischen im zwölften Haus.

Man läßt bei der Betrachtung der Untertöne die äußeren drei Planeten außer acht, weil man hier etwas über persönliche, nicht generationsgebundene Motivationen erfahren möchte. Wo steht Ihr Jupiter?

TEILNEHMER: Jupiter ist im siebenten Haus in der Jungfrau.

$$\text{Mond} \quad \frac{\text{Fische/zwölftes}}{\text{Jungfrau/siebentes}}$$

Sie haben also einen Fische-Mond im zwölften Haus, der jedoch einen Jungfrau-Unterton hat. Anders als viele Menschen, deren Mond in den Fischen steht, haben Sie einen Beiklang von Urteilsvermögen, das wahrscheinlich sehr nützlich ist! Ihre emotionalen Reaktionen sind zwar fischehaft, werden aber auch der Analyse unterworfen. Sie sind Ihren eigenen Gefühlen gegenüber vielleicht sogar etwas kritisch und, da Fische und Jungfrau Ihren Mond, also Ihr Selbstbild beeinflussen, haben Sie wahrscheinlich eine starke Neigung dazu, im Bereich der Gesundheit und in anderen Sphären an Ihrer Weiterentwicklung zu arbeiten. Wo steht nun Ihr Merkur?

TEILNEHMER: Im Widder im ersten Haus.
Wir müssen also sehen, wo der Mars bei Ihnen steht.

TEILNEHMER: Auch im Widder im ersten Haus.
Hier liegt also besonderes Gewicht, weil der Grundton und der Unterton identisch sind. Man schreibt das so auf:

$$\text{Merkur} \quad \frac{\text{Widder/erstes}}{\text{Widder/erstes}}$$

Wir haben also hier einen besonders energischen Merkur, der nicht nur im Widder, sondern auch im ersten Haus steht, wobei diese Faktoren sich im Unterton wiederholen. Ich sprach schon vom Gesetz der Drei, demzufolge jeder Faktor, der sich dreimal wiederholt, zweifellos ein Hauptfaktor im Horoskop ist. In diesem Sinn ist eine Wiederholung bei den Untertönen ebenfalls ein Hinweis auf einen bedeutungsvollen Faktor im Leben, eine wichtige energetische Grundstimmung und ein entscheidendes Lebensmotiv. Obwohl nicht alle Planeten, die den gleichen Unterton und Hauptton haben, »erhöhte« Planeten sind – was man an dem Widder-Merkur-Beispiel sieht, das wir gerade hatten; Merkur ist im Widder nicht erhöht – haben *alle* erhöhten Planeten, das heißt Planeten in ihrem eigenen Zeichen, den gleichen Unterton und Hauptton. Beispielsweise diese Dame hat den Mars im Widder. Er ist also »erhöht«. Er hat sozusagen keinen Unterton, weil der Herrscher des Widders im Widder selbst steht. Und da ihr Mars zudem im ersten Haus steht, haben wir ein Beispiel für einen reinen Mars-Archetypus. Jeder erhöhte Planet ist im Grunde der reine Ausdruck der Urqualitäten und -funktionen eines Planeten, da er nur eine dominante Tönung durch das Tierkreiszeichen erfährt und da dieses Zeichen mit seinem Wesen völlig übereinstimmt. Natürlich wird sein Ausdruck auch durch die Hausposition und die Aspekte gefärbt, das Zeichen und die elementare Tönung jedoch haben den stärksten Einfluß auf die Persönlichkeit.

Wenn man einmal alle Untertöne im eigenen Horoskop durchgeht, also nur die von Sonne, Mond, Aszendent, Merkur, Venus, Mars, wird man vielleicht plötzlich bemerken, daß ein Zeichen oder Element durch eine Wiederholung in den Untertönen sehr stark betont wird, was einem sehr einleuchtet, was man jedoch bisher nicht so stark erkannt hat. Wenn sich etwas in den Untertönen zu wiederholen beginnt, was man früher gar nicht für einen so wichtigen Teil der Persönlichkeit hielt, wird man sich gewöhnlich sofort damit identifizieren. Hat man beispielsweise nur die Venus in den Zwillingen, Sonne, Merkur und Mars jedoch im Stier und zudem Mond und Aszendent in der Waage, so wird man plötzlich merken, warum man so starke Zwillinge-Eigenschaften hat – Zwillinge wäre dann nämlich immerhin der Unterton von fünf Hauptfaktoren. Durch dieses Vorgehen versteht man auch den Einfluß besser, den der Tradition nach zwei Planeten aufeinander haben, die sich jeweils im Zeichen des anderen befinden. Diese Planeten haben also jeweils das natürliche Zeichen des anderen als Unterton, und so verstärkt sich ihr energetischer Ausdruck gegenseitig sehr dauerhaft. Bei manchen Horoskopen stellt sich heraus, daß sich die ohnehin schon dominanten Zeichen als Untertöne wiederholen. In diesen Fällen kann man zwar den Hauptton und den Unterton jedes einzelnen Planeten betrachten, der Gesamteindruck des Horoskopes wird sich in solchen Zeichen jedoch nicht sehr verändern. Die *neue* Information oder das *neue* Motiv, auf das man stößt, ist es wert, sich bei jeder Horoskopdeutung auch mit dem Aufspüren der Untertöne zu befassen.

Auch zum Verständnis von Beziehungen kann das Konzept der

Untertöne beitragen. Manchmal harmonieren ein oder zwei Untertöne eines Menschen, den man kennt, besonders gut mit dem eigenen Horoskop. Oder die eigenen Untertöne harmonieren besonders gut mit den Grundtönen des anderen. Vor zwei Jahren, als ich mit dieser neuen Idee zu experimentieren begann, untersuchte ich die Untertöne in den Horoskopen der beiden Menschen, mit denen ich die ganze Zeit zusammenarbeitete. Beide hatten, obwohl ihr Mond nicht im Wassermann stand, zu ihrem Mond einen Wassermann-Unterton. Wassermann ist nun mein Mondzeichen, und wir konnten außerordentlich gut zusammenarbeiten, was auch notwendig war, um manchmal verrückte Dinge zu tun. Untertöne erklären oft, warum sich manche Menschen zueinander hingezogen fühlen. Sie sehen also, daß diese Theorie auf vielerlei Weise praktisch angewendet werden kann und zu größerem Verständnis führt.

Durch die Untertöne werden gewisse Dinge erhellt; im Grunde zeigen sie nur eine andere Ebene dessen, was eigentlich offensichtlich ist. Wenn man sich mit Untertönen beschäftigt, übt man sich darin, von einem etwas anderen Standpunkt auf die grundlegenden Dinge zu achten. Sie geben ein individuelleres Bild vom Wesen eines Menschen. Sie zeigen eine andere Motivationsebene; Untertöne enthüllen unbewußte Motivationen und Anlagen, die aus der zunächst sichtbaren Plazierung der Planeten selbst nicht immer hervorgehen. Die Analyse der Untertöne ist eine Verfeinerung der Grundinterpretation; durch sie wird eine Tönung sichtbar, die das Grundmuster modifiziert. Vor allem hilft sie einem, tiefere Motivationen und Bedürfnisse zu verstehen, die einem zunächst nicht deutlich werden oder die einen Klienten, der sich ihrer nicht ganz bewußt ist, beschäftigen. Ich glaube, daß ein Umgang mit den Untertönen – wozu auch gehört, herauszufinden, ob eines der vier Elemente in der Struktur der Untertöne immer wieder auftaucht – einen zu einem nützlicheren und brauchbareren Verständnis des Wesens und der Psychologie der Menschen führt als die meisten plötzlich auftauchenden Zusatztechniken, mit denen man heutzutage herumexperimentiert.

Wenn das wahr ist – und ich bin sicher, daß viele Menschen dem widersprechen werden –, wenn also solch eine einfache Methode wahr ist und soviel verdeutlicht, woran liegt das? Ich bin überzeugt davon, daß es daran liegt, daß die Elemente und somit auch die Zeichen Ausdruck der elementaren Energie, also ursprünglich sind. Sie *sind* Lebensenergie. Und somit sind die Zeichen fundamentale Strukturen von Lebensenergie. Wie Dr. Randolph Stone schrieb, symbolisieren die Planeten die Art und Weise des Energieaustausches zwischen dem Individuum und dem universellen Kräftereservoir. So sind die Elemente und Zeichen also das *Was* der Lebensenergie und die Planeten das *Wie* (wie die Lebensenergie reguliert wird und fließt).

Eine ganzheitliche Betrachtungsweise der Transite

Eine Unzahl von Büchern über Transite, in denen versucht wird, die Bedeutung der einzelnen Transite auf ein paar simple Sätze und genaue Voraussagbarkeit zu reduzieren, hatten zur Folge, daß viele Menschen, vor allem Astrologie-Anfänger, versuchten, verschiedene Transite auf isolierte Weise, unabhängig vom Kontext des gesamten Horoskopes zu interpretieren. Deshalb halte ich es für wichtig, dieser Tendenz entgegenzuwirken, indem ich ein paar Beobachtungen und Fakten mitteile, die zum Verständnis der Transite sehr nützlich sind.

Zunächst müssen wir uns vergegenwärtigen, daß die Astrologie, wie sie in Büchern, Vorträgen oder Konsultationsgesprächen zum Ausdruck kommt, Worte benutzen muß, um sich dem Leben anzunähern. Doch der verständnisvolle Gebrauch der richtigen Worte kann bestenfalls zu einer Annäherung an den Sinn des Lebens führen, er wird ihn jedoch nie ganz fassen können. So fand ich auch, daß in den meisten Fällen, in denen ein Buch in einem kurzen Abschnitt vorgibt, die Bedeutung eines bestimmten Transites zu erklären, meist die Realität der persönlichen Erfahrung nicht beschrieben wird. Das liegt auch daran, daß sich diese Bücher selten an die grundlegenden Prinzipien halten, die durch die am Transit beteiligten Planeten symbolisiert werden. Deshalb schrieb ich in meinem Buch *Astrologie, Karma und Transformation* das Kapitel über Transite; ich hielt es für notwendig, die absolut grundlegenden Prinzipien zu definieren, die bei jedem Transit eine Rolle spielen, wobei ich vor allem Schlüsselbegriffe verwendete, die anschaulich genug und zugleich präzise waren.

Ich werde diese Prinzipien und Schlüsselbegriffe hier nicht wiederholen, möchte Sie jedoch mit ein paar Gedanken vertraut machen, die Sie ermutigen sollen, das gesamte Energiemuster zu sehen, das die Transite innerhalb des umfassenden Lebensmusters enthüllen.

Eine erste Richtlinie ist dabei ein Gedanke von Charles Carter, den ich aus seinem Buch *Symbolische Direktionen* zitiere:

Die Planeten wirken sich eher entsprechend ihrer Position im

Geburtshoroskop als ihrer Progressions-Stellung entsprechend aus, und das gilt meiner Erfahrung nach in allen Systemen.

Mit anderen Worten, wir müssen uns auf den Geburtsplaneten konzentrieren, der vom Transit betroffen ist, da dieser Planet unsere angeborene Gestimmtheit in bezug auf eine Erfahrungsdimension symbolisiert, die sich zwar im Laufe eines Lebens auf immer veränderte Weise äußert, im wesentlichen jedoch als dominierender Teil unseres Selbst gleichbleibt. Beispielsweise sind alle Transite über die Geburtsvenus darin ähnlich, daß sie unsere Venus-Funktion und unsere venusische Erfahrungsdimension unweigerlich beeinflussen. Alle Transite über Venus werden sich auf einen oder wahrscheinlich mehrere der folgenden Bereiche auswirken: Liebe, Wertvorstellungen, Geschmack, Beziehungen, finanzielle Situation, soziale Bedürfnisse und Kontakte, Zufriedenheit usw. In gewisser Weise ist es gar nicht so wichtig, welcher transitierende Planet einem Venus bewußt macht, solange es nur periodisch geschieht. Es ist erst in zweiter Linie wichtig, *wie* sie einem bewußt wird, obwohl man es natürlich lieber auf eine jupiterhafte als auf eine saturnale Weise hat!

Es ist jedenfalls Venus im Geburtshoroskop, die beschreibt, wie gut und leicht man Venus ausdrückt oder erfüllt, wie wichtig Venus für einen ist, welche Häuser und Zeichen mit ihr zu tun haben usw.

Eine andere Tatsache, die nie genug betont wird, ist die große Bedeutung der Transite über die Geburtssonne. Durch sie wird alles, wird jeder Lebensbereich berührt, da die Sonne unsere Lebensenergie und unser tiefstes Bewußtsein symbolisiert. Wie die Sonne der Mittelpunkt unseres Sonnensystems ist und die Planeten diese Sonnenergie weitgehend reflektieren, so teilen in der Astrologie die Planeten die zentrale Sonnenenergie. Wenn also ein Transit über Mars, Merkur oder Venus nicht immer das ganze Selbst, Identitätsgefühl, Selbstvertrauen und Wohlbefinden beeinflussen (das hängt davon ab, wie stark diese Planeten für einen sind), wird ein Transit über die Geburtssonne sich darauf immer auswirken und in der Folge auch Merkur, Mars und Venus beeinflussen. Wenn die Lebenskraft vermindert oder energetisch erweitert wird, geschieht dasselbe mit dem ganzen Selbst! Ein gutes Beispiel dafür ist, wenn Saturn durch Transit im Quadrat zur Geburtssonne steht; dann wird das Glücksgefühl des Betreffenden (Venus), seine sexuelle Energie (Mars) und seine geistige Vitalität (Merkur) gewöhnlich abnehmen, obwohl sich die Konzentration (Saturn) trotz der niedrigeren Energieebene verstärkt. Ein Saturn-Quadrat zu Venus, Mars oder Merkur wird viel weniger weit gefächerte Auswirkungen auf das eigene

Leben haben; das allgemeine Selbstvertrauen und Wohlgefühl (Sonne) kann trotz eines Saturn-Quadrates zu den anderen persönlichen Planeten durchaus gut sein.

Eine andere Vorstellung, die einem helfen kann, Transite ganzheitlich zu betrachten, ist die Analogie, daß das Sonnensystem wie ein großer Generator wirkt. Durch sie werden einige der beobachtbaren Tatsachen astrologischer »Einflüsse« erklärbar, die mit den Grundkonzepten der Physik allein nicht faßbar sind. Viele Wissenschaftler und hellseherisch begabte Menschen haben ähnliche Hypothesen aufgestellt, um zu erklären, wie das Sonnensystem funktioniert. John Nelson beispielsweise, der bei der RCA (Amerikanische Rundfunkanstalt) über 25 Jahre lang mit Planetenwinkeln in Zusammenhang mit langfristigen Radiowettervoraussagen arbeitete, bemerkte folgendes:

> Merkur und Pluto, beides kleine Planeten, haben in Zusammenhang mit magnetischen Stürmen starke Auswirkungen... Keine Planetenkombination gleicht der anderen, und deshalb gibt es fast jeden Tag etwas Neues zu lernen ... Diese Beziehungen können sich in Tausenden und Abertausenden von Jahren nie genau wiederholen, wenn vier, fünf oder sechs Planeten beteiigt sind.
>
> Ich habe keine wohlbegründete Theorie, um zu erklären, was ich beobachtet habe, die Ähnlichkeit jedoch zwischen einem elektrischen Generator mit seinen genau verteilten Magneten und der Sonne mit ihren sich immer verändernden Planeten ist sehr einleuchtend. Beim Generator sind die Magneten fixiert und produzieren einen konstanten elektrischen Strom. Wenn wir die Planeten als Magneten und die Sonne als elektrischen Anker bzw. Relais betrachten, entsteht eine dem Generator sehr ähnliche Anordnung. In diesem Fall bewegen sich die Magneten jedoch. Deshalb variiert die elektromagnetische Stabilität des Sonnensystems stark.
>
> Zitiert aus: Joseph F. Goodavage, *Our Threatened Planet*, Seite 138–140.

Man kann diese Analogie, vor allem Nelsons Erklärung der fast unendlichen Vielfalt von Kombinationen zwischen den Planeten, benutzen, um zu zeigen, warum die Astrologie Skeptikern gegenüber so schwer beweisbar ist, warum sie als Wissenschaft betrachtet werden muß, die mit so vielen Variablen zu tun hat, daß es eines erfahrenen Künstlers bedarf, um diese Variablen sinnvoll zu benutzen und zu interpretieren, und warum eine verläßliche Voraussage bestimmter Ereignisse so selten möglich ist, trotz der Behauptungen oder Vorstellungen, die manche praktizierende Astrologen verbreiten. Natürlich ist jeder Augenblick nicht nur von einem, sondern von vielen Transiten gleichzeitig begleitet, und die daraus resultierenden, unendlichen Kombinationen sind die Substanz, die in einem Beratungsdialog experimentell erklärt werden müßten. Wer ist in der Lage, die mögliche Bedeutung einer gewissen Reihe von Transiten ohne Zusammenhang oder Bezugspunkt zu erraten, wenn die augenblicklichen Kombinationen der Planeten am Himmel praktisch einzigartig sind, ganz zu schweigen von der Tatsache, daß diese Kombinationen zu der einzigartigen Planetenkonstellation des Geburtshoroskops in Beziehung gesetzt werden müssen? Ein Herstellen dieser Beziehung vervielfältigt die Zahl der möglichen Kombinationen so außerordentlich, daß es kein Wunder ist, daß von verantwortungsvollen, ausübenden Astrologen so viel verlangt wird und daß so viele Möchte-gern-Astrologen versuchen, abgekürzte Verfahren zu formulieren, um sich dem Anspruch und der Herausforderung hochqualifizierter astrologischer Arbeit entziehen zu können.

Eine Beschreibung des Sonnensystems, die der von Nelson bemerkenswert ähnelt, findet sich in Geschichten des Aron Abrahamsen, eines Hellsehers, der den Ruf hat, sehr genaue Aussagen zu machen. Im folgenden zitiere ich aus Jeffrey Goodmans Buch, *We Are the Earthquake Generation:*

> In unseren gemeinsam gehaltenen Vorträgen stellte er (Abrahamsen) eine neue Sicht des Universums und unseres Sonnensystems vor, die sich von der professioneller Astronomen stark unterschied, die glauben, daß die Gesetze der Schwerkraft der wichtigste Weg zum Verständnis der Planetenbewegungen seien. Abrahamsen sagte, daß die magnetischen Gesetze noch mehr Bedeutung hatten. Er stellte das Sonnensystem als ein riesiges elektromagnetisches Feld dar, in dem sich magnetische Kraftlinien zwischen Sonne und den anderen Planeten erstrecken. Er sagte, daß das Planetensystem sich in einem ausgewogenen Gleichgewicht befände, daß jeder Planet sich wie ein magnetischer Kreiselkompaß verhalte und daß sich die plötzliche Abweichung eines Planeten fast augenblicklich und sehr direkt durch dieses magnetische Feld auf alle anderen Planeten auswirke. So können nach Abrahamsen kleine Planeten, deren Schwerkraftwirkung gering ist, dennoch starke, vom Magnetismus herrührende Wirkungen auf die anderen Planeten haben, wenn sie sich in zentralen Positionen befinden. (Seite 189)

Besonders wichtig scheint mir hier die Feststellung, daß sich die Abweichung eines Planeten fast augenblicklich und sehr direkt durch dieses magnetische Feld auf all die anderen Planeten auswirkt. Solch eine Anschauung vom Sonnensystem erlaubt es uns nicht nur, starre Begriffe von Raum und Zeit, die von der Astrologie stillschweigend postulierten Begrenzungen planetarischer Einflüsse, zu überwinden, sondern sie trägt auch dazu bei zu erklären, wie die kleinen Planeten Neptun und Pluto in der Astrologie mit solch starken Wirkungen in Zusammenhang gebracht werden konnten. In diesem Modell des Sonnensystems ist die physikalische Größe eines Planeten natürlich kein Maßstab dafür, welche Auswirkungen er haben wird.

Wenn man das gesamte Sonnensystem als riesiges Energiefeld sieht, hat das vor allem die Wirkung, daß wir viele astrologische Phänomene in einen zugleich sinnvollen und genauen Zusammenhang stellen können. Wenn also das gesamte Sonnensystem wie ein ganzes, integriertes, sich immer veränderndes riesiges Energiefeld zu verstehen ist, von dem wir ein Teil sind, kann man es nicht mehr als beiläufige Ansammlung verborgener Planeten-Energien sehen, deren Beschreibungen sich ordentlich in kleine Schubladen stecken lassen. Solch eine Anschauung zeigt auch, warum eine Betrachtung des Horoskops als Ganzes notwendig und signifikant ist, sie räumt aber auch ein, wie schwierig es ist, das gesamte Muster zu sehen und alle sich immer verändernden Faktoren am Himmel zu interpretieren, die zu einem bestimmten Menschen in einem bestimmten Augenblick in Beziehung stehen könnten.

Durch sie wird der Astrologe vorsichtiger, realistischer und, was zu hoffen ist, bescheidener.

Gerade der Einfluß und die Verläßlichkeit von Transiten kann möglicherweise dadurch besser verstanden und vielleicht auch teilweise erklärt werden, wenn man von der Idee dieses elektromagnetischen Feldes ausgeht. Wenn wir tatsächlich geboren werden, indem sozusagen das Sonnensystem in diesem Augenblick uns aufgeprägt wird und unser ganzes Wesen durchdringt, und wenn dieses bestimmte Energiemuster grundsätzlich das ganze Leben lang für uns wirksam bleibt, jedoch Veränderungen und Fluktuationen unterworfen ist (von denen viele mit transitierenden Planeten am Himmel zusammenhängen), können wir uns leicht vorstellen, wie Transite unserem gesamten Energiefeld eine neue Struktur geben können – möglicherweise durch diese magnetische Wirkung. Die Transite verändern und verzerren in gewissen Fällen deutlich das uns innewohnende Energiefeld und deshalb auch unser Bewußtsein! Wie lange diese Veränderung oder Verzerrung dauern wird, hängt von vielen Faktoren ab. In manchen Fällen scheint die Veränderung (oder Verwandlung) dauerhaft zu sein, sie bringt eine neue Einstellung und eine völlig neue Struktur zutage, die zwar auf der alten basiert, deren energetischer Ausdruck jedoch grundsätzlich verändert ist. In den meisten Fällen wird die Veränderung oder Verzerrung relativ kurzlebig sein, und die ursprüngliche energetische Struktur wird sich nach einer gewissen Zeit wieder festigen und durchsetzen.

Bestimmte Arten des Heilens und der Therapie, wie beispielsweise die Polaritäts-Therapie, können einem bei der Wiederherstellung der gesunden Grundstruktur helfen, wenn ein bestimmter Transit oder eine Transite-Konstellation vorüber ist, wobei man jedoch die möglicherweise geschehenen Veränderungen akzeptiert und erkennt. Man kann das Sonnensystem jedoch nicht bekämpfen. Wenn auch nur ein neuer Faktor beginnt, das eigene energetische Feld zu beeinflussen, wird das ganze Feld umstrukturiert, das darf man nicht vergessen. Wir müssen lernen, mit dieser Struktur zu leben und uns auf sie einzustimmen. Die Planeten kreisen weiter auf ihrer Bahn. Das Leben verändert sich immer wieder. Wir sind unzähligen Veränderungen und Transformationen unterworfen, auf die wir meistens keinen Einfluß haben und die wir nicht vermeiden können. Aber unsere Haltung dazu ist etwas, was wir bis zu einem gewissen Maß verändern können, und das führt mich zu einem abschließenden Zitat eines großen spirituellen Meisters, das sich auf das Leben überhaupt bezieht und das einem insbesondere eine Richtlinie zur Anwendung aller astrologischen Methoden, die sich mit Projektionen in die Zukunft beschäftigen, sein sollte:

> Die Furcht vor kommendem Unheil macht uns unglücklicher als das wirkliche Unheil, das vielleicht kommt, vielleicht aber auch nicht. Ja, wir bereiten uns selbst zusätzlichen Schmerz, wenn wir über eingebildete Sorgen nachgrübeln, anstatt uns zu gürten und uns ihnen tapfer zu stellen, wenn sie kommen. Die Hälfte unserer Nöte löst sich sofort auf, wenn wir Gott um Hilfe bitten.

8. Kapitel

Jupiter und Saturn

Liz Greene

Heute nachmittag möchte ich versuchen, über Jupiter und Saturn zu sprechen, deren gegenwärtige Konjunktion uns ja zu dieser Tagung zusammengeführt hat. Ich möchte mit den mythologischen Assoziationen beginnen, die sich zu diesen beiden Planeten einstellen, und dann zu den persönlicheren übergehen. William Butler Yeats schrieb einmal:

If Jupiter and Saturn meet
O what a crop of mummy wheat!

(Wenn Jupiter und Saturn sich zusammenschließen
Wird aus Mumien wieder Weizen sprießen.)

Yeats bezieht sich da auf etwas sehr Geheimnisvolles. Er hatte profunde Astrologiekenntnisse und brachte die Jupiter-Saturn-Konjunktion mit verlorenem, uraltem Wissen in Zusammenhang. Sein Sohn hatte diese Konjunktion in seinem Geburtshoroskop, und Yeats war der Ansicht, daß das mit seinem lebhaften Interesse an verborgenem Wissen und den geheimen philosophischen Wurzeln der Dinge zu tun habe.

Das im Gedicht verwendete Bild bezieht sich auf den ägyptischen Gott Osiris, der manchmal als Mumie vor seiner Auferstehung dargestellt wird, aus deren Leib Weizen sprießt. Der Weizen ist das erste Lebenszeichen während der Zeit, in der der Geist begraben liegt und der Zyklus von Tod und Wiedergeburt noch nicht vollendet ist. In diesem Bild ist das Übergangsstadium zwischen dem Tod von etwas Altem und der Geburt von etwas Neuem versinnbildlicht.

In der mittelalterlichen und in der Renaissance-Astrologie wurde die Jupiter-Saturn-Konjunktion immer als Vorzeichen einer Umwälzung im Herrscherhaus betrachtet – der Tod eines Königs, ein Interregnum des Chaos und das Erstehen eines neuen Königs. Das war auch immer mit schwierigen Lebensbedingungen verbunden, die Voraussage bezog sich jedoch vor allem auf das Bild des sterbenden alten Königs und die Geburt des neuen Königs. Auch im griechischen Mythos finden wir das gleiche Motiv. In Griechenland wurden diese beiden Götter Kronos und Zeus genannt.

Kronos ist der alte König, der Erd-Titan, der Herrscher der Götter. Er ist alt und paranoid und wacht eifersüchtig über sein Herrscherrecht. Er verkörpert eine Struktur, die seit Urzeiten besteht und die auf Macht und Aggression gegründet ist. Schließlich wurde er König der Götter, indem er seinen eigenen Vater Uranos überwand und kastrierte. An Kronos war die Prophezeiung ergangen, daß eines Tages sein eigener Sohn gegen ihn aufstehen werde. Um zu verhindern, daß etwas Neues entstehen und ihm die Macht rauben konnte, fraß er seine eigenen Kinder. Nur eines von ihnen entkam, und das war Zeus. Das geschah mit Hilfe seiner Mutter Rhea, die ihn in einer Höhle verbarg. Auch hier haben wir wieder das Bild des Wartens, der Mumifizierung, die der Veränderung vorausgeht. Rhea gibt Kronos einen in ein Tuch gewickelten Stein anstelle von Zeus zu essen. Er ist von all dem, was er verschlungen hat, schläfrig und benommen und bemerkt den Betrug nicht. Nach einiger Zeit – die Zeit der Götter ist natürlich nicht die unsere – würgt er das Verschlungene wieder hervor, da der Stein ihm im Magen lag. In diesem Augenblick der Verletzlichkeit kommt Zeus aus seiner Höhle hervor und führt einen Aufstand gegen ihn an. Er überwindet seinen Vater und verbannt ihn in die Unterwelt; so wird er selbst zum Götterkönig. Auch hier haben wir wieder das Bild von etwas Altem, das stirbt, von einer Übergangszeit des Chaos und der Verwirrung, in dem es dem alten Prinzip gelungen zu sein scheint, das neue Leben zu unterdrücken, das ans Licht kommen möchte.

Ich habe den Transit dieser Jupiter-Saturn-Konjunktion in Horoskopen von Menschen beobachtet, bei denen Neptun im ersten Dekanat der Waage steht, weil persönliche Beobachtungen über die Erfahrungen anderer letztlich alles sind, worauf wir unsere Einsichten gründen können. Wenn wir uns auf die Mythologie beziehen, so nur, um diese Beobachtungen zu erweitern, nicht um etwas zu erklären. In Zusammenhang mit diesem Transit von Jupiter und Saturn über die Waage in Konjunktion mit dem Geburts-Neptun in den Horoskopen vieler Menschen begann ich etwas Seltsames zu bemerken. Zunächst erstaunte es mich, daß verschiedene Leute über Träume sprachen, in denen ihr Vater gestorben war. Ich hörte das ebenso von meinen Analysanden wie von meinen astrologischen Klienten. Ich begann der Sache nachzugehen, denn ich dachte mir, das müßte etwas mit dem Sterben eines alten Prinzips zu tun haben. Ich sammelte immer mehr Träume dieser Art. Manchmal starb sogar der wirkliche Vater. Manchmal erschien auch die Mutter in den Träumen, meist war es jedoch der Vater selbst.

Wenn man dieses Traumbild auf einer symbolischen Ebene auffaßt, denn natürlich verloren nicht all diese Menschen ihren wirklichen Vater, muß man fragen, was der Vater eigentlich symbolisiert. Wer ist dieser alte Mann, der im Traum erscheint und der schließlich überwunden wird? Welche Art von seelischem Prinzip repräsentiert er? Ich glaube, daß eine Facette dieses Prinzips mit eingefleischten Haltungen und Meinungen zu tun hat. Vor allem bei Frauen ist der alte König oft der innere Tyrann, der sie durch ihre Meinungen über sie selbst beherrscht. Er entscheidet für sie, wer sie zu sein hat, welche Art von Leben sie führen muß, wie sie aussehen muß, wie sie denken muß und wie in ihren Augen Frauen und Männer sein müssen. Das entscheidende Wort dabei ist »müssen«. Das ist eine Stimme, die viele von Ihnen wahrscheinlich in sich selbst erkennen – eine strenge, voreingenommene, kritische Stimme, die viel besser als man selbst weiß, zu was für einem Menschen man sich entwikkeln sollte. Der alte Mann weiß alle Antworten auf das Leben und erinnert einen unaufhörlich daran, daß man seinen Erwartungen nicht gerecht wird. Oft erscheint er im Gewand einer geistigen Überzeugung oder einer Vollkommenheitsvorstellung, nach der man sich richten zu müssen meint. Dieses Ideal ist meistens männlich. Es ist auch die Stimme der Pflicht, die sagt: »Du darfst nicht egoistisch, emotional oder nachgiebig dir selbst gegenüber sein. Du mußt dich meiner Wahrheit, nicht aber deiner eigenen Natur unterwerfen!«

Der alte Mann repräsentiert das negative Patriarchat. Er ist kein schöpferisches männliches Prinzip, sondern ein negatives, das durch Herabsetzung herrscht. Im Mittelalter betrachtete man Saturn oder Kronos als Rex mundi, den Weltherrscher. Für die Albigenser war der Weltherrscher ein Gott, der jedoch nichts mit dem Herrn des Himmels zu tun hatte. Er war der Gott, der die Form schuf, und sie betrachteten ihn als Teufel. In den dualistischen Religionen wie denen der Katharer und Manichäer erwies man dem Teufel die Ehre, weil man anerkannte, daß es zwei gleichwertige Götter gab, von denen einer über den Geist herrschte und der andere über die Materie.

Dieser Weltherrscher sagt: »Das sind deine Grenzen, das sind deine Schranken. Über sie kommst du nicht hinaus. Das ist dein irdisches Schicksal. Du kannst nicht größer sein als dieses Schicksal. Ein Mensch ist nur eine arme, sterbliche Kreatur, die schließlich dem Tod geweiht ist.« Für sich genommen ist er ein notwendiges Prinzip. Wenn er jedoch herrscht, bedeutet das, daß er alles andere zerstört, er verschlingt alle neuen Möglichkeiten der Persönlichkeit. Wenn diese Gestalt im Traum eines Menschen stirbt, folgt darauf verständlicherweise eine Zeit der Depression und eine Zeit des Chaos. Historisch gesehen ist ein Interregnum immer von Revolutionen, Aufständen, Verschwörungen und allgemeinem Chaos begleitet, da alle sozialen Gruppen, die so lange unterdrückt waren, sich nun auflehnen. Armeen laufen Amok, jede Organisation und Struktur scheint zu fallen, denn das, was sie aufrechterhielt, ist zusammengebrochen.

Was geschieht, wenn man das auf innermenschliche Vorgänge überträgt, wenn das, was immer als beschränkendes und herrschendes Prinzip wirkte, nicht mehr vorhanden ist? Eine typische Folge sind Depressionen, Desillusionierungen, schwankende Gefühlszustände und Verwirrung. Fragen wie: »Wer bin ich?« »Was tue ich?« »Was will ich wirklich?« »Wohin gehe ich?« tauchen wahrscheinlich auf, verbunden mit Zuständen der Verzweiflung. Auch löst es im Individuum wie im Kollektiv Panik aus, wenn der alte Mann stirbt. Wer wird nun für Struktur und Sicherheit sorgen? Selbst wenn der Herrscher verhaßt war, ist die Reaktion die gleiche. Ich glaube, Sie werden sich alle daran erinnern, was hier vor sich ging, als John F. Kennedy erschossen wurde.

Was aber ist das Neue, das zutage tritt, wenn das alte Herrscherprinzip stirbt? Ich habe noch nicht viel über Zeus gesprochen. Ich glaube, eine der Gestalten, die Jung mit dem jungen Zeus in Verbindung bringt, ist der Puer aeternus, der ewige Jüngling. Er birgt zukünftige Möglichkeiten in sich und verkörpert das Streben. Wir sind ihm während dieser Tagung schon mehrere Male in Gestalt des jungen und schönen Gottes begegnet. Der Puer erbt den Thron nach dem Interregnum, er hat sich jedoch noch nicht des Vertrauens würdig erwiesen. Oft wird der Puer im Mythos in seiner Kindheit verletzt oder sonst gefährdet und beginnt seinen Weg mit Hindernissen, was ihn schwach erscheinen läßt. Alles, was er hat, ist Hoffnung und Optimismus. Optimistische Gefühle und die Ahnung neuer Möglichkeiten sind von großer Furcht begleitet, denn in einem Königreich, in dem der alte König stirbt und der junge den Thron besteigt, haben alle Angst. Er könnte schwach und unfähig sein. Er könnte hinter seinen Möglichkeiten zurückbleiben. Das Ereignis wird also sehr ambivalent aufgenommen. Neben der Hoffnung, daß die Dinge sich nun endlich zum Besseren wenden und schöpferischer werden, steht die Angst, daß die neue Möglichkeit unterdrückt wird, bevor sie wirksam werden oder sich als Enttäuschung herausstellen könnte. Diese Ambivalenz ist charakteristisch für die innere Verfassung eines Menschen, der diesen Transit durchlebt. Das, was ich bei meinen Klienten beobachtet habe, hat noch eine andere Dimension, und ich glaube, sie hängt ebensoviel mit

Neptun in der Waage wie mit der Jupiter-Saturn-Konjunktion zusammen. Etwas, das mir an der Generation mit Neptun in der Waage besonders auffiel, ist, daß sie von außerordentlichen Ansprüchen an eine vollkommene Beziehung geprägt sind. Sie glauben an eine perfekte Welt, an eine perfekte Philosophie über ein perfektes Leben. Doch vor allem scheint Neptun in der Waage mit idealen Beziehungen zu tun zu haben, und es hat den Anschein, als würde von menschlichen Begegnungen nichts weniger als eine göttliche Vereinigung erwartet. Ich glaube, daß das für eine ganze Generation von Menschen charakteristisch ist, da Neptun etwa 14 Jahre in einem Zeichen steht. Während des Transits von Jupiter und Saturn über Neptun habe ich das Zerbrechen dieser romantischen Phantasie bei vielen meiner Klienten beobachtet. Das bedeutet nicht notwendigerweise, daß auch Beziehungen zerbrechen. Die Phantasievorstellungen jedoch zerbröckeln. Etwas stirbt. Schließlich wird der alte Mann begraben. Der vollkommene Vater-Geliebte, der kommen wird, der sich unserer annehmen wird, der uns für immer und ewig ergeben ist, wird nicht mehr als wahr empfunden. Es wird nie jemanden geben, der alles zum Besten wenden und beweisen kann, daß das Leben gerecht ist. Der vollkommene Vater stirbt, und das Gefühl der Desillusionierung ist stark.

Besonders groß ist diese Desillusionierung, wenn jemand sein ganzes Leben auf diese Phantasie aufgebaut hat, wenn sie alles ist, was man hatte, wenn man all seine Hoffnungen daran band und sie benutzte, alle Fehler und Enttäuschungen zu rechtfertigen. Ich glaube, daß sehr viele Menschen eine grundlegende Wandlung ihrer ethischen Einstellung zur Liebe und zu Beziehungen erfahren. Es wird jedoch auch eine große neue Möglichkeit geboren, denn nun braucht man nicht mehr göttlich zu sein, man darf menschlich sein. Eine neue Gestalt taucht auf, die nicht mehr der vollkommene Vater im Himmel, sondern schöpferischer und mitleidvoller ist. Der alte König hat kein Mitleid – er fordert grausam. Es scheint fast, als zerbräche das alte Bild der Ehe. An die Stelle unbarmherziger Gesetze tritt etwas Freieres und Menschlicheres.

Von einem Mann verlangt das Bild des vollkommenen Vaters, daß er selbst vollkommen sei, da er sonst die Liebe und Unterstützung des Vaters nicht verdient. Er muß spirituell entwickelt sein, er darf keine Fehler haben, die ihn vor Gottes Angesicht unwürdig erscheinen lassen. In seinen Beziehungen wird die Bürde der Vollkommenheit der Frau auferlegt, in Wirklichkeit ist es jedoch die Forderung, die der alte Mann ihm gegenüber hat. So wälzt er alles auf die Frau ab, was er an Dunklem, Sündigem und Unvollkommenem an sich entdeckt. Doch wie kann man mit einem anderen Menschen zusammenleben, wenn einem Vollkommenheit über alles geht? Was immer der andere sagt oder tut, er wird es gar nicht vermeiden können, unvollkommen zu sein. So führt jede Beziehung unweigerlich zur Desillusionierung, wenn diese für Neptun in der Waage typischen Phantasien einen dominieren, ob man nun eine Frau ist, die den vollkommenen Vater-Gott sucht, oder ein Mann, der von ihm bestimmt wird. Dann wird das Leben selbst einen letztlich immer enttäuschen. Was zurückbleibt, ist das Gefühl des Versagens, und das heißt das Verschlingen der Kinder, das Töten von Hoffnung und Zukunftsmöglichkeiten.

Der neue König nun, den ich mit der Gestalt des Puer aeternus in Zusammenhang gebracht habe, wird bei den Analytikern sehr unterschiedlich beurteilt. Betrachtet man ihn jedoch nur als das Bild neuer Möglichkeiten, ohne moralische Maßstäbe anzulegen – welche Veränderung bringt er dann mit sich? Wenn eine Frau den vollkommenen Vater-Gott aufgegeben hat und begonnen hat, diese neue Gestalt zuzulassen, in der ein außerordentliches schöpferisches Potential liegt, die jedoch nicht als Gefäß für lebensstützende Struktur dienen kann, muß sie natürlich Wege finden, sich ihren Halt im Leben selbst zu geben. Der Puer will für niemanden der Vater sein. Deshalb muß sie, um sich eine Struktur zu geben, ihre eigenen Werte finden und kann sich nicht mehr auf die stützen, die der alte König ihr gab. Der Puer ist ihr schöpferischer Impuls, den sie in sich tragen und gebären muß. Der alte Mann kann ihn nun nicht mehr unterdrücken.

Wenn der alte Mann in einem Mann stirbt, was geschieht dann wohl mit ihm? Ich glaube, daß auch in diesem Fall schöpferisches Potential frei wird, das früher unterdrückt war. Vielleicht ist es die Möglichkeit, Freude über seine eigene individuelle Natur zu empfinden und nicht mehr immer auf die Anerkennung durch das Kollektiv angewiesen zu sein. Vielleicht kann er es sich nun zugestehen, unvollkommen zu sein, wodurch er so viel Selbstvertrauen bekommt, daß er ohne diese schreckliche Angst vor Bestrafung schöpferisch sein kann. Ich glaube, daß der Puer in seinem besseren Aspekt auch die Möglichkeit zu einem echten innerlichen religiösen Gefühl in sich birgt. Kronos-Saturn ist ein paranoider Gott, der tötet, um seinen Thron zu erhalten, denn seine Religion ist dogmatisch und nicht eine Quelle innerer Erkenntnis.

Man sieht so viele Männer, die sich unter der Herrschaft des alten Tyrannen abplagen in sinnlosen Berufspflichten, die sie nie wirklich wollten und die wie ein schweres Gewicht auf ihnen lasten, die sie jedoch um der Erwartung der Gesellschaft willen auf sich nehmen müssen, denn das verlangt man von einem Mann. Natürlich sind diese Forderungen im eigenen Inneren, sonst würden sie nicht so erdrückend wirken. Letztlich kann man die Außenwelt nicht für den alten Mann verantwortlich machen. Hätte der Mann die Möglichkeit in sich, ein Vagabund, ein Künstler, ein Visionär, ein Romantiker oder einfach er selbst zu sein, was immer das auch bedeuten möge, es würde ihm nicht zugestanden. Kronos-Saturn ist immer eine starke verläßliche Stütze, er darf weder Unbeständigkeit noch Verwirrung zeigen. Er kann nie ein Narr sein. Der Puer oder Jupiter, wenn Sie so wollen, ist eng verwandt mit dem Narren. Manche von Ihnen kennen vielleicht die Karte »Der Narr« im Tarot-Spiel. Er gleicht dem Harlekin oder Arlecchino des Renaissance-Theaters in seinem bunten Anzug. Der Narr kann närrisch sein, weil er nichts zu verlieren hat, ganz im Gegensatz zu dem alten Mann. Er hat keine Angst vor der Zukunft. Im Tarot-Spiel sieht man ihn, einen Hund an seinen Fersen, ein Bündel mit seinem Hab und Gut auf seinen Schultern, an einem Abgrund entlangtanzen. Ein Lächeln liegt auf seinem Gesicht, das sagt, daß er nicht fürchtet unterzugehen, wenn er mit dem Leben spielt. Das läßt einen vielleicht ahnen, welche Befreiung der neue König einem Menschen bringt.

Ein weiterer wichtiger Aspekt der gegenwärtigen Konjunktion ist die einzigartige Tatsache, daß sie in einem Luftzeichen stattfindet. Saturn und Jupiter hatten ihre Konjunktionen etwa 120 Jahre lang im Erdzeichen. Wir müssen also sehen, was das Element Luft im kollektiven Sinn bedeutet. Ich glaube, das Element Luft hat mit unseren ethischen Einstellungen, unserer Moral, unseren Idealen, also dem, was man den zivilisierten Instinkt nennen könnte, zu tun. Die Luft ist das einzige wirklich menschliche Element. Nur in diesem Element finden wir kein Tiersymbol. Die Fähigkeit des menschlichen Geistes zur Reflexion ist der einzige entscheidende Punkt, der uns von den Tieren trennt. Die Luft erlaubt uns, Abstand zu gewinnen, uns von den Dingen zu lösen und sie vom Standpunkt eines anderen zu betrachten. Diese Distanz erlaubt es uns, die Gesellschaft als einen Organismus zu betrachten, zu planen und vorauszuschauen. Wenn nun also der alte König stirbt und der neue auf den Plan tritt, wird dieses mythische Schauspiel im Bereich unserer kollektiven ethischen Überzeugungen, Moralvorstellungen, unseres Glaubens und unserer Anschauungen über das Wesen der Gesellschaft aufgeführt werden.

Jupiter und Saturn bilden im Geburtshoroskop ein Paar. Natürlich können wir sie auf vielerlei Weise interpretieren, und ich glaube, daß keine dieser Facetten die einzig richtige ist. Man kann sie beispielsweise so sehen, daß Jupiter die Karotte ist, die an einer

Schnur vor dem Esel hängt, und Saturn der Stock, mit dem er von hinten geschlagen wird. Beide Planeten haben mit Wachstum, Bewegung und Sinn zu tun. Sie sind beide weder ganz persönlich noch ganz transpersonal. Sie sind die Grenzlinie zwischen den inneren Planeten, die wir mit unseren individuellen Bedürfnissen assoziieren, und den äußeren, die mit tieferen kollektiven Entwicklungen zu tun haben. Jupiter und Saturn tragen unsere persönliche Lebens- und Weltanschauung. Das Reich der Philosophie ist das Grenzgebiet zwischen dem Persönlichen und dem Überpersönlichen. Jupiter und Saturn beschreiben unsere Lebensanschauung und unsere ethische Struktur, die die Grundlage unserer Entscheidungen bildet. An was für einen Gott glauben wir? Oder diese wunderbare Frage, die nie jemand wird befriedigend beantworten können: Was ist der Sinn des Lebens? Es gibt einen Witz darüber, den ich Ihnen am Ende dieses Vortrages erzählen will. Der Sinn des Lebens ist für diese beiden Planeten jedenfalls sehr unterschiedlich. Für Saturn besteht Sinnhaftigkeit nur in Arbeit, in Leiden, in Mühe, in Disziplin und Askese. Der Weg des Saturn ist der dunkle, introspektive, bittere Weg der Erfahrung, der erst im Alter zur Verwirklichung führt, wenn man genug Erfahrung hat, um sagen zu können: »Ich weiß, daß das wahr ist, weil ich es erlebt habe.«

Jupiter spricht ganz anders. Er sagt: »Ich weiß, daß es wahr ist, weil ich es einfach weiß.« Jupiter erahnt die Wahrheit. Er muß sie nicht mit seinem eigenen Blut bezahlen, ja er zieht es vor, harten Erfahrungen aus dem Weg zu gehen. Er findet einen Sinn durch seine Intuition, durch Meditation, durch Betrachtung von Horoskopen und die Lektüre inspirierender Bücher. Ihn ziehen religiöse und philosophische Systeme an, die für ihn wahr klingen. Jupiter möchte seine Wahrheit nicht mit Tatsachen verwechseln, während Saturn seine Tatsachen nicht mit Wahrheit verwechseln will.

In gewissem Sinn sind das die Stimmen des Visionärs und des Pragmatikers, und wir alle haben beide in uns. In manchem ist der eine stärker als der andere. Wenn jemand ein sehr jupiterbetontes Horoskop mit vielen Planeten in Feuerzeichen, einer starken Betonung des neunten Hauses oder einen starken Jupiter mit vielen Aspekten hat, dann wird der Betreffende den Sinn nicht durch Erfahrung suchen, weil er nicht die Geduld hat, aus der Erfahrung zu lernen. Außerdem traut er der Erfahrung nicht, da die irdische Welt ohnehin nicht die wirkliche ist. Es ist die Intuition und die Offenbarung, die diesen Menschen zu Einsicht und Sinnhaftigkeit führt. Ist sein Horoskop mehr saturnbetont, so vertraut er nur der Erfahrung und zweifelt an allem anderen. Das kann man bei Menschen sehen, die eine starke Erdbetonung im Horoskop, starke

Saturnaspekte oder viele Planeten in den Erdhäusern haben. Sie lernen nur durch Erfahrung und vertrauen der Zeit. Bei manchen Menschen verläuft die innere Entwicklung langsamer, sie brauchen länger, um ein Wertsystem zu entwickeln, dem sie vertrauen können und das sie ihren Entscheidungen zugrunde legen. Das sind die Menschen, die erst mit vierzig oder fünfzig reif werden. Ihre Begabungen und Möglichkeiten kommen spät zur Blüte; der Reifeprozeß kann nicht beschleunigt werden, denn sie gehen den Weg des Saturn, nicht den des Jupiter. Auch wenn sie viele verschiedene Dinge ausprobieren, trauen sie letztlich nur dem Erprobten und Bewährten.

Was geschieht nun, wenn diese beiden Prinzipien zusammenkommen? Marc Edmund Jones sagte einmal in bezug auf Jupiter im Quadrat zu Saturn, es gehe um ein »Letzte-Chance-Leben«. Ich habe mich oft gefragt, was er damit meinte. Will er damit sagen, daß man sich eine ganze Reihe von Leben lang mit dem Problem herumgeschlagen hat und nun noch einmal versucht, es zu lösen? Oder meint er, daß man sich das ganze Leben lang gedrängt fühlt, den Sinn der Dinge zu verstehen und eine lebbare Philosophie zu formulieren und daß dieser Drang bei einem Menschen mit einem Jupiter-Saturn-Quadrat viel stärker ist als bei anderen?

Ich nehme an, daß letzteres gemeint ist, oder zumindest ziehe ich diese Interpretation vor. Ob er das damit sagen wollte oder nicht, werde ich nie herausfinden. Ich habe jedoch bei Menschen mit starken Jupiter-Saturn-Kontakten im Horoskop diesen Drang beobachtet. Und das meinte Yeats, wenn er vom Sucher nach alter Weisheit sprach. Wenn die beiden Planeten in Konjunktion, in Opposition, im Quadrat oder im Trigon stehen, ist ein starker Trieb zur Einsicht, zur Formulierung einer Lebensbasis, die nicht nur konkret, instinkthaft oder in persönlichen Wünschen verwurzelt ist, vorhanden. Jupiter-Saturn ist wie ein Kind, das die lästige Angewohnheit hat, immer »warum« zu fragen anstatt »wie«, was viel leichter zu beantworten ist. Es ist der Drang, philosophische Fragen zu stellen, selbst wenn der Fragende sie nicht in typisch religiösen Begriffen formuliert.

Wenn Jupiter und Saturn sich begegnen, beginnt das Kollektiv, Fragen zu stellen. Da die Begegnung diesmal in der Waage stattfindet, werden sich die Fragen vor allem um Ethisches, um Beziehungsprobleme und alle anderen für die Waage typischen Dinge drehen. Die Konjunktion begann im Herbst 1980, und es begann damit eine Periode, die ich beim Individuum als Zeit interpretieren würde, in der alles in Frage gestellt wird, in der nach Sinn gesucht wird und in der man sich desillusioniert fühlt und alte Einstellungen über Bord wirft. Es ist die Hoffnung da, daß sich in der Zukunft neue Möglichkeiten entwickeln werden, aber man vertraut nicht darauf, und die Verbindung von beidem gibt einem das Gefühl, unter Druck zu stehen. Das ist der vorherrschende Eindruck, den diese Konjunktion bis jetzt auf mich gemacht hat. Die meisten meiner Klienten bekommen sie so zu spüren. Sicher wirkt sie sich auch in England kollektiv aus, vor allem im politischen Bereich. Natürlich ist dieses Zusammentreffen keine Seltenheit, da es recht regelmäßig wiederkehrt. Zuletzt fand es 1961 statt; diese Konjunktionen haben also etwa einen 20-Jahres-Zyklus. Jedes Mal wenn sie sich ereignen, stellen sich viele Fragen, und so manche geschätzte Weltanschauung stirbt, während sich neue Möglichkeiten am Horizont zeigen.

Etwas scheint mir für Menschen besonders wichtig, die diesen Transit und seine Auswirkung auf ihr Horoskop durchleben, vor allem wenn Neptun daran beteiligt ist, und das indiziert die Notwendigkeit, Warten zu lernen. Wieder denke ich an Yeats und seinen Mumien-Weizen und die Notwendigkeit, Geduld zu haben und die Dinge sich entwickeln zu lassen. Zu Beginn dieser Konjunktionen scheinen die Gelegenheiten wie junger Weizen zu sprießen. Es sieht aus, als würde alles von selbst seinen Gang gehen, und dann geschieht nichts oder das Falsche oder etwas anderes, als man erwartet hat. Oder es dauert alles viel, viel länger, als man erhoffte. Dieses so notwendige Warten ist sehr schmerzhaft, denn Jupiter ist ein sehr ungeduldiger Planet. In Verbindung mit Saturn wird er nur noch ungeduldiger, so daß man gerade in dem Augenblick, in dem man versuchen sollte, in aller Ruhe abzuwarten, die größte Unruhe verspürt.

Das Problem des Wartens ist eines der Themen in der Alchimie. Ich glaube, ich sagte bereits, daß man in der alchimistischen Symbolik die Ursubstanz, die in Gold verwandelt wird, Saturn nennt. Nach Jungs Ansicht war die Alchimie ein Symbol für innerseelische Prozesse, die man auf physikalische Substanzen projizierte. Der Alchimist beschäftigte sich nicht wirklich damit, gewöhnliches Gold herzustellen. Es ging ihm um das Auslösen einer inneren Erfahrung, durch die er eine Ahnung vom ewigen Leben erlangen konnte. Interessanterweise kam die mittelalterliche Alchimie aus Ägypten. In Europa beschäftigte man sich zunächst mit einem magischen Einbalsamierungsritual aus Ägypten, und so ist wieder die Verbindung zu unserem Mythos von der Mumie des Osiris hergestellt. In der Alchimie geht es immer darum, etwas zu finden, das durch die Natur nicht zerstörbar ist. Die Natur ist zyklisch, alles in der Natur muß schließlich sterben. Anders gesagt, alles ist in der Natur dem

Schicksal unterworfen, dem Schicksal der Instinkte. Die Alchimie scheint aus dem Drang entstanden zu sein, etwas im Menschen oder im Leben zu finden, das nicht stirbt, das einen Funken Unsterblichkeit in sich birgt. Dieses Etwas würde das Schicksal, die Vergänglichkeit und den Verfall transzendieren.

Heutzutage lacht man über die Alchimie vergangener Zeiten und hält sie für nichts weiter als eine Vorläuferin der modernen Chemie. Aber sie war etwas viel Subtileres. Das Gold, das die Alchimisten aus der Materie zu gewinnen versuchten, ist kein gewöhnliches Gold. Aber anders konnten sie es nicht ausdrücken. Die alchimistischen Texte sprechen immer von Saturn, dem Urstoff, mit dem das Werk vollbracht werden muß. Wir können nicht mehr herausfinden, was sie in physikalischen Begriffen unter Saturn verstanden. Man vermutet, daß Saturn manchmal Blei bedeutet, das traditionelle Saturn-Metall. Manchmal sprechen alchimistische Texte von schwarzem, giftigem Schlamm. Manche Alchimisten haben vermutlich Erde zu benutzen versucht, da sie die Prima materia manchmal Erde nannten. Andere scheinen Wasser verwendet zu haben. Manchmal nennen sie es einfach Materie, manchmal sprechen sie von Fäkalien. Man fragt sich, wie es in ihren Laboratorien gerochen haben mag.

Welche physikalischen Substanzen sie auch benutzen, sie sprechen auch über die Ursubstanz in ihnen selbst – ihren vergänglichen Körper und die gewöhnlichen menschlichen Verwirrungen, Leidenschaften, Wünsche und Konflikte der unbewußten Seele. Saturn wird in den Illustrationen alchimistischer Bücher als kranker oder tyrannischer alter Mann dargestellt, manchmal sieht man auch, wie er seine Kinder frißt. Oft hat er einen weißen Bart. Bemerkenswert ist eine Darstellung, die Jung in seinem Buch »Psychologie und Alchemie« veröffentlicht und auf der Saturn in einem riesigen Kessel gekocht wird. Ein weißer Vogel steigt aus seinem Kopf auf; er ist der Extrakt der spirituellen Essenz. Das Feuer ist in gewisser Weise Jupiter, da in der Alchimie Feuer die Hitze des leidenschaftlichen Strebens und Hoffens repräsentiert. Es ist auch die Glut des Begehrens und der Lust. Das ist die Ungeduld und das Drängen der Vision des Puer, der sieht, welche Möglichkeiten in diesem riesigen Bleiklumpen liegen könnten.

Der Puer sagt immer: »Wenn ich nur diese Möglichkeit hätte, dann wäre alles gelöst. Alles, was ich brauche, ist ein Tag mehr in der Woche, dann könnte ich mein Buch zu Ende schreiben. Wenn ich nur in einer ruhigeren Umgebung lebte, dann würde mein Bild fertig werden. Wenn ich nur ein bißchen Hilfe hätte, dann würde schon alles in Ordnung kommen.« Immer wieder versucht er, sich allen Einschränkungen zu entziehen, denn er möchte auf nichts warten und für nichts arbeiten. Auf dem eben erwähnten Stich kniet der Alchimist mit einem Blasebalg neben ihm und prüft die Stärke des Feuers nach. Es muß also ein Bewußtsein geben, das die Verbindung von brennendem Verlangen und dem Bleigewicht gewöhnlicher Sterblichkeit unter Kontrolle hat.

Etwas von der Frustration, die die Konjunktion von Jupiter und Saturn mit sich bringt, spiegelt sich in der Alchimie in den Darstellungen wider, auf denen Saturn in Flammen steht oder ein brüllender Löwe ist, dem man die Pfoten abschneidet. Die Alchimisten beschreiben einen Prozeß notwendigen Leidens und unvermeidlicher Enttäuschung, die ich mit den Gefühlen in Zusammenhang bringe, die ein Transit von Jupiter und Saturn bei einem Menschen auslösen kann. Manchmal wird die Prima materia auch als Wolf dargestellt, der im Feuer verbrannt werden muß, oder als alter König, der verzweifelt um Hilfe ruft. Der alte König verspricht demjenigen, der ihm das Leiden erspart, alle möglichen Dinge. Aber der Prozeß muß trotz der Schwierigkeiten fortgesetzt werden, weshalb die Prima materia in einem versiegelten Gefäß gekocht wird, bis sie schwarz wird und zu stinken beginnt.

Die Alchimie ist voll wunderbarer Worte, mit denen die verschiedenen Stadien des Werks beschrieben werden. Das Schwarzwerden und Stinken der Materie wird »Putrefactio«, Verwesung, genannt. Die Alchimisten beschreiben den Grabgeruch; sie zeigen das Bild der scheinbar völlig leblosen Mumie des Osiris. Alles ist zu Ende, es gibt keine Hoffnung mehr.

All das ist sehr niederdrückend und läßt einen verbittert werden. Alle großen Träume und Ideale haben sich als sinnlos erwiesen, man ist schrecklich desillusioniert und beginnt an allem zu zweifeln, was man erhoffte und erstrebte. Dann folgt die Zeit des Wartens in der Dunkelheit. Und gerade in dem Augenblick, in dem man aufgegeben hat, beginnt etwas sich zu regen. In der Alchimie wird das oft als weiße Taube dargestellt, die aus der schwarzen, stinkenden Masse aufsteigt. Manchmal ist es auch ein kleiner Homunculus, der einer schwangeren Frau entspringt. Die Schwangere ist ebenfalls ein Bild, das unter dem Transit von Jupiter und Saturn in Träumen häufig erscheint.

Frage: Was verbinden Sie astrologisch mit dem Bild der schwangeren Frau?

Liz Greene: Ich glaube, man kann alles mögliche damit verbinden. Das Wichtigste ist, welche Empfindung dieses Bild im Menschen selbst auslöst. Was ist es für ein Gefühl, psychisch, nicht unbedingt physisch, schwanger zu sein? Ich glaube, daß es viel mit der Vorbereitung neuer Möglichkeiten und auch mit einer Heiligkeit des Geschehens zu tun hat. Es ist auch Angst da, da das Leben nie mehr so sein wird wie vorher, ebenso wie wenn man physisch schwanger ist.

Es ist sehr schade, daß man weder der physischen noch der psychischen Schwangerschaft die nötige Anerkennung durch ein Ritual zuteil werden läßt. Ich glaube, daß sich das im gesellschaftlichen Verhalten stark widerspiegelt. Eine Geburt geht zwar mit klinischer Perfektion vor sich, aber man verbindet kein religiöses Gefühl mehr mit ihr. Wenn man träumt, daß ein Kind geboren wird, daß man schwanger ist, oder wenn man von einer anderen schwangeren Frau träumt, glaube ich, daß es sinnvoller ist, das nicht bis ins Detail analysieren zu wollen, sondern an den Mythos des heiligen Kindes zu denken, das immer unter großen Gefahren und an einem dunklen Ort geboren wird.

Es gibt noch einiges andere Erwähnenswerte in Zusammenhang mit Jupiter und Saturn. Da ist einmal der merkwürdige Zufall, daß amerikanische Präsidenten, die unter einer Jupiter-Saturn-Konjunktion gewählt wurden, im Amt sterben. Das geschieht regelmäßig seit Abraham Lincoln, und ich glaube, daß alle Konjunktionen in Erdzeichen stattfanden. Diesmal fiel die Konjunktion in ein Luftzeichen, und Präsident Reagan wurde angeschossen, starb aber nicht. Wir haben auch das merkwürdige Beispiel des Papstes, der eine andere Art alter König ist. Auch ihn versuchte man zu ermorden, aber er starb nicht. Ich weiß nicht, ob dieser positivere Ausgang darin liegt, daß die Luft weniger konkret als die Erde ist und deshalb nach weniger eindeutigem Ausdruck verlangt. Diese Geschehnisse sagen mir, daß der Tod des alten Königs, das Interregnum und die Geburt des neuen Königs sich nicht unbedingt auf eine bestimmte Weise materialisieren müssen. Es ist vielleicht töricht, aber ich sehe darin etwas Hoffnungsvolles. Vielleicht sind wir als Kollektiv nicht mehr ganz so schicksalsbestimmt. Vielleicht gibt es ein klein wenig mehr Spielraum, während vor fünfzig, hundert oder hundertfünfzig Jahren die Prophezeiung, der alte König würde sterben, sich gar nicht anders als buchstäblich erfüllen konnte.

Der Einfluß, den das Schicksal auf das Kollektiv hat, ist etwas sehr Merkwürdiges. Eine Nation ist offenbar nicht dazu in der Lage, einen Konflikt ebenso zu lösen wie ein Individuum. Eine Nation besteht zwar aus Individuen, aber sie ist auch selbst ein seelisches Gebilde, und auch Länder haben Geburtshoroskope. Ein Land kann sich wegen eines Problems in seinem Geburtshoroskop nicht an einen Analytiker wenden. Es wird auf einen einflußreichen Transit sehr blind reagieren. Ich glaube, je unbewußter die Individuen sind, die eine Nation bilden, desto mehr ist diese Nation auf konkrete Weise dem Schicksal ausgeliefert. Deshalb wird eine Konjunktion wie die zwischen Jupiter und Saturn, die über einen kritischen Punkt im Horoskop einer Nation transitiert, unvermeidlich den Tod des alten Herrschers mit einem darauf folgenden Interregnum und der allgemeinen Unsicherheit, die der Errichtung einer neuen Ordnung vorangeht, bedeuten. Vielleicht verliert Amerika seine Präsidenten, weil in seinem Geburtshoroskop ein Jupiter-Saturn-Quadrat zu finden ist, das für die große Sensibilität der Nation auf diese Jupiter-Saturn-Konjunktionen spricht. Aber diesmal hat sich das Schicksal nicht bis ins letzte konkret manifestiert. Das gibt mir zu der Vermutung Anlaß, daß in diesem Kollektiv eine etwas größere Flexibilität vorhanden ist.

Normalerweise halte ich Amerika für ein sehr extrovertiertes Kollektiv im Gegensatz zu einem Land wie Indien, das introvertiert ist. In diesem Land wird großes Gewicht auf äußere, materielle Werte gelegt. So neigt es eigentlich auch dazu, sein Horoskop auf sehr konkrete, extrovertierte Weise zu leben. Deshalb betrachte ich den fehlgeschlagenen Mordversuch als etwas sehr Hoffnungsvolles. Vielleicht lernt der alte König, auf einer inneren Ebene zu sterben, und vielleicht wird auch die neue Geburt eher auf einer inneren Ebene geschehen. Es wäre schon eine große Veränderung, eine Erneuerung der Werte und Einstellungen anstelle der üblichen ökonomischen oder politischen Unklarheiten oder Katastrophen zu beobachten. Sie sehen also, daß dieser Mythos vom alten König sich ebenso in der Welt wie im Individuum finden läßt und daß der alte König auf vielen verschiedenen Ebenen sterben kann.

Ich kann mir natürlich Jupiter-Saturn-beeinflußte Veränderungen in vielen Bereichen vorstellen, obwohl man mir immer vorwerfen kann, daß ich mir die Dinge herausgreife, die meine Sicht bestärken. Das mag sein, ich werde jedoch trotzdem darüber sprechen. Ich verbinde die Gruppe mit Neptun in der Waage mit einer stark spirituellen Strömung, die meiner Meinung nach viele der neueren psychologischen Schulen hervorgebracht hat, in denen eine transpersonale Orientierung vorherrscht. Ich glaube, daß diese Generation Bewegungen und Organisationen wie transzendentale Meditation und Psychosynthese gefördert und gefestigt hat, und was immer Sie auch von diesen Dingen halten, sie haben großen Anteil an der Bemühung um eine Aufwertung des Spirituellen ebenso wie der biologischen Seite der menschlichen Natur. Wo auch immer ihre Schwächen liegen, die Menschen mit Neptun in der Waage, die natürlich auch Uranus in den Zwillingen oder im Krebs und Pluto im Löwen im Sextil zu Neptun haben, bereicherten das Kollektiv durch neue Ideen. Ich glaube, daß diese Ideen jetzt überprüft, verändert und verankert werden. Diese Bewegungen legten, wie man es von Neptun in der Waage erwarten kann, vielleicht übertriebenes Gewicht auf Licht, Spiritualität und Intellekt; ich glaube jedoch, daß das jetzt durch eine realistischere Haltung ausgeglichen wird. Gewiß kann ich das bei meinen Astrologenkollegen feststellen, die den Wert der persönlichen Erfahrung immer mehr erkennen. Das bewirkt, daß man sich nicht nur zum Ratgeber aufspielt, sondern selbst Rat sucht und den Platz des Klienten einnimmt und sich Woche für Woche mit seinen eigenen Problemen herumschlägt.

Auch das finde ich hoffnungerweckend, denn ich habe schon lange den Eindruck, daß Menschen, die nach neptunischen Visionen streben, dazu neigen, sich vom Leben zu entfernen. Die bloße Beschäftigung des Astrologen mit dem Horoskop ist eine Loslösung von der Erfahrung, und man läuft leicht Gefahr, solche Dinge zu benutzen, um sich dem zu entziehen, was einem innerlich zu tragen aufgegeben ist. Der mythologische Hintergrund des Astrologen hat mit der Gestalt des Sehers und Magiers zu tun, und es ist sehr gefährlich, sich mit dieser Gestalt zu identifizieren. Auch wenn man sich noch so bescheiden zu geben versucht, der Klient wird einen nicht anhören, weil er so sehr beschäftigt ist damit, göttliche Orakel auf einen zu projizieren. Man wird ihn durch seine Worte nicht überzeugen, daß diese Projektion aus dem Unbewußten kommt. Man kann sich noch so sehr um wissenschaftliche Klarheit bemühen und immer wieder betonen, daß die Astrologie keine Wahrsagerei ist – eine primitivere Seelenschicht wird sich immer noch an den Schamanen wenden. Und je losgelöster und entfremdeter man dem eigenen Seelenleben gegenüber ist, desto größer ist die Gefahr, einer solchen Projektion zu erliegen. Für Neptun in der Waage ist spirituelles Streben genug. Ich glaube, daß die Jupiter-Saturn-Konjunktion an den Grundfesten dieser Illusion rüttelt und einen alten König entthront, der dringend der Erneuerung bedarf.

Der alte König glaubt hier, daß er dem gewöhnlichen menschlichen Leiden nicht unterworfen sei, weil er spirituelles Wissen besitzt. Deshalb sollten wir keine Probleme haben und auf alles eine Antwort wissen. Doch jeder Psychotherapeut, der auch nur einen Schuß Pulver wert ist, wird einem sagen, daß, wenn jemand verrückter ist als der Patient, es der Psychotherapeut selbst ist. Oft ist er unwissender als die Menschen, die zu ihm kommen, denn es ist ihm gelungen, in seine Symbole zu flüchten, um das Leben zu vermeiden. Wenn also der alte König der idealistischen Perfektion dabei ist zu sterben, kann ich das nur als etwas Wunderbares ansehen, denn es könnte bedeuten, daß die große neptunische Vision sich mit wirklicher, aus Erfahrung gewonnener Weisheit verbindet.

FRAGE: Können Sie uns den Witz über den Sinn des Lebens erzählen?

LIZ GREENE: Ach ja, der Witz. Er handelt von einem jungen Mann, der beschließt, den Sinn des Lebens zu entdecken. Er reist um die ganze Welt auf der Suche nach einem weisen Guru, der ihm das Geheimnis verraten könnte. Er steigt zu allen verborgenen tibetischen Klöstern hinauf, er durchwandert ganz Indien und stellt jedem heiligen Mann seine Frage. Alle schicken ihn zu einem noch weiseren Guru. Schließlich kommt er zum letzten Guru, denn alle anderen hat er schon befragt, und keiner konnte ihm die Antwort geben. Der letzte Guru lebt auf dem höchsten Gipfel des Himalaya, und der junge Mann muß im eisigen Sturm kahle Bergwände erklimmen. Als er schließlich am Gipfel angelangt ist und keuchend seine Frage stellt, gibt der alte Guru ihm keine Antwort. Er sitzt schweigend im Lotussitz da und läßt den Schnee um sich herum schmelzen. Der junge Mann fleht und bittet, er droht, sich das Leben zu nehmen, und läßt nicht ab. Der Guru schickt ihn drei Tage zur Meditation fort. Nach drei Tagen qualvollen Meditierens in eisiger Kälte kehrt der junge Mann zurück und stellt wieder seine Frage: »Was ist der Sinn des Lebens?«

Schließlich sagt der Guru: »Hühnersuppe«. Der junge Mann ist entsetzt von dieser Antwort. Er ist ganz sicher, daß der Guru ihm die Wahrheit gesagt hat, aber er versteht sie nicht. So macht er sich auf den Rückweg, voller Bescheidenheit davon überzeugt, daß er noch nicht genug spirituell vorbereitet ist, um eine solch tiefe Weisheit zu verstehen.

Und wieder reist er zehn Jahre durch Indien, fastend und meditierend, auf Nagelbrettern liegend und die Frauen meidend, und versucht verzweifelt zu verstehen, was der alte Guru ihm hatte sagen wollen. Schließlich kehrt er nach zehn Jahren hingebungsvollster spiritueller Übung zu der Höhle auf dem Gipfel des höchsten Berges zurück. Er findet den alten Guru immer noch im Lotussitz dort, und der Schnee schmilzt um ihn herum. Der junge Mann ist halbtot vor Kälte, Erschöpfung und Hunger. »Ich verstehe das einfach nicht, Meister«, sagt er. »Ich habe gerungen und gearbeitet, aber ich habe keine Erleuchtung erlangt. Sagt mir doch, was Ihr mit Eurer Antwort meintet, der Sinn des Lebens sei Hühnersuppe«.

Der Guru sieht ihn eine Weile schweigend an und sagt dann erstaunt: »Meinst du, daß er das nicht ist?«

FRAGE: Sie sprachen von der Verbindung verschiedener astrologischer Zeichen mit mythologischen Gestalten, die Teile der Seele verkörpern. Als ich heute morgen aufwachte, fragte ich mich, ob es eine mythologische Entsprechung der vier Elemente gibt. Existiert irgendein archetypischer Mythos über das Feuer, über das Wasser oder mit ihnen zusammenhängende Gottheiten oder Geister?

LIZ GREENE: Ja, ich glaube, daß es Geschichten und Gestalten gibt, die für die Elemente charakteristisch sind. Auch bestimmte Tiere scheinen die Elemente zu verkörpern. Mit dem Wort »archetypisch« wäre ich jedoch sehr vorsichtig. Nach Jungs Ansicht ist ein Archetypus ein Ordnungsprinzip. Es hat weder Form noch Gestalt. Einen Archetypus kann man nicht sehen. Er ist eine Art Urmuster, das sich durch ein Bild in der individuellen oder kollektiven Psyche offenbart und auf deren Lebenserfahrung beruht. Das Leben füllt den leeren Archetypus mit einer ganzen Kette von Bildern. Die vier Elemente selbst sind archetypische Bilder für etwas Formloses und nicht Definierbares, das wir im Leben jedoch als vierfältige Struktur wahrnehmen.

Wenn wir Bilder suchen, mit denen wir unsere astrologischen Symbole erweitern können, so haben wir in Märchen eine reiche Quelle. In ihnen finden sich viele Bilder für die vier Elemente. Es gibt beispielsweise viele Geschichten, in denen etwas in einen Brunnen oder einen See fällt oder etwas am Grunde eines Sees gefunden wird oder aus ihm herauskommt. Es gibt auch viele Märchen, in denen von Schätzen die Rede ist, die unter der Erde vergraben sind. Es gibt Vögel in den Lüften, die Geheimnisse wissen, und Hexen und Ungeheuer, die durch Feuer verwandelt werden. Im Mythos gibt es Feuergötter und Erdgötter, Götter der Luft und des Wassers, und sie alle sagen uns etwas über die Elemente. Kronos beispielsweise ist ein Titan, das heißt, er ist aus Erde geschaffen. An mythologischem Stoff über die Elemente mangelt es nicht. Man kann sogar mythologische Beziehungen zu Dingen wie den Mondknoten finden. In der indischen Astrologie werden die Mondknoten »Rahu« und »Ketu« genannt. Rahu ist der Dämon der Sonnenfinsternis, er hat das Gesicht einer Gorgo und verschlingt die Sonne, so daß die Menschen sie eine Zeitlang nicht mehr sehen.

Niemand kann Ihnen beibringen, wie Sie mit diesen Zusammenhängen umgehen sollen. Sie müssen sich einfach mit Märchen und

Mythen beschäftigen und Ihr Gefühl und Ihre Phantasie dazu sprechen lassen.

Frage: Sie sprachen von den Mordanschlägen auf Präsident Reagan und den Papst. Glauben Sie, daß noch andere derartige Dinge geschehen werden?

Liz Greene: Ja, ich war ziemlich beunruhigt darüber. Irgend jemand, irgendein Staatsoberhaupt wird wahrscheinlich während dieser Konjunktion erschossen werden.*) Vor einiger Zeit schoß man sogar auf Königin Elizabeth. Irgend jemand in der Menge feuerte einige Schüsse in die Luft ab. Ihr Pferd scheute, aber sie bewahrte die Ruhe, und man konnte den Mann festnehmen. Die königliche Familie ist sehr verwundbar, wie die IRA kürzlich bei Lord Mountbatton bewiesen hat.

Frage: Sie sprachen vom Puer aeternus in Zusammenhang mit Jupiter und Saturn. Meiner Beobachtung nach findet man den Puer in der modernen Gesellschaft immer häufiger, vor allem in der Art, wie sich die Leute kleiden, in Filmen und ähnlichem. Es würde mich interessieren, ob Sie das auch beobachtet haben.

Liz Greene: Ja, ich habe es auch beobachtet. Ich glaube, daß der Puer immer häufiger auftreten wird. Er ist der Suchende und Sehnende, und er scheint sich auf die verschiedenste Weise zu verkörpern. Eines seiner Gesichter ist das der Menschen auf Wanderschaft; die Gestalt mit dem Rucksack, die man heute überall auf der Welt findet, ist schon eine vertraute Erscheinung. Ich glaube, sie verkörpert die ruhelose Suche des Puer ebenso wie unsere neuen Wege auf der Suche nach spiritueller Einsicht. Dazu gehört meiner Meinung nach auch das neue lebhafte Interesse an Astrologie, am Tarot, dem I-Ging und anderen alternativen Weltanschauungen. Der Puer ist auch in dem Interesse an C. G. Jung, das wohl mit seinem sogenannten mystischen Weltbild zusammenhängt, zu finden.

Frage: In San Francisco kann man heute sehen, daß die vielen Homosexuellen, die dort leben, sich so kleiden und verhalten, als wollten sie die ewige Jugend als alternativen Wert bewahren. Man kann in eine Schwulen-Kommune gehen und fünfundvierzigjährige Männer sehen, die sich wie Kinder kleiden und sich dabei offensichtlich ganz wohl fühlen. Es ist eine soziale Ausdrucksform, die

*) Nach dieser Tagung im Juli 1981 und noch während der Konjunktion von Jupiter und Saturn wurde der ägyptische Präsident Sadat ermordet, ebenso John Lennon.

sich immer stärker verbreitet. Es würde mich interessieren, ob Sie dazu astrologische Beobachtungen gemacht haben oder etwas darüber sagen können, wohin sich das alles entwickeln wird.

Liz Greene: Ich weiß keine astrologische Konstellation, die das auslöst. Es geschieht schon seit einiger Zeit, deshalb können wir es nicht an der Jupiter-Saturn-Konjunktion festmachen. Ich glaube eher, daß es mit dem Ende eines (astrologischen) Zeitalters zu tun hat, denn das ist auf eine Weise der Tod eines alten Königs. Neue Potentiale, neue Götter und neue Lebensanschauungen kommen in solchen Übergangszeiten besonders stark zum Durchbruch. Vielleicht hat es etwas mit der Generation zu tun, die Uranus in den Zwillingen und Neptun in der Waage hat – ich weiß es wirklich nicht. Und ich weiß auch nicht, wohin sich das entwickelt. Ich glaube, wenn es sich auf einer rein äußerlichen Ebene abspielt, bedeutet es eine Veränderung der Moral und der orthodoxen religiösen Strukturen usw. Ich glaube auch, daß es beim Individuum eine neue Öffnung für das Ungreifbare und Irrationale bedeuten könnte. Ich weiß, was Sie meinen, wenn Sie von der Mode sprechen. Es interessiert mich sehr, was man im Kollektiv für modisch oder schön hält. Im Augenblick hat man eine große Vorliebe für den schlanken und jugendlichen Körper. Vor einiger Zeit noch war das weibliche Ideal doch wohl viel mütterlicher. Ein riesiger Busen war absolutes Muß für einen Filmstar. Jetzt ist das Androgyne und Jugendliche gefragt. Der schlanke und gesunde Körper hat eine große Bedeutung. Ich weiß nicht, wohin das führen wird, aber ich glaube, daß sich dadurch die Wertvorstellungen verändern. Der Puer ist eine Verkörperung des Geistes. Er ist der Sohn des Vaters, und er weiß, daß er göttlicher Herkunft ist. Er fühlt sich nicht befleckt. Sehr lange herrschte stark die religiöse Einstellung, daß das menschliche Leben im Grunde ein Prozeß des Leidens ist, durch den man von seinen Sünden geläutert wird, damit man eines Tages nach dem Tod in den Armen Gottes zur Seligkeit gelangt. Der Puer fühlt sich nicht so sündig, weil er nicht so körperlich ist. Vielleicht kündigt er eine neue Freude am Geistigen im Leben an, ohne das Ethos, das Leben müsse schrecklich und nichts als ein Jammertal sein.

Frage: Glauben Sie, daß die Gruppe mit Neptun in der Waage das anders leben würde, wenn sie Uranus im Krebs und nicht in den Zwillingen hätte?

Liz Greene: Ich glaube, daß meine Beschreibung von Neptun in der Waage mit seinem Idealismus und seinen Vorstellungen von der vollkommenen Beziehung und der perfekten Gesellschaft trotzdem gilt. Uranus bleibt nur sieben Jahre in einem Zeichen, es ist also eine Art kleinerer Gruppe innerhalb einer größeren. Uranus ist viel kopfbetonter und hat mit neuen Ideen und neuen originellen Wegen zu tun, die durch das Zeichen symbolisierten Werte auszudrücken. Ich glaube nicht so sehr, daß er religiöse Werte verkörpert, sondern eher das Bedürfnis, sich zu befreien und größere Ausdrucksmöglichkeiten zu finden. Uranus hat mit Verbesserung und Erneuerung zu tun. In den Zwillingen wird sich das im Bereich der Erziehung und all dessen, was als Wissen definiert wird, äußern. Uranus in Krebs wird versuchen, größere Freiheit im Bereich dessen, was wir als Familie definieren, zu finden.

Ich glaube, daß es der Gruppe mit Uranus im Krebs darum geht, einen neuen Sinn in den eigenen Wurzeln und in der Familie zu finden. Das bezieht sich ebenso auf die Nation wie auf Mutter und Vater. Uranus stellt Fragen wie: »Wem bin ich verpflichtet? Ist Blutsverwandtschaft wirklich so wichtig? Was könnte mir eine nichtgenetische Familie, eine Familie von Freunden mit gemeinsamen Zielen bedeuten?« Die Familie wurde schon immer als konkrete gesellschaftliche Einheit gesehen, bestehend aus einem Mann, einer Frau, zwei bis drei Kindern und einem Hund. Ich glaube, daß Uranus im Krebs eine Generation verkörpert, die zur Verwirklichung anderer Lebensformen drängt. Dafür spricht sicher, daß es immer mehr alleinerziehende Väter gibt oder Frauen, die freiwillig ihr Kind selbst großziehen wollen. Ich glaube auch, homosexuelle Paare und Alleinstehende, die Kinder adoptieren, wären solche Möglichkeiten. Zu erwähnen wären in diesem Zusammenhang auch durch künstliche Befruchtung erzeugte Kinder und Samenbänke, also solche und andere Situationen, in denen die traditionelle Bedeutung der Familie sich verändert. Es geschieht immer häufiger, daß Menschen sich eher durch Ideen als durch Blutsbande zusammengehörig fühlen.

Wenn Uranus im Krebs im Quadrat zu Neptun in der Waage steht, gibt es in diesem Bereich einen Konflikt. Die neptunische Vision der vollkommenen spirituellen Liebe steht im Widerspruch mit dem Bedürfnis, gegen den konventionellen gesetzlichen Rahmen zu rebellieren, in dem diese vollkommene Liebe zu suchen wir gelehrt wurden. Ich glaube, daß das Dilemma dieser Gruppe mit Ehe und Familie zu tun hat und mit den Möglichkeiten, diese Urzelle der Gesellschaft auf anderen, neuen Ebenen zu interpretieren.

FRAGE: Welche Bedeutung hat Venus als Symbol des Schönheits- und Weiblichkeitsideals in der Gesellschaft?

LIZ GREENE: Ich bin sicher, daß die Plazierung von Venus im Horoskop eines Landes etwas über das kollektive Schönheitsideal dieser Nation aussagt, ebenso wie Venus in einem individuellen Horoskop die persönlichen Vorstellungen des Betreffenden darüber, was schön und begehrenswert ist, beschreibt. Man kann diese Unterschiede sehen, wenn man einige Zeitschriften durchblättert, vor allem *Vogue,* von der es in Amerika, England, Frankreich und Italien Ausgaben gibt. Jedes Land hat andere Weiblichkeitsideale, wenn auch eine gewisse modische Grundlinie jeweils für ein paar Jahre weltweit anerkannt werden mag. Ich habe sowohl in Amerika als auch in England einige Jahre verbracht und große Unterschiede in den Idealvorstellungen beider Länder festgestellt. Die Amerikaner sind viel extrovertierter und konkretisieren ihre Werte viel stärker. Ich weiß nicht, ob sich das auch an den beiden Länder-Horoskopen ablesen läßt, für jeden Reisenden ist es jedoch unübersehbar. Bis vor kurzem hatte das Ideal der Frau und Mutter in Amerika viel größere Bedeutung. Eine unverheiratete Frau hatte keinen Platz in der Gesellschaft, sie galt als Versagerin auf dem Ehemarkt. In England und Europa im allgemeinen jedoch wurde die unverheiratete Frau immer akzeptiert, ob sie nun eher als intellektueller Typ galt oder dem kontinentalen Bild der anspruchsvollen Geliebten entsprach, die einfach ihre Unabhängigkeit bevorzugt und nicht etwa eine alte Jungfer ist. Ich glaube auch, daß Frauen, die keine Kinder wollen, in Amerika weniger akzeptiert werden. Ich vermute, daß dies mit der Plazierung der Sonne dieses Landes im Krebs zusammenhängt. Das Mütterlichkeitsideal ist hier übermäßig wichtig. England hat die Sonne im Steinbock, deshalb legt man dort vor allem Wert auf gutes Benehmen, gesellschaftliche Stellung, Zurückhaltung und Ansehen.

Venus ist nicht nur die ideale Frau. Ich glaube, daß sie auch mit Kultur, guter Erziehung und allen anderen Bildungsidealen zu tun hat. Auch hier habe ich einen Unterschied bemerkt. Die Schul- und Erziehungstradition ist hier vollkommen anders. England favorisierte immer die gute klassische Erziehung und die privaten Schulen – obwohl sie in Großbritannien »public schools« genannt werden –, intellektuelle Bildung und Ausdrucksfähigkeit sind dort sehr wichtig. Das amerikanische Erziehungssystem legt viel mehr Gewicht auf soziale und körperliche Bildung. Wenn ein Land die Sonne im Krebs hat, sind für dieses Land alle mit der Mutter verbundenen Mythen bedeutsam, ob es sich nun selbst als Beschützer unterentwickelter Nationen sieht oder als einen Ort, an dem das Ideal von Heim und Familie verwirklicht wird. Der amerikanische Traum hat sehr krebshafte Züge. Krebs hat auch mit der Phantasie zu tun; er fürchtet sich nicht vor dem Irrationalen und ist bereit, sich der Vorstellungswelt zu öffnen. Dem Steinbock ist Phantasie verdächtig, und ich glaube, daß aus diesem Grund neue Ideen, die aus Amerika kommen, zwanzig Jahre brauchen, bevor man sie in England akzeptiert. Steinbock ist ein Patriarch, Krebs ein Matriarch. Großbritannien betrachtete sich nie als Beschützer unterentwickelter Nationen. Es eroberte sich einfach ein Weltreich. Der Steinbock ist realistischer und weniger sentimental. Großbritannien gab nie vor, daß die Ausbeutung seiner Kolonien etwas anderes sei als Ausbeutung, während Amerika das »Protektion« nennt. Als sich die Weltmeinung gegen den Kolonialismus zu wenden begann, war Großbritannien realistisch genug, sein Empire zu entkolonialisieren, ohne das mit sentimentalen Ideen zu verbrämen. Was einem mehr liegt, hängt von der persönlichen Vorliebe ab. Anstelle von Mutter, Heim, Familie und Apfelkuchen findet man Disziplin, Klassenstruktur und Tradition. Großbritannien legte immer Wert auf den Unterschied der Gesellschaftsschichten, und wird es immer tun, denn Steinbock ist ein hierarchisches Zeichen.

Ich bin im Bereich dieser nationalen Wertvorstellungen nicht sehr bewandert, aber das Thema interessiert mich sehr. Leider weiß ich nicht genug über Länderhoroskope. Hier bietet sich ein weites Forschungsfeld.

FRAGE: Können Sie etwas über das Horoskop von Israel sagen?

LIZ GREENE: Nicht gerne. Das Thema Israel löst meistens Streitgespräche aus. Ich möchte nicht über Politik sprechen, sondern beim Thema Psychologie bleiben.